유통관리론

Distribution Management

변명식·임실근 공저

도서출판 두남

머리말

IT와 인터넷 발달로 소비생활과 유통환경에 대변혁이 진행되고 있다.

페이스북(Facebook)이나 트위터로 대표되는 소셜 미디어(Social Media)환경이 소셜 커머스(Social Commerce)에 의한 e-커머스 환경으로 변화되면서 스마트 환경의 급속한 진전과 함께 개인생활은 물론, 새로운 유통시장이 만들어지면서 글로벌 유통전략에 일대 변화가 예고되고 있다.

우리나라 경기는 수출증대와 내수 부진, 고용인 없는 불균형적인 성장이 지속되면서 설비투자는 저조하고 고용은 기피되며 가계수익의 감소와 소비심리가 악화되는 악순환의 사이클이 반복되는 경제현상도 지속되고 있다.

한국소비자들은 기업의 사회적인 책임과 건강, 장수상품, 명품 등 자기가치를 증대시키는 스마트소비자가 증가되면서 새로운 소비패턴을 만들어가고 있기도 하다.

유통기업 빅 3의 경쟁적인 출점현상이 지속되면서 백화점과 편의점업태의 매출이 증가되는 반면, 대형마트업계는 성숙기를 맞이하면서 틈새시장을 중심으로 수퍼마켓(SSM)이 지역 상권을 중심으로 더욱 확산되고 있다.

온라인 시장은 급속한 성장을 지속하면서 새로운 고객가치 창출과 기존 인터넷 쇼핑몰과 차별화 된 프리미엄급 온라인 몰의 출범을 눈앞에 두고 있기도 하다.

반면, 중소 유통산업은 국가 경쟁력의 약화요인으로 부각되면서 사회적 비용이 증가되는 실정이며, 영세 자영점포들과 이들에게 상품을 공급하는 도매물류 업체들마저도 경영환경이 어려워지는 실정에 있다.

유통시장은 무한적 글로벌경쟁으로 인해 놀라운 속도로 변화를 거듭하고 있다. 우리나라 유통시장은 성장기를 지나서 성숙기에 진입되면서 더욱 더 치열한 경쟁속에서 활로를 모색하고 있는 것이 현실이다. 이에 따라 유통기업들은 자국시장의 한계를 벗어나서 해외시장으로 점포수를 확대하고 있으며, 이러한 추세는 아시아와 중국시장의 한계를 넘어서 세계시장으로 한국유통시장의 위상을 발전시키고 있다.

대한민국 국회는 유통산업의 균형적 발전차원에서 중소유통과 소상공인들의 경쟁력 강화를 위해 유통산업발전법의 개정과 대중소유통 상생법 제정 등 다양한 대책을 수립하고 있다.

이러한 시점에서 유통의 전반적 현황을 정리하여 본 교재를 집필해 보았다.

21세기 유통산업의 글로벌화가 진행되는 시점에서 유통전문 인력의 육성은 대학에서 유통학문을 연구하는 학자들에게는 영원한 과제이다.

본 서는 유통산업과 관련된 용어정립부터 시장에서 일어나는 유통산업의 전반적인 내용을 기술하려고 노력하였으나 세계적인 변화추세와 대학을 중심으로 학문적인 이론중심에서 지식의 한계점으로 인하여 미흡한 부분과 새로운 과제를 양산하는 결과물이 되지 않았는지 부끄러운 마음이 앞섭니다.

본 서를 읽어주시는 선후배 제현님들의 아낌없는 질책을 부탁드립니다.

마지막으로 본 서의 출판을 위해 격려해 주시고 지원을 아끼지 않으신 동료와 교수님들에게 감사를 드립니다. 또한 본 서의 출판을 기꺼이 맡아 주신 두남출판사의 사장님을 비롯한 모든 편집부 직원들에게도 감사와 성원을 보냅니다.

2011년 1월

변명식 · 임실근

차 례

Contents

제1부 유통의 이해 / 9

Chapter 1 유통의 개념과 이론적 배경 ······ *11*

1.1 유통의 개념과 분류 / *11*

1.2 유통의 기능 / *22*

Chapter 2 유통구조 및 유통경로 ······ *28*

2.1 유통구조와 유통경로의 이해 / *28*

2.2 유통기관 / *41*

2.3 유통경로 믹스 / *44*

제2부 소매업 및 도매업의 이해 / 67

Chapter 3 소매업의 기능과 특성 ······ *69*

3.1 소매업의 이해 / *69*

3.2 소매업의 기능과 특성 / *80*

3.3 소매업의 사회·경제적 역할 / *84*

Chapter 4 소매업태 특성과 경영전략 ······ *87*

4.1 업종과 업태 / *87*

4.2 소매업태의 특성관리 / *89*

4.3 소매업태의 경영전략 / *97*

Chapter 5 소매업태별 특징 ········· *106*

5.1 백화점 / *106*
5.2 양판점 / *113*
5.3 수퍼마켓 / *116*
5.4 편의점 / *118*
5.5 디스카운트 스토어 / *123*
5.6 수퍼센터 / *128*
5.7 하이퍼마켓 / *137*
5.8 쇼핑센터 / *142*
5.9 전문할인점 / *155*
5.10 회원제 도매클럽 / *157*
5.11 아울렛 스토어 / *161*
5.12 드럭스토어 / *163*
5.13 전문점 / *167*
5.14 테마파크 / *172*
5.15 기타 기존 업태 / *173*

Chapter 6 무점포 소매점 ········· *179*

6.1 무점포 소매점의 개요 / *179*
6.2 무점포 소매점의 종류 / *181*

Chapter 7 도매업의 기능과 특성 ········· *189*

7.1 도매기관의 개념과 역할 / *189*
7.2 도매상의 종류 / *196*
7.3 외국 도매산업 현황 / *210*
7.4 도매상 전략 / *217*

제3부 물류관리 / 221

Chapter 8 물류 223

8.1 물류에 관한 상식 / 223

8.2 물류의 기본 기능 / 235

Chapter 9 물류조직관리와 외주물류 254

9.1 물류조직 / 254

9.2 가상물류 / 258

9.3 외주물류 / 260

제4부 유통 물류 정보화 / 275

Chapter 10 유통정보시스템 277

10.1 유통 정보화 / 277

10.2 판매시점정보관리시스템(POS) / 279

10.3 전자문서교환 / 288

10.4 전자상거래 / 301

10.5 무선식별 주파수 인식 시스템(RFID) / 306

Chapter 11 물류정보시스템 310

11.1 물류정보의 시스템화 / 310

11.2 물류시스템 설계와 개선목표 / 317

11.3 물류정보화 관련 기술 / 321

11.4 기타 물류혁신기법 / 334

11.5 공급사슬관리(SCM) / 338

제5부 한국 유통산업 환경과 전망 / 349

Chapter 12 글로벌 유통환경의 변화 *351*
12.1 세계 유통기업의 경영추세 / *351*
12.2 국가별 소매업태 현황 / *354*

Chapter 13 유통산업의 발전 과정 *364*
13.1 우리나라 유통의 역사 / *364*
13.2 선진국 유통의 발전과 현황 / *372*
13.3 우리나라 유통산업의 정책변화 / *384*
13.4 일본의 유통관련 정책 / *390*

Chapter 14 우리나라 유통산업 환경과 소비트렌드 변화 *392*
14.1 우리나라 유통환경의 변화 / *392*
14.2 우리나라 2009년 소비트렌드 / *413*
14.3 2010년 글로벌 유통산업 10대 트렌드 / *421*

Chapter 15 한국 유통경제 환경과 과제 *426*
15.1 우리나라 유통환경 / *426*
15.2 한국 유통산업의 문제점 / *433*
15.3 유통산업의 당면 과제 / *435*
15.4 한국 소매업계의 전망 / *437*
15.5 유통산업의 발전전략 / *439*

참고문헌 / 445
참고문헌 / 449

제 1 부

유통의 이해

제1장 유통의 개념과 이론적 배경
제2장 유통구조 및 유통경로

유통의 개념과 이론적 배경

1.1 유통의 개념과 분류

1) 유통(流通, Distribution)의 개념

유통이란 국민경제적 관점에서 보면, '생산자로부터 소비자에 이르는 생산물의 이전(移轉)'으로 정의할 수 있다. 따라서 개별 경영관점에서의 생산물의 이전은 마케팅으로써의 유통과 구별된다. 제조와 서비스의 최초 원천에서 최종 고객가치의 범위에 포함된 다양한 관계자들 사이에 있는 기관들과 그들의 관계를 연결시키는 활동이다. 또한, 사회적 분업이 진전됨에 따라 상품과 서비스를 인간욕구 충족을 위해 생산자로부터 최종 소비자에게 이전하는 경제행위 또는 활동의 흐름을 말한다.

우리나라는 유통을 재(財)의 생산에서 소비(사용)에 이르는 단계적 계기로 보며, 재의 효용 창출 과정으로서 경제활동의 하나로써, 유통활동을 시간, 공간, 소유의 효용 창출에 중점을 둔다. 생산물의 생산에서 소비에 이르기까지 사회전반을 둘러싸고 파생된 개념으로 1950년대 이후 사용되었다. 또한 일본에서의 유통업에 대한 정의는, 유통활동이라는 것은 물리적 또는 사회적인 물건의 흐름에 관한 경제활동이다.

2) 유통의 목적과 기능

(1) 유통의 목적

생산자와 소비자(또는 수요자) 사이에 존재하는 갭(gap)을 메우는 데에 있다. 여기서 갭이란, ①생산 장소와 소비 장소의 갭인 장소적 갭, ②생산시기와 소비시기의 갭인 시간적 갭, ③품질에 대한 생산자와 소비자의 인식평가에서 오는 인식상의 갭, ④소유권상의 갭 등을 말한다.

(2) 유통의 기능

①장소적 갭에 대한 수송기능, ②시간적 갭에 대한 보관기능, ③인식상의 갭에 대한 정보 전달기능, ④소유권상의 갭에 대한 거래기능 등이 있다.

거래기능의 경우는 거래처결정, 가격결정, 대금결제 등과 같은 기능을 포함하고 있다. 또한 유통활동은 두 가지로 나누어 볼 수 있는데, 첫째는 생산물의 소유권 이전활동인 거래기능에 관한 거래유통활동이며, 이는 상적(商的) 유통활동이라 하기로 한다. 둘째는 생산물 자체의 이전인 수송 · 보관 · 정보전달에 관한 물적(物的) 유통활동이다. 그리고 유통기구는 생산물의 소유권 이전통로인 '거래유통경로'와 생산물 이전통로인 '물적 유통경로'라는 두 경로가 있다.

(3) 유통의 경제행위

유통은 생산을 촉진하고 소비를 자극하여 경제흐름을 원활하게 활성화한다.

따라서 글로벌경영체계는 물류부분의 비중이 증대되고 유통부분이 성장되어 고용증대와 국민소득에 기여하게 된다. 유통의 경제행위는 여러가지 유형으로 구분된다.

① 물적흐름(physical flow)

포장 · 하역 · 저장 · 보관 · 수송 · 적화 및 이와 관련된 정보와 소유권의 흐름(title flow)과 액면지불의 흐름(payment flow), 시장정보의 흐름(information flow), 제반 업무촉진의 흐름(promotion flow) 등이 있다.

과거 생존중심의 자급자족시대와는 다르게 시장 환경의 변화로 인하여 소품종 대량생산체제에서 다품종소량생산체제로 변화되면서 상품을 만드는 것은 생산자가, 상품을 파는 것은 백화점, 할인점, 수퍼마켓, 편의점 등의 소매점이, 상품을 운반하여 전달하는 것은 운송업자가 하는 전문적인 분업이 발달하여 운영비용절감과 생산능률 제고로 사업효율성을 높이고 있다.

② 상품유통

생산자로부터 소비자로 소유권이 이전되는 것을 상적유통(거래유통)이라 하고 실체물(實體物)이 이동되는 것을 물적 유통이라 한다. 상적 유통업에는 도매업 ·

소매업・중개업・대리업・무역업 등이 있으며, 물적 유통업에는 운송업・창고업 및 하역업 등이 있다.

③ 유통 행위

생산자로부터 소비자까지 어떤 상품이나 서비스를 이전시키기 위하여 전개하는 여러 가지 활동으로써, 글로벌시대에 부합되는 유통인의 직업의식 즉, "고객은 왕이다." 또는 "고객은 실질적인 나의 시장이다."라는 철저한 고객중심의 사고와 인간 생활의 가장 중요한 요소인 식품을 다루고 있다는 소명감이 우선되어야 한다. 또한 조직의 구성원으로서 매출 및 이익의 창출을 통해 회사발전에 기여한다는 소속감이 필요하다.

- 제반 상품과 서비스용역의 공급.
- 상품구색확보와 소비선택의 기회를 제공한다.
- 고객니즈에 적합한 상품의 보관관리.
- 상품의 품질, 가격, 유행 등 상품 및 시장정보를 제공한다.
- 상품의 구매 장터에 제공한다.
- 쇼핑의 즐거움을 제공한다.
- 고객만족을 위한 각종 서비스를 제공한다.

3) 경제활동과 유통의 역할

(1) 경제활동의 발달 과정

① 자급자족과 물물교환

■ 공동체 형성

원시사회와 고대사회 사람들은 가족의 일원으로써 부족이나 촌락 등 태어나자마자 가족, 부족, 씨족 등의 단위로 집단생활을 하며, 특정 집단에 소속되어 공동체를 구성된다. 원시시대는 자연생산물을 채취하거나 원시수렵, 기초농업 등을 하여 가족과 집단에 필요한 물자를 자급자족하였다.

■ 자급자족 구성사회

혈연적 인간관계에 따라 씨족, 부족, 부락, 촌락 등 공동체를 형성하고 그 일족이 필요로 하는 것은 공동체내에서 일을 해서 확보한다. 그리고, 획득물은 공동체내의 신분관계에 의해 분배한다.

■ 물물교환의 발생

지역에 따른 자연조건의 차이, 각 지역별 생산능력의 차이 등으로 자연스럽게 공동체이외지역과의 물품교환의 발생한다.

물물교환이란, 사회변동과 다양한 이동수단으로 도구나 생산기술이 발달하면서 생산물이 점차적으로 증가되고 잉여생산물을 다른 집단과 교환하는 경제적인 형태이다. 공동체가 점유했던 특정 토지에서 조달되지 못하는 물자, 즉 소금이나 금속 등은 공동체내에서의 자급자족에 한계를 초래한다.

■ 물물교환의 활성화

생산수단의 발전에 따른 결과로써 생산성 향상 공동체내에 잉여생산물이 발생함에 따라 잉여생산물은 언제나 발생한다. 또한, 교환이 활성화되면서 교환에 따른 이견으로 물리적 충돌(전쟁) 발생한다. 당사자 간에 보다 안전하고 서로에게 유리한 교환방법을 요청하고, 강제력에 의한 생산물의 이동은 일방적이고 단편적 희생과 위험이 크고 지속성이 없었으며, 잉여 생산물의 발생에 대한 적절한 대처방법은 아니다.

■ 물물교환의 문제점

- 현물을 서로 교환할 때 수량이나 비율에 합의하기 어렵다.
- 우발성, 모험성, 사기성 등 불안정 요소가 항상 따른다.

자급자족사회
생산과 소비의 일치

초기산업사회
생산과 소비의 분리

후기산업사회
생산·유통·소비의 분리

(2) 화폐의 출현과 매매

① 초기 화폐의 출현

물물교환은 교환하는 생산물의 수량, 종류, 시기 등이 공급자와 수요자간의 의견일치가 되지 않아 불편하였다. 따라서 이를 해결하기 위한 매개체인 물품화폐가 등장되었다. 그 후 점차 보관, 운반, 휴대가 간편하고 금속화패가 등장되면서 생산자와 소비자가 점차 구분되기 시작했다.

② 화폐의 발전과정

■ 물품화페의 등장

- 보전성 용이(예 : 벼, 화살촉, 조개껍데기) 물품화페로는 여러가지 희소성이 있는 물품이 이용된다.

■ 금속화폐 등장

잉여생산물의 일상적 공급 촉진 하고 판매를 목적으로 한 상품으로서의 생산이 활발함(예 : 상평통보 등)

- 지폐화폐 : 지폐(현재 통용되고 있는 화폐 : 천원권, 만원권, 오만원권)
- 신용화폐 : 신용카드(신용사회)
- 전자화폐 : IC 카드(정보통신의 발달)

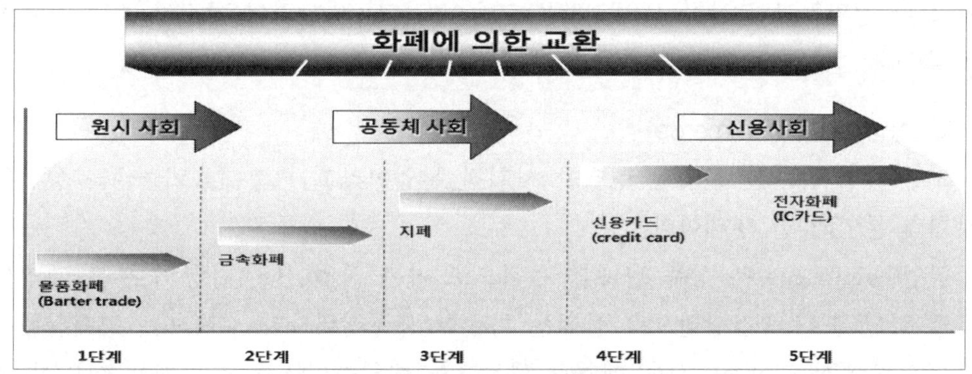

〈그림 1.1〉 화폐에 의한 교환체계

(3) 분업과 상업의 성립

① 분업

한 사람의 노동자가 혼자서 처리하는 모든 생산과정을 여러 사람의 적성에 따라 분담하여 전체의 일을 완성하는 것을 말한다. 분업형태가 발전되고 환경에 따라서 농업과 어업, 수공업 등으로 생산기능이 분화되었다. 따라서 필요한 교환방식이 자연스럽게 성립되었다.

② 시(市)의 성립과 상인의 활약

BC 1500년경 지중해의 페니키아인들이 세계최고의 상업민족으로서 당시 문명국이었던 이집트나 메소포타미아 등을 중심으로 교역활동에 종사하고 해상무역을 지배하였다.

■ 상인의 형태

행상, 행고, 도부(필요한 상품을 문 앞까지 배달)의 형태로 시작농민이나 가내 수공업자의 부업, 다니며 판매하는 반공반상인, 반농반상인 또는 계절상업 등으로 발전한다.

③ 문화의 전달

페니키아의 상인이나 실크로드에서의 카라반의 활약은 다른 국가들에 문화를 전달한다.

④ 상인의 역할

직접교환 ⇨ 간접교환(교환의 효율성과 유효성 증대)

간접교환은 생산자와 소비자 또는 공급자로써 직접교환 이상의 효과를 발휘시켜 보다 정밀하고 복잡한 상업조직을 만들어 간다. 생산력의 발전과 소비 구매력의 확대를 한다.

⑤ 상업(商業, commerce)

교환을 전제로 한 분업의 형태를 사회적 분업이라고 하는데, 오늘날의 상업은 사회적 분업의 한 형태이다.

상업(commerce)은 상품 판매를 목적으로 하는 사업이다. 유통의 부분 개념으로서 상인 또는 중간상인으로 불리는 특수한 유통행위자가 수행하는 경제활동이다. 그 중에서도 상품이전을 매개로 하는 영리행위를 업(業)으로 하는 상인이 중심이 되어 이루어지는 행위를 고유 상업이라고 한다.

〈표 1.1〉 상업, 유통, 마케팅의 차이점

상업(Commerce)	유통(Disteibution)	마케팅(Marketing)
• 상품과 서비스를 생산자로부터 소비자까지 이동시키는 인격적 거래행위 경제활동	• 상업적인 측면보다 더 넓은 사회적 유통과정 • 생산물이전 파이프 역할, 경제구조적 흐름을 활성화	• 시장(Market) 만들기 과정, 제품화계획(product), 판매촉진(promotion), 장소(Place), 가격(price)관련 시장 활동

4) 유통산업의 역할

유통산업은 생산과 소비사이에 발생하는 사회적, 장소적, 시간적인 불일치 해소, 매개체 역할을 한다.

- 사회적 불일치 극복 : 생산과 소비사이에 발생하는 사회적인 간격 해소
- 장소적 불일치 극복 : 생산지와 소비지 사이의 장소적인 차이를 해소
- 시간적 불일치 극복 : 생산과 소비의 시간적인 차이를 해소하기 위하여 보관

등의 유통이 필요하다.

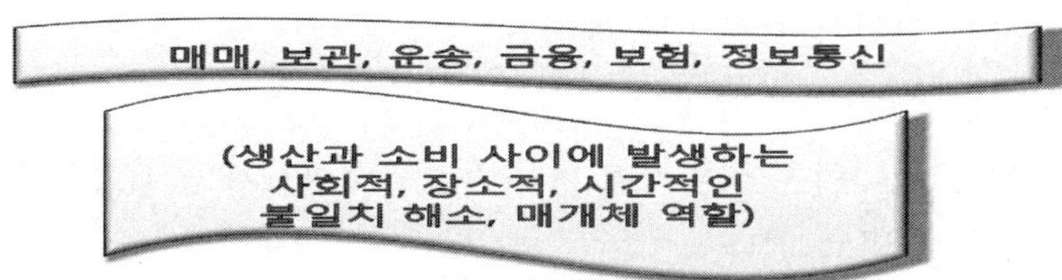

유통산업은 상적유통기관인 도매상, 소매상, 중개상 등 상품의 매매를 수행 지원하는 유통기구들의 집합이다.또한 농업 · 임업 · 축 · 수산 및 공산품 등의 유통과정상에 필요한 화물운송, 보관창고업, 금융업, 보험업, 포장 등 물류, 금융, 정보기능을 총칭한다.

(1) 소비자욕구에의 부응

급변하는 시장 환경 하에서 기업이 지속적인 성장과 시장 우위를 유지하기 위해서는 제품 특성과 소비자 욕구 분석에 입각한 기업 대응이 필요하다. 특히, 다양한 할인업태의 등장으로 인하여 복합적이고 다양한 제품 특성에 따른 저가격 정책으로 소비자 욕구변화에 대응하는 경영전략은 매우 중요하다.

① 삶의 질 향상(유통의 기본역할 및 사명)

질 좋은 제품을 소비자에게 안정적 값싸게 공급, 국민생활에 풍요 제공한다.

② 소비자가 요구하는 다양한 업태 및 상업집적 제공

■ 저가격지향

D/S(Discomt Store), MWC(Membership Whole sale), 카테고리킬러 등 가격파괴업태 성장, 가격에 민감한 소비자층 만족

■ 품질중시, 개성화

전문점 등 다양한 유통업태 성장, 품질과 개성 강한 소비자 만족.

■ 편리성 지향

소매업태 성장실현

■ 거리적 편리성

자동차 사회의 진전에 따른 교외형 점포의 증가, 편의점 등과 같은 거리상의 편리하다.

■ 시간적 편리성

여성의 사회진출 등을 배경으로 야간쇼핑에 대한 요구 증가 등과 같은 현상으로 24시간 영업 등으로 가능해졌다.

■ 일회 쇼핑성

한 곳에 모든 물건이 준비되어 있다는 의미, 소비자가 구매점포를 결정할 때 중요한 요소가 되고 있다.

■ 시간소비지향성

소비자는 점포를 상품구입 장소로 인식할 뿐만 아니라, 시간소비 장소로도 여긴다는 것을 의미하고 있다.

③ 소비자 욕구에 대한 역할

- 소비자에게 필요 상품을 제공 및 소비자주권 개념에의 적응력이 강화되었다.
- 소비자에게 각종 정보를 제공한다.(상품, 문화생활 등)
- 소비자에게 새로운 삶의 질 향상을(유통의 기본역할 및 사명) 제공한다.

④ 생산자(공급자 포함)에 대한 역할

- 생산자에게 상품의 판매로 인한 이윤을 제공한다.
- 생산자를 위한 상품판매 대행(도/소매기능)
- 유통부분담당자들이 제공한 시장정보제공에 따른 합리적인 생산행위이다.
- 물적 유통부분(수송/보관 등)의 생산자부담이 감소한다.
- 머천다이징부분(광고와 판촉 등)을 역할을 분담한다.
- 고객과의 간접적 인지도 확대 및 브랜드이미지 창출 등이 있다.

⑤ 다양한 사회적 욕구에의 부응

■ 환경에 대응

도시폐기물처리, 교통정체, 소음 등 환경문제를 고려한 유통시스템 구축 등이 있다.(친환경 상품조달, 포장 간소화, 폐기물 재활용 등)

■ 소비자 만족 증대

상품의 안정성 보장 및 소비자 불만처리제도를 강화한다.

■ 도시개발문제에 대응

도시의 활기와 풍요를 창출하는 역할을 확대한다.

■ 쾌적한 노동환경 실현

근로시간 및 환경개선으로 우수인력 확보와 파트타이머, 여성인력 채용, 전문 인력양성, 능력·업적주의 임금체계를 도입한다.

- 고령화 사회에 대한 대응
  시설 확충과 홈쇼핑 등 쇼핑편의업태를 개발한다.
- 국제화·개방화시대의 진전을 위한 역할 분담
  가격 및 품질경쟁으로 산업경쟁력 강화, 해외점포망 확보로 제조업체의 수출 기반 및 판로를 확보한다.

(2) 국가적 차원의 경제사회 발전에 기여

정부는 외환위기 등 경제위기를 극복하기 위하여 유통개방을 단행하면서 경제성장을 지원하여 국민총생산과 국민의 삶의 질을 높이는 저 노력했다. 그 결과, 중소유통의 지원 등 사회적 비용이 증가되는 반작용이 진행되고 있는 반면, 한편으로는 새로운 고용창출과 실질 임금 상승 등 유통산업분야에서 인적자원의 수요를 증대시킴으로서 경제성장을 촉진시킬 수 있었다.

① 경제적 역할

- 생산자와 소비자간 매개 역할
  거래비용 감소 및 각각의 정보제공으로 소비자 니즈에 맞는 제품을 생산한다.
- 고용창출
  가장 비중이 높고 지속 성장으로 높은 고용창출효과 기대신 새로운 업태의 성장 및 다양한 업태의 발전으로 대형점포의 지방네트워크화 및 점포개발에 의한 고용확대를 한다.
- 물가조정
  유통구조 효율화로 투자위험 흡수 및 가격경쟁 촉진활동을 한다.
- 산업발전의 촉매
  유통업의 거래교섭력 강화와 제조업체간 경쟁을 촉발한다.
- 가격파괴업태의 경제파급효과 기대
  - 물가안정과 소비자의 실질소득증가(소비자 선택권) 예상
  - 국내 경기활성화의 견인차 역할(물류 및 이종업종의 교류 증대)
  - 중소기업의 판로 확대(선택과 집중을 통한 경쟁 및 상생협력 확대)
  - 유통구조의 개선 및 효율화(생산자중심에서 유통·소비자중심의 체계)
  - 제조업의 경쟁력 강화 촉진(PB, PL 상품개발로 인한 위기)

• 사회적 비용의 절감에 대한 문제는 향후 과제로 남음.
• 국내 상권의 포화 또는 성숙기로 소매업체의 해외진출

② 사회적 역할

■ 풍요로운 사회 공헌

소비자에게 질 좋은 상품을 안정적, 값싸게 공급한다.

■ 소비문화 창달

도시변화가 상업시설은 도시발전의 지표와 심볼 역할, 소비 · 쇼핑패턴의 변화는 사회전체의 소비문화를 결정짓는 중요한 요소이다.

■ 사회적 비용의 절감

• 정부입장

상권개발과 연계된 도심교통난 완화 및 유휴토지의 활용, 물류비용 절감효과와 환경보호에 기여한다.

• 소비자입장

일괄구매로 절약된 쇼핑시간을 다른 생산적인 부문에 투자할 수 있어 부가적 이득을 지원한다.

③ 다양한 사회적 요청에 대한 유통산업의 대응

■ 환경문제 대응

도시형 환경문제(대기오염, 수질오염, 폐기물), 생활형 환경문제(점포 주변의 교통 정체, 소음) 등에 대해 친환경적 경영 등 효율적 대응을 강화한다.

■ 제조물 책임문제 대응

우리나라에서 2002년 7월 제정/입법된 제조물책임이란 '통상 갖추어야 할 안정성을 결여한 위험성을 가진 제조물(결함제조물)로 인하여 그 제조물의 사용자/이용자 또는 제3자의 생명/신체 또는 재산상에 발생한 손해에 대하여 제조업자/판매업자/수입업자 등 제품의 제조/판매에 관여한 자가 져야 할 손해배상책임'이다. 제조물책임은 부품제조업자와 단순조립업자 등을 비롯한 각종의 제조자는 물론, 제품의 판매/유통과정에 관계한 도/소매 등의 책임을 광범위하게 포함하고 있다. 그러므로 제조물책임법의 책임주체는 기본적으로 제조업자 및 수입업자이지만 제품의 직접수입자인 경우나 위탁생산한 제품에 자기회사 브랜드만을 표시해 판매하고 있는 경우에 유통업자도 책임주체에 속하는 것으로 되어 있다.

■ 상가형성 문제 대응

상가의 형성은 지역사회의 생활환경을 편리하고 윤택하게 하기 위하여 관민(官民)이 공동으로 협력해야 할 활동이다. 따라서 상가형성과 관련된 문제인 도심지역의 공동화, 전통문화의 상실, 교통문제, 환경문제 등은 유통산업과 상가형성과도 밀접한 관련이 있으므로 유통시설의 현대화 등에 대한 적절한 대응이 필요하다.

■ 노동환경 개선에 대한 대응

- 노동시간 단축

 선진적 노동 관리시스템 형성에 노력하며, 생산성 유지와 노동 시간 단축에 동시 대응해야 하는 난제에 직면하고 있다.

- 취업형태

 비용절감을 위해 파트타이머, 아르바이트 직원을 적극적으로 활용하고 있으며, 여타산업에 비해 여성비율이 높다. 따라서 산전・산후 휴가 등 모성보호제도나 여성의 재고용제도의 정착도가 높아지고 있으므로 이러한 새로운 취업형태와 환경변화에 적극적으로 대응해 나가야 한다.

- 인재육성

 유통산업 종사자들 중 대면판매를 담당하는 사람은 접객방법, 상품지식 등 전문지식과 능력이 필요하다. 따라서 이러한 인재를 어떻게 평가하고 육성할 것인가 하는 것이 유통산업의 과제이다.

- 고령화 사회 등에 대한 대응

 우리나라도 21세기 급속한 고령화가 이루어지고 있다. 따라서 이러한 상황에서 고령화 사회에 대한 대응은 유통산업의 중요 역할의 하나가 되고 있다.

- 다중채무자 문제 등에 대한 대응

 신용카드 활용 확대에 따라 소비자파산 등 다중채무자 문제에 따른 사회・경제적 비용도 크기 때문에 이에 대한 대책이 강구되고 있다.

- 신업태 소매업의 등장에 대한 대응

 소득수준과 도시의 변화, 소비자요구의 다양화에 대응하는 형태로 디스카운트 스토어, 교외형 점포, 드럭스토어, 홈센터 등의 새로운 소매업태가 급속히 성장하고 있다. 따라서 목표고객 축소, 저가격지향 등 개성화소비에 대응한 점포, 철저한 저가격점포, 회원제 디스카운트 스토어방식 점포 등 다양한 점포개발이 진행하고 있다. 점포운영측면에서도 영업시간 연장, 휴업일수 삭감, 서비스내용 고도화 등이 진행되면서 음식점, 여행대리점, 금융서비스 등의 소매업과 밀접히 연관된 업종에 대한 연계성이 강화되면서 다각화가 발전하고 있는데 채산이 맞지 않는 사업에서는 과감히 철수하는 경향도 나타나고 있다.

1.2 유통의 기능

1) 유통의 기본 기능

유통업의 흐름은 상적, 물적 유통기능을 통해 상품과 서비스를 소비자에게 공급하는 역할을 담당한다. 유통의 흐름에서 볼 때 제조업체에서 생산한 제품을 소비자에게 전달 또는 공급과정에서 수요와 공급을 조절역할을 상적, 물적 유통기능을 통해 수행하고 있다. 고객니즈의 변화에 따라 소품종 대량생산에서 다품종 소량생산으로 시장의 환경이 변화됨에 따라 상품의 생산과 판매 기능이 효율성이 높은 전문화 방향으로 분화되고 있다.

(1) 유통의 종합 기능

소품종 대량생산에서 다품종소량생산체계로 시장 환경이 변화됨에 따라 상품의 생산과 판매 기능이 효율성이 높은 전문화 방향으로 분화되고 있다. 즉, 매매・운송・보관・정보전달의 4가지를 유통의 기본 기능이라고 한다.

① 소비자(消費者, Consumer)

상품과 서비스, 가격, 영업전략, 판매사원 태도에 영향을 미치는 사람들이다. 고객(Customer)은 생활을 영위하기 위한 상품과 서비스를 반복적으로 구매하는 사람들을 말하며, 기업이나 공공기관 등과 개인소비자도 포함된다. 소비자는 상품과 서비스를 개인적 용도로 제공받는 사람, 장래 시장의 구성원, 물자나 서비스를 소비생활을 위해 구입, 사용하는 사람들이다. 정보통신의 발달과 소득 증대, 생산량이 소비량을 초과하고 서비스산업의 중요성・다양성이 부각되면서 소비자 또는 고객 기호는 까다롭게 변하고 있다.

〈표 1.2〉 유통의 종합기능

생산자 및 공급자에 대한 역할	소비자에 대한 역할
• 판매활동 대행(인적판매)	• 소비자가 원하는 상품서비스정보 공급
• 최종소비자 니즈 파악	• 상품, 서비스 니즈 파악
• 올바른 소비자정보(시장정보) 제공	• 업종(태)별 적절한 상품의 구성
• 물류유통(보관, 배송)담당	• 상품의 적정 재고량 유지
• 재고유지 및 리스크 부담	• 상품 구매처, 상품정보, 생활정보 제공
• 광고, 홍보, 판촉 담당	• 서비스 및 즐거움 제공
• 신상품 판촉 등 기업이미지 강화지원	• 보관, 배송
• 상품배달, 포장, 대금결제 등 업무수행	• 품질보증(A/S)
• 정기 행사 등 상품라이프사이클 연장	• 신용판매

② 소매업과 소비자와의 관계

- 소비자는 소비자주권과 소매점 경영측면에서 보면 제일 중요한 존재이다.
- 소비자보호단체의 제품개발과 생산에서 소비까지 전 과정에 영향을 미친다.
- 소득상승과 기술 진보 등 소비의욕과 도덕의식의 고도화 · 근대화현상이다.
- 대중의 소비습관은 단시일에 급속히 변하며 소비혁명시대이다.
- 소비자행동과 소비패턴을 이해하는 상품과 서비스만 살아남는 구조이다.

③ 유통의 흐름과 기능

유통업의 흐름은 상적, 물적 유통기능을 통해 상품과 서비스를 소비자에게 공급하는 역할을 담당하며, 소비자 정보를 생산자에게 전달하기도 한다. 유통의 흐름에서 볼 때 제조업체에서 생산한 제품을 소비자에게 전달 내지 공급하는 과정에서 수요와 공급을 조절하는 역할을 상적, 물적 유통기능을 통해 수행하고 있다.

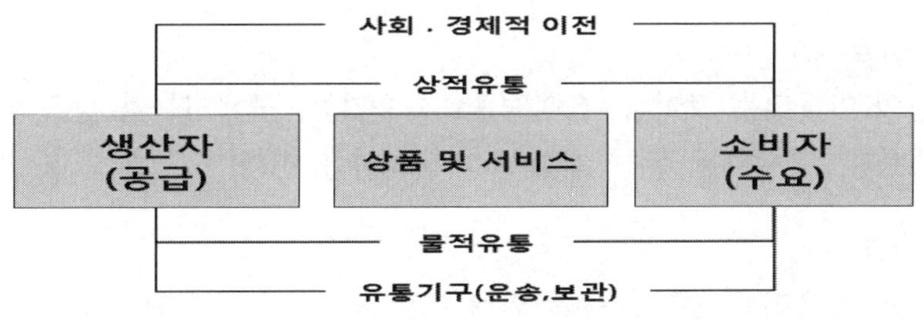

〈그림 1.2〉 유통의 흐름과 기능

(2) 유통의 경제적 기능

생산자로부터 소비자에게 재화 및 서비스를 인격적으로 이전시켜 소비자들의 욕구만족에 기여하는 경제적 활동을 말한다.

① 위험부담 기능

② 재화의 운송기능

③ 경영금융 기능

④ 판매 및 거래기능

⑤ 수집, 구색 갖춤 및 재 발송 기능

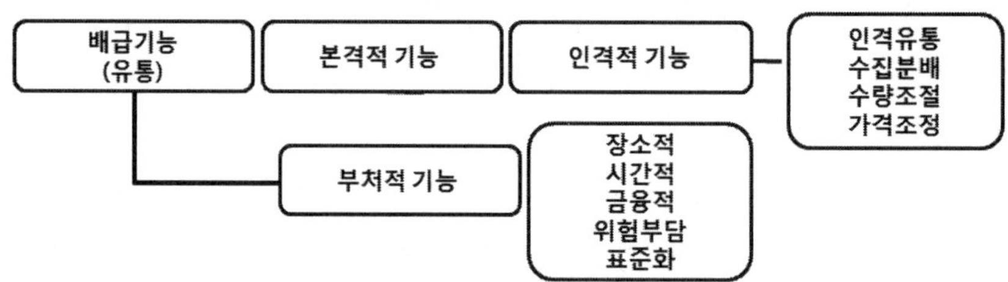

〈그림 1.3〉 배급관점에서 유통기능/다니구치

(3) 유통업의 3대 기능

상적유통기능, 물적유통기능, 촉진기능이 유기적인 시스템을 구축, 상호 긴밀한 역할 분담을 통해 통합적인 경영이 이루어져야 유통업의 제 기능 발휘한다.

① 상적유통기능

생산자로부터 소비자로 소유권이 이전되는 것이다. 또한 제조업자가 생산한 제품을 온라인 또는 오프라인에서 소비자에게 공급 및 판매하는 경제활동을 말한다.

상품구매 및 판매기능과도 · 소매업 · 중개업 · 대리업 · 무역업 등이 있다.

② 물적 유통기능

실체물량이 이동되는 것이다. 상품보관, 수송기능, 구색기능과 상품의 수송, 보관, 하역, 포장, 구색기능 등 상적유통 지원역할을 한다.

③ 촉진기능

상적유통의 효율적인 경영활동을 위해 위와 같은 기능 수행한다.

유통업의 서비스 경쟁력과 차별화 전략은 촉진기능 담당과 정보수집, 상품분류, 금융기능, 판매촉진기능, 리스크부담 등이 있다.

상적유통 기능	• 상품구매 및 판매기능 • 제조업자가 생산한 제품을 구매, 점포 또는 사이버상에서 소비자에게 공급 및 판매하는 경제활동
물적유통 기능	• 상품보관, 수송기능, 구색기능 • 상품의 수송, 보관, 하역, 포장, 구색기능 등 상적유통을 돕기 위한 중요한 역할
촉진기능	• 정보수집, 상품분류, 금융기능, 판매촉진기능, 리스크부담 • 상적유통의 효율적인 경영활동을 위해 위와 같은 기능 수행, 유통업의 서비스 경쟁력과 차별화 전략은 촉진기능 담당

〈그림 1.4〉 유통업의 3대 기능

(4) 유통의 분류

① 상적 유통

상거래 유통, 생산자로부터 소비자로 소유권이 이전되는 것으로 매매거래를 중심으로 하는 활동이다. 상적 유통업으로는 도매업·소매업·중개업·대리업·무역업 등이 있다.

② 물적 유통

상적 유통에 따라 실체물(實體物)이 이동되는 것으로 재화(財貨)의 보관·수송 및 하역 등을 중심으로 하는 활동이다. 물적 유통업으로는 운송업·창고업 및 하역업 등이 있다.

③ 금융적 유통

경제적 효능을 위한 기능으로 매매활동의 확대를 위하여 유통활동에서 발생하는 위험 부담이나 필요한 자금 유통, 거래대금 등의 이전활동이다.

④ 정보 유통

생산자와 소비자의 원활한 의사소통과 서비스를 향상을 지원하기 위하여 고객정보, 상품정보, 물적 유통의 각 기능별 정보 등을 제공하는 활동이다. 현대사회는 컴퓨터 보급의 증가와 IT정보기술의 발전 등으로 전반적인 유통부분에서 획기적으로 발전이 촉진되고 있다.

(5) 유통의 세부 기능

① 매매(賣買, buying and selling)

생산과 소비사이의 사회적 분리를 극복키 위해 생산자로부터 상품 구입, 소비자에게 판매함으로써 상품 소유권을 이전 기능을 말한다. 상품소유권이 이동되는 상행위를 담당하는 구성원(제조업자, 도매업자, 소매업자)들의 거래에 의하여 유통경로의 창출한다.

② 운송(transportation, carriage)

상품을 생산지로부터 소비지까지 물량 이동시키는 운반과 배송, 제반 효용성 창출을 통한 가치향상과 이익도출과 관련된 행위를 말한다.

상품의 운반 및 배송과 생산된 상품을 유통경로 구성원인 운수업자와 창고업자들이 이동하여 장소간의 격차를 축소하고 장소적인 효용성을 증가시켜 부가가치를 창출하는 유통활동이다. 상품유통의 끝까지 물적으로 이동한다.

〈표 1.3〉 운송업의 종류와 특징

종 류	종 별	운송수단	특 징
특 징	철도운송	철도	• 고정설비투자가 많다. • 안정성, 정확성, 규칙성.
	도로운송	자동차 트럭	• 고정설비투자가 적다. • 신속성, 저렴성.
수상운송	해상운송	선박	• 저렴성, 대량성, 안전성
항공운송	내수운송	비행기 헬리콥터	• 단시간, 안정성 • 국내 및 국제 수송업무 확대 • 운임저하, 신속성

③ 보관(storage)

상품을 물리적으로 저장/관리하는 경제행위이다. 상품 저장 뿐 아니라, 생산과 소비의 시간적 분리 극복, 저장된 상품의 가치유지와 향상, 미래 소비를 위해 생산시간 및 장소의 효용을 창출 기능이다.

단순한 상품저장과 저장된 상품의 가치유지와 물리적 저장을 통하여 유통경로 구성원인 창고업자들이 미래의 소비와 시간 및 장소의 효용을 창출하는 유통활동이다. 상품유통의 끝까지 물적으로 이동한다.

④ 금융 및 보험

생산자나 매매업자에게 대금이 회수되기까지는 시간적 공백이 생기게 된다. 자금을 융통해 줌으로써 생산과 매매의 성립을 용의하게 하고, 거래 확대 도모기능을 한다. 생산자와 소비자의 마케팅 기능을 원활하게 지원하는 금융업자들과 보험업자들이 구입대금의 지불을 원활하게하거나, 유통과정에서의 상품의 파손 등을 담보하는 기능을 한다.

〈표 1.4〉 창고의 종류

구 분	내 용
저장창고	저장기능에 중점을 둔 재래형태의 창고
보세창고	보세지역 내 수출입 화물을 취급하는 창고
유통창고	상품의 보관뿐 아니라, 유통을 목적으로 한 창고
냉장창고	예냉, 선도유지, 냉장보관, 해충, 곰팡이, 발아방지목적의 창고

- 보험

  유통과정상 운송 중의 사고에 의한 상품의 파손, 천재지변, 보관 중의 도난, 소실, 가격 하락 등 위험을 부담하여 생산과 매매업무가 안전하게 이루어질 수 있도록 하는 기능이다.

⑤ 정보통신

매매(賣買), 운송(運送), 보관(保管) 등 유통기능 신속 효율적 역할 담당. 컴퓨터와 통신기술의 발달로 더 활발해 지는 기능을 한다. 또한, 소비자 정보와 상품정보를 수집, 제공하여 거래촉진을 유도하는 거래시스템업자와 광고업자들이 유통의 효율화와 원활화를 담당하는 기능을 한다.

〈표 1.5〉 유통기능별 역학관계도

유통기능	유통경로 구성원	기 능
매매	도매업자, 소매업자	거래에 의해 유통경로 창출
수송	운수업자, 창고업자	끝까지 물적유통경로 선택
보관	창고업자	
금융	금융업자	구입대금의 지불의 원활성과 유통과정상 상품파손 등 담보
보험	보험업자	
정보	시스템업자, 광고업자	전산업자, 광고업자

유통구조 및 유통경로

2.1 유통구조와 유통경로의 이해

1) 유통구조(流通構造, Distribution Structure)의 이해

(1) 유통경로(Distribution Channel)의 정의

유통경로는 '고객이 제품이나 서비스를 사용 또는 소비하는 과정에 참여하는 상호의존적인 조직들의 집합체'로 정의한다.(A marketing channel is a set of interdependent organizations involved in the process of making a product or service available for use or consumption).

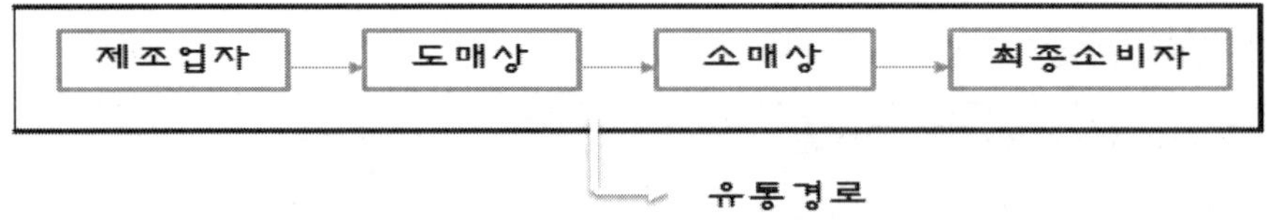

〈그림 2.1〉 유통경로의 개념

유통경로란 상품이 생산자로부터 소비자 또는 최종수요자의 손에 이르기까지 거치게 되는 과정이나 통로. 제품이나 서비스가 생산자로부터 소비자에게 이르기까지 거치는 단계 혹은 모든 기관들의 집합체 즉, 제조업체, 도매업체, 소매업체, 물류업체가 중심이 된다. 또한 상품이 생산에서 최종 소비자에게 넘겨질 때까지 유통채널에 있는 조직이며, 유통 기구(distribution organization)와 같은 개념이다.

유통기구란 좁은 의미에서 유통경로와 같이 쓰인다. 넓은 의미에서는 유통경로, 거래형태, 유통관계기업의 기능, 물적 유통시설 등을 포함하는 사회적 조직을 총칭한다. 완성된 구조를 유통기구 또는 유통시스템이라고 한다. 일반적으로 도・소매업자들이 상품유통을 매개하고 있으며, 이러한 일을 하는 사람과 그 관련자를 유통기관 또는 유통업자라고 한다. 또한 경제활동이 이루어지는 곳으로서 생산과 소비 사이의 갭을 메우기 위한 '사회적 구조'로 정의할 수 있다. 따라서 시장경제의 법칙에 따라 가격과 수요량이 결정되고 소유권이 이전되며 상품보관, 수송이 필요하게 된다. 생산과 유통, 소비 각 단계에서 변화가 상호간에 작용하여 유통기구를 바꾸어 가는데 소비의 질적인 측면에서도 수효구조의 변화가 생산, 유통측면에서 기업대응능력을 바꾸면서 신제품의 출시가 새로운 수효를 창출해 간다.

(2) 유통경로의 기본 개요

① 유통기구의 구성

경제주체를 기업입장에서 보면 생산자와 소비자, 중간에 위치하는 중간업자(도・소매업자, 수송업자, 창고업자 등)의 세 유형으로 나눌 수 있다.

- 거래유통기구의 구성주체
  생산자, 도매업자, 소매업자, 소비자(수요자) 등이 있다.
- 물적 유통기구의 구성주체
  생산자, 수송업자, 창고업자, 하역업자, 유통가공업자, 도매업자, 소매업자, 소비자(수요자) 등이 있다.
- 그 외 보완적인 구성주체
  각종 서비스업자, 금융업자, 보험업자 등을 말한다. 위와 같은 구성주체 중 거래유통기구의 구성주체인 생산자, 도매업자, 소매업자, 소비자(수요자)는 물적 유통기구의 구성주체이기도 하며 중요한 역할을 담당하고 있다.

② 유통경로의 의의

생산과정을 통하여 얻어진 제품의 사용가치에 추가적인 효용(시간효용 장소효용 소유효용 형태효용)을 부가함으로써 제품의 교환가치를 높여서 완전한 제품이 되게 하고 시장에서 상품으로 거래될 수 있도록 한다. 완전한 제품을 제공해 준다는 것은 소비자가 원하는 시간과 장소에서 원하는 형태의 상품과 서비스를 소유할 수 있도록 해주는 것을 의미한다.

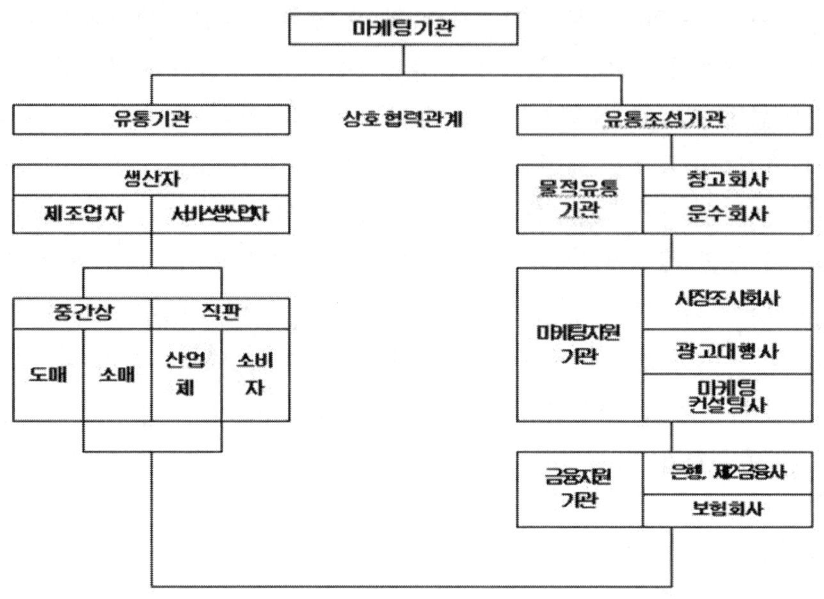

〈그림 2.2〉 유통기관과 유통조정기관

③ 유통경로의 전략적 중요성

유통경로는 제품, 가격, 촉진과 함께 마케팅관리자가 유통기관 사이에서 목표달성을 위해 전략적으로 활용할 수 있는 마케팅믹스요소 중의 하나이다.

유통경로가 결정되면 제품, 가격, 촉진 등 마케팅믹스의 다른 요소에 직접 영향을 주어서, 쉽게 바꾸기 어려우므로 결정과 관리에 신중해야 한다.

유통경로의 길이, 중간상들의 기능 및 능률성 등 유통경로 관리에 따른 유통비용은 제품원가에 영향을 미쳐 기업경쟁력과 국가경제에 영향을 준다.

④ 유통기관의 기능

고객과 기업 간의 이용가능성과 접근성, 효율성을 높여주는 역할을 한다. 유통기관의 주요 기능 산업이 고도로 전문화한 오늘에는 상품이 생산되어 소비되기까지 지역적, 시간적 불일치와 제반 비용증대가 심하기 때문에 유통기관의 기능이 더욱 중요해지고 있다. 유통기관의 주요 기능은 다음과 같다.

■ 수요 창출 활동

가장 기본적인 기능이다. 유통업자는 수요의 증대(push power), 제조업자는 광고로 수요 흡인력을 확보한다.

■ 정보 전달 활동

소비자가 구매정보(기업, 상표, 판매 등) 중에서 유통 업자는 판매정보(가격, 종류, 판매 조건 등) 제공한다.

■ 물리적 배분 활동

주문, 수송, 배달, 재고 보관 등 활동을 수행한다.

■ 시스템 구축활동

거래의 효율성, 구색, 제품의 소량 단위화, 거래의 단순화, 정보탐색의 용이성 등 효율적인 운영방식을 도출한다.

■ 기타 활동

환경, 시장, 경쟁, 제품 등에 대한 조사, 촉진, 교류, 대응, 상담, 주문, 금융, 위험 부담 또는 신용 보증 등이 있다.

■ 유통경로의 기능을 통한 마케팅 효과

- 거래의 수(數) 감소, 거래/교환 과정의 촉진
- 거래의 표준화
- 제품 구색의 불일치 완화
- 생산자에게 규모의 경제효과, 구매자에게는 다양한 상품선택기회 제공
- 생산자에게는 구매자와 경쟁자 및 기타 시장 환경 요인들에 대한 정보 제공
- 소비자에게는 상품에 대한 정보를 제공
- 대 고객서비스(배달에서부터 설치, 사용 방법 교육 및 수리 등 제공)
- 외상과 할부판매를 통한 간접금융기능을 제공, 생산자의 위험을 분담

⑤ 유통경로의 특징

■ 유통경로의 비탄력성

타 마케팅믹스들에 비해 한번 결정된 유통경로는 다른 유통경로의 전환이 용이하지 않다.

■ 유통경로의 지역성

유통경로는 각 나라의 고유한 역사적 배경과 시장 환경에 의하여 영향을 받게 되므로 각국 유통경로는 매우 다른 양상을 보인다.

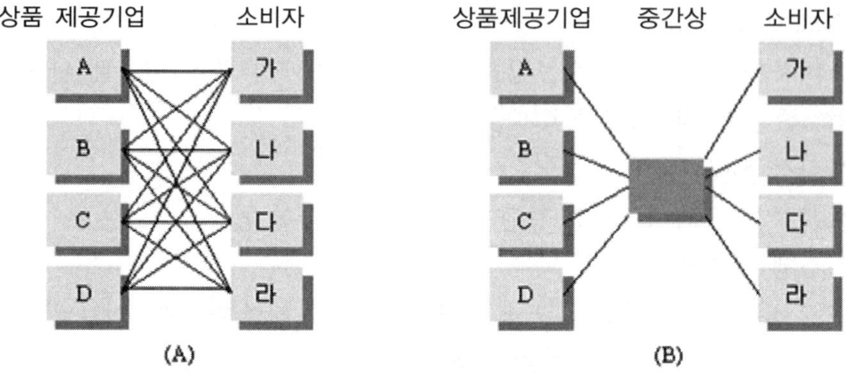

〈그림 2.3〉 유통경로의 특징

2) 유통경로의 유용성

(1) 유통경로의 기능

표적 고객들에게 유통서비스를 제공하기 위해 경로 구성원들이 수행하는 마케팅 활동을 의미한다. 자사 제품을 어떠한 유통경로를 통해 표적시장에서 제공할 것인지 또는 적절한 유통경로에서 새로운 고객가치와 시장을 창출하기 위한 노력과 제품과 서비스보다 중요하므로 주요 기능에 대처해야 한다.

〈표 2.1〉 유통경로의 기능

유통기능의 종류		주요 내용 및 특징
전방기능흐름	물적소유	공급자 ⇒ 운송업자 ⇒ 제조업자 ⇒ 중간상 ⇒ 고객 시간효용을 창출(보관활동) 공간효용을 창출(운송활동)
	소유권	공급자 ⇒ 운송업자 ⇒ 제조업자 ⇒ 중간상 ⇒ 고객 취득세, 부가가치세, 공채의 구입 등의 거래비용 발생
	촉진	광고대행사, 미디어 ⇒ 제조업자 ⇒ 중간상 ⇒ 고객 자사제품의 판매를 위한 촉진활동
후방기능흐름	주문	유통기능의 효율화를 위한 주문의 확보 고정 고객의 확보와 관리
	대금지불	공급자 ⇐ 은행 ⇐ 제조업자 ⇐ 은행 ⇐ 중간상 ⇐ 은행 대금회수의 신속화(대금회수 방법, 기간)
양방향기능흐름	협상	수요와 공급의 연결 상담(거래조건, 가격, 관할권) 거래상대방에 대한 조사
	금융	생산자금, 외상판매
	위험부담	수요변화, 원자재수급 및 가격변화 등에 대한 계약

① 물적소유(physical possession), ②소유권(ownership), ③촉진(promotion), ④협상(negotiation), ⑤자금조달(financing), ⑥위험부담(risking), ⑦ 주문(ordering), ⑧대금지불(payment)

(2) 유통 경로의 중요성

① 유통 경로는 다른 마케팅 활동에 직접적인 영향을 미친다. 즉, 유통 경로가 결정되면 제품, 가격, 촉진 등 마케팅 믹스의 다른 요소에 직접적인 영향을 주게 된다. 예를 들면, 동일 상품을 대형 마트에서 판매할 때와 인터넷 쇼핑몰에서 판매할 때에는 여러 가지 면에서 큰 차이가 난다. 우선 업태전략과 제품의 이미지에 따라 가격과 품질, 광고 매체전략이 달라진다.

② 유통 경로의 결정과 관리는 신중해야 한다. 왜냐 하면, 중간상과의 거래는 일반적으로 장기계약에 의해 이루어지므로 한번 결정되면 이미 투입된 유무형의 자원과 전략을 단시일에 바꾸기 어렵기 때문이다.

(3) 유통 경로별 4가지 생산 · 소비 환경

생산자입장에서는 유통경로에 따라 판매상황과 관리방식 등이 달라진다.

① 소규모 생산 · 소규모 소비형
② 소규모 생산 · 대규모 소비형
③ 대규모 생산 · 소규모 소비형
④ 대규모 생산 · 대규모 소비형

(4) 유통경로 구성원의 기능

유통경로는 생산영역과 소비영역간의 간격을 메우는 기능을 하고, 소비자의 욕구를 충족시키는 다양한 효용을 창출한다.

① 소비자를 위한 가치창출
② 거래에서의 효율성증가
③ 분류기능의 수행,
④ 반복화에 의한 비용절감
⑤ 정보탐색과정의 촉진 등

유통경로가 존재하는 이유는 소비자를 위한 가치창출 이외에도 거래에서의 효율성증가, 분류기능의 수행, 반복화에 의한 비용절감, 정보탐색과정의 촉진 등의 효과를 기대할 수 있기 때문이다. 이러한 효과는 생산자, 중간상, 소비자로 이어지는 유통경로 구성원들이 일련의 경로기능흐름을 효율적으로 수행함으로써 얻어지게 된다.

(5) 경로 기능 흐름

유통경로는 경로기능을 수행하는데 있어 내부적으로는 제조업체, 도매상, 소매상으로 구성되는 상적부문과 소비자부문으로 구성된다. 경로기능흐름은 최종사용자에게 고객에게 가치를 부가하는 유통경로 내 기능이나 활동을 말한다. 이러한 이유는 기능(활동)이 상이한 경로구성원에 의해 상이한 경로구성원과 시간에 수행되는 흐름은 기능의 이동을 내포할 수 있기 때문이다.

제조업체나 중간상이 유의하여야 할 것은 소비자는 원자재 공급업체에서 제조업체, 도・소매상으로 이어지는 상적부문에서 제공되는 총가치의 양에 의해 자신의 구매여부를 결정짓는다는 것이다.

제조업체간의 경쟁이나 중간상간의 경쟁보다 더 중요한 것이 유통시스템간의 경쟁이라고 할 수 있다. 소비자는 개별소매상으로부터 제품을 구매하는 것이 아니라 공급업자에서 제조업체, 중간상으로 이어지는 하나의 상적시스템에서 제공되는 가치를 구매하는 것이라 할 수 있다.

(6) 경로배열원리

- 경로구성원은 배제할 수 있어도 경로기능흐름은 배제할 수 없다.

① 유통경로배열에 있어 경로구성원의 제거 혹은 대체는 가능하다.

② 그러나 이들 경로구성원이 수행하는 기능흐름은 제거할 수 없다.

③ 특정한 경로구성원이 제거되었을 때 해당 경로구성원의 기능흐름은 경로배열 상의 전방 또는 후방의 경로구성원에게 이전된다.

(7) 행위적 관점에서 본 유통경로관리

- 각 경로구성원들이 고객가치의 창조를 위해 상호의존적 관계시스템을 구축한다.
- 교환과정에서 개인목적을 중시하는 기회주의적 행동을 취하는 경우 많다.
- 경로선도자는 경로구성원 활동을 조정・통제하고 협력체계 구축이 중요하다.

- 단속형 거래
  유통경로내의 거래당사자들이 현재의 거래를 통해 최대의 이윤을 올리고자 하는 거래형태이다.
- 관계형 교환
  유통경로내의 거래당사자들이 현재 및 미래의 경로성과 모두에 관심을 가지며 연속적 거래를 통해 발생되는 이윤을 극대화하고자 하는 거래형태이다.

〈표 2.2〉 단속형 거래와 관계형 교환의 비교

구 분	단속형 거래	관계형 교환
거래처에 대한 관점	단순고객으로서의 거래처	동반자로서의 거래처
지배적 거래규범	계약	거래윤리
거래경험의 중요성	낮음	높음
신뢰의 중요성	낮음	높음
잠재거래선의 수	다수의 잠재거래선	소수의 잠재거래선
거래선의 차별화 정도	낮음	높음
상대적 의존도	낮음	높음
철수비용(교체비용)	낮음	높음
가치창출의 주체	개별기업	공동노력
추구하는 가치	주로 경제적 보상	경제적/심리적 보상
잠재가치의 규모	작음	큼
가치의 원천	정보불균형	수직적 범위에 의한 규모의 경제
대표적 산업	의류, 완구	자동차, 컴퓨터

3) 유통경로(중간상)의 유용성

(1) 중간상의 필요성

중간상은 제품이 지닌 가치에 소비자들이 원하는 새로운 가치를 추가하는 역할을 수행한다. 따라서 유통경로가 필요한 이유는 수요와 공급의 두 가지 측면으로 나누어 살펴볼 수 있다. 수요측면에서 유통경로 내 중간상은 생산과 소비의 양극 사이에 존재함으로써, 제품의 구매와 판매에 필요한 정보탐색의 노력을 감소시켜 주고 제조업자의 기대와 소비자 기대간의 차이를 조정해 준다. 공급측면에서 볼 때 유통경로 내 중간상은 반복적인 거래를 가능하게 함으로써, 구매와 판매를 보다 용이하게 해주고 교환과정에 있어 거래비용 및 거래회수를 줄임으로써 효율성을 높여준다.

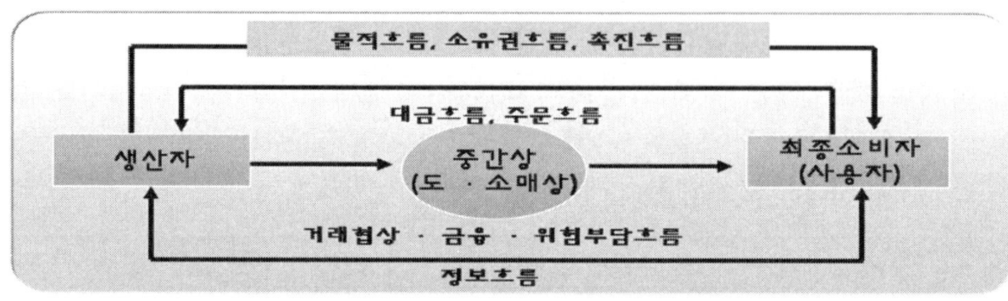

〈그림 2.4〉 유통경로(중간상)의 개념

(2) 기능적 측면

① 수요측면

- 탐색과정의 촉진

  중간상은 제조업자와 소비자가 필요로 하는 정보를 제공해주며, 하나의 장소에서 많은 상품을 취급함으로써 정보탐색에 따른 비용과 시간을 감소시킨다.

- 분류기능

  제조업체와 소비자 간에 원하는 구색에 있어 차이가 존재하는 경우, 중간상은 분류기능(sorting function)을 수행함으로써 이러한 차이를 해소시킨다. 분류기능을 수행함으로써 중간상은 형태(form), 소유(possession), 시간(time), 장소(place) 효용을 창출한다.

〈표 2.3〉 4가지 분류기능

구 분	주요 내용
등급(sorting out)	다양한 공급원으로부터 제공된 이질적인 제품들을 상대적으로 동질적인 집단으로 구분하는 것
수합(accumulation)	다양한 공급원으로부터 소규모로 제공되는 동질적인 제품들을 한데 모아 대규모 공급이 가능하게 만드는 것
분배(allocation)	수합된 동질적 제품들을 구매자가 원하는 소규모단위로 나누는 것
구색화(assorting)	상호연관성이 있는 제품들로 일정한 구색을 갖추어 함께 취급하는 것

② 공급측면

- 효율적인 관리체계
  제품의 양, 운송방법과 시기, 대금지불방법과 시기, 기타 거래에 필요한 조건들이다.
- 제품과 서비스의 표준화
  전자문서교환 방식(EDI : Electronic Data Interchange), 공급체인망관리(SCM) 등이 있다.
- 교환과정에서의 효율성 제고
  중간상은 다수 공급자와 구매자 간의 교환을 연결로 거래의 수를 감소시킨다.
- 유통경로(중간상) 필요성의 원칙
  유통경로란 파이프라인과 비교되면서 유통단계가 축소되고 있다. 특히, 인터넷 등 정보기술이 발전되면서 현대의 매장의 개념은 과거의 중개기능측면에서 온라인접속을 통한 외형적 공간에서 가상 상점으로 확대 인식되고 있다.
- 총 거래 수 최소의 원칙
  생산자와 소비자 간의 직접 거래에 비해 거래빈도의 수 및 이로 인한 거래비용을 낮춘다.
- 집중준비의 원리
  중간상의 개입은 사회전체 보관(storage)의 총량을 감소한다.

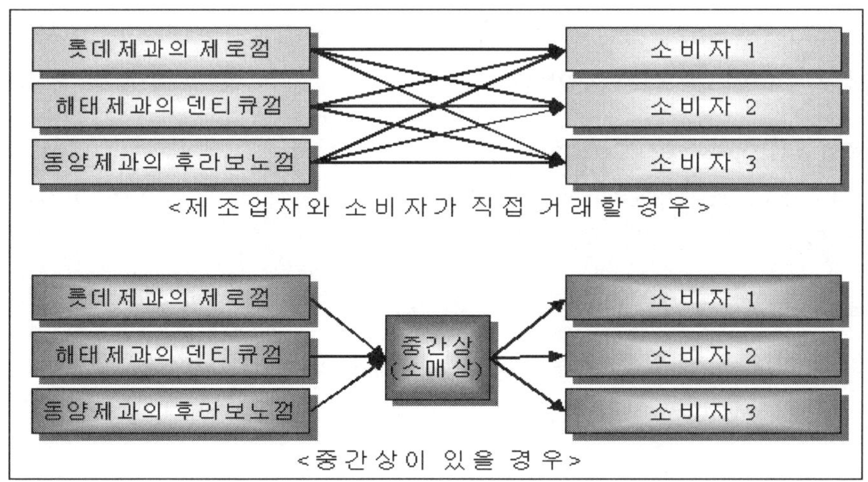

〈그림 2.5〉 총 거래 수 최소의 원칙 : 사례

■ 분업의 원리
유통경로에서 수행되는 기능들, 즉 수급조절, 보관, 위험부담, 정보수집 등을 제조업자가 모두 수행하기 보다는 전문성을 갖춘 유통업체에게 맡기는 것이 경제이다.

■ 변동비우위의 원리
유통분야에서는 제조분야에 비해 변동비의 비중이 상대적으로 크므로 제조와 유통의 통합이 제조와 유통 간의 역할분담보다 이점을 갖지 않는다.

3) 유통 경로의 효용과 기능

유통경로는 제품을 생산자로부터 소비자에게 이전시키는 과정에서 시간효용, 공간효용, 소유효용, 행태효용 등 4가지 효용을 제공해 주고 있다.

(1) 유통경로가 창출하는 효용

① 시간효용(time utility)

재화나 서비스의 생산과 소비자 간의 시차를 극복하여 소비자가 이용 가능하도록 해주는 효용. 편의점에서는 제품을 언제나 구매할 수 있다.

② 장소효용(place utility)

지역적으로 분산되어 생산되는 재화나 서비스의 생산과 소비자가 구매하기 용이한 장소로 전달될 때 창출되는 효용이다. 또한 구매자가 원하는 곳에서 언제든지 구매할 수 있도록 하는 것이다.

③ 소유효용(possession utility)

생산자로부터 소비자에게 재화나 서비스가 거래되어 그 소유권이 이전되는 과정의 효용이다.

④ 형태효용(porm utility)

대량으로 생산되는 상품의 수량을 소비지에게 요구되는 적절한 수량의 분할과 분배를 통해 창출되는 효용이다.

(2) 유통경로의 네 가지 효용을 위한 지원하는 세 가지 기능

유통경로는 이러한 네 가지 효용을 제공하기 위하여 크게 나누면 거래기능, 물적 유통기능, 촉진기능으로 구분할 수 있다.

① 거래기능

중간상이 재판매를 목적으로 제품을 구매하고, 구매한 제품을 고객에게 판매하는 기능을 말한다.

② 물적 유통기능

제품을 이동시켜서 구매자가 구매하기 좋은 량으로 결합하는 기능을 말한다.

③ 촉진기능

중간상들이 제품이나 서비스의 구매나 판매를 보다 용이하게 해주는 기능을 말한다.

(3) 유통 경로의 사회 경제적 기능

① 교환과정의 촉진

시장경제가 발전될수록 교환과정도 복잡해지고 생산자와 소비자는 시장에서의 거래수를 감소시키고 거래를 촉진시킨다.

② 제품구색 불일치의 완화

생산자는 규모의 경제 실현을 위해 소품종 대량생산을 지향하는 반면, 소비자는 다품종 소량생산을 위한 다양한 상품을 요구하는 과정에서 발생하는 제품구색의 불일치가 유통경로를 완화시킨다.

③ 거래의 표준화

거래과정에서 제품, 가격, 구입단위, 지불조건 등을 표준화하여 시장에서의 거래를 용이하게 한다.

④ 생산과 소비의 연결

생산자와 소비자 사이에 존재하는 지리적, 시간적, 정보적 장애를 극복하여 양자 간에 원활한 거래를 돕는다.

⑤ 고객서비스의 제공

소비자에게 애프터서비스, 제품의 발달, 설치 및 사용방법의 교육 등 다양한 서비스를 제공한다.

⑥ 정보제공 기능

유통기관인 소매업은 상품판매와 함께 소비자에게 상품정보, 유행정보, 생활정보 등의 무형적인 가치도 같이 제공한다.

⑦ 쇼핑의 즐거움 제공

점포의 위치와 설비, 인테리어, 디스플레이, 조명 등의 물질적인 요인과 판매원의 대고객서비스 등의 인적요인이 조화를 이루어 소비자의 기본적인 쇼핑동기를 충족시킨다.

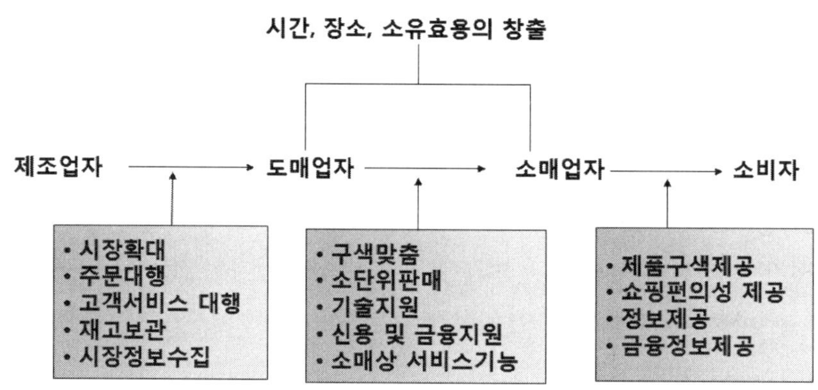

〈그림 2.6〉 유통경로구성원의 세부기능

(4) 유통 경로의 마케팅 기능

① 소유권 이전기능

교환과정 촉진, 생산자와 소비자 간의 소유적인 격리 조절, 소비자와 제조업자(판매자)의 연결하여 거래 성립의 기능이다.

상품 소유권이 생산자 → 유통경로(도매상, 소매상) → 최종 소비자로 이전한다.

■ 구매

상품을 구입하기위해 계약체결을 위한 상담을 하고 그 계약에 따라 상품을 인도 받고 대금을 지급하는 활동이다.

■ 판매

예상고객이 상품이나 서비스를 구매 하도록 하는 활동으로 판매기능이 수행되기 해서는 수요창조활동(판매촉진 활동)이 선행되어야 한다.

② 물적 유통기능

생산과 소비상의 보관의 두 가지 기능인 장소적, 시간적 격리 조절기능을 수행하기 위하여 시간 효용을 창출하는 상품 운반 및 저장한다.

■ 운송기능

장소적 격리를 극복함으로써 장소효용을 창출한다.

- 운송기능은 전업 운송업자에게 위탁 수행하나, 가끔 중간상이 수행한다.
- 운송관리는 운송기능이 위탁 수행되는 경우, 상품 성질, 형태, 가격, 운송거리의 장단 및 지리적 조건 등을 고려해서 수용한다.

■ 보관기능

시간적 격리를 극복하여 시간효용을 창출한다.

- 보관기능은 생산시기로부터 판매시기까지 상품을 보유하는 것이다.
- 보관의 주목적은 시간적 효용을 창출해서 수요와 공급을 조절한다.
- 보관기능은 전업화한 창고업자에 위탁 수행되는 경우가 많다.

③ 조성 기능

소유권이전기능과 물적 유통기능의 원활화.

- 시장금융기능 : 거래의 표준화, 시장금융, 위험부담 등이 있다.
- 위험부담기능 : 경로활동을 위한 자금 조달을 한다.
- 위험 부담 기능 : 제품구색 불일치의 완화한다.
- 시장정보 기능 : 고객서비스 및 정보 제공을 한다.

2.2 유통기관

1) 유통기관

유통은 수요와 공급을 조절하여 좋은 품질과 적정한 가격의 상품을 소비자에게 공급함으로써 국민 생활을 향상시켜 준다. 상품의 유통 기능을 담당하는 조직을 유통 조직이라 하며, 유통 활동에 직접적으로 종사하여 상품의 수집과 중계, 분산을 직접 담당하고 있는 기관을 유통 기관이라 한다.

(1) 도매상

① 도매상의 성격과 기능

도매상은 도매 행위(wholesaling)를 전문으로 하는 유통 기관을 말한다. 도매 행위는 생산자나 다른 도매상으로부터 상품을 사다가 소매상 또는 다른 도매상이나 생산업자에게 파는 것을 말한다.

② 도매기관 분류(제품의 소유권)

- 상인 도매기관 : 직접 구매하여 소유권을 가진다.
- 대리도매기관 : 소유권을 갖지 않고 제조업체의 상품을 판매, 유통시킨다.
- 제조업체 도매기관 : 제조업체가 도매기능을 수행한다.

③ 도매기관의 유형

제조업자 도매상, 상인 도매상, 완전 서비스형 도매상, 도매상인, 트럭배달 도매상, 직송도매상, 제조업자 대리점, 판매 대리점, 특약점 등이 있다.

■ 상인도매상

상품에 대한 소유권을 가지고, 소매상과 거래하는 독립적인 상인을 말한다. 상인 도매상은재고유지, 판매원 이용, 신용 판매, 배달, 경영지도 등의 모든 서비스를 제공하는 완전 서비스 도매상과 한정 서비스 도매상으로 나눈다.

■ 중개상

불특정 다수인의 위탁을 받아 타인의 명의로 매매를 알선해 주고, 쌍방으로부터 수수료를 받는 도매상이다.

■ 대리상

특정한 상인의 명의로 계속적으로 영업을 대리해 주고, 그 성과에 따라 일정한 보수 또는 수수료를 받는 도매상이다.

■ 제조업자 직영 지점

독립된 도매상을 이용하는 것이 아니라 판매자나 구매자에 의하여 직접 운영되는 도매상이다.

(2) 소매상

소매상은 생산자나 도매상으로부터 상품을 매입하여 최종적으로 소비자에게 판매하는 매매업자를 말한다. 소매상은 대부분 점포를 이용하여 판매활동을 하지만,

방문 판매나 통신 판매와 같이 점포를 이용하지 않는 무점포 소매상도 있다. 소매상의 규모는 대형 할인 매장 등의 등장으로 대형화되어 가고 있다. 구매 상담이나 외상 판매 등의 편의를 제공하고 있다. 소매상은 이러한 기능을 수행함으로써 국가 경제의 안정과 발전에 기여하고 있다.

① 소매상 또는 소매업의 본질적 특성

- 최종소비자에 대한 판매액이 50% 이상인 점이다.
- 상품 판매량의 다소에는 관련이 없다는 점이다.
- 점포나 상점의 존재를 반드시 그 전제로 하지 않는다는 점이다.

② 소매기관의 기능

소비자 편의제공 기능, 생산자 · 도매상 협력기능, 정보기능, 신용공여 기능, 상품지식 제공, 상품관리, 쇼핑환경 제공 등이 있다.

③ 소유권

독립적인 소매상, 체인 소매상, 프랜차이즈, 소비자조합 등이 있다.

④ 소매상의 종류

■ 점포 소매상

일정한 점포나 시설물 내에 상품을 진열해 놓고 판매하는 소매상으로, 우리 주변의 대부분 소매상들이 이에 속한다.

- 잡화점

  식료품과일용 잡화를 취급하는 소규모의 소매상으로, 구멍가게로 불리기도 한다.

- 수퍼마켓

  편의품 중심의 각종 생활 용품을 셀프 서비스의 방식으로 판매하는 소매상이다.

- 연쇄점

  하나의 기업이 여러 지역에 많은 점포를 설치하고, 생활용품을 중심으로 판매한다.

- 백화점

  도시의 번화가나 교통의 중심지에 대규모 점포를 가지고, 선매품을 중심으로 전문품 등의 생활 용품을 취급한다.

- 쇼핑센터

  교통이 편리하고, 주차장이 완비된 교외 지역에 위치하며, 여러 소매상들이 인위적으로 결합된 집단적 상점가이다.

- 창고형 할인 매장

  설비를 간소화하고 서비스를 절감하는 대신에 가격을 할인하여 판매하는 상점이다.

- 하이퍼마켓

  농수산물, 식료품 일용 잡화 등 생활 용품을 두루 갖추고 있어 일괄 구매가 가능한 초대형 수퍼마켓을 말한다.

■ 무점포 소매상

- 통신 판매업

  일정한 점포나 시설물을 갖추지 않고 판매하는 소매상이다.

- 방문 판매업

  판매원이 소비자를 직접 방문하여 상품을 판매형태이다.

- 자동 판매기업

  사람이 많이 모이는 장소에 설치하는 것이 유리하며, 취급 품목으로는 음료, 위생 용품, 차표 등에 이용된다.

- 텔레마케팅업

  표적 고객 명단을 수집하여 전화로 제품정보를 제공한 후 판매를 유통하는 방법이다.

2.3 유통경로 믹스

1) 유통경로의 결정

(1) 소비자의 유통서비스 기대수준 분석

① 기다리는 시간의 단축

② 취급 제품의 다양성

③ 입지의 편리성(점포의 수와 분포)

④ 구매 단위의 최소화

(2) 유통 경로의 목표 설정시 고려 사항

① 기업의 목표

- 계량적 목표: 판매 증대, 이익 증대 등
- 질적 목표: 소비자 만족, 사회적 책임 이행 등
- 기업의 특성: 인적, 물적, 재무적 지원
- 제품 특성: 표준화 정도, 기술적 복잡성, 가격, 부피 등
- 중간상 특성: 중간상 유형별 장 · 단점
- 경쟁적 특성: 경쟁자의 유통경로 믹스
- 환경적 특성: 경기 변동, 법적 · 제도적 환경 요인

2) 유통경로 전략의 유형

(1) 유통경로와 구성원의 기능

오늘날 유통경영은 유통단계를 축소하고 중간마진을 차단하여 최종 소비자가격을 낮추는 노력이 전개되고 있다. 이러한 경향은 유통기업의 다점포화에 따른 물류효율성 증대와 유통비용의 축소를 위한 글로벌 경영전략이다.

① 상품 경로의 흐름

상품이 생산자로부터 중간상이나 물류 기관을 거쳐 소비자에게 흐르는 것이고, 소유권 역시 물적 흐름과 같은 방향으로 진행된다. 반면, 대금 지급 흐름은 물적 흐름과 소유권 흐름의 반대 방향으로 진행되며, 정보 흐름과 촉진 흐름은 양쪽 방향으로 진행된다.

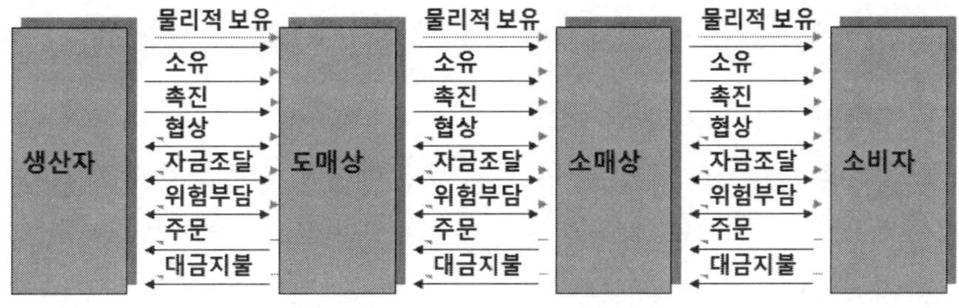

〈그림 2.7〉 8가지 경로기능흐름

② 시스템으로서의 유통경로

유통경로는 제조업체, 도매상, 소매상으로 구성되는 상적 부문(commercialsecto)과 소비자 부문(consumer sector)으로 구성된다. 소비자는 원자재 공급업체, 제조업체, 도・소매상으로 이어지는 상적 부문에서 제공되는 총 가치의 양에 의해 구매여부를 결정한다. 소비자는 개별 소매상으로부터 상품을 구매하는 것이 아니라 공급업자에서 제조업체, 중간상으로 이어지는 하나의 상적 시스템에서 제공되는 가치를구매하는 것이다.

③ 경쟁우위 원천으로서의 유통경로

경쟁우위(competitive advantage)는 기업의 가치사슬(value chain)이 경쟁사보다 효과적일 때 발생한다. 일련의 가치사슬활동에는 다양한 경로구성원이 참여한다. 따라서 유통경로는 기업의 경쟁우위의 중요한 원천이다.

■ 가치사슬

체계적으로 연계된 가치창출활동을 말한다. 경로선도자의 입장에서는 자신의 가치사슬활동 간의 연계를 최적화하기 위해 유통 경로 내 구성원의 기능을 경쟁사보다 효과적으로 조정하고 관리하는 한편, 경로구성원간의 협력체계를 구축하여야 한다.

본원적 활동(primary activities)	지원활동(support activities)
• 물류투입(inbound logistics), • 운영(operations) • 물류산출(outbound logistics) • 마케팅 및 판매(marketing and logistics) • 서비스(service)	• 획득(조달), (procurement) • 기술개발(technology management) • 인적자원관리(human resource management) • 기업하부구조(firm infrastructure)

(2) 유통 경로(채널)전략의 특징

도소매업의 유통경로는 직접 유통경로와 간접 유통경로로 나눈다.

■ 직접 유통경로 : 도매업 유통경로

첫째 유형은 영(零)의 단계 채널이다. 방문판매나 전자상거래와 같이 중간상을 거치지 않고 직거래가 이루어지는 유통채널이다. 통제가 용이하나, 비용이 많이 든다.

■ 간접 유통경로 : 소매업 유통경로

둘째 유형은 한 단계의 채널이다. 유통채널에 소매상만이 매개활동을 하거나 도매상만이 매개활동을 하는 경우이다. 소매상이 생산업자(제조업자)에게 상품을 받아서 소비자에게 판매하는 방법이다.

③ 도매기능의 유통경로

셋째 유형은 도매상과 소매상 등 두 단계에서 매개활동이 이루어지는 유통채널이다. 그러나 실제는 네 단계 혹은 그 이상의 단계에 이르는 복잡 다단한 유통채널이 있다. 가장 전통적인 유통방법이다.

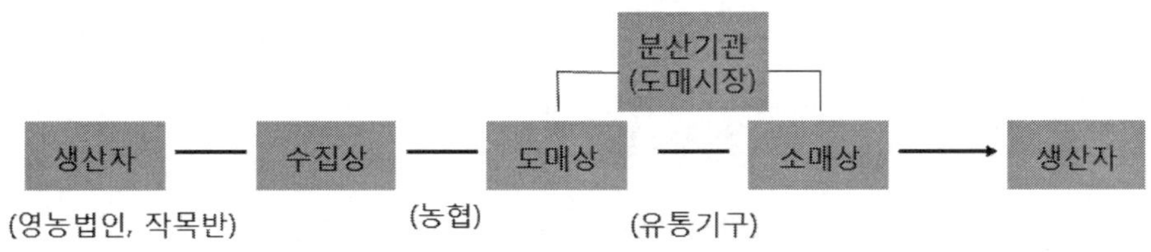

(3) 상품특성별 유통경로 특징

① 청과물 유통경로(fruits distribution channel)

주요 유통경로는 생산자 → 수집상 → 도매시장(공판장) → 중간도매상 → 소매상 → 소비자이다. 유통경로에는 상인을 통한 경로와 농협(작목반, 영농법인)을 통한 경로로 크게 나뉜다. 일반상인을 통한 경로의 경우, 청과물은 산지수집상 → 중앙도매시장 → 도매상 → 소매상의 과정을 거친다. 농협을 통한 유통과정은 농협(작목반, 영농법인) → 농협집하장(물류센터) → 지정거래인 등을 통하여 소비자에 이른다. 수집단계에서는 신선도가 요구되는 과채류와 시설채소의 경우, 단위조합이나 출하단체를 통한 공동출하와 대도시 도매시장 또는 유통기업에 직출하가 급속히 증가되는 추세이다. 기타 엽체류와 저장성 과실류, 양념류는 수집상을 통한 출하가 많다. 수집상은 이윤을 확보하기 위하여 다양한 방식으로 판매처를 확보하고 있으며, 도매상인(도매법인, 중도매인, 위탁상)과 소매상사이에 중간도매상이 존재한다. 도매상과 소매상사이에 중매인(仲買人: Jobber)이 개입하는 경우도 있다. 대형마트와 대량 수요자(급식, 대형 식당 등)들은 산지 계약재배 또는 수집상들에게 직접 구입하여 원물상태로 반입되어 현지 작업장(소생) 또는 물류센터에서 전처리 또는 가공과정(물 세척, 다듬기, 반 가공 등)을 거치면서 판매 또는 소비하는 경우가 증가되고 있다.

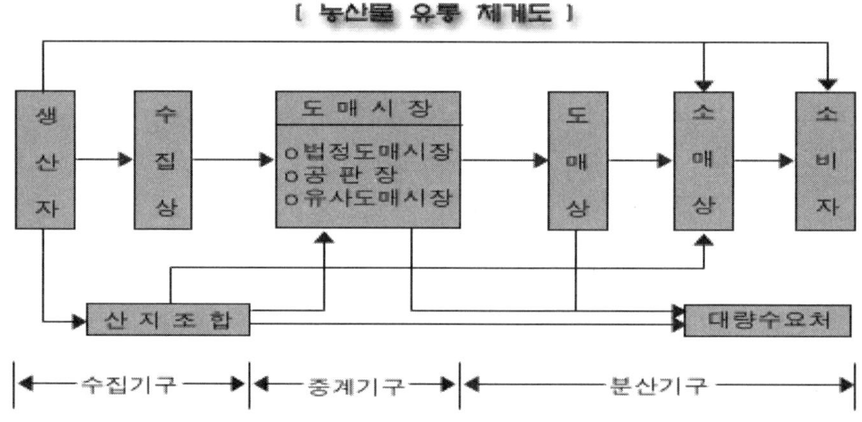

〈그림 2.8〉 서울 가락동 농산물도매시장의 유통경로

② 수산물 유통(distribution of fisheries products, 水産物流通)

■ 개요

생산한 수산물이 최종 소비자에 이르기까지 집하 · 교환 · 분배하는 과정을 말한다.

수산물의 유통단계는 일반적으로 집하 · 교환 · 분산의 3가지의 기본과정이다. 실제로는 상기 3가지 기본과정으로 완결되지 못하고 그 이상 다단계적 구조를 가지고 있으며, 유통기능과 유통조직도 단순한 문제가 아니다.

■ 수산물 유통과정 상 문제점

수산물의 부패성이 강해 상품성이 극히 낮다는 것과, 공산품과는 달리 직접 추출하는 소재 중심형(素材中心型) 생산물이기 때문에 등급화 · 규격화 · 표준화가 어렵다.

또한 계절적 · 지역적 생산의 특수성으로 인하여 수급조절이 곤란하며, 생산 규모의 영세성과 생산의 분산 등으로 유통활동이 저하되는 현상이다. 가격 및 소득탄력성이 낮아 공급량에 의한 가격결정이 불가능하다. 일반적으로 흉어시의 가격 등귀율(騰貴率)은 풍어시의 가격폭락을 메워주지 못하며, 수량 · 시간 · 공급조절능력의 결여는 어가(魚價)의 심한 계절 변동으로 인하여 생산자의 소득을 불안정하게 하는 중요 원인이 된다. 이러한 특수성으로 인하여 객주(客主)라는 존재가 기생할 수 있게 되며, 많은 중간상인이 등장하여 수산물유통은 다단계(多段階) 과정을 이루면서 유통효율을 감퇴시키고 있다.

■ 수산물유통의 중요한 과제

유통과정의 간결성 유지와 유통기능의 강화 및 그 조직의 근대화이다.

먼저 생산자들이 단체조직을 강화하여 대처해 나가며, 정책적인 차원에서 생산자단체의 유통활동을 지원한다. 또한 수산물유통에 대한 전반적인 개선 시책을 수립 · 실시하여야 한다.

③ 축산물 유통경로(畜産物流通經路, livestock distribution channel)

■ 개요

소 및 쇠고기 유통경로는 크게 생축유통과 지육유통으로 나누어진다.

생축 유통단계는 소 사육농가에서 가축시장, 수집상 또는 축협과 유통회사를 통해 산지 도축상, 법정도매시장, 축협공판장에 이르는 유통경로이며, 지육 유통단계는 도축장에서부터 반출상 또는 중매인을 통해 소매점, 소비자 등 소비지시장에 이르는 유통경로이다. 비육우의 사육규모가 확대됨에 따라 산지 가축시장이나 수집, 반출상인을 거치지 않고 농가가 직접 도매시장이나 축협공판장에 출하하는 경우도 있다.

■ 특징

대형 유통회사와 전문 체인식당, 일부 정육점 등 대량 수요자들은 산지 가축시장이나 수집상으로부터 생축을 직접 구입하여 현지 도축장에서 도축한 후 지육형태로 반입하여 판매 또는 소비하는 경우가 늘어나고 있다.

3) 유통경로 전략 결정

(1) 유통경로의 설계 및 관리단계

① 기업전략의 결정 단계

기업의 목표를 설정하고 소비자 분석과 경쟁분석, 기업능력분석, 로케이션분석 등 기업전략에 영향을 미치는 요인들을 분석, 기업전략을 수립하는 단계이다.

② 유통전략의 결정 단계

계약조건을 고려하여 유통경로의 목표를 설정하고, 그 목표를 달성하기 위한 유통경로의 관리가능구역과 통제수준에 관한 유통전략을 결정하는 단계이다.

③ 유통경로의 선정 단계

우선 유통경로의 대안들을 선정하고 대안들을 평가하여 최종경로를 선정하게 되는 단계이다.

④ 경로구성원의 선정 단계

유통경로가 결정되면 유통경로 파트너인 경로구성원을 선정하는 단계이다.

⑤ 유통관리

경쟁우위를 갖기 위해 유통경로를 효과적으로 관리하는 것이다.

(2) 유통경로의 설계전략

① 유통경로의 설계 과정에서 필요한 네 가지 조건(효율성, 범위, 자금효율, 장기적응)은 기업의 경쟁력 전략과 유사하다. 유통전략은 우선적으로 유통 성과와 생존에 영향을 끼칠 위협, 기회, 강점과 약점을 파악하는 것이다.

② 경로서비스에 대한 고객욕구분석은 입지의 편의성, 최소 구매단위(lot size), 주문 후 대기시간(제품 인도시간), 제품의 다양성 등이 필요하며, 소비자욕구의 다양화 · 개성화 → 시장세분화의 가속화 → 복수 유통경로의 구축 순이다.

③ 유통경로 목표의 설정에서 유통경로 목표 설정시의 고려요인에는 기업전체의 장기목표는 투자수익률 시장점유율, 매출액, 성장률 등이며, 표적고객의 기대 서비스수준이 있다.

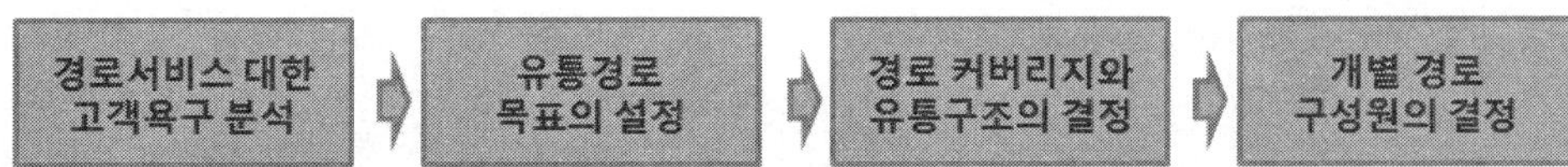

〈그림 2.9〉 유통경로의 설계과정

(3) 유통경로 전략의 결정

① 제 1단계 : 유통범위(coverage)의 결정- 구매습관에 의한 유통경로의 전략 전속적 유통경로 전략(Exclusive channel strategy)

■ 개요

일정한 상권 내에 제한된 수의 소매점으로 하여금 자사 상품만 취급한다. 제품과 연결된 유일성의 이미지를 효과적으로 제고하기 위해 정해진 구역에서 특정경로 구성원만이 활동하는 방식유통전략이다. 이는 전문품이 많다.

- 제품과 연관된 배타성, 제품이미지 제고 및 유지기능, 긴밀한 협조체계이다.
- 단점 : 시장노출의 제한, 전반적인 수요 감소시킨다.
- 딜러계약, 판매지역 계약, 연대계약 등 법적 의미를 갖는다.

■ 전문품(specialty goods)

제품구매 전에 가격 · 품질 · 형태 · 욕구 등을 충분히 선별하여 구매 제품이다. 소비자가 구입을 할 때 특정 품목내지 특정 브랜드에 돈과 시간을 아까워하지 않는 소비재이다. 자동차, 전자제품, 고급양복, 고급가구, 피아노 등이 있다.

- 전문품 유통경로 전략 : 선택적 유통전략과 전속적 유통전략을 활용한다.

〈표 2.4〉 전문품 유통경로 전략

상품특성	유통경영	
	유통전략	소매업태별
• 강한 브랜드 선호도 • 고가격, 낮은 구입 빈도, 불규칙 구입 • 개인적, 주관적 선호	• 유통경로 수직적 통합 → 소매점, 도매상경로 통제 • 제품이미지 제고 및 유지	• 직영점 • 전문점 • 가맹점

■ 개방적 유통경로 전략(Intensive channel strategy)

- 개요

희망하는 소매점은 모두 자사의 상품을 취급할 수 있다. 편의품이 많다. 시장을 넓게 개척, 여러 소매점 판매, 소비자에게 시장노출 극대화 전략.

- 편의품(convenience goods)

  제품지식이 강해 최소 노력으로 최대 효과의 구매행동을 보이는 제품이다. 식료품・약품・기호품・생활필수품, 일용품과 작은 전기제품, 조간지 등이 있고, 편의품은 필수상품, 긴급상품, 충동상품으로 구분한다.

  → 편의품의 유통경로 전략 : 개방적 유통전략을 채택한다.

〈표 2.5〉 편의품 유통경로 전략

상품특성	유통경영	
	유통전략	소매업태별
• 차별화 정도가 낮음 • 판매가격이 저렴 • 구입에 시간과 노력을 할애하지 않으려 함	• 진열 위치 등으로 상품 노출도 제고 • 가까운 점포에서 구입할 수 있도록 대형점과 소형점 복수유통 설계	• 할인점 • 수퍼마켓 • 편의점

■ 선택적 유통경로 전략(Selective channel strategy)

- 개요

  개방적 유통경로와 전속적 유통경로의 중간적인 형태이고 일정지역, 일정수준이상 자격소매점에만 자사제품 취급한다. 이는 선매품이 많고, 제품에 독특함, 희소성, 선택성 등 차별화를 위해 시장범위 제한전략이다. 유통비용 절감, 구성원들과 관계 유지, 차별성・희소성・선택성이미지를 가지고 있고, 고객서비스교육이 필요한 제품, 지리적 수요 집중상품(약국 판매 치약) 등이 있다.

- 선매품(shopping goods)

  제품구매 시, 가격・품질・형태・욕구 등을 충분히 비교한 것이 선별 구매 제품이다.

  구매단가 높고 구매횟수 적은 주택, 가구, 셔츠, 의류, 가전, 가방 등이 있고, 소비자의 비교기준에 따라서 동질의 선매품과 이질의 선매품으로 구분된다.

- 동질 선매품(수요 탄력적)

  소득수준이 같은 계층기준으로 유사 제품인 경우, 가장 낮은 가격을 선택하려는 제품(TV, 냉장고, 자동차 등)이다.

• 이질 선매품(수요 비탄력적)

소비자가 품질과 적합성 등을 비교하는 제품. 가격보다 품질과 형태를 중요시하는 제품(가구, 카메라, 의류 등)이다.

→ 가격지향 선매품: 개방적 유통전략 채택

→ 차별화지향 선매품: 선택적 유통전략 활용

〈표 2.6〉 선매품 유통경로 전략

상품특성	유통경영	
	유통전략	소매업태별
• 브랜드 충성도 높음 • 경쟁기업과 차별화 높아 비교구매가능 • 가격지향 선매품과 차별 지향 선매품 존재	• 개방적 유통경로대비 품질, 성능, 가격 특성 제시 • 일류 소매기업보다 대중 소매기업	• DC Store • MWC
	• 전속적 유통경로에 비해 유행을 주도하는 경로 • 경쟁제품대비 품질·성능을 비교 제시할 수 있다	• 백화점 • 쇼핑센터 • 전문점

② 제 2단계 : 유통경로의 길이 결정

유통경로의 길이는 시장요인, 기업의 특성, 제품의 특성, 경쟁사의 유통경로 등에 의하여 결정된다. 경로길이 결정에서의 고려요인은 다음과 같다.

• 기업특성 : 기업규모와 자금력

• 제품특성 : 제품유형, 부패가능성, 복잡성, 대체율

• 시장특성 : 시장규모, 고객분산 정도

■ 경쟁사 유통경로

유통경로를 모든 경쟁전략에 맞추고 기능융합의 유통경로를 분배와 재구성함으로서 배움에 투자하며 프로그램, 사업계획 및 장래계획을 선택하여 더 나은 구조를 선택해야 한다.

〈표 2.7〉 유통경로의 길이 결정요인

영향요인	짧은 경로	긴경로
제품특성	비표준화 중량품, 부패성 상품, 기술적 복잡성, 전문품	표준화된 경량품, 비부패성 상품, 기술적 단순성의 편의품
수요특성	구매단위가 큼, 구매빈도 낮고 비규칙적 전문품	구매단위 작고, 구매빈도 높고 규칙적인 구매빈도의 편의품
공급특성	생산자 적고, 제한적 진입과 탈퇴, 지역적 집중 생산	생산자 수가 많고, 자유로운 진입과 탈퇴, 지역적 분산 생산
유통비용구조	장기적으로 불안정→최적화 추구	장기적으로 안정적

③ 제 3단계 : 통제수준의 결정

유통경로에 대한 통제수준이 높을수록 유통경로에 대한 수직적 통합의 정도가 강화되어 기업이 소유하게 된다. 통제수준이 최저로 되는 경우에는 독립적인 중간상을 이용하게 된다. 양자 사이에는 프랜차이즈나 계약 또는 합자의 방식으로 이루어지는 유사통합이 있다.

■ 시장포괄에서의 주의점
- 브랜드 개념 전달이 혼돈되지 않도록 해야 한다.
- 고객들이 이질적 서비스를 감수해야 한다.
- 제품의 종류에 따라 경로구성원의 수 결정해야 한다.

〈표 2.8〉 유통경로 전략의 결정

구 분	전속적 유통경로	선택적 유통경로	개방적 유통경로
전략	한 지역에 하나의 점포에게 판매권을 줌	한 지역에 제한된 수의 점포들에게 판매권을 줌	가능한 한 많은 점포가 자사서비스를 취급하도록 함
점포수	하나	소수	가능한 한 많은 점포
통제	서비스 제공기업의 통	제한된 범위에서 서비스 제공기업의 통제가 가능	서비스 제공기업의 통제력이 낮음
서비스 유형	전문 서비스	프랜차이즈 서비스	일반 서비스

(4) 마케팅믹스와 유통경로관리

① 제품과 유통경로관리

■ 개요

제품전략이 정해진 후에 이에 적합한 유통경로가 설계되기 때문에 제품전략은 경로설계에 가장 중요한 역할을 해야 한다.

■ 제품특성에 따른 유통경로관리

- 제품의 단가

  단가가 낮은 제품은 일반적으로 긴 유통경로(여러 가지 형태의 중간상이 많이 개입하는 경로)를 가진다.

- 제품의 구매주기

  소비자 특성에 따라 다양한 유통경로를 가진다.

- 부패가능성

  운반이나 취급도중에 부패될 가능성이 높은 제품의 유통경로는 짧아진다.

〈표 2.9〉 점포유형별/제품유형별 구매행동의 특성

구 분		고객의 쇼핑(구매)행동	경로커버전략
편의점	편의품	가장 가까운 점포에서 가장 쉽게 구할 수 있는 상품을 구매한다.	집중적
	선매품	가장 가까운 점포에에 진열된 상품들을 비교하여 선택한다.	집중적
	전문품	고객 선호상표를 취급점포들 중 가장 가까운 점포에서 특정상표 구매	선택적/전속적
선매점	편의품	특정상표 선호 없으나, 가격서비스에서 경쟁점포 비교로 유리한 곳 선택	집중적
	선매품	상표와 점포를 함께 비교한 후 특정상표와 점포를 선택한다.	집중적
	전문품	가장 선호상표 구매, 특정상표 취급점포 중 가격서비스 유리한 곳 선택	선택적/전속적
전문점	편의품	소비자는 어떤 상표 구매하더라도 상관없지만 특정점포 애호도가 높다.	선택적/전속적
	선매품	소비자는 특정점포 애용하지만 그 점포 진열상표들을 비교한 후 선택	선택적/전속적
	전문품	소비자는 특정점포와 상표에 대한 애호도가 높다.	선택적/전속적

- 취급방법

  무게가 무겁고 부피가 커서 다루기가 힘든 제품은 일반적으로 직접 유통경로를 통해 판매한다.
- 기술적 복잡성

  기술적으로 복잡한 제품은 직접유통경로를 사용한다.
- 표준화 정도

  표준화 정도가 낮은 제품들은 각 소비자집단의 독특한 욕구를 충족시키기 위해 직접유통경로가 필요하다.

② 제품수명주기와 유통전략

■ 개요

전형적인 제품수명주기는 S자형을 가지며, 제품의 판매량 변화과정을 단계별로 분류할 경우 도입기, 성장기, 성숙기, 쇠퇴기의 4단계를 거친다.

■ 제품수명주기의 단계별 유통경로전략 수립 시, 주요 결정사항

- 중간상의 수(경로집중도)
- 수직적 통합

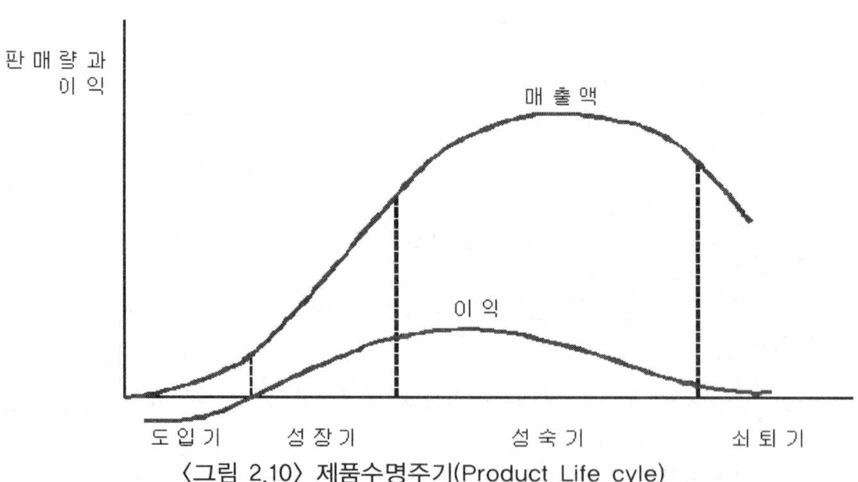

〈그림 2.10〉 제품수명주기(Product Life cyle)

■ 경로구성원들의 상표명전략

- 제조업체상표
- 소매업체 상표(private brand : PB)

■ 신제품개발과 유통경로관리

• 신제품 아이디어 창출, 시장테스트, 출시 등에 있어서 중간상의 역할

• 제조업자는 기존의 유통경로를 활용할 수 있는 제품개념을 선호

■ 판매촉진과 유통경로관리

• 소매 업태간의 동일상권에서 판매경쟁이 치열 → 소매업자들은 매출액 증대를 위해 고객을 상대로 다양한 소매상촉진(retailer promotion) 실시 → 제조업자들에게 추가적인 가격인하 및 수량할인의 압박요인으로 작용됨.

• 소매업태 간의 판매경쟁으로 인하여 광역상권별 틈새시장전략으로 새로운 업태탄생이 예고되면서 고객서비스가 향상되는 계기가 됨.

■ 풀(Pull)전략과 푸쉬(Push)전략

• 풀전략

제조업체가 최종소비자들을 상대로 촉진활동을 하여 소비자들로 하여금 중간상(특히 소매상)에게 자사제품을 요구하도록 하는 전략이다.

• 푸쉬전략

제조업체가 중간상들을 대상으로 하여 판매촉진활동을 수행하여 그들이 최종 소비자에게 적극적인 판매를 하도록 유도하는 유통전략

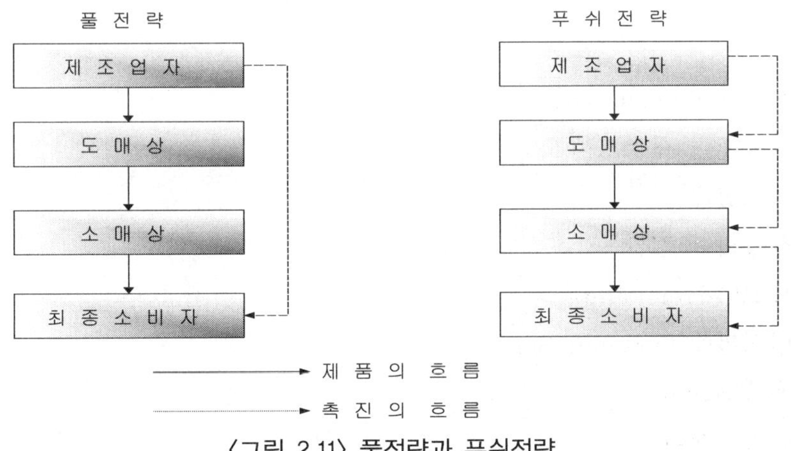

〈그림 2.11〉 풀전략과 푸쉬전략

■ 제조업체의 중간상촉진

• 중간상광고(Trade Advertising)

• 협동광고(Cooperative Advertising)

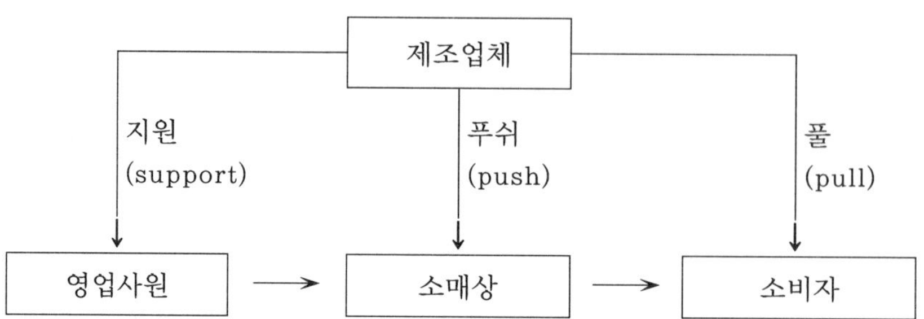

〈그림 2.12〉 제조업체의 판매촉진전략의 목표

〈표 2.10〉 협동광고의 상대적 중요도에 영향을 미치는 조건들

협동광고가 중요한 경우 ⇨소매상 의존형 마케팅	협동광고가 덜 중요한 경우 ⇨제조업체주도의 마케팅
전문점	편의점
낮은 구매빈도	높은 구매빈도
고가품	저가품
고관여 제품	충동구매
제품속성 파악이 쉽지 않은 경우	제품속성 파악이 쉬운 경우
낮은 상표애호도	높은 상표애호도
인적 서비스가 중요한 경우	셀프서비스
제한적 경로전략	집중적 경로전략

■ 인적판매(Personal Selling)

- 교육훈련 프로그램
- 보조판매

■ 중간상의 촉진활동

- 광고(Advertising)
- 인적판매(Personal Selling)
- 샘플(Sample)
- 디스플레이

③ 가격결정과 유통경로관리

■ 가격의 개념

판매자가 제공하는 제품과 부대서비스의 패키지에 대해 구매자가 지불하는 화폐량을 말한다. 경로구성원이 부과하는 가격수준은 경로구성원(소비자 포

함)이 얼마나 많은 유통기능을 수행하느냐에 달려 있다.

- 외국 : 가격표시제는 소매가격표시제와 단위가격표시제를 주축으로 발전
- 국내 : 공장도가격표시제, 수입가격표시제 등과 같은 제도들의 시행

■ 가격할인의 유형

- 현금할인(Cash Discounts)
- 거래할인(Trade Discounts)
- 판매촉진지원금(Promotional Allowances)
- 수량할인(Quantity Discounts)
- 계절할인(Seasonal Discounts)
- 상품지원금

■ 가격변화가 경로구성원에게 미치는 효과

- 장기적 가격변화
  제조업자가 가격인상을 결정할 때는 수요 감소이외에도 도・소매업자들의 지원이 약화될 가능성 등을 고려하여야 한다.
- 단기적 가격변화
  전략적으로 잘 고안된 세일이나 가격인하는 단기적 매출증대를 가져올 수 있고, 재고처분 등의 효과가 있다.
  남용은 수요의 집중화, 소비자의 가격에 대한 불신 등을 초래한다.

■ 전략적 근거를 갖는 단기적 가격변화

- 계절성이 있는 상품의 시즌 말 재고처분을 위한 가격인하.
- 신제품도입 시에 의구심을 갖는 소비자들의 수용을 촉진하기 위한 특별 도입 가격.
- 생산스케줄의 조정을 위한 재고처분 목적의 가격인하.
- 제품개량이 이루어진 경우 소비자에게 이를 설득시키기 위한 보조수단으로서의 단기적 가격인하.
- 소매점의 내점고객빈도를 높이기 위해서 몇 개의 특정제품들을 파격적인 가격에 판매하는 것(loss leader).

4) 유통경로의 파워

(1) 개요

① 경로파워의 정의

기존 유통경로에서 한 경로구성원이 유통경로 내 다른 경로구성원의 마케팅의 사결정이나 목적달성에 영향력을 행사하여 변경시킬 수 있는 행사수단이다.

② 경로파워 행사의 중요성

경로리더는 경로 전체 목표달성을 위해 각 경로구성원의 역할을 규정하고 경로 구성원들 간에 발생된 갈등에 대해 적절한 경로파워를 행사해야 한다.

③ 의의

경로기관 간의 경로목표에 차이가 있음으로써 발생하는 것으로, 판매자와 구매자의 목표에 내재하는 차이의 존재한다.

(2) 파워 원천(유형)

파워원천이란 다른 경로구성원들의 의존성을 높일 수 있는 가치 또는 자산의 보유나 마케팅기능의 수행능력이다.

〈표 2.11〉 파워원천의 효과

구분	내용
강제적 파워	경로구성원들 간의 갈등 증가
보상적 파워 전문적 파워 정당적 파워 정보적 파워 준거적 파워	경로구성원들 간의 갈등 감소
파워원천의 복합적 사용	중재된 파워 중재되지 않은 파워

① 보상적 파워(reward power)

경로구성원 A가 B에게 보상을 제공할 수 있는 능력이다. 판매지원, 영업활동지원, 관리기법, 시장정보, 금융지원, 신용조건, 마진폭의 증대, 특별할인, 리베이트, 광고지원, 판촉물 지원, 신속한 배달, 빈번한 배달, 감사패 제공, 지역 독점권 제공한다.

② 강제적 파워(coercive power)

경로구성원 A의 영향력 행사에 경로구성원 B가 따르지 않을 때 A가 처벌을 가할 수 있는 능력이다. 상품공급의 지연, 대리점 보증금의 인상, 마진폭의 인하, 대금결제일의 단축, 전속적 지역권의 철회, 인접 지역에 새로운 점포의 개설, 끼워팔기, 밀어내기, 기타 보상적 파워의 철회 등이 있다.

③ 전문적 파워(expert power)

경로구성원 A가 특별한 지식이나 기술을 보유함으로 인해 B에게 미칠 수 있는 영향력 경영관리에 관한 상담과 조언, 영업사원의 전문지식, 종업원의 교육과 훈련, 상품의 진열 및 전시 조언, 경영정보, 시장정보, 우수한 제품, 다양한 제품, 신제품 개발 능력 등이 있다.

④ 준거적 파워(referent power)

경로구성원 B가 A와 일체감을 갖기를 원하기 때문에 A가 B에 대해 갖는 영향력 유명상표를 취급한다는 긍지와 보람, 유명업체 또는 관련 산업의 선도자와 거래한다는 긍지, 상호간 목표의 공유, 상대방과의 관계지속 욕구, 상대방의 신뢰 및 결속등이 있다.

⑤ 정당성 파워(legitimate power)

경로구성원 A가 B에게 영향력을 행사할 권리를 가지고 있고, B가 그것을 받아들일 의무가 있다고 믿기 때문에 발생되는 영향력을 말한다. 오랜 관습이나 상식에 따라 당연하게 인정되는 권리, 계약, 상표등록, 특허권, 프랜차이즈 협약, 기타 법률적 권리를 말한다.

- 합법적 권력 : 상표등록, 특허권, 프랜차이즈권리, 기타 법률적 권리
- 전통적 권력 : 관습, 습관, 가치 등.

⑥ 정보적 파워(information power)

경로구성원 A가 B가 보유하지 않은 정보를 제공함으로 인해 A가 B에 대해 갖는 영향력 등이 있다.

〈표 2.12〉 파워원천 사용의 결과

구분	파 워 원 천	결 과
중재된 파워	강 제 적 보 상 적 합 법 적	낮은 협력 높은 갈등 성과 감시의 강조 단기적 반응
중재되지 않은 파워	정 보 적 전 문 적 준 거 적	높은 협력 낮은 갈등 성과감시의 불필요 장기적 반응

5) 유통경로의 갈등관리

(1) 개념

① 경로갈등 정의

각 경로구성원들의 목표와 수행역할에 대한 의견불일치 한다.

② 경로갈등의 원인

- 목표불일치 : 경로구성원들이 추구하는 목표가 서로 상이함으로 발생한다.
- 역할영역 지위역할의 불일치 : 구성원들 간 제품, 시장, 기능 등 발생한다.
- 지각의 차이 : 구성원들이 다른 경험과 배경, 편견, 경로 내 지위 요인이다.
- 과다한 상호 의존성 : 권력의 불균형 관계가 형성으로 갈등 발생한다.
- 이념 차이: 대기업과 소기업의 경영이념의 차이는 서로 갈등을 야기한다.

③ 갈등의 유형

- 수평적 갈등: 유통경로상의 동일한 수준(단계) 경로구성원들 간의 갈등
- 수직적 갈등: 유통경로상의 서로 다른 단계(수준) 구성원들 간의 갈등
- 복수경로 갈등 : 각기 다른 유통경로에 속해 있는 주체들 간의 갈등

④ 경로갈등과 경로성과간의 관계

- 역기능적 갈등(dysfunctional conflict) : 경로구성원 기회주의적 행동 유발
- 순기능적 갈등(functional conflict): 경로성과 향상을 가져오는 갈등
- 중립적 갈등(neutral conflict) : 경로성과에 영향을 미치지 않는 경로갈등

(2) 경로갈등 발생의 원인

① 경로구성원의 목표들 간의 양립불가능성

② 구성원이 수행해야 할 마케팅과업과 수행 방법에 대한 의견 불일치

③ 구성원들 간의 현실 지각에 있어서의 차이

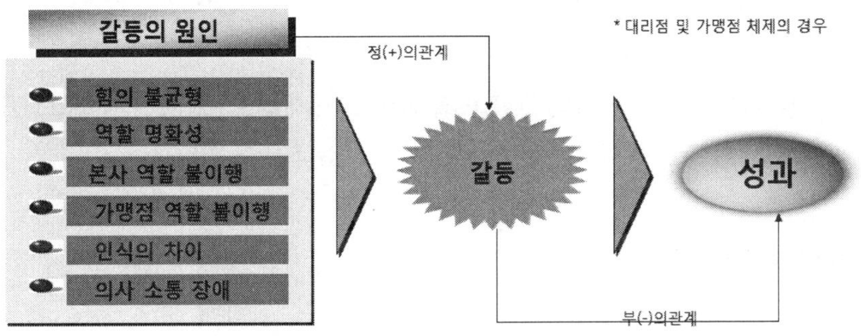

〈그림 2.13〉 갈등원인-갈등-성과 사이의 관계

(3) 환경요인과 유통경로 리더십

① 경로리더의 파워원천과 경로리더십은 환경요인과 경로구성원의 특성(기업규모, 자금력, 특정기술이 보유정도 등)에 의해 영향을 받는다.

② 경로리더의 통제력이 증가되는 환경적 요인

- 수요의 지속적 감소
- 수요의 불확실성
- 인적판매와 애프터서비스에 대한 중요성의 증대
- 다른 유통경로와의 경쟁증대

③ 경로 리더십의 스타일

- 참여적 리더십(participative leadership)
  추종자인 경로구성원으로부터 조언을 구하며 의사결정에 있어 추종자의 입장을 먼저 고려한다.
- 지원적 리더십(supportive leadership)
  구성원의 복리를 도모하고 우호적인 유통환경을 조성함으로써 경로갈등을 감소시킨다.

• 지시적 리더십(directive leadership)
경로구성원이 수행해야 할 기능을 할당하고, 의사소통 네트워을 설계하며 구성원의 성과를 평가한다.

④ 경로구성원별 리더십

• 제조업체의 리더십 행사전략
상표애호도 구축, 강제적 방법 동원, 전방통합 등이 있다.

• 소매업체의 경로 리더십과 리더십 행사전략
광고와 판매촉진, 소매업체상표의 도입, 자체상표(소배업체상표) 개발, 단체 활동, 협동조합의 결성한다.(소규모 소매상의 경우)

(4) 경로갈등 관리 방법

① 수직적 통합(垂直的 統合, vertical integration)관리

• 생산자와 중간상 사이에서 발생하는 문제점 해결방안.
• 원료공급기업과 생산 또는 판매를 전문으로 하는 기업이 제휴 · 합병.
• 제조업의 유통경로 합병 · 계열화와 도소매업의 제조업자 합병 · 계열화.
• 원료독점 경쟁자 배제, 원료부문 수익, 원료부터 제품까지 기술적일관성.

② 수평적 통합(水平的統合, horizontal combination)관리

• 도소매상 상호간 동일 업종기업이 동등한 조건하에서 합병 · 제휴.
• 대기업간의 통합경우 시장점유율 높여 가격선도자 역할을 수행.
• 중소기업은 생산설비 증가, 생산 확대, 판매망강화, 자금조달능력 강화.
• 대기업은 경쟁제한으로 경쟁문화 경직으로 임직원 해고문제 발생.

(5) 유통경로의 성공 요건

① 유통경로시스템의 목표 정립 후 경로구성원들에게 공동비전으로 제시한다.
② 우선적인 유통경로시스템의 설계와 경로구성원 조정체계의 설계한다.
③ 실행에 따른 성과의 평가방법도 미리 설정한다.
④ 유통경로시스템 목표달성을 위한 공유가치 정립 및 규범화한다.
⑤ 경로의사소통체계 및 유통정보시스템의 구축한다.

• 해당업체는 유통경로구성원들의 경로기능흐름을 효율적으로 수행한다.
• 최적의 유통경로 설계는 조정자역할(헬프, 리더 체크)반드시 필요하다.

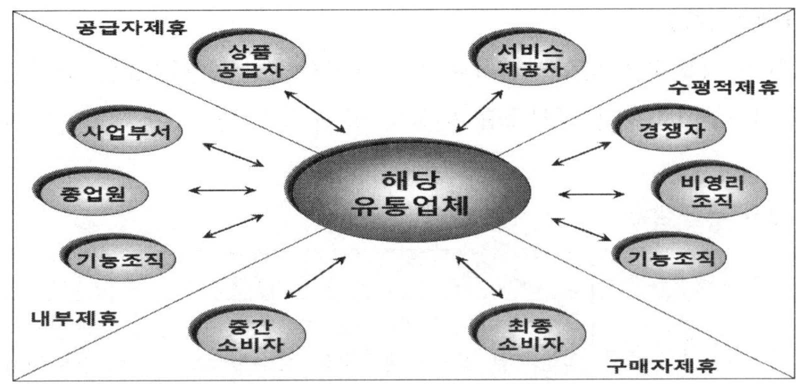

〈그림 2.14〉 유통경로 참여자들 간의 네트워크 구성

(6) 전략시너지와 관계시너지의 창출

① 전략시너지

- 유통 경로내의 도소매업태의 선정과 적정수의 문제
- 조직패턴(수직적 통합 또는 계열화의 문제)의 설계와 관련되는 경로 구조적 전략
- 경로구성원의 협력과 통제를 위한 영향력 행사
- 갈등관리 등과 관련되는 경로조정(운영)적인 전략

② 관계시너지 : 아웃 소싱의 증가로 중요성 대두 → 관계관리 강화

- 유통경로 구성원들이 상호간에 신뢰와 협력위한 분위기를 조성
- 신뢰분위기 조성, 협력적 관계 형성 →유통경로전략의 효율적 수행 가능
- 불필요하게 중복되는 비용의 감소

(7) 유통경로의 해결방법 결론

① 유통 경로 갈등이 원만히 해결하지 못했을 경우에는 자사 제품이 소비자에게 원활히 전달되기 어렵고 애써 구축해 놓은 유통망이 깨질 우려가 있다.

- 제조업체입장에서는 자사 제품이 소비자에게 가장 신속하고 편리하게 전달되어 지속적인 판매가 유지되려면, 유통경로 갈등을 제대로 관리하는 것이 도・소매상의 형태와 수를 정하는 것만큼이나 중요한 유통전략 중의 하나이다.

② 갈등해소 방법

경로리더의 지도력을 강화시키거나 경로구성원간의 공동목표를 제시하여 협력 체계를 유지, 구성원간의 의사소통을 상화 중재 조정 등으로 갈등 감소된다.

〈표 2.13〉 갈등 해소 방법

구분	내용
경로 리더의 지도력을 활용하는 방법	특정 경로 구성원이 지도력 보유, 다른 경로 구성원들의 신뢰 획득되면 갈등발생소지를 감소와 보다 빨리 갈등해결 분위기 조성됨.
공동 목표를 제시하는 방법	경로 구성원들이 생존하기 위해서 공통적인 외부의 위협(적)을 인식하고 있을 때, 보다 긴밀히 협조하게 되므로 갈등 해소가 용이
인적교류로 점차적 갈등 감소 방법	서로 갈등이 커지기 전에 친목을 다져서 서로 얼굴을 붉히지 않는 선에서 갈등을 최소화
중재와 조정의 방법	중재와 조정 절차를 수행하는 상설기구 설립, 유통 경로상 갈등발생 때 기구를 통해 해결 방안을 제시하도록 하는 방법

③ 경로갈등 관리전략

- 경로구성원 전체의 공동목표(superordinate goals) 설정한다.
- 중재(conciliation)에 의한 해결 시도한다.
- 법적수단또는 재정(arbitration)에 의존한다.
- 회원들의 대표기구(cooptation)를 활용한다.
- 경로구성원들 간의 상호교환 프로그램의 개발한다.
- 업계협회에의 공동가입(joint membership) 유도한다.
- 계속적인 교육을 통한 갈등발생의 예방한다.

제2부

소매업 및 도매업의 이해

제3장　소매업의 기능과 특성
제4장　소매업태 특성과 경영전략
제5장　소매업태별 특징
제6장　무점포 소매점
제7장　도매업의 기능과 특성

Chapter 03

소매업의 기능과 특성

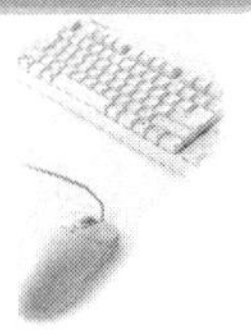

3.1 소매업의 이해

1) 개 요

(1) 소매업(小賣業, Retailing)

소매는 어떠한 상품을 막론하고 상품의 조달 또는 생산으로 개인적 소비나 사용을 원하는 최종 소비자에게 상품을 판매하는 행위로서, 생산과 소비를 연결하여 상품흐름이 최종적으로 마감되어 각 유통주체별로 최종소득이 발생하게 하는 일을 주 업무로 하는 유통업종이다. 따라서 소매업은 적절한 상품의 제공과 상품관리, 다양한 정보제공과 구매 장소를 제공하여 최종소비자가 만족하는 상품과 서비스를 판매하는 모든 활동이며, 유통행위의 꽃이다.

소매상(小賣商, Retailer)이란 소매업에 종사하는 경제활동 인구이다. 소매(Retailing)란 여러 가지 상품과 서비스를 개인적 소비를 위해 구매하는 고객을 대상으로 판매하는 모든 활동을 포함한다. 어원으로 보아 소매란 '소량상품'을 취급하는 것이며, 나아가서 대량의 상품을 소비에 적합하도록 소량단위로 분할한다는 의미도 있다. 소매상은 구매, 판매, 저장, 수송, 소팅, 금융, 정보수집 등 유통의 모든 행위를 수반하는 물류 및 상류의 포괄적 기능을 가지고 있다. 또한 제품, 가격, 입지, 판매촉진 등 머천다이징과 마케팅믹스전략으로 끊임없이 변화되는 시장환경에 대응하여 업태발전과 경영형태를 개선시키는 영업주체이다.

〈표 3.1〉 소매상의 분류

구분	중분류	세부 내용
점포소매상	생필품	구멍가게, 편의점, 수퍼마켓, 수퍼스토어 연금매장, 할인점(미국), 회원제 창고 도매업
	생필품+전문품	하이퍼마켓, 수퍼센터(국내 할인점) 재래시장, 대중양판점
	전문품	백화점, 전문점 팩토리 아웃렛, 카테고리 킬러
무점포소매상	생필품+전문품	자동판매기, 방문판매, 통신우편판매 텔레마케팅, 다이렉트마케팅, 텔레비젼 마케팅, 전자상거래

(2) 소매업의 분류

소매업은 몇 가지 개념적 분류로 나누어 설명할 수 있다. 넓은 의미의 소매업은 상품(소비재와 생산재) 및 서비스를 유통의 최종단계에서 최종소비자에게 유통시키는 상업으로 정의된다. 좁은 의미로는 소비재 상품(생활용품)과 서비스를 최종단계에서 최종 소비자(일반 가계)에게 유통시키는 상업으로 정의한다. 더욱 좁은 의미로는 대규모 소매조직(백화점, 연쇄점, 대형유통점 등의 신업태)을 제외하고 소규모 일반 소매조직만을 소매업이라고 설명하는 경우도 있으나, 오늘날에는 규모의 업태와 종류와는 관계없이 독립적인 자영 소매기관을 통칭하고 있다.[1)]

① 경영규모(매출액 및 종업원 수)에 의한 분류

- 소규모 소매상
- 일반소매상: 잡화점, 전문점, 소형백화점, 편의점 등
- 이동상점: 행상, 노점상, 이동트럭 판매점 등
- 대규모 소매상: 백화점, 양판점, 쇼핑센터, 쇼핑몰 등

② 소매기관의 소유관계(자본출자) 분류

- 상인 출자 소매기관: 보통 독립소매상, 이동상점, 대규모 소매상
- 생산자 출자 소매기관: 직영소매상, 농·수·축협 등 생산자단위 협동조합과 유통자회사
- 소비자 출자 소매기관: 소비자협동조합, 각종 공제조합

1) 변명식·이영철·김영이, 유통의 이해, 서울 학문사, 2002, p.39.

③ 소매기관의 점포 유무에 따른 분류
- 유점포 소매업: 백화점, 연쇄점, 독립 소매상
- 무점포 소매업: 통신판매업, 카탈로그 판매업

〈표 3.2〉 소매업의 분류방식

기준	내용	사례
소유권	소유 및 운영의 주체를 기준	독립소매기관, 체인
취급 상품 수	상품의 다양성 및 구색을 기준	다양성 고/ 구색 고, 다양성 저/ 구색 저 등
업종	상품의 특징을 기준	자동차 판매, 약국, 의류점 등
점포 유무	전자상거래시대 이후	점포 소매기관, 무점포 소매기관
소매상 전략	수익모델 기준	저회전-고마진, 고회전-저마진 등
운영방법	머천다이징 기준	전문점, 백화점, 수퍼마켓 등

2) 소매상의 진화와 발전

(1) 소매상 수레바퀴이론(The wheel of Reatailing Hypothesis)

소매상의 진화와 발전을 도입기, 성장기, 쇠퇴기로 설명하는 대표적 이론이다.

소매기관은 "다소 제한된 원"안에서 변화되어 간다는 이론으로서 가장 널리 알려진 이론이다.[2] 1958년 하버드 대학의 맥나이어(M.D.Mcnsir)교수가 이론제시, 홀랜드(S.C. Hollander)교수가 이를 증명한다.

혁신적인 소매상은 항상 기존 소매상보다 저가격, 저이윤 및 저서비스라는 가격소구 방식으로 신규 시장에 진입하여 기존업체의 고가격, 고마진 및 고서비스와 경쟁하면서 점차 기존 소매상을 대체하게 된다는 이론이다.

2) KMU, 예동기, 유통업태의 발전 및 진화론

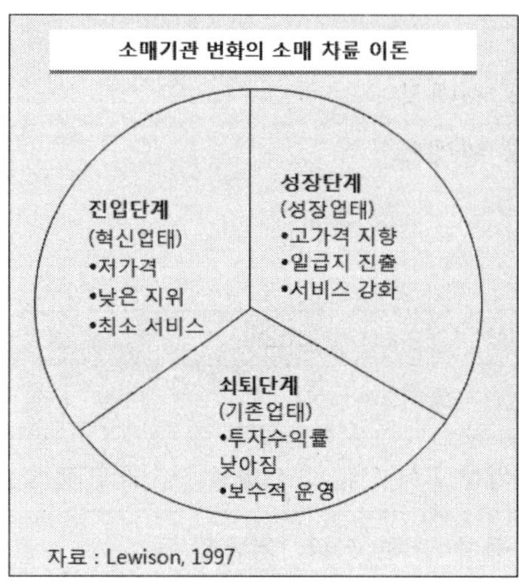

진입 단계 (entry phase)	• 최저 가격과 최저 비용 • 고객에 대한 최소한의 서비스 • 불충분한 부대 시설 및 저가부지에의 입점 • 제한된 상품 구색과 높은 재고 회전율 • 점포 운영비 절감 및 높은 마진
성장 단계 (trading up phase)	• 신업태 성공 통해 경쟁자들과 모방자들 출현 • 초기 혁신 업태는 경쟁자들과 차별화 위해 더 많은 서비스 제공 • 충분한 부대 시설과 고객 편의성 높은 고 임대료 지역으로 이동 • 낮은 회전율을 가진 다양한 상품 제공 • 높아진 운영비 때문에 마진 높은 상품이나 패션 상품 구비 • 저가격, 저지위의 초기 혁신 업태 특징 소멸 -고가격,고지위라는 전통적 소매 형태로 변화
쇠퇴 단계 (vulnerability phase)	• 안정적이고 보수적인 대형 소매업태로 발전 • 투자 수익율 현저히 저하 • 초기의 혁신적 개념을 지닌 소매업태는 경쟁력이 취약한 소매업태로 변화 • 저원가에 바탕을 둔 혁신적인 사고를 지닌 또 다른 새로운 형태의 소매업태 등장

〈그림 3.1〉 소매 차륜 이론 (Wheel of Retailing)

미국의 소매업태 변천과정에서 전문점 → 백화점 → 할인점 순으로 소매점 유형이 등장하면서 입증되기는 했지만, 모든 국가가 이에 해당된다고 볼 수는 없다. 선진국 사례를 보면, 과거 백화점이 소규모 전문점들을 대체하는 혁신적인 소매업태로 등장하였다가 할인점이 등장하면서 기존의 백화점은 소매 바퀴에서 다소 취약한 업태 단계로 접어들고 있는 등 유통 모든 변화는 소매차륜 이론으로 설명 가능하다.

〈표 3.3〉 소매상- 수레바퀴이론의 단계별 특징

구 분	도입기	성장기	쇠퇴기
성격	혁신적 소매상	전통적 소매상	성숙 소매상
시장 지위	진입	성장	쇠퇴
영업 특성	• 저가격 • 최소의 서비스 • 점포시설 미비 • 제한적인 상품 구색	• 고가격 • 차별적인 서비스 • 세련된 점포시설 • 다양한 상품 구색	• 고가격, 고비용, 대자본 • 고품질, 고서비스 • 투자수익률(RIO) 감소 • 부수주의 경영

(2) 소매점 아코디언이론(Retail Accordian Theory)

소매 업태별 취급상품 및 상품 구색에 역점을 두고 제품구색이 늘었다 줄었다 하면서 제품믹스로 소매점의 진화를 설명하는 이론이다. 소매업태들이 다양한 상품계열을 취급하는 소매업태들로 부터 전문적이고 한정된 상품계열을 추구하는 소매업태로 변모해 간다는 것을 기본 전제로 해야 한다.

소매업체들의 취급하는 상품계열의 광협에 따라 잡화점(확대) → 전문점(축소) → 종합상품점(확대)의 과정으로 변화하게 된다는 이론이다. 소매 수레바퀴 가설의 한계점과 단점을 보완하기 위해 만든 이론이다. 소매점은 다양한 상품구색을 갖춘 점포에서 시작하여 상품구색이 전문화되어 한정된 상품구색을 취급하는 소매점형태로 변하고, 다시 넓은 상품구색을 취급하는 소매 업태로 변화되어 간다는 가설이다.

아코디언 이론의 초점은 가격이나 마진이 아니라, 상품 Mix의 변화라고 할 수 있다. 시간의 흐름에 따라 한정된 계열을 추구하는 전문점들은 다시 다양한 상품계열 추구하게 되고, 이러한 경향이 아코디언 모양처럼 반복되어 간다는 이론이다.

이 이론은 수퍼마켓이나 하이퍼마켓의 등장은 부문적으로 설명되지만, 상품 Mix 부문에만 초점을 맞추어 업태 변화를 설명한다는 것은 한계가 있다.[3)]

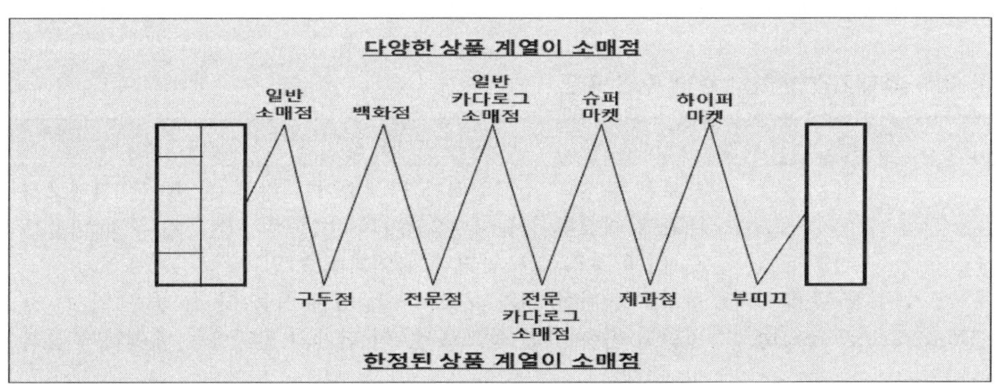

자료 : Lewison, 1997

〈그림 3.2〉 소매기관 변화의 아코디언 이론

(3) 소매점 수명주기이론(Retail Life Cycle Theory)

소매점 수명주기이론을 한 제품의 라이프사이클과 동일하게 도입기 → 성장기 → 성숙기 → 쇠퇴기의 단계로 보는 이론이다. 소매기관은 초기 성장단계, 발전 단계, 성숙단계, 쇠퇴단계 등 4단계를 겪고 있으나, 최근 소비자 욕구의 다양화와 경쟁 심화로 수명주기가 점차 짧아지고 있다.

3) KMU, 예동기, 유통업태의 발전 및 진화론

〈표 3.4〉 소매점 수명주기이론의 단계별 특징

구 분	도입기	성장기	성숙기	쇠퇴기
마케팅목표	• 제품인지도 증가 • 사용제품의 확대	• 시장의 확대 • 제품계열의 확대	• 가격 인하 • 서비스의 강화 • 유통경로의 확대	• 촉진비용의 축소 • 서비스의 감소
마케팅비용	매우 크다	크다	보통	매우 작다
경쟁강도	매우 낮다	높다	낮다	약화

■ 특징

- 도입기 : 제품인지도 증가, 제품사용 확대, 마케팅비 높고, 경쟁력 약함.
- 성장기 : 시장 확대, 제품계열 확대, 마케팅비용이 크고, 경쟁력이 크다.
- 성숙기 : 가격 인하 , 서비스증대 , 마케팅비용이 보통, 경쟁력이 크다.
- 쇠퇴기 : 판촉비용 절감, 서비스 감소, 가격인하, 마케팅효과 저조, 경쟁력 약화

〈표 3.5〉 소매기관 변화의 수명 주기 이론

구 분	내 용
조기 성장 단계 (innovation stage)	• 새로운 유형의 소매업태가 탄생하여 시장에 진입하는 시기로서 매출액 성장률이 높고, 경쟁자의 수는 작지만 조기 투자 비용으로 인해 수익성은 낮거나 마이너스(-)임 • 특징은 탄탄한 원가 구조, 특징 있는 상품 구색, 좋은 입지, 차별화된 판촉 방법 등으로서, 이 단계의 말기에는 매출액이 급격히 증가 • 국내는 할인점, TV홈쇼핑, 인터넷 소핑몰 등, 선진국은 대규모 수퍼센타, 비디오 카달로그, 인터넷 쇼핑몰 등의 전자 쇼핑 형태
발전 단계 (development stage)	• 새로운 유형의 소매업태가 시장 전체로 확산되는 시기로서 초기 성장단계와는 달리 경쟁자가 다수 출현하게 되고 매출액도 급격히 높아지고, 투자 비용이 감소되기 때문에 이익이 증가하는 반면, 기존 경쟁업태들은 경영상 어려움을 겪음 • 경쟁자나 모방자가 다수 출현하기 때문에 새로운 점포를 열고 기존의 점포를 새롭게 하거나 상품의 구색을 바꾸는 시도를 함. 초기에는 규모의 경제를 실현하게 되고 이익은 최대가 됨 • 국내는 편의점, 일부 할인점, 선진국은 홈쇼핑 네트워크, 창고형 클럽 그 소매업체 등

성숙 단계 (maturity stage)	• 전체저궁로 시장 점유율이 안정되며, 규모의 경제이상으로 규모가 커져 수익성은 감소하고 경영도 복잡하게 되며, 대체저궁로 이때에 혁신적인 소매업태가 출현 • 미국의 체인 스토어, 백화점, Off-price소매업태 등, 국내는 백화점, 일부 수퍼마켓 등
쇠퇴 단계 (decline stage)	• 신 유형의 소매업태에게 경쟁력을 잃게되고 시장 점유율, 이익 등 모든 면에서 급격히 하락 • 국내는 전통적인 재래시장, 수퍼마켓, 지방 백화점 등이 이 단계에 위치하고 있음. • 그러나, 이들 중에서도 현재의 경쟁적인 환경에서 살아 남을 수 있는 작고 강한 기업을 만들어 회생하는 경우도 있음.

(참고) 창고형 클럽, TV 홈쇼핑, 카테고리 킬러 등 최근의 유통 신업태를 보면 초기 성장단계에서 성숙단계로 불과 몇 년 안에 성장하였다.

(4) 변증법적 이론(Dialectic Process Theory)

두 개의 서로 다른 경쟁적인 소매업태가 하나의 새로운 소매 업태로 합쳐지는 소매업태 혁신의 합성 이론으로서, 변증법적 발전과정으로 주장하였다. 변증법의 정(正), 반(反), 합(合) 이론을 적용하여 정-반-합의 원리와 유사하게 발전해 간다는 것이다. 초기 고가격, 고마진, 고서비스, 저회전율 전략의 백화점이 등장하면(정) 이에 대응하는 저가격, 저마진, 저서비스, 고회전율의 할인점과 경쟁(반)하고 그 결과로 백화점과 할인점의 장점을 살린 할인백화점이 등장(합)한다는 이론이다.

유사백화점은 백화점(고마진, 고회전율)과 할인점(저마진, 저회전율) 장점을 만들어서 중간형태 서비스로 진화 → 할인백화점(중간 마진, 중간회전율)으로 변화하였다.

■ Case : Super Center

90년대 중반 미국에서 월마트가 주도하여 수퍼마켓과 할인점을 결합하여 개발한 "Super Center" 수퍼마켓(정 : 식품 부문)과 할인점(반 : 생활 용품)의 복합 형태(합 : 폭 넓은 식품 부문의 상품 구색과 생활 용품 등 비식품 부문에서의 가격 할인)의 특색을 지녔다. 변증법적 발전 이론은 수퍼센타가 수퍼마켓과 할인점의 강력한 경쟁 상대로서 향후 소매업의 주력 업태로 등장하고 있는 사례를 통해 잘 설명될 수 있다.[4)]

4) KMU, 예동기, 유통업태의 발전 및 진화론

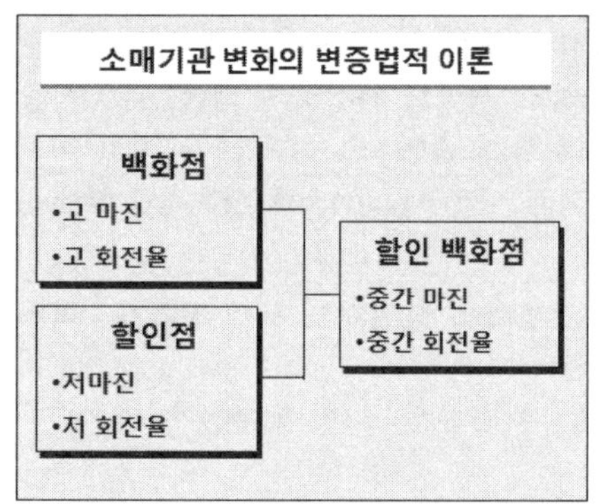

정(thesis: 기존의 소매업태)과 반(antithesis: 혁신적인 소매업태)이 합쳐져 합(synthesis: 두 형태가 합쳐진 새로운 소매업태)이 된다는 이론으로서,

- 새롭고 좋은 장점을 가진 새로운 경쟁자가 출현하는 경우, 기존의 소매업태는 그 혁신적인 소매업태를 모방하는 것이 아니라 그 전략이나 전술만을 받아 들이고, 새로운 혁신 소매업태도 변화를 거듭하게 됨
- 두 형태의 소매업태가 서로의 장점을 받아 들인 결과, 두 소매업태가 제공하는 상품이나 부대 시설, 보완적인 서비스, 가격 등에서 매우 유사해 지거나 구분이 모호한 새로운 소매업태가 형성되게 되며, 곧 '합'의 단계에 이르게 됨
- 이러한 새로운 소매업태는 또다시 혁신적인 상품 Mix를 가진 경쟁자를 접하게 되고 또 다시 계속해서 변증법의 단계를 거침

〈그림 3.3〉 변증법적 이론(Dialectic Process Theory)

(5) 소매 중력 이론(小賣 重力 理論, Retail gravity theory)

특정 소매점이 그 주변 소비 지출액은 그 도시 인구규모에 비례하는 이론이다. 인구를 질량(質量), 소비지출액을 힘(力), 뉴턴의 만유인력의 법칙을 인용하였다. 1929년 라일리(William J. Reilly)와 '소매중력에 관한 라일리법칙'이 제시되었다. 이후 컨버스(paul converse)가 '대도시일수록 보다 나은 상품을 선택할 수 있으며, 나아가서 여행의 값어치가 더욱 더 커지기 때문이다'라고 이론 발전되었다.

(6) 적응행동 이론(Adaptive Theory)

기존 이론이 환경영향을 무시하는데 비해, 환경적 변수에 이론의 중심이다. 이는 소비자의 구매행동, 욕망, 기술발달, 법적 요인 등을 강조하고 있다.

(7) 적자생존 이론

자연 선택 이론 (Natural Selection)이라고도 한다. 다윈의 자연 선택 이론은 많은 생물들 중에서 환경의 변화에 가장 잘 적응하는 적합한 종만이 생존한다는 이론을 유통업태에 적용한 이론이다.

- 생존 업태

  소매 유통업을 둘러싸고 빠르게 변하는 시장의 사회적, 문화적, 정치적, 법적, 기술적, 경쟁적 구조 및 다양한 소비자의 욕구를 충족시킬 수 있는 유연하고 적응력 강한 소매 업태이다.

■ 도태 업태

변화에 대처하지 못하거나 대처할 능력이 없다면 도태되거나 경쟁력을 크게 잃게 되는 업태이다.

3) 소매상의 진화와 발전

(1) 소매기관주기(小賣機關週期, Retail institution life cycle)

소매환경 변화에 따라 특정형태의 소매기관이 시장에 출현했다가 어떠한 과정을 거쳐서 사라지기까지의 일정한 과정(週期, cycle)이다. 소매환경에 따라 다양한 소매 업태들이 생성, 발전되는 과정에는 소매기관의 변천이론이 작용되어 왔다.

유통업의 국제화, 정보화의 진전 등으로 인해 전통적인 유통 채널의 붕괴 및 제조, 유통, 소비자 등 각 채널 주체간의 역할 변화와 유통 채널 구조가 급격히 변화되고 있다.[5)]

(2) 소매점 라이프 사이클(Retail Organization life cycle)

소매수명 주기라고도 부르고, 소매기관이 출현하여 사라지기까지의 전 과정을 말한다. 데이비슨(William R. Davidson)은 소매업의 변화 또는 진화과정을 상품의 라이프 사이클처럼 소매업도 대체적으로 초기성장단계, 발전단계, 성숙단계, 쇠퇴단계 등 유사한 사이클이 거치게 된다고 했다.

① 초기 성장단계

매우 공격적·진취적인 사고에 의해 시장을 공략한다. 초기성장단계는 원가절감 및 비용절감에 따른 이익을 고객에게 환원하는 시기이다.

적정한 입지를 바탕으로 우수한 상품구색과 쇼핑의 편의성, 광고와 판촉 등을 통해 경영혁신을 통한 고객만족을 추구한다. 또한 매출이 급격하게 신장되고 적정한 이윤창출이 부가된다. 후반기에 접어들면 운영의 효율성문제와 이윤증가의 정체성으로 인해 어떤 계기를 맞이하게 된다.

② 발전단계

매출과 이윤의 성장이 더욱 촉진된다. 업태보완을 통한 시설개선과 업무개선 및 새로운 판매촉진전략으로 경쟁점포를 압도하며, 체인스토어체계를 갖추는 시기이

5) KMU, 예동기, 유통업태의 발전 및 진화론

다. 가속발전기 말에는 시장점유율과 수익성이 최고의 수준에 이른다.

미국 월마트의 계열회사인 샘스클럽은 1990년대 이후 가속발전기를 맞아 급속하게 성장하였으며, 창업 5년 만에 세계 20대 소매업체인이 되었다.

〈표 3.6〉 유통 채널 구조 변화

전통 시장 단계	• 제조업체와 소매업체 모두 소규모 형태 • 특정 시장내 업체별 점유율 낮음 • 제조업체가 도매업체에게 상품을 팔고 도매업체는 소매업체에게 상품 판매 • 도매업체의 역할 중요 • 유통산업의 국제화 기반 취약
제조업 우위	• 높은 시장 점유율 제조업체가 시장 지배권 행사 • 제조업체가 상품 가격 결정에 있어서 주도적 역할 • 선진국은 60년대 초까지 • 국내는 80년대 후반까지 제조업 우위의 유통 채널 구조 형성
소매업 성장	• 체인형 대형 소매업체 대두 • 소매업체의 대규모화 • 제조업체로부터 할인된 가격으로 대량 상품 구매 • 소비자들에게 저가로 공급하면서 소매시장 확장 • 미국과 우럽은 60년대 초부터 성장한 할인점 • 국내는 90년대 초부터 시작
제조업 국제화	• 소매업체의 성장과 동시에 제조업체의 국제화 단계 • 소매업체의 규모가 점차 커지고 • 상품의 해외수출 증가에 따라 제조업체들의 공장 해외 이전 • 70년대 일본을 포함한 선진국 • 국내는 80년대 후반부터 시작
소매 · 제조 세력 균형	• 제조업체의 국제화 진전에 따라 각 시장의 소매업체들도 연합하여 • 제조업계의 세력과 균형 유지 • 소매업체의 대형화 단계 • 미국 월마트의 급속한 성장이 계속되고 카테고리 킬러가 본격적으로 성장하는 80년대 중반 • 국내는 2003년 이후 진입 예상
소매업 국제화	• 소매업체들이 시장내에서 제조업체들보다 더욱 지배적인 위치 차지 • 국제화를 이룬 제조업체 및 소규모 제조업체들과 연합하여 소매업체의 국제화 진전 • 전 세계적으로 90년대 중반 이후 • 국내는 할인점과 편의점 시장은 이미 국제화 단계 진입

③ 성숙단계

다양한 이유에 따라 시장점유율이 안정화된 반면, 이윤이 감소하고 점포운영도 제반 어려움이 생기기 시작한다. 소매점들은 고성장에 익숙해 졌지만 규모가 크고 보다 복잡한 경영의 문제점을 안고 큰 회사를 경영하는 시기이다. 업종이나 업태 또는 다점포와 단일점포 어느 경우에도 적용된다. 시장경쟁이 공격적이며, 새로운 소매점 라이프사이클이 다시 시작된다.

④ 쇠퇴단계

기업 손실이 커지고 경쟁력약화와 함께 운영능력의 한계점이 노출된다. 후반에는 기업내부의 비효율성과 신업태의 도전이 더욱 강화된다. 업태의 재정비, 업무개선, 새로운 시장 환경변화에 대한 적응 등 하강국면을 지연시키려는 최고경영자 의지가 반영되는 경향이 강하다.

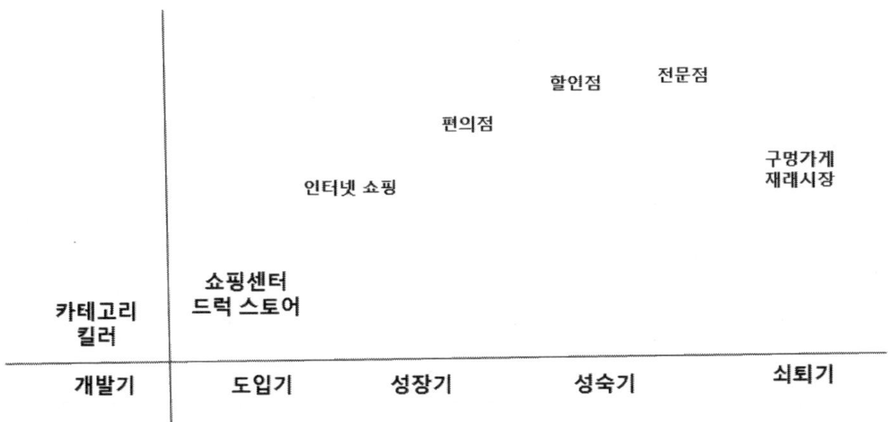

〈그림 3.4〉 우리나라 소매업태의 소매수명주기상에서의 위치

(2) 소매 아코디언 이론(Retail Accordian)

제품구색이 넓은 소매 업태에서 전문화된 좁은 제품구색의 소매 업태로 변화되었다가 다시 넓은 제품구색의 소매 업태로 변화되어 간다는 가설이다.

- 한국의 소매업의 역사
  - 제 1기

    1967년까지의 시기, 재래식 시장과 소형 점포들을 중심으로 한 상업 형태가 주종을 이룬다.

- 제 2기

  1968부터 1980년까지의 성장기, 정부의 적극적인 후원 아래 제조업과 더불어 근대적인 유통업이 비로소 본격적인 성장을 한 시기이다.
- 제 3기

  1980년부터 1989년까지의 확대 성장기, 유통산업에 대한 체계적 지원체제의 구축
- 제 4기

  1990년 이후 현재까지의 전환기, 지방화, 다점포화, 대형화 추세이다.

〈표 3.7〉 소매수명주기 단계별 특징과 전략적 시사점

	특징	수명주기 단계			
		도입기	성장기	성숙기	쇠퇴기
시장 특성	경쟁자 수	거의 없음	중간	동종 직접경쟁	이종 간접경쟁
	판매 증가율	매우 빠름	빠름	중간	매우 느림
	이익 수준	낮음	높음	중간	매우 확정
	혁신의 지속	3~5년	5~6년	불확정	불확정
소매업 전략	투자성장 위험부담	높은 투자와 위험	성장유지 고투지	성장시장 선투자	자본지출 최소화
	경영 중심 관심	개념정립 및 정착	시장위치 선정	소매개념의 수정	탈출전략
	통계정도	최소	중간	최대	중간
	성공관리스타일	기업가격	집권적	전문적	관리적

3.2 소매업의 기능과 특성

1) 소매업의 의의

(1) 소매업과 도매업의 구분

① 소매업 : 최종 소비자들에게 제품이나 용역서비스를 판매하는 유통업.

② 도매업 : 제품을 최종 소비자 아닌, 소매업 및 기관에게 판매하는 유통업.

〈표 3.8〉 도매상과 소매상의 차이

구분	도매상	소매상
판매대상	소매상, 제조업(생산자)	최종 소비자
유통채널	여러 유통 단계에 분산	소비자 바로 전 단계
재화종류	소비자와 생산재	소비재
판매방식	거점 중심적 판매	상권내 고객에 대한 판매
유통기능	업자와 업자와의 매개	도매상과 소비자의매개

(2) 소매업(小賣業, Retail Trade, Retailing) 특성

① 정의

소매업이란 상품 및 서비스를 최종 소비자에게 상품과 서비스를 직접・판매하는 활동을 수행하는 유통업종을 말한다. 소매업은 생산과 소비를 연결하여 상품흐름이 최종적으로 마감되어 각 유통주체 별로 최종소득이 발생하게 하는 일을 주 업무로 하는 유통업종이다. 소매상은 업태별 마케팅 표적과 고객중심의 상품구색, 고객정보, 금융서비스 등 저비용과 고효율 경영으로 고객만족을 실현하는 점포이다.

소매상은 구매, 판매, 저장, 수송, 소팅, 금융, 정보수집 등 유통의 모든 행위를 수반하는 물류 및 상류의 포괄적 기능이다. 소매상은 제품, 가격, 입지, 판매촉진 등 머천다이징과 마케팅믹스전략으로 시장 환경변화에 대응한 업태발전과 경영형태를 개선시키는 영업주체이다. 소매상은 '소량단위로 분할'의미로써, 상품, 정보, 장소 제공 등 최종 소비자가 만족하는 상품과 서비스를 판매하는 모든 활동, 유통행위의 꽃이다.

② 소매업의 특성

- 소량단위로 제품을 판매
- 일반소비자에게 개방되어 있음
- 상품의 단위당 가격은 생산자나 도매기관 보다 높음
- 일반적으로 모든 소비자에게 같은 가격으로 판매함
- 소비자들이 점포를 방문하거나 전화 우편주문을 하여 판매가 이루어짐
- 다른 경로 구성원보다 소매점 내의 시설을 중요시함

③ 소매업자의 유통지배(小賣業者 流通支配)

유통산업(수퍼마켓, 백화점, 대형마트 등)이 전개하는 생산자 지배구조이다.

외부는 다점포망 구축으로 판매력과 구매력을 넓히고 내부는 저투자와 저리자금 운용, 운영비용 절감과 물류거점 축소를 통하여 경쟁력을 강화하였다. 규모의 경영을 통한 대량 매입과 생산자로부터 보다 많은 할인과 서비스를 요구하면서 시장의 지배력을 강화하는 다국적 유통기업의 시장지배방식이다.

(3) 소매업자의 기능

상품분할, 매입, 입지/영업시간, 상가 만들기 등 소매업자의 분류에는 업종과 업태, 경영방식, 점포보유 여부, 체인형태 등에 따라 다양하게 분류이다.

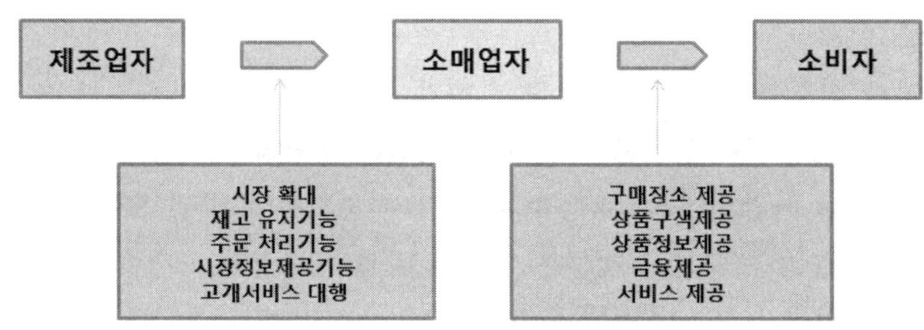

〈그림 3.5〉 소매상의 기능

① 기본적 기능

최종소비자의 생활에 필요한 상품의 공급과 상품의 선택시에 필요한 구매용역을 제공하는 역할을 한다.

• 소비자 : 적절한 판매활동, 상품의 소량적 분할제공, 즉시적 장소와 편의성 제공을 제공한다.
• 생산자 · 도매상 : 상품의 수요환기와 판매촉진에의 협력, 생산자의 상품개발 및 생산 활동에 협력한다.

② 정보기능

• 소비자 : 상품정보와 유행 등 생활정보 제공
• 생산자 · 도매상 : 소비자의 욕구와 요구 등의 정보를 수집 · 분석하여 제공

③ 신용공여

- 소비자 : 신용판매, 할부판매
- 생산자 · 도매상 : 생산자 · 도매상의 상품 등과 제휴하여 소비자 신용을 수행

④ 상품지식 제공

- 소비자 : 상품의 품질과 특성에 대한 조언과 지도
- 생산자 · 도매상 : 품질보증, 상품특성의 인지도를 홍보

⑤ 상품관리

- 소비자 : 일정량의 상품을 보관하여 수요에 대응, 적절한 상품품목 진열
- 생산자 · 도매상 : 생산자 · 도매상의 상품보관을 일부 대행, 상품보관과 위험 부담을 분담

⑥ 쇼핑환경 제공

- 소비자 : 구매품에 대해 유쾌한 만족감을 부여, 장소의 쾌적성
- 생산자 · 도매상 : 점포설치 · 소매시장 · 상점가를 구성

(4) 유통과정에서 차지하는 소매상의 위치

① 농산물과 수산물의 유통단계는 일반적으로제 1차 생산자(생산법인, 작목반) → 산지도매상(협동조합) → 소비지 도매시장(법인, 도매상, 중개인) → 소매업 → 소비자 순이다.

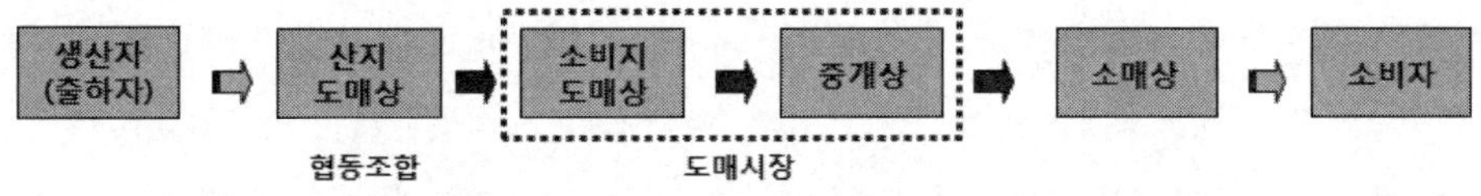

〈그림 3.6〉 농산물(청과야채, 생선, 정육)의 유통과 소매업의 위치

② 일반 사업용품의 유통단계는 일반적으로 제조업 → 도매업(대리점, 총판, 체인스토어, 물류센터) → 중감도매상 → 소매업(특판, 군납) → 소비자 순이다.

〈그림 3.7〉 일반 사업용품의 유통과 소매업의 위치

③ 일반 소비용품의 유통단계는 일반적으로 제조업→도매상→소매업→소비자 순이다.

〈그림 3.8〉 일반 소비용품의 유통과 소매업의 위치

④ 제조업 직판 또는 소매업 직매입의 경우 유통단계는 일반적으로 제조업→소매업→소비자 순이다.

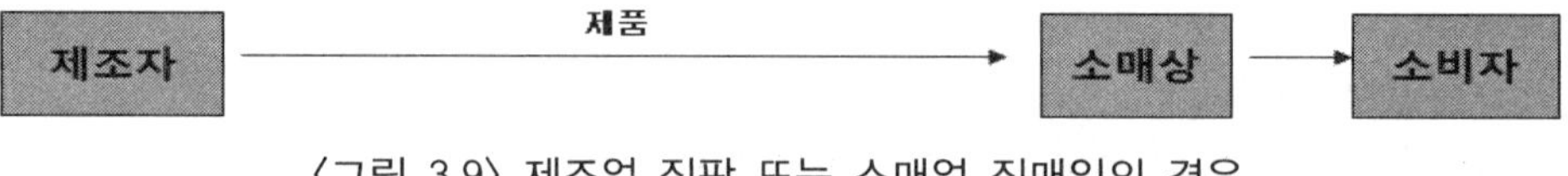

〈그림 3.9〉 제조업 직판 또는 소매업 직매입의 경우

⑤ 서비스업의 유통단계는 일반적으로 소매업(생산자)→소비자(고객)이다.

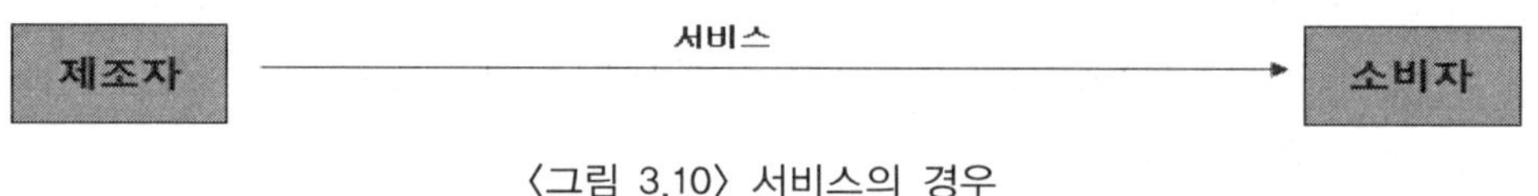

〈그림 3.10〉 서비스의 경우

3.3 소매업의 사회 · 경제적 역할

1) 소매상의 역할

(1) 소비자에 대한 소매업의 역할

소비자가 원하는 적정상품의 제공. 적절한 상품의 구색을 갖춤. 필요한 상품재고의 유지한다. 구매장소의 제공, 각종 무형의 상품 정보, 유행 정보, 생활 정보를

제공, 부가적 즐거움의 제공, 추가 서비스의 제공 등이 있다.

〈표 3.9〉 소비자에 대한 소매업의 역할

역 할	내 용
알맞은 상품 제공	• 품질 좋고, 가격이 적정한 상품을 소비자에게 제공한다.
적절 상품구색 갖춤	• 소비자의 소비패턴과 구매수준에 맞게 필요로 하는 상품을 충분하게 구색을 갖춘다.
필요 상품재고 유지	• 상품의 품절을 방지하고 적정한 재고를 유지한다.
각종 정보 제공	• 상품에 대한 무형의 가치를 전달한다. • 상품정보, 유행정보, 생활정보, 각종 행사정보 등을 제공한다.
쇼핑장소 제공	• 점포를 통한 적당한 구매장소를 제공한다. • 점포의 입지, 장소의 편리성 등이 고려되어야 한다.
쇼핑의 즐거운 제공	• 소비자를 위한 쾌적한 쇼핑환경을 제공한다. • 소비자를 위한 인테리어, 디자인, 음악 등 다양한 장르를 제공한다.
쇼핑의 편의 제공	• 상품판매 기능이외 주차, 배달, 품질보증, 반품허용, 애프터서비스를 제공한다. • 신용판매, 보험상품, 여행정보 등 다양한 정보와 서비스를 제공한다.

(2) 생산 및 공급업자에 대한 소매업의 역할

소매업과 직거래에 따른 생산자의 불편 및 비용 제거, 올바른 소비자정보의 전달, 상품 보관에 따른 비용 및 재고에 따른 부담 절감, 촉진기능의 수행, 판매활동의 대행, 금융기능의 수행, 물적 유통기능의 수행 등이 있다.

〈표 3.10〉 생산 및 공급업자에 대한 소매업의 역할

역 할	내 용
판매활동의 대신	• 가장 기본적인 활동이며, 소비자에 대한 판매를 소매점이 전문화하여 생산업자나 도매업자가 본연의 업무에 전담지원 한다.
소비자 정보 전달	• 상품에 대한 가격, 품질, 기능, 디자인 등 소비자의 요구에 관한 최신정보를 생산자나 도매상에게 전달한다.
물적유통기능 수행	• 생산자나 도매상에게 상품을 구입해서 소비자에게 판매하기까지 상품을 보관하고 이에 수반하는 위험과 비용을 소매점이 부담한다.
금융기능의 수행	• 상품의 유통흐름과 달리, 대금지불은 소매상에서 도매상을 거쳐 생산자에게 전달되는데 이 과정에서 소매기관은 금융기능을 수행한다.
촉진기능의 수행	• 소매점의 판매실적 제고를 위하여 도매상이나 생산자를 대신하여 광고와 판촉활동을 하면서 간접적으로 지원하는 역할을 수행한다.
생산노력의 지원	• 우수한 상품이 생산되어 출시되어도 소매점 판매가 부진하면 생산노력이 무산되므로 소매점판매는 생산부문을 지원하는 역할이다.

Chapter 04

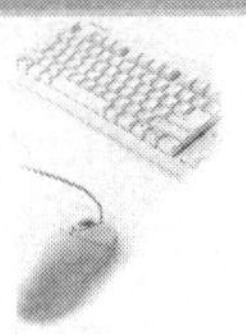

소매업태 특성과 경영전략

4.1 업종과 업태

(1) 소매업의 분류

① 개념 정리

소매업을 분류하는 방법 중 대표적인 것이 '업종'과 '업태'별로 분류하는 방식이다. 취급하는 상품에 따른 분류가 업종이고, 상품의 판매 방법에 다른 분류가 업태이다.

〈표 4.1〉 소매업의 분류

구 분	내 용	비 고
업종별	식료품점, 제과점, 서점 등	
업태별	백화점, 할인점, 수퍼마켓 편의점 등	
점포 보유별	점포 소매점 ←——→ 무점포 소매점	
판매 방식별	대면 판매점 ←——→ 셀프서비스 판매점	
점포 규모별	대규모 소매점 ←——→ 소규모 소매점	
경영 방식별	단독점 ←——→ 체인점	
체인 형태별	레귤러 체인, 프랜차이즈 체인, 볼런터리 체인	
Concept별	여성, 젊은층, 여자 고등학생 등 고급품 전문, 크리스마스 상품 전문 등	

② 업종과 업태

■ 업종(業種, type, kinds of business)

취급하는 상품에 따른 분류이다. 주력상품과 주력품종, 주력상품과 보조 상품의 결합으로 구분된다. 사업이나 영업의 종류로는 제조업, 소매업, 음식업, 서비스업 등으로 분류된다.

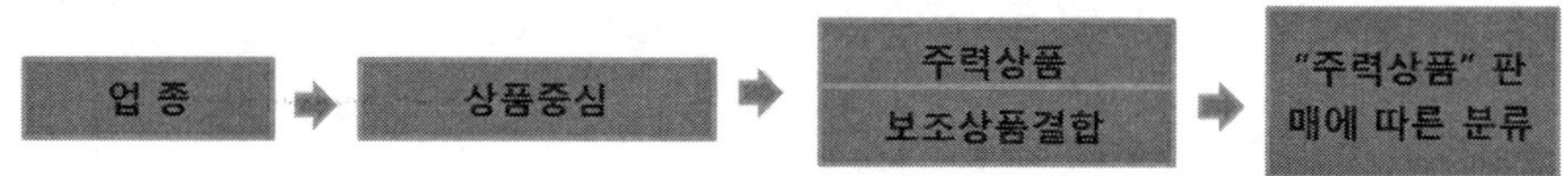

■ 업태(業態, Type Of Operation, Type Of Business)

체인스토어의 영업형식이며, 가격대와 집하형식의 기업분류방식이다.

고객이 편리하게 구매할 수 있도록 고객층이나 라이프스타일별로 구성한 상품 판매방법으로 분류한다. 상품구성과 가격대, 판매방법, 운영방법, 점포형태, 입지 등에 따라 소매업을 분류하는 기준이다. 고정개념이 아닌 소비자욕구와 유통환경에 따라 변하고 업태전략도 달라지는 시장 환경과 소비자욕구에 따라 변화되는 전략개념이다. 업태발상이란, 사업의 운영형태로써, 어떻게 팔 것인가'하는 전략을 말한다.

영업이나 사업의 실태는 백화점, 양판점, 편의점, 수퍼마켓 등으로 분류된다.

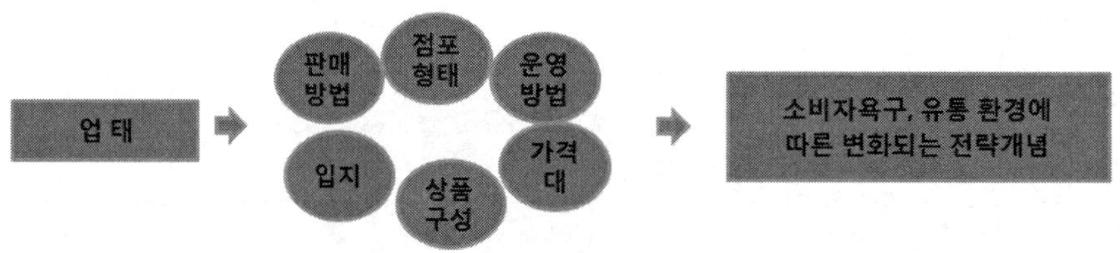

③ 미국의 AMA(American Marketing Association) 해석

"업종"이란 생산체계별로 취급상품의 물리적 특성별 분류방법으로써, '무엇을 주력상품으로 판매할 것인가'에 따른 분류이다. "업태"는 점포에서 '어떻게 판매하는가'라는 것에 의해 분류된다. 예를 들면, 채소가게에서 주력상품과 품종을 총칭하여 주종상품의 이름을 딴 생산체계별 소매점이 업종발상이며, 「대량소품종생산시대」에 생산자입장에서 적용되던 방식이다.

④ 소매점과 소매업태 구분

「소매점」이란 업태가 지향하는 마케팅 표적을 정하고 고객중심으로 접근이 편리한 지역에서 우수상품과 고객정보, 금융서비스 등 제공으로 저비용과 고효율 경영으로 고객만족을 실현하는 점포이다.

「소매업태」란 소매점 경영전략에 반영하며 독특한 영업방법은 소비자 요구와 구매활동의 편의와 구매동기 등을 탐색하고 그 결과를 토대로 진전한다.

백화점, 할인점, 수퍼마켓 등의 업태에 따라 경영전략과 운영전략이 다르다.

(2) 소매업태 분화와 변화 요인(小賣業態 分化와 變化 要因)

소매업태의 분화와 변화는 다음의 복합적인 요인에 의해서 발생된다.

산업구조 및 정보통신의 발달에 따라 대량생산(Mass Production)과 신제품 개발에 의해서 상품종류가 다양화(Item 증가)가 촉진되는 현상이다.

산업혁명이후 자본과 노동의 분리, 주부의 사회진출, 사회 환경의 정비, 고소득과 고소비현상 등 소비자욕구 다양화와 생활행동들이 확대되는 상황이다.

교통수단의 발달에 따라 소비자의 일상생활 템포가 빨라지고, 생활스타일이 변화되면서 즉석식품과 편의생활 등 행동의 스피드화가 이뤄지고 있다. 판매업자나 고객모두가 품질, 사용법, 상품에 대한 전문지식의 요구가 대두되면서, 전문상품이 대량으로 출현하고 있다. 시장 환경변화로 소품종 대량생산체계에서 다품종 소량생산체계로 바뀌면서 유통부문의 비중 증가와 유통산업의 세력이 확대되었다. 또한 공급대비 소비의 불균형으로 진열공간이 축소되면서 조정공간의 역할을 담당하는 유통기능의 역할도 확대되었다. 고객들은 연령, 성별, 직업 등을 초월하여 고객감동점포를 원하고 있다. 고객들의 니즈에 따라서 매장 분위기와 다양성, 고객서비스 등이 변화되었다.

4.2 소매업태의 특성관리

(1) 소매업태의 특성

소비자의 경제 여건과 시대적 상황변화로 개발과 변화, 모방을 통해 탄생하였다.

'90년대 소비패턴이 급속히 변화됨에 따라 소매업은 이에 대응방식 전개되었고,

업태혁신은 경제성, 전문화, 종합화라는 흐름에 의해 지배한다.

① 소매업태 경제성(小賣業態 經濟性)

염가 또는 가격인하, 유통업체가 스스로 행하는 가격파괴의 추세를 의미한다.

또한 입지, 설비, 광고, 셀프서비스 등 운영비용 절감부분을 판매가에 반영하고, 구매원가 절감과 순이익율의 인하 등으로 항시 할인된 가격을 유지한다.

② 소매업태 전문화(小賣業態 專門化)

단일품종 또는 제한품종의 상품을 취급하는 전문업태가 확대되는 경향이다.

소비형태의 고급화・개성화・차별화로 인하여 소매업체들은 전문점으로 탄생되었다.

미국의 경우, Baby Boomer 소비패턴으로 소매업의 전문화・고급화 촉진 등이다.

③ 소매업태 종합화(小賣業態 綜合化)

점포의 종합화(Full line Store)와 기업의 종합화(Conglomerchant)된 개념이다.

- 점포내의 종합화 : 고객욕구를 폭넓게 대응하고 다양한 상품과 일괄 구매한다.
- 백화점, Super Warehouse Store, Hyper Market, Discount Store 등이다.
- 유통기업 종합화 : 고객서비스, 소매업, 관련서비스업과 제조업 진출 Dayton Hudson사가 백화점에서 Discount Store와 전문점 진출과 일본의 다이에가 GMS에서 편의점, 전문점 및 외식사업으로 진출 등이 있다.
- 향후 경제성, 전문화, 종합화의 업태 성장예상 이유
  새로운 업태를 개발하고, 파급되는 이익이 점점 축소된다.
  20여년 많은 업태개발로 개념상 풍요, 향후 혁신업태 개발여지가 적다.

(2) 업태경쟁의 기본 요소

① 업태구성의 3요소

마케팅(Marketing), 머천다이징(Merchandising), 매니지먼트(Management) 3요소로 나눌 수 있다. 머천다이징은 업태의 상품화 계획을 의미하며, 매니지먼트는 업태의 운영이나 관리를 뜻한다.

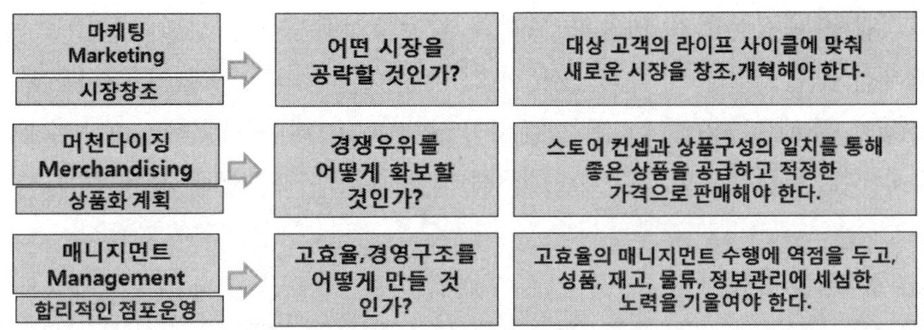

〈그림 4.1〉 업태구성의 3대 요소

② 업태별 경쟁구도와 변천과정

업태의 경쟁구도와 변환과정을 다음 몇 가지 현상으로 설명이 가능하다.

형태의 변화란 소수에서 다수로 전환되는 변한의 현상을 말한다.

단순히 점포의 숫자적인 증대뿐 아니라, 질적인 변화를 함께 요구된다.

- 개별 점포에서 대규모 체인 형태로 변화과정
  대규모화와 인지도를 높일 수 있는 다점포화 또는 대규모화를 통한 초 전문화, 저가격화가 중요한 문제로 대두된다.
- 가격변화란 저가격화를 의미
  가격경쟁에 살아남는 운영방식에 따라 업태 경쟁력이 달라진다.
- 소비 패턴의 변화를 의미
  소비자의 구매형태에 맞는 새로운 업태의 등장하였다.

〈표 4.2〉 업태의 변화 과정

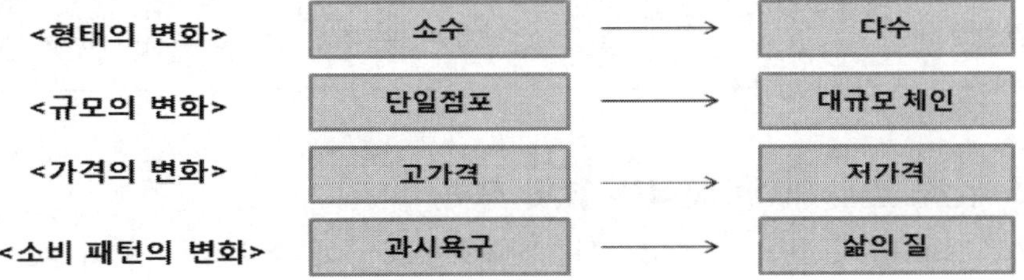

③ 소매업태 분화와 변화 요인(小賣業態 分化와 變化 要因)

소매업태의 분화와 변화는 다음의 복합적인 요인에 의해서 발생되었다.

- 대량생산과 신제품 개발에 의해서 상품 종류가 다양화(Item의 증가)

- 고객감동 매장분위기 연출과 고객의 자기주장은 연령, 성별, 직업 초월
- 빨라진 생활스타일로 즉석에서 먹고, 마시고, 버리는 행동의 스피드화
- 시장의 품질, 사용법, 상품 전문지식 요구로 인해, 전문상품 대량 출현
- 유통부문 비중증가와 유통산업의 세력 확대로 인해, 업태 분화 가속화

〈표 4.3〉 소매업의 유형[6)]

유형	주요 전략	주요 특징
백화점	다양성과 구색을 모두 추구	다양성, 대규모, 완전 서비스
수퍼마켓	일괄 구매	저비용, 저마진, 대량 판매, 셀프서비스
편의점	편리성 추구	24시간, 연중 무휴, 인접 입지, 다점포화
전문점	매우 깊은 상품 구색	깊은 구색, 완전 서비스
할인점	상시적 가격 할인	창고형 매장, 셀프서비스, 저가격, 묶음 단위 판매
양판점	다품종 대량 판매	중저가 상품 구색, 다점포화
수퍼센타	수퍼마켓+할인점	상품의 다양화 및 구색
하이퍼마켓	초대형 가격 할인	5,000~9,000평 규모의 단층 매장
회원제 도매 클럽(MWC)	회원제 도소매형 가격 할인	창고형 매장, 셀프서비스, 연회비, 현금 판매
카테고리 킬러	특정 품목의 전문화	상품 구색, 가격 할인
아울렛	재고 처리용 할인	초저가(50~80%)
파워센타	할인업태를 종합해 놓은 대형 점포	구매의 편리성 : One-tour shopping

④ 소매업태 발전 역사(小賣業態 發展 歷史)

선진국 소매업 발전역사는 고급화, 저렴화, 다양화 순으로 변천되었다.

개발도상국의 경우, 선진국에서의 사례보다는 더욱 빠르게 변화되고 있고, 우리나라도 다양한 업태 변화가 실현되려면 각종 환경요인과 소비자 소비패턴의 저렴화와 다양화를 향하여 변천해 가야만 가능하다.

6) 이수동, 유통 관리, 법문사, 2001.

(3) 업태진전에 대한 이해

① 사업 환경의 변화

■ 판매방법의 혁명 : 기존업태개념에서 벗어나, 새로운 발상전환(경쟁우위)

- 동종 업태간의 어떠한 경쟁도 유통생태계에서 있는 것이 유통역사 흐름을 말한다.

■ 업태혁신과 진화

- 업태의 발전과 혁신은 기업에 있어서 고도의 마케팅 전략이다.
- 소비자라이프스타일에 부응, 서비스기법창조를 위한 경영전략 수단이다.
- 업태혁신이란 고객, 상품, 서비스에 대한 대상과 판매해법 등 노력이다.
- 판매효율을 높일 수 없는 업태, 점포는 더 이상 운영할 가치 없다.

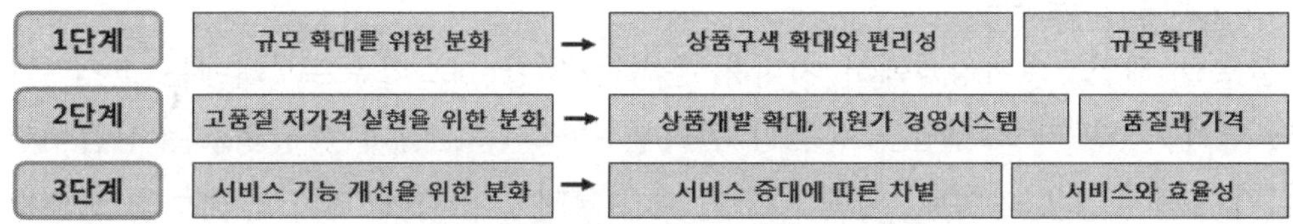

〈그림 4.2〉 업태에 대한 분화와 진화 사유

■ 업태의 역할과 구성요소

업태존재의 근본 이유는 고객을 위한 새로운 인식과 경영구조의 고객화이다.

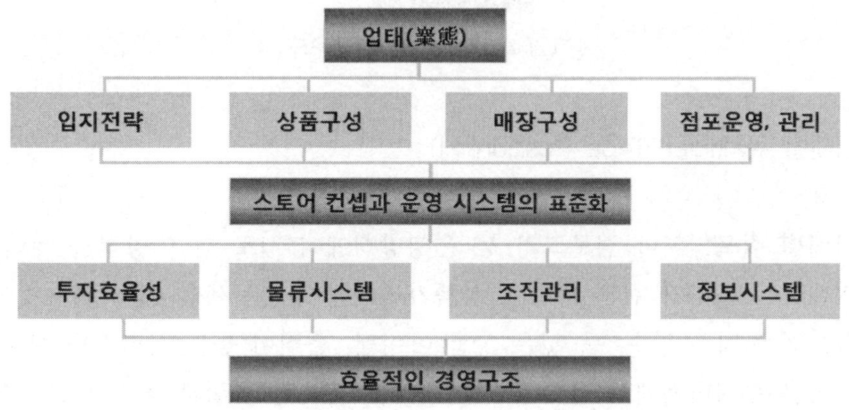

〈그림 4.3〉 고객에 대한 업태의 역할과 의미

② 업태의 결정요인

업태는 상품의 폭과 깊이, 서비스수준에 따른 가격수준. 점포운영과 관리 형태에 의해 결정. 예를 들면, 백화점은 식품보다 의류중심, 할인점은 식품과 공산품 비중이 높다.

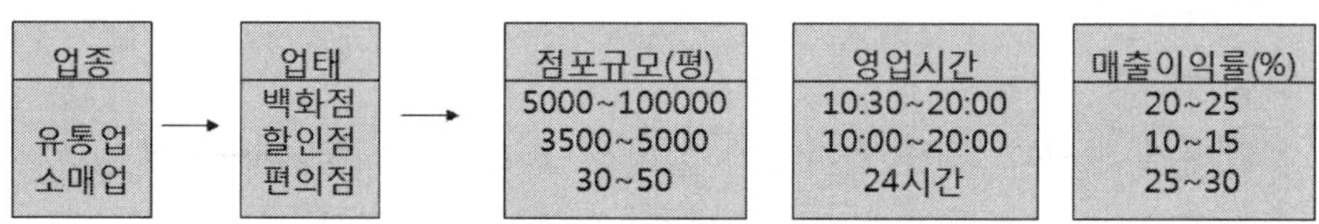

*업태별로 예시된 내용은 업계 통상 수치임을 참고바람

〈그림 4.4〉 업태별 일반적인 결정요인

③ 업태별 경쟁구도

글로벌 체인스토어경영에서 저비용 운영을 위한 디스카운트시대에는 고객, 경쟁, 변화 등 3C가 소매업과 유통업 변화를 주도하고, 업태 경쟁요소는 상품구색과 가격을 중심으로 형태, 규모, 가격, 소비형태의 변화에 의하여 새로운 업태경쟁력이 발생된다.

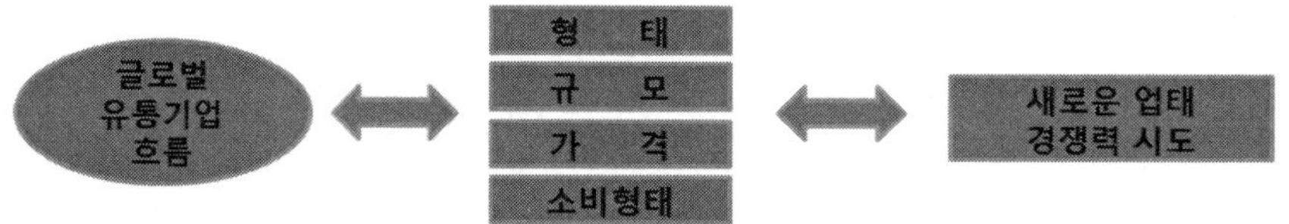

〈그림 4.5〉 업태별 경쟁구도

④ 업태별 위치(inter-Type Positioning)

- 개요

  업태별 점포입지나 점포크기 등 운영방식에서 서로 다른 방식을 채택한다. 업태를 구분하기 쉬운 방법은 상품가격대와 상품구색을 대비하는 것이다. 백화점은 넓은 평수, 폭 넓은 상품 아이템, 품질이 높은 서비스를 제공한다. 미국은 수퍼마켓에서 분화된 수퍼센터는 홀세일 클럽과 좋은 대조, 수퍼센터는 비교적 낮은 가격대의 약 10,000개수준의 아이템을 구성한다.

  홀세일 클럽은 낮은 단가와 소모성 높은 제품, 3천개에서 5천개 단품을 구성한다.

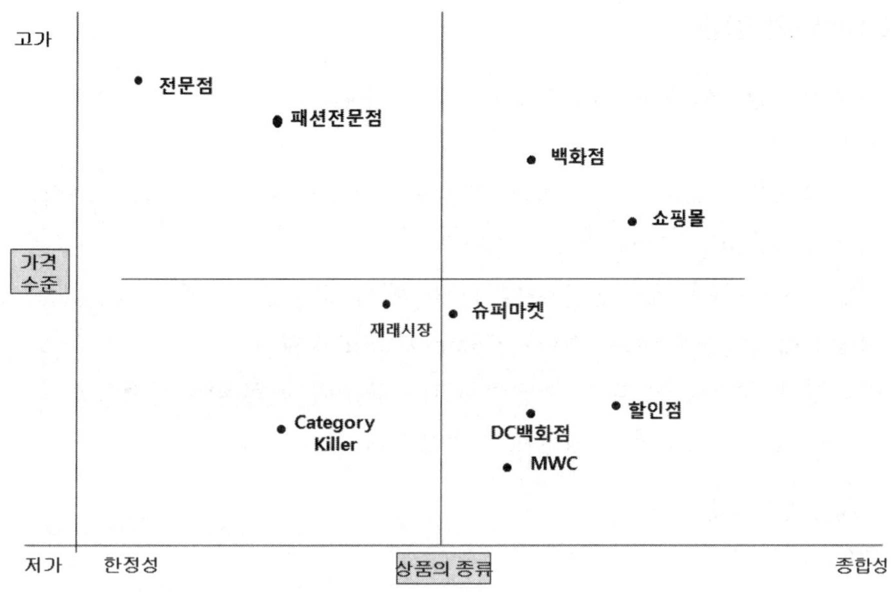

〈그림 4.6〉 업태별 위치(Positioning)

⑤ 소매 업태별 판매가격과 상품별 구성 위치(Positioning)

- 카테고리 킬러 : 특정상품의 풍부한 상품구성과 소비자선택범위 확대
- 전문점 : 상품 계열화와 상품을 좁혀 전문화상품 취급
- 수퍼마켓 : 저가격과 식료품위주의 폭넓은 상품을 취급한다.
- 백화점 : 의식주중심 상품의 일괄구매를 위한 폭 넓은 상품 구성
- 할인점 : 식품비중 강화, 회전율중심 상품구성, 대량판매, 저가격 구성

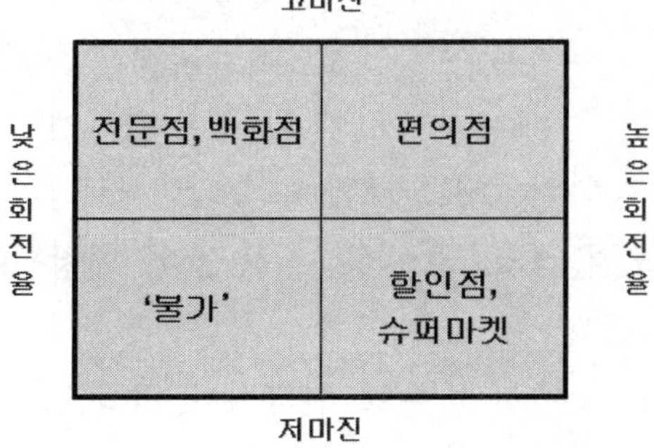

〈그림 4.7〉 회전율과 마진을 고려한 소매업 구분[7]

7) J.B.Mason and M.L.Mayer, Modern Retailing : Thoery and Practice, 1978, p.22.

(4) 소매업태의 경쟁

① 소매 업태별 경쟁구도(inter-Type Competition).

■ 경쟁 요인

소매업태별 비교・분석에 의한 경쟁력, 형태와 규모, 가격 등 결정한다.

■ 업태 갈등(inter-Type Confliction)

시장의 주도권은 유통생태계(먹이사슬)에서 소매업태간에 발생한다.

■ 이종업태 간 경쟁(inter-Type Competition)관계

할인점과 백화점 등 다른 소매업태와 주유소와 편의점이 경쟁하고 빵 가게와 편의점 등 다양한 경쟁관계가 발생한다.

② 소매업태의 경쟁 요소

■ 업태 & 입지

업태와 입지는 밀접한 관계, 업태에 따라 다른 상권규모와 입지조건이다. 소매입지는 업태성격에 따라 연합성이 필요측면과 단독성이 필요측면이고, 입지선정 작업을 하기 이전에 업태의 성격을 파악하여 출점여부 결정한다. 투자수익, 운영계획, 예상고객수(객단가), 고객수준, 시설수준, 등 조사하고, 가격파괴개념이 확대되는 상황에서 전통적인 입지개념도 파괴현상이다. 소형수퍼마켓은 소규모상권에서 고객수와 경쟁점포를 고려하고, 입지개발한다. 대형마트는 광역상권에서 외곽지역으로 입지 양분개념이다.(미국업태전략) 한국 대형마트는 시내중심입지, 백화점과 구분이 어렵게 시설을 투자한다.

■ 업태별 경쟁구도(Competition)

- 유통산업의 3C : 고객(Customer), 경쟁(Competition), 변화(Change)
- 업태변화 요소 : 고객요구와 시장경쟁구도에 따라 업태분화와 전문화
- 글로벌 유통흐름 : 형태, 규모, 가격, 소비변화에서 새로운 업태경쟁
- 백화점의 고민 : 할인업태들 호황에 충격, 새로운 업태생존노력 요구
- 고객감동 : 규모의 경영, 효율성, 상품진열, 매장전개, 통합시스템구축

■ 업태 변화과정의 현상.

- 형태의 변화 : 소수에서 다수로 전환되는 변화(점포수, 질적)요구 현상
- 규모의 변화 : 개별점포에서 대규모 체인형태의 초전문화와 저가격화
- ⓒ가격의 변화 : 저가격소구 점포와 고가격 품질지향점포로 분화(경쟁)
- 소비패턴의 변화 : 소비자 권한 강화와 소비양극화현상(업태분화요인)

4.3 소매업태의 경영전략

(1) 소매업태의 마케팅 전략

① 소매마케팅전략

■ 고객 기대의 충족 요건

- 편리한 장소와 충분한 시간을 제공한다.
- 편안하고 아늑한 점포분위기를 조성한다.
- 가치기대(value expectation)가 충족된 가격으로 제공한다.

■ 운영전략의 개발

- 장기적 성과제고 : 점포이미지 개선, 공공서비스, 사회적인 책임이다.
- 단기적 성과제고 : 상권 확장으로 고객유인, 기존고객의 충성도 증가한다.

■ 촉진의사결정

- 광고 : 예산, 매체(신문, TV, 라디오, 잡지, 게시물, 전단 등), 시간 등
- 인적판매 : 상품지식과 접객서비스수준.
- 판매촉진 : 판매이벤트, 진열, 프리미엄제공, 게임, 실연 등
- 홍보 : 특정 소매상 소개 등

② 마진과 회전율에 의한 소매상의 구분과 전략

■ 소매업태의 구분

- 유통환경변화와 표적시장의 선정
  자사영향력과 소매상전략과의 관계를 정립한다.
  상권(입지)와 업태전략과의 관계를 정립한다.
- 업태전략과 소매마케팅믹스(시장세분화, 목표고객설정, 장소)

■ 소매점 개념의 정립

- 회전율(마진)과 마진(서비스)과의 관계를 정립한다.
- 상품수준(구색)과 업태(마진, 회전율)와의 관계를 정립한다.

■ 마케팅믹스(생산, 가격, 장소, 판촉)에 의한 전략체계

- 소매마케팅 : 시장세분화 · 마케팅믹스전략
- 편리한 장소와 시간 : 개점시간, 이동거리
- 점포분위기 : 실내디자인, 점포내부 진열, 상품 공간할당, 조명 등

• 상품계획 : 상품의 폭과 깊이(편의품, 선매품, 전문품, 미탐색품)
• 가격 : 가격과 관련된 기대, 기대가치
• 정보 및 인적교류 : 상품지식(상품정보), 상점정보, 사회적 교류장소
• 서비스 : 신용, 운반설치, 보증, 수리 쇼핑관련 편의

〈표 4.4〉 마진과 회전율에 의한 소매상전략

	고마진(최고서비스)		
저회전율	고급 전문점 고급 백화점	식료품점	고회전율
	손해	E-마트 할인점 수퍼마켓	
	저마진(최소서비스)		

③ 소매마케팅 믹스전략

■ 장소의사결정

• 점포위치 : 상품의 성격 파악(편의품, 선매품, 전문품), 인구수.

■ 상권분석

소매상이 고객을 유인하거나, 고객유인 및 흡수지역이다.

또한 이는 구색, 가격, 제품서비스의 구매자기호를 반영수준, 소비자쇼핑태도이다.

• 구매자입장 : 경쟁적인 가격으로 제품과 서비스를 제공받는 지역이다.
• 판매자입장 : 제품과 서비스를 판매하여 물류효율성이 있는 지역이다.

■ 상권의 종류

• 1차 상권 : 고객의 70% 수준 흡수지역.
• 2차 상권 : 고객의 15% 수준 고객을 포함하는 지역.
• 3차 상권 : 고객의 10% 수준 고객을 포함하는 지역.(한계상권)

■ 소매업태 전략

• 저마진 고회전율 전략
• 잘 알려진 제품
• 점포에 오기 전에 고객이 구매를 결정

- 저가격이 가장 높은 애고 이유
- 최종서비스 제공
- 독립지역이나 임대료가 싼 곳에 위치
- 단순한 소매 점포의 조직
- 특별한 노력없이 팔리는 제품 취급

■ 고마진 저회전율 전략

- 잘 알려지지 않은 제품
- 점포에 와서 구매 결정
- 서비스, 특징적 상품, 판매기법이 고객 애고를 결정하는 요인
- 판매지원, 신용, 배달 등 다양한 서비스
- 시내나 쇼핑센터 밀집지역에 위치
- 복잡한 소매 점포 조직
- 제품 이외에 서비스나 A/S가 필요한 제품 취급

(2) 소매 업태별 서비스전략

소매 업태별로 대고객에 대해 차별적 전략 및 서비스를 제공하고 있음

〈표 4.5〉 소매 업태별 주요 서비스 전략

유형	가격	서비스	상품구색	입지	규모	판매방식
백화점	고	완전	다양	도심	대	대면/소량
수퍼마켓	저	셀프	다양	도심	중	셀프/대량
편의점	고	셀프	다양	도심	저	셀프/소량
전문점	고	완전	전문	도심	중	대면/소량
할인점	저	셀프	다양	외곽-도심	중	셀프/대량
양판점	중/저	셀프	전문	도심	중	셀프/대량
수퍼센타	저	셀프	다양	외곽-도심	중	셀프/대량
하이퍼마켓	저	셀프	다양	외곽-도심	중	셀프/대량
회원제 도매 클럽(MWC)	저	셀프	다양	외곽-도심	중	셀프/대량
카테고리 킬러	중/저	셀프	전문	도심	중	셀프/대량
아울렛	저	셀프	다양	도심	중	셀프/대량
파워센타	저	셀프	다양	외곽-도심	중	셀프/대량

① 백화점 : 폭넓은 상품구색과 우수한 서비스
② 수퍼마켓 : 식료품위주 셀프서비스, 저가격, 자기진열, 계산대 집중처리
③ 쇼핑센터 : 소유와 운영의 분리, 다양한 상품과 시설, 접객서비스
④ 편의점 : 편리한 입지, 24시간 영업, 구색의 간편성, 우호적인 서비스
⑤ 전문점 : 고품질, 고가격, 전문적인 서비스, 차별적인 고객관리

(3) 소매 업태별 상품전략

① 개요

상품 전략은 소비자와 가장 근접하고 친밀한 전략이므로 직접적인 매출영향과 소비자만족에 적극적으로 기여하는 역할을 한다.

소매 업태별 상품구색 및 부가 서비스, 편의성 등에 대한 전략이다.[8)]

〈표 4.6〉 소매업태별 주요 마케팅 전략

유 형	상표 유형	모델 유형	장 식	보유 재고	부가서비스	편의성
백화점	다양	모든 모델	고품위	적정 재고	다양	보통
대중 양판점	단일	모든 모델	보통	대량 재고	제한	보통
고가 전문점	고품위	제한 모델	고품위	주문	부가	보통
수퍼마켓	유명 상표	고회전	보통	적정 재고	제한	보통
편의점	선택적	고회전	보통	적정 재고	제한	고편의
창고형 할인점	유명 상표	고회전	무장식	적정 재고	제한	저편의
카달로그 판매	유명 상표	고회전	보통	주문	제한	보통
할인점	유명 상표	저가격 모델	모장식	적정 재고	제한	보통
기존 소매상	단일 상표	모든 모델	보통	대량 재고	다양	보통
부상하는 소매상	다양성	모든 모델	보통	적정 재고	다양	저편의

8) 유통 관리, 이수동, 법문사, 2001.

② 세부 상품전략

■ 상품 구색

• 상품 용도별, 구매동기별, 가격별, 품질별 등의 관점으로 분류한다.

• 상품의 종류, 상품 구색의 넓이, 상품구색의 깊이 등에 따라 결정한다.

〈표 4.7〉 상품구성에 따른 강점과 약점

유 형	강 점	약 점
넓고 깊은 상품 구성	넓은 시장 구색 갖춘 상품의 충분한 비축 많은 고객의 유치 원스톱 쇼핑 고객 우대 실망하지 않은 고객	많은 재고 투자 보통의 이미지 처분 못한 많은 상품 진부한 상품 구성
넓고 얕은 상품 구성	넓은 시장 많은 고객 유치 고객 편의 상대적으로 저비용 원스톱 쇼핑	제품라인중 다양성 결여 일부고객에게 실망감 약한 이미지 처분 못한 많은 품목 고객 우대 약화
좁고 깊은 상품 구성	특수한 이 G 좋은 고객의 선택 인적 자원의 전문화 고객 우대 실망 없는 고객	한 상품군에 지나친 강조 원스톱 쇼핑의 어려움 유행과 상품 사이클에 민감 상권 확장을 위한 부담 경합이 적은 상품 구성
좁고 얕은 상품 구성	편의성 추구 고객 지향 저비용 재고 처분이 용이함	원스톱 쇼핑의 어려움 일부 고객에게 실망감 약한 이미지 고객 우대 제한 좁은 상권 경합이 적은 상품 구성

자료: B. Berman & J. R. Evens, 〈Retail Management〉, Prentice-hall, 1995, p.445.

■ 상품진열방법 : 대면판매방식과 셀프서비스방식

• 상품진열 : 갖추어진 상품정리(상품을 어느 척도로 분류하는 것),

■ 체계적인 정돈이다(시각적으로 질서 있게 늘어놓는 것)

• 디스플레이 : 점포의 특성별 상품에 알맞은 표현으로 연출하는 것이고 단

품별 상품연출과정을 거쳐 보여주는 것이 아니라, 상품을 보여주는 시행 단계에서 이뤄지는 기술적 수단이다.

〈표 4.8〉 진열과 디스플레이의 차이

요 소	디스플레이	진 열
상 품	어떻게 보이느냐가 중요	보이는가 안보이는가가 중요
방 법	상품을 표현적으로 보여줌	상품을 설명적으로 보여줌
소 구	감정에 호소 상품 용도가 소구의 중심점	이성에 호소 상품 자체가 소구의 중심점
비 용	비용 대 효과가 중시	작업 코스트 중시
표 현	기술과 감성 중시	기능과 작업성 중시
내 용	전문적, 기술적	관리적, 직업적
주의점	구도, 구성이 요점	정리, 정돈이 요점

■ 상품 연출 및 POP진열

- 쇼윈도, 점포내, 매장에 전시되는 사진, 포스터 실물의 견본 등이 있다.
- 소매점은 목대, 곤돌라, 쇼 케이스 등 판매 장비에서 다양하게 활용한다.

〈표 4.9〉 POP 광고의 역할

구 분	내용
매장 측면	판매원을 대신하여 판매를 해줌 충동구매를 유발하여 매출신장 촉진 점포가 활성화 됨
고객 측면	점두에서 점내로 유도됨(동선 유도) 어떤 상품이 어디에 있는가를 알 수 있음 상품의 내용(품명, 가격, 특색, 사용법 등)을 알 수 있음 정보(지역정보, 상품정보)를 알 수 있음 행사(특매, 이벤트 등)를 알 수 있음

■ 기본 POP
- 가격표시 POP
- 매장안내(점포 Lay-out등) POP
- 용량이나 규격표시 POP
- 상품설명표시 POP
- 점포 서비스 내역표시 POP

■ 매출 신장을 위한 POP
- 특별 판매가격표시 POP
- 관련 상품 안내 POP
- 증정품을 알리는 POP
- 신상품을 알리는 PO

■ 상품화계획

고객에게 상품을 제공하기 위해 원료 단계에서 소비가 끝날 때까지 필요한 상품의 전 과정을 스스로 설계하고 통제·조절하는 판매활동이다.

생산자가 만든 제품을 소비자의 판매상품으로 만들어 가는 유통과정이다.
- 생산 또는 판매상품 결정(상품 기능·크기·디자인·포장 등 제품계획).
- 상품의 생산량 또는 판매량.
- 생산시기 또는 판매시기.
- 가격에 관한 결정을 포함.

■ 상품 보관
- 상품을 물리적으로 저장하여 관리하는 경제 행위.
- 단순한 상품의 저장과 저장상품의 가치유지와 향상시키는 행위.
- 물리적인 상품저장과 미래소비를 위해 시간과 장소의 효용을 창출.
- 보관시설과 설비(장비, 집기), 보관시스템, 보관활동 등으로 구성됨.

■ 재고관리

상품품질과 수량측면에서 효율적인 유지로 기회손실의 축소를 노력한다.

재고관리의 기본 목적은 이와 같다.
- 재고손실의 최대한 방지한다.
- 상품재고자산의 비합리적인 증감의 최소화한다.
- 악성재고의 발생 방지한다.
- 창고유지비 및 매입비용 최소화한다.

• 합리적인 매입의 기초자료를 산출 등이다.

<table>
<tr><td rowspan="8">높음
↑
재고회
전일수
↓
낮음</td><td>저회전 상품(구색상품)</td><td>과다 재고</td><td rowspan="8">불필요한
재고축소 및
적정 수준의 재고
일수와재고 금액
을 유지</td></tr>
<tr><td colspan="2"></td></tr>
<tr><td>- 구객으로 취급하거나
- 취급 중단을 검토</td><td>- 발주량/ 진열량 축소
- 할인 / 반품 / 이관</td></tr>
<tr><td colspan="2"></td></tr>
<tr><td>- 정상이거나
- 품절인지(있었는지 체크)</td><td>- 품절 예방
- 적극 발주, 진열량 확대</td></tr>
<tr><td colspan="2"></td></tr>
<tr><td>고회전 상품
(품절 체크 상품)</td><td>고회전 인기 상품</td></tr>
<tr><td colspan="2">→←
적음재고금액많음</td></tr>
</table>

〈그림 4.8〉 재고의 유형별 개선 활동

③ 업종 다각화와 업종 전문화전략

■ 사용가능한 필요자원의 집중화(경영전략)

경영의 시너지효과, 이윤극대화, 위험분산 등 절대 경쟁우위를 확보하도록 노력한다.

■ 시대환경에 부응하는 업태전략 : 다윈 〈진화론〉 처럼 자연에 적응한다.

판매효율을 높일 수 있는 업태만이 시장생태계에서 살아남을 수 있기 때문이다. 업태 유형(ForMat)은 풍요한 개인 라이프스타일에 적응하기 위한 것이다. 또한 시장선점전략을 어떤 층에게, 어디서, 무엇을, 어떻게 등 동질의 의미하고, 기업구조전략으로 경쟁우위적인 차별화전략을 경영시스템으로 채용한다. 자사자원의 효율적 운용으로 경쟁우위생산성원리를 경영시스템 포함하고, 기업성장과 안정화요인을 양립하는 포맷창조가 가능하게 되는 것이다.

■ 업태의 원칙과 응용

유통산업의 최고 경영전략과 성공여부는 업태 선정에서 결정한다.

업태의 중요성은 기업이 경영전략의 목표로 하는 영업형식을 뜻한다.

어느 시대나 그 시대를 리드하는 업태전략이 성공한다.

〈표 4.10〉 업태에 대한 원칙과 응용사례

업태원칙	응용사례	비고
TPOS(용도)의 차이점에 의해	상품과 품질의 차이	고품질/저품질
가격대의 차이에 의해	판매가의 고,저가 차이	가격정책
고객 내점 빈도에 의해	집적시설과 고객수의 차이	
상권 규모에 따라서	점포입지의 차이	접근거리

Chapter 05

소매업태별 특징

5.1 백화점(Department Stores)

① 정의

백화점은 불특정 다수의 고객을 상대로 선매품, 생활필수품, 전문품 등 다양한 상품을 폭 넓게 구비하여 부문별 조직에 의하여 정가판매와 대면위주의 폭이 넓은 서비스를 조직적으로 제공하는 대규모 소매점이다.

백화점이란 표현은 "갖가지 종류의 상품을 취급하는 집"이란 의미의 독일어인 'Warenhauser'에서 유래된 일본식 번역어에서 유래되었다.'각각의 부분들이 통제를 받으면서 자율적으로 하나의 점포를 이루고 있는 것'의 의미인 'department store'라는 영어표현에 따른 번역어는 '부문별 조직점'이라야 옳을 것이다.[9)]

주로 시내중심의 번화가에 위치하면서 의식주중심의 상품과 의류, 생활용품, 가정용품 등을 소비자가 소량으로 일괄구매(One Stop Shopping)할 수 있도록 대면·점외·신용·판매와 각종 서비스를 제공하면서 경영한다. 중간계층이상의 고객을 대상으로 제공하는 핵심가치는 패션(Fashion)과 서비스이며, 내셔널브랜드(NB) 상품중심의 판매조직을 상품별·고객별로 특화하여 부분화하고 이를 통합적인 기업시스템으로 경영한다. 백화점의 본질은 소량판매에 있으며, 부문별 조직, 다양한 부대시설과 서비스 제공, 대규모 구조 등으로 비교구매가 가능하게 경영한다.

9) 유통의 이해, 서봉철·변명식·김영이, 학문사, 2005, p.151.

〈그림 5.1〉 신세계백화점 본점의 내부 및 외부 광경

② 역사

최초 백화점은 1852년 프랑스 나플레옹 3세시대, 의류제품 상인 부시꼬(Aristide Boucicaut)가 파리에서 개설된 봉 마르쉐(Au Bong Marche)이다.

산업혁명과 공업화의 과정에서 상업의 발달에 따라 새롭게 탄생된 소비계층들이 귀족사회에서 중산층으로 확대되면서 문화와 예술을 동시에 향유하는 고급적인 소비문화가 확대된다. 의류점중심의 강매적인 상거래관습에서 고객평등을 위한 정찰판매와 자유로운 쇼핑문화, 교환과 반품의 보장 등으로 비약적인 발전이다.

자본의 축적에 따른 사회구조변화와 과학의 발달로 인하여, 도시화는 인구집중과 도심공간의 자본화로 이어지면서 새로운 업태탄생이 되었다. 영국에서는 1836년 설립된 휘트레이(whiteley's)가 최초이다. 1849년 식료품으로 출발하여 19세기말에 백화점으로 변경되었다. 해로드(Harrods)는 영국 여왕이 애용하면서 그 품위와 격조를 자랑하였다. 독일은 늦게 시작된 산업혁명여파로 백화점의 탄생도 늦게 진행되었다. 1870년 수도 베를린에서 설립된 벨트하임(Wertheim)은 1890년경에 백화점으로 변경되었다. 미국은 백화점을 가장 성공한 국가이다. 미국최초 백화점은 1826년 설립한 로드 앤 테일러(Load and Taylor)이고, 1841년 보스턴의 조단 마슈(Jorden Marsy)가 발전시켰다. 미국은 전문점들이 본격적으로 백화점으로 전환된다. 프랑스 봉 마르쉐의 출현이후인 1850년에서 1870년 사이에서

1858년이다. 뉴욕의 메이시(Macy), 1861년 필라델피아 워너메이커(Wanamaker), 1866년 시카코의 마샬 필드(Marshall Field) 등이 주도 역할을 담당하였다. 시어스&로벅(Sear s& Roebuck)가 시카고(본사)에서 창설되었고, 1893년 리차드 시어스와 파트너인 알바 로벅이 공동으로 창업하였다. 대기업의 위상은 독일계 유태인 줄리우스 로젠왈드(Julius Rosenwald)이다. 그는 아브라함링컨대통령과 같은 동네 일리노이주 스프링필드 출신이고, 흑인사회에서 많은 기부금 등으로 링컨과 함께 가장 존경받는 백인이다.

■ 시어즈의 경영 특징

- 시어즈는 줄리우스 로젠왈드의 창조적인 아이디어로 성장한 회사이다.
- 당시 농촌에 인구의 65%가 살고 있어, 우편주문방식의 영업을 착안한다.
- 물건을 보지 않고 사는 것의 우려를 없애주기 위해 무료배달을 개시한다.
- "만족하지 않으면 돌려준다"라는 혁신적인 머니백개런티 전략을 구사한다.

로젠왈드의 경영방식은 미국 최초 소비자중심주의 기업신조어를 탄생시켰다.

우편주문이 쏟아지면서 주문에 대응하는 컨베이어벨트시스템을 도입하였고, 이 시스템은 헨리포드 자동차조립라인 자동화에 결정적 영향을 주었다.

로젠왈드 사장은 기업의 사회적인 책임을 위한 제도를 도입하였다.

1916년 종업원복지와 종업원과 이익을 공유하는 제도를 도입하였고, 20억달러 로젠왈드기금은 비유태인들에게 더 많은 기금을 사용하였다. 기금의 사용기간을 본인이 죽은 지 25년까지로 정해놓고 원금까지 전액 사용하도록 만들어 수혜자들에게 실질적인 도움이 되도록 하였다. 미국 시카고 과학산업박물관도 바로 이 자금에서 설립될 수 있었다.

일본은 포목점에서 점차 백화점으로 전환되었다. 1904년 도쿄 "니혼바시에 에치고야"라는 포목점이었던 미츠코시(三越)가 양복이나 일용잡화 등을 취급한 것이 백화점의 시초이다. 일본의 경우, 구미와 같이 봉건적인 농업사회에서 공업사회로의 변화과정에서 소비자 구매욕구의 변화로 탄생된 사회적 혁신의 한 단면이다.

1923년 관동대지진으로 시중물자가 부족, 점포 내에 일용잡화 취급하였다.
이는 근대화의 상징이 되었다. 산업화의 물결을 타고 도시화가 진전됨에 따라 신흥 중산층 형성되었고, 인구의 과밀집중화는 도시의 교외로 베드타운을 건설케 되는 요인이 되었다. 철도에 영향 받은 대중적인 터미널형 백화점이 교통의 발달로 신설되었다. 백화점은 일본의 전통적인 일상에서 근대적인 소비의 주체로 등장되었다.

우리나라의 백화점 역사는 일본자본에 의해 처음 도입되었다.

일본은 식민지 조선에 그들의 우월성을 보이기 위하여 선진 문물인 백화점 운영방식을 서둘러 조선에 이식하였다. 1906년 일제 총독부가 진고개(지금 명동 사보이호텔 자리)에 세운 일본 미쓰꼬시 백화점의 한국지점인 오복점(五服店 : 포목점)이 최초이다. 1921년 일본인이 운영하는 백화점들이 앞 다투어 충무로에 진출하였고, 진 고개에 조지야(丁字屋), 미나카이(三中井) 히라다(平田) 등이 있다. 한국자본가 박흥식에 의한 최초 "화신백화점" 탄생하였다.

백화점이 국민명소의 역할을 수행하였다.(1933년 월간『삼천리』2월호 기사) 서울인구 30만명, 일고객 미쓰코시 12만6000명, 화신 11만 7000천명이었고, 지방의 학생들의 수학여행코스에서 중요한 위치를 차지할 정도였다.

③ 구분

- 백화점은 입점장소에 따라 도시형, 교외형, 터미널형으로 구분된다.
- 도시형은 도심에 본부를 두고 전국에 지점을 갖는 백화점이다.

〈그림 5.2〉 롯데백화점 본점 및 서울 도심백화점 정경

- 도심 백화점은 도심에 있지만 전국에 지점이 없는 백화점이다.
- 교외형 백화점은 주요 도시의 교외에 분점을 둔 백화점으로써, 롯데 백화점 분당점과 일산점 등이 있다.
- 터미널형은 전철이나 철도 이용자를 주 고객으로 계획을 세운 것이다.
- 롯데백화점 영등포점과 청량리점, 신세계 반포점, 현대 무역센터점 등이 있다.
- 우리나라의 경우, 예전에는 도시중심지에 위치하였으나, 주차의 문제나 인구의 교외이동으로 백화점도 교외지역으로 옮겨가는 추세이다.

④ 운영 특성

다양한 전문점 등 취급상품의 다양성과 부문별 판매서비스를 제공한다. 취급하는 상품종류를 세밀하게 분류하면 약 40에서 120만종에 이르고, 상품의 종류를 세분하면 1000종류에 달한다.

소재 및 생산지별(숙녀용·여아용, 울·폴리에스터·니트 등), 용도별(타운·레저·형식 등), 가격별(고급품·대중품 등), 사이즈·디자인·칼라 등으로 구분된다.

대형 자본에 의한 현대적 건물과 거대 시설에 의한 다점포화 경영체계이다.

일괄대량구매에 의한 경제성과 기능별 전문화에 의한 고객의 선택이 용의하고, 균형감각의 상품 구성과 다양하고 품격이 높은 고객서비스를 실천한다.

강력한 재정능력과 기업이미지 관리에 의한 고객유치와 스토어 로열티다.

매출의 약 40~50%가 의류이며, 패션유행과 감각이 리더역할을 하고, 다양한 상품과 점포입지의 편리성에 기인하는 폭넓은 고객층을 확보할 수 있다. 불특정 다수고객대상 성별·연령·소득·계층·직업 등 전시민적인 성격이다. 이는 가격표시제와 정찰제도, 현금판매, 반품자유화, 패션쇼 등 문화행사 등을 진행하고 있다.

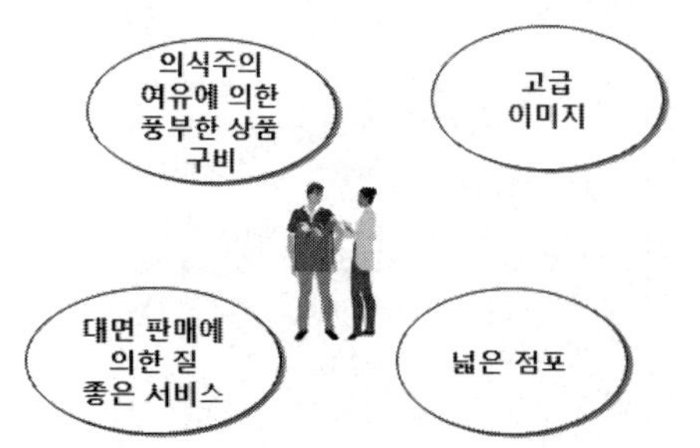

백화점의 특징

- 의식주에 관계되는 모든 상품 구비
- 정가 판매
- 점원이 고객 한사람 한사람에게 대응하여, 상품별 정보 제공 및 상담 등 세밀한 서비스 제공
- 고급 이미지
- 하나의 점포 내에서 모든 상품 구입 가능

〈그림 5.3〉 백화점의 특성[10]

10) KMU, 예동기, 유통업태의 발전 및 진화론

⑤ 백화점의 매입방식

■ 보통 매입

- 재판매를 목적으로 생산자(도매업자)에게 상품을 구입하는 행위이다.
- 영업정책에 따라 단순 상품매입 이외에 부가가치 제조의 의미가 포함한다.
- 반품이 인정되지 않으며, 고객니즈, 시기, 가격, 수량 등 세밀히 점검한다.

■ 위탁매입

- 상품의 매매를 백화점에 일정기간 동안만 상품을 위탁 판매하는 형태이다.
- 공급업체 브랜드가 기획생산, 위탁매장에서 판매이후 재고 책임관리이다.
- 상품정보의 부족을 보충, 도매업자의 신용을 이용하려는 장점 활용한다.

■ 판매분 매입

- 매장에서 상품을 팔면 그 시점에서 상품을 매입처로부터 매입방법이다.
- 팔린 것만 매입하고 재고상품은 반품, 소매업자에게 유리한 매입방법이다.
- 상품을 대량매입과 대량 판매하는 백화점에서 도입, 할인점에서 활용한다.
- 이 방식은 불공정한 거래행위로 위법이므로 활용하지 않는 것이 타당하다.

〈그림 5.4〉 백화점의 판매코너 광경

⑥ 국내 업계 현황

■ 백화점의 경쟁력 저하원인

- Discount Store, 전문점, Outlet Store 등 저가격공세와 대응력을 강화한다.
- 인터넷 쇼핑과 홈쇼핑, 공동구매방식으로 저가상품을 구매방식을 증가한다.
- 소비자판매 영향이 높은 식료품, 화장품 등의 백화점 매출에 영향을 미친다.

■ 위기 대처능력의 강화.

- 비채산점포의 폐쇄, 공급업체와의 협력 강화, 물류시스템의 전산화, 인원 감축, 유통단계 축소, PB상품 개발 등 과감한 경영을 효율화한다.

- 상품구색 차별화, 고객만족서비스 강화 및 직원업무 만족도 제고와 전문점, 홈쇼핑, 신용카드업 등 사업다각화, 해외진출 등 경쟁력을 회복한다.

■ 정보화와 시스템화 등 전략적인 우위를 위한 새로운 경영전략이 요구

- 중산층(고소득층)을 위한 다기능시설과 넓은 주차장의 교외점포 개설한다.
- 저가격에 대응하는 '지하 특설매장'을 신설한다,
- 전문점에 대응하는 부티크를 포함한 점포개조와 새로운 모델을 구축한다.
- 우편판매와 전화판매 및 전자상거래제도의 도입한다.
- 타 업태 경영전략의 벤처마킹과 경영다각화 및 복합기업경영을 추구한다,
- 종업원 서비스 강화 및 상품군의 축소/관리 등 상품과 서비스를 조화시킨다.
- 도시문화의 창조와 감성경영을 위한 복합적인 노력들이 병행된다.

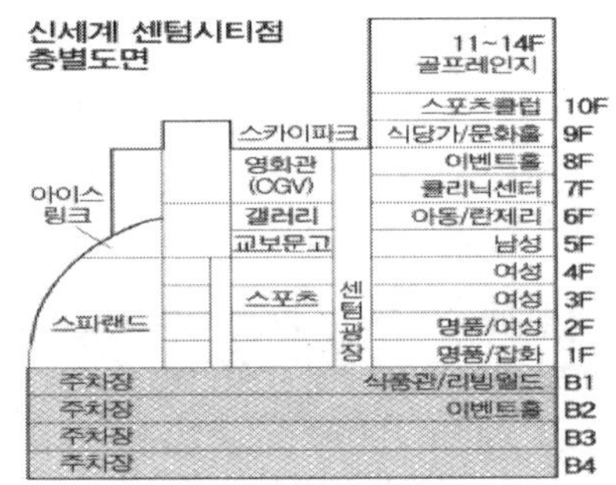

〈그림 5.5〉 신세계 부산 센텀시티점 내부 정경 및 층별 안내도

■ 고급화 전략

할인점의 등장으로 대부분의 중산층이 백화점을 등지면서 쇠퇴기로 접어들었다. 고소득층을 위한 특별한 마케팅전략이 구축이 진행되었다.

- 단순한 명품관개념에서 문화이벤트, 전시, 공연 등 문화마케팅 실시
- 고객에게 예술을 사랑하고 여유를 만끽하는 '우아한 삶'을 제공함
- 새로운 감성경영을 고객들에게 제공할 수 있는 성공전략의 추구

5.2 양판점(GMS ; General Merchandise Store)

(1) 개요

① 정의

자기자본으로 구축된 체인화에 따른 대량 구매능력과 대량판매능력을 바탕으로 운영자상표(PB ; Private Brand)와 일용잡화를 중심으로 염가보다 비싼 가격에 판매하는 업태를 말한다. 또한 백화점보다 낮은 가격대로 판매하며, 초고가상품은 취급하지 않는다.

〈표 5.1〉 양판점의 유형

구 분	내 용	비 고
양판점 포함 업태	상품계열 수퍼마켓, 할인백화점, 점보식품점(jumbo store), 점보식품점(jumbo food stores), 수퍼 드르거점(super drug store), 가정개선용용품(home improvemont Centers), 여가생활관련용품점(leisure living outlets), 복합점(combination store)과 가족센터(family center)	
	백화점, 일용잡화점, 할인백화점, 이외 카달로그 전시점, 편의점, 벼룩시장(flea markets), 차고점(barn stor)	신업태
유형	box점, 창고점, 한정품목점(limited – item), 복합점(combination store), 수퍼스토어(super store), 하이퍼 마켓, 창고판로(warehouse outlets)	국가별 업태
특정 업태 전제 이해	연쇄점- 식품중심의 수퍼마켓, 식료품중심 수퍼마켓과 의료품중심 수퍼스토어, 수퍼마켓과 연쇄점, 종합식품점과할인점	
집합적 업태유형	비전문점, self service제의 대형점	

② 특징

업태 변천과정에서 백화점과 수퍼마켓의 중간에 위치하는 업태이다.

양판점은 유통 기성세대와 신시대사이에 낀 '샌드위치 세대'로 이해하고, 수퍼마켓이 진화하여 대형화된 것으로 상품구색과 서비스는 백화점과 가까운 생활과 밀접한 종합 소매점으로 바뀌었다. 일부제품은 셀프 서비스방식의 판매하고, 상품구색은 식료품, 의료품, 잡화 등 모든 것을 취급한다. 중급품목과 대중품목을 일괄구매하며, 품목 수는 수십 만 개 이상이다. 매장면적은 2,000~5,000평정도이고, 2천~3천평(7만5천~10만㎡)정도로 백화점보다는 적은 면적이다. 지방 백화점과 유사하나, 다품종 대량판매에 따라 다점포를 추진하면서 매출증대를 꾀한다는 점에서 다품종 소량판매 백화점과 구별된다.

③ 운영방식

- 상품 구색 : 식료품, 의류품, 잡화 등 모든 것을 취급한다.
  중급품목과 대중품목으로 일괄 구매가 가능하며, 내구성이 높은 의류, 장신구, 가방, 구두, 신변잡화, 주방용품, 일용잡화, 음향용품, 책, 카메라, 가전제품, 보석, 스포츠, DIY용품과 최근에는 수리, 개조, 보험 서비스상품까지 폭넓게 상품을 구성하였다.
- 판매 방식 : 셀프 셀렉션으로 오픈디스플레이(Open Display)이다.
- 운영방법 : 본점과 체인(chain)형식으로 구성되었다.
  일반 수퍼마켓과 같이 카운트에서 계산하는 self service 형태이고, 시어즈로빅, JC 페니, 몽고메리 워드 등이 있다.
- 취급상품 특징 : 자사 개발 상품(PB상품)이 주력이다.
  가격은 염가보다 비싼 가격대로 책정한다. 매출 대부분이 머천다이저가 개발한 시방서 발주품목이며, 카탈로그 센터에 의한 병행판매도 된다.

(2) 국가별 특징

① 미국의 양판점

대형 자본과 다수의 점포망에 의한 대량구매와 대량 판매방식의 체인운영전략에 의해 다각화되어 대량으로 싸게 판매하는 대형 소매점이다. 1980년대 들어 소비가치관의 변화와 소득계층의 양극화로 인하여 1983년부터 각 회사별 소비 패러다임에 대응하는 전략적인 변화이다.

1800년대 후반, 통신판매의 급성장속에서 Sears에 의해 다점포화를 통한 대량구매 및 대량판매를 목표로 영업하는 대형 소매업태이다. 대표기업인 Sears는 1990년대 초 계속적인 적자경영으로 경비절감과 신규 투자를 통한 신규 출점과 중상류층을 목표로 한 상품구성의 변경을 시도하였다. 잡화 및 기타계열의 일반상품을 한정된 양만큼 소매하는 점포로서 보통 종업원은 25명 이하이고 시골잡화점으로 알려진 것도 이에 포함한다. 점포 수 5백~4천점의 대규모 체인스토어와 거대한 개발력을 보유하였고, 시어즈(Sears) 로벅, J.C.페니(Penney), 몽고메리 워드(Montgomery Word) 등 3사를 지칭한다.

② 일본의 양판점

1960년대 동경올림픽과 경제성장시기에 도입되어 지가상승과 점포확장이 순환되면서 급속히 성장하여 1965년에는 전체매출이 백화점의 절반을 차지하였다.

1970년대 중반부터 1980년대 진입하면서 전형적인 성숙기로 진입되고, 1990년대는 점포간의 무한경쟁과 지가와 인건비, 물류비의 상승 등으로 인하여 염가판매의 어려움으로 사업의 다각화와 체질개선에 주력하는 업태이다.

일본은 다이에, 이토요카도, 세이유 등이 있으며, 대부분 EDLP가 아닌 High-low의 가격전략을 추구한다.

〈그림 5.6〉 일본 세이유 센다이이즈미점

③ 한국

국내에서는 1988년 한양유통 천안점과 잠실점이 유사개념으로 출발하였다.

1988년 롯데백화점이 잠실 롯데월드 내에 새나라 수퍼백화점을 개점한 이후, 백화점으로 재개점한 경험이 있으며, 대부분 위상정립에는 실패하였다. 국민백화점을 표방하고 중가(中價) 상품개발에 나섰던 뉴코아백화점을 한국형 양판점으로 보는 시각도 있었으나, 무리한 다점포전략과 디스카운트개념과 도매클럽(M.W.C)과 차별화된 백화점과의 연계사업에 실패했었다. 대형할인점의 등장과 다점포화로 인해서 기존 백화점들 가운데 유통환경 변화에 따라 상당수가 이 업태와 수퍼센터 등의 업태와의 벤처마킹을 예상하였다. 한국의 가전양판점은 전제품을 대량구매했다가 싸게 파는 GMS의 영업형태로써, 기존 할인업태와는 물론, 새로운 업태와의 경쟁이 심화될 전망이다.

5.3 수퍼마켓(Super Market)

① 수퍼마켓의 정의

지역 상권에서 주부들의 편의를 위해 신선식품을 중심으로 식품과 공산품, 일용잡화 등을 취급하며, 셀프서비스방식, 현금판매, 저가격지향한 점포이다.

국제 셀프서비스협회에서는 수퍼마켓을 '주로 식료품을 취급하는 셀프서비스 방식의 120평 이상 750평 미만 이하의 소매점포'라고 정의한다.

우리나라는 신선식품식료품 및 일용잡화위주로 셀프서비스방식에 의하여 판매하는 330㎡이상의 영업장으로서, 레귤러체인의 직영점과 연쇄화사업자와 가맹계약을 체결한 점포형태로 구분된다.

〈그림 5.7〉 수퍼마켓 내부 정경

② 수퍼마켓의 특징

- 지역상권 내 접근성과 체크아웃카운트에서 고객서비스 집중이 강한 점포이다.
- 식료품중심의 폭넓은 상품구색을 대량으로 저렴하게 종합적으로 구성한다.
- 매일 저가판매를 위한 출점비용 및 구매원가 절감을 통한 저비용 경영한다.
- 셀프 서비스방식에 의한 가격표시, 현금판매, 고객중심 진열체계로 운영한다.
- 다점포화의 추구를 통한 대량매입과 대량판매로 구매파워의 향상 노력한다.
- 규모의 경영을 통한 본부 일괄매입으로 물류비용 삭감 등 원가절감 노력한다.
- 다점포화 형태로 레귤러 체인, 프랜차이즈 체인, 볼런터리체인으로 분류한다.

③ 수퍼마켓의 효시

미국에서의 수퍼마켓의 기원은 두 가지로 나누어 볼 수 있다.

1912년 현금무배달 방식을 도입한 A&P사의 식품점이며, 1916년 셀프서비스제 및 고객용 계산대원리를 도입한 Piggly-Wiggly점이다.

■ 최초 수퍼마켓

- 1929년 '크로거'사원 컬렌(Michael Joseph Cullen) 일리노이주점포를 개설한다.
- 1930년 8월 대공황시절, 뉴욕 'King Kullen'(150평) 대규모 식품점을 개설한다.
- 세계 각지에서 이민 온 언어소통이 어려운 사람을 타켓, 셀프서비스화 한다.
- 마이클 죠셉 카렌(Michael J. Cullen), '세계 최대 가격파괴자'라고 광고이다.
- 기존 식품점절반인 10%마진으로 당시 불황경제 소비자에게 크게 어필한다.

④ 수퍼마켓의 발전 배경 및 원인

■ 배경

1930년대 만성적 불황과 경제공황으로 소득감소, 실업률 증가로 경제위기를 맞았다. 농산물을 비롯한 모든 생식품들은 과잉생산으로 창고에 방치, 판로에 애로되었다. 기존의 식품연쇄점은 20%의 마진폭으로 당시 경제적 상황과 맞지 않았다.

■ 방법

- 1930년대 경제공황과 절약형 소비패턴으로 운영비 축소로 최고 염가판매한다.
- 최저 마진, 최고상품회전, 저가격, 셀프서비스, 현금무배달판매, 적극판매한다.
- 싼 임대료와 Every day low price전략을 바탕으로 제조업자 상표를 증가시킨다.

■ 내부적인 요인

- 냉동기술의 획기적 발전으로 신선식품의 적기 공급과 포장기술이 발달한다.
- 육류와 1차식품의 일괄구매 촉진으로 광역상권의 고객흡입력이 강화한다.

■ 외부시장 환경의 변화

소비자들의 가격에 대한 새로운 인식과 알뜰 구매행위와 1910년대 포드자동차회사의 대량생산으로 가정마다 마이카시대 도래되었다. 1935년 킹컬렌 스토아 15개, 박리다매로 인해 1941년 8,000개로 증가하였다.

⑤ 세계적인 동향

일부 후진국을 제외한 세계 어느 곳에도 보급된 소매업태이다.

미국은 수퍼센터 등 신업태 출현으로 시장점유율 50%에서 매년 하강하였다.

대표업체는 American Stores사(1위), The Kroger사, A& P, Safeway이고, 점포수 147,000여개, 종업원 290만명, 매출액 3,200억불이었고, 200만불이상 점포 3만개 이상, 1위사는 Americ Stores사 220억불 매출이었다.

■ 미국 수퍼마켓 개념

연매출 200만달러(16억원)이상, 매장면적 500평이상, 10,000가지 품목이다.

- 경우에 따라 베이커리 및 델리코너 등 추가로 운영하였다.
- 입지는 주거지역주변에 위치한다.
- 영국의 대형수퍼체인 ASDA 그룹, Sainsbury, Marks andSpenser 등 네덜란드 최대식품 소매업체 Ahold는 본국(680개), 미국(330개)에 거점하였고, 인도네시아 최대 수퍼마켓 헤로 미니. 싱가포르, 태국, 대만, 중국 진출하였다.

〈그림 5.8〉 미국 자이언트 이글 마켓, 펜실베니아주 베델 파크점

5.4 편의점(CVS : Convenience Store)

① 정의

소비자의 편의성 추구를 목적으로 좋은 위치에 입지하여 한정된 수의 식품・일용잡화 등 생활필수품을 셀프서비스로 운영하는 식품소매점이다. 미국에서 탄생되었으나, 일본에서 발전된 소매업태. '미니 수퍼'라고도하며, '소비자에게 편의를

제공하는 가게'라는 뜻에서 명칭이 붙였다. 연중 무휴로 24시간 개점하면서 인구 이동이 많은 지역에서 한정 상품구성으로 장소와 시간의 편리함과 고객니즈를 충족시키는 소규모 점포이다. 마케팅 타켓은 도시 중산층과 서민층, 남・여 직장인, 맞벌이부부 등이며, 소매점포의 핵심적인 고객가치는 Time(시간), Place(장소), MD(상품)이다.

한국에서는 평균 30평수준의 매장에서 3,000여 품목의 식품(신선식품과 양곡, 채소, 음료, 주류 등)중심으로 공산품과 생활 잡화, 도서와 문구류 등의 비식품, 건강・미용 용구, 담배 제품, 인쇄물까지 취급한다.

〈표 5.2〉 지역 Supermarket과 CVS 비교

구 분	수퍼마켓	CVS
고객층	• 상권내 전고객층	• 야간유동인구, 독신남여
입지	• 주택가, 아파트단지, 백화점 GMS 내	• 주택밀집, 유동인구, 야간활동인구 많은 지역
상품구성	• 식품중심의 일용품, 구매빈도가 높은 상품	• 다품종 소량의 생활용품중심 일용잡화
가격	• 생활용품중심 저가판매	• 수퍼마켓보다 다소 높음
판매방법	• 셀프서비스(Self Service)	• 철저한 셀프 서비스
상품진열	• 생식품 강조 진열	• 철저한 다품종 소량 진열
점포형식	• 체인 스토아로 운영, • 독립입지형 중심, • 100~400평 정도	• 가맹점, 다점포 경영 • 점포운영 노하우 제공 • 30~40평의 규모
경영전략	• 체인스토아에 의한 규모의 경제 추구 • 대량 구매 저가, 저마진, 고 회전전략 추구	• 체인화, 표준화에 의한 원가절감 추구 • 입지, 시간, 구색 편리성이 중점 경영전략 • 연중 무휴 24시간 영업

② 역사

1927년 미국 텍사스주 달라스 Seven Eleven(7-11)이 효시였다.

수퍼마켓의 교외이동으로 원거리 쇼핑과 영업시간 단축 등 불편으로 등장하였고, 1950년대 중반 미국 사우스랜드(Southland)에 의해 생성되었다. 사업전개는 체인스토어방식, 프랜차이즈방식, 볼런터리방식 순으로 진행되었다. 대표적 점포는 일본 세븐일레븐(7-11)과 서클-K, 로손 등이 있다.

〈표 5.3〉 일본 상위 5개 업체 현황(2008년 현재)

순위	업체명	매출액(백만엔)	점포수
1	세븐일레븐	2,762,557	12,298
2	로손	1,558,781	9,527
3	패미리마트	1,334,048	7,404
4	서클K산쿠스	1,095,201	6,166
5	미니스톱	302,911	1,772

한국에서는 1989년 외국 편의점체인인 '세븐 일레븐(7-11)'이 최초로 진출하였다. 사업초기, 외국기업에게 로열티지급하면서 노하우 축적 등 장애요인 극복하였고, 2009년 말, LG-25, 롯데마트, 패밀리마트 등 14,000개 가맹점시대를 개막했다. 2010년 2월 롯데계열사인 세븐일레븐이 업계 4위인 바이더웨이를 인수하였고, 시장점유율과 점포당 매출액 및 수익성의 경쟁이 치열할 것으로 예상된다.

〈표 5.4〉 2010년 3월말 현재, 빅 3의 시장점유율

구분	보광패미리마트	GS25	세븐일레븐
대표자	백정기	허승조	소진세
점포 수(개)	4,805	4,060	3,794 (세븐일레븐:2,280 바이더웨이:1,514)
시장점유율(%)	33	28	26
출점목표	850	700	850
특화매장	문구편의점	베이커리편의점	지하철편의점

(자료) 편의점협회 기준

③ 업태 특징

- 입지의 편의성 : 이동인구가 많은 지역 또는 주택가에 위치하여 고객들의 일상적인 구매가 용이하다.
- 시간의 편의성 : 연중무휴 24시간 영업하므로 항상 구매가 가능하고 고객의 접근성이 높아서 필요한 시간의 소요가 적다.
- 상품구색상의 편의성 : 평균 25평부터 70평 매장에서 생활용품(식료품 및 일용잡화 등)과 서비스 등을 중심으로 일상생활이나 식생활의 편의성을 제공한다.
- 우호적인 서비스 : 수퍼마켓보다도 더욱 친절한 밀착형 서비스를 제공한다.
- 적은 인원관리 : 가족중심의 노동력으로 관리가 가능하여 인건비절감한다.

〈그림 5.9〉 일본 편의점(좌)과 한국 편의점(우) 현황 비교

④ 분류

미국 편의점협회의 분류방식을 보면 크게 3가지로 대별되어 분류한다.

- 기본형은 주유소와 수퍼렛이 함께 있는 편의점형이다.
- 선진형은 점포 내 식품 또는 식당을 운영하는 수퍼스토어관리 편의점형이다.
- 복합형은 주류 판매, 자동차수리, 세차, 약품판매, 경식당 운영 등 다양한 판매 및서비스행위를 복합적으로 운영하는 편의점형이다.

〈표 5.5〉 일본의 해외 점포 진출현황(2008년 현재)

구분	세븐일레븐	패미리마트	미니스톱	로손
점포수	23,440	7,247	1,331	300

〈그림 5.10〉 일본 동경 중앙구 해피 로손 니혼바시점(편의점+육아지원)

⑤ 우리나라 현황

■ 경영전략

- 대기업중심의 선진관리체계와 다점포화 달성, 규모의 경영과 수익성을 확보한다.
- 운영관리와 상품이익률관리, 본부 리더십 등 사업의 부가가치전략이 부족하다.
- 다점포추구와 기존상권 한계로 인해 상권개발 위한 블루오션전략의 개발한다.
- 기존상권의 자영 수퍼마켓과 및 신업태와의 상권 경쟁으로 업태변화에 영향을 준다.
- 우리나라의 경우, 대다수 운영방식은 프랜차이즈체인 방식으로 운영된다.

훼미리마트 로고타입

FamilyMart

FamilyMart

캐릭터

〈그림 5.11〉 패미리마트의 심볼로고와 캐릭터인 "파미"와 "마띠"

■ 업태의 경쟁력

- 고부가가치의 즉석식품과 도시락 등 음식코너와 회전율이 높은 상품판매를 한다.
- 다양한 사업개념과 결합된 패스트푸드서비스, 주유소 등 새로운 업태개발을 한다.
- 고객편의를 위한 전화, FAX, 복사, 우표 등 정보·통신을 위한 서비스지원을 한다.

• 현금자동인출기, 공공요금 대행, 보험, 철도, 항공, 영화, 연극티켓, 놀이방, 꽃배달 서비스 등 다양하고 편리하게 쇼핑 및 문화센터의 역할을 담당한다.

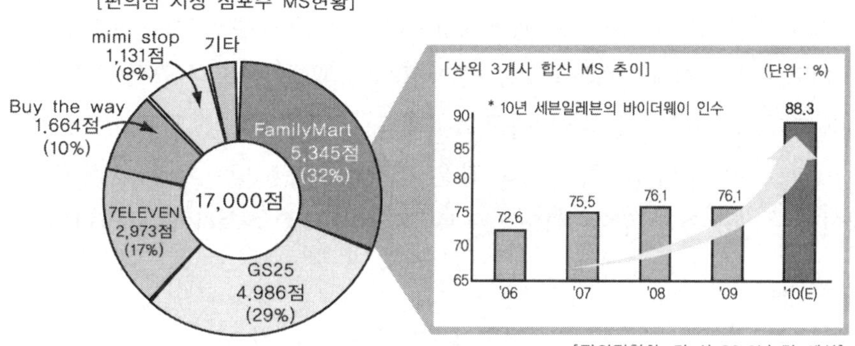

한국 편의점 현황

5.5 디스카운트 스토어(DS : Discount Store)

① 정의

다점포 및 셀프서비스전략을 지향, 실용품의 대형종합체인, 수퍼마켓 영업기술과 디스카운트스토어 기술, 쇼핑센터 입지이론을 병합한 형태이다. 표준적인 상품을 저이윤에 의한 저가격으로 대량 판매하는 점포이며, 핵심적인 고객가치는 Price(가격)과 Mass Display(대량진열) 등이다. 표준규격 상품을 대량구매하여 묶음이나 박스 단위로 판매, 셀프서비스를 위한 최소 시설로 광역의 고객을 흡인하는 견고하고 기능적인 점포이다. 식품과 일용잡화 등 회전율 빠른 상품을 취급하며, 저비용경영에 의한 매일저가판매(EDLP : Every Day Low Cost Operation)를 실현한 소매점이다.

〈그림 5.12〉 호주 coles 매장 정경

② 역사

- 1948년 미국 유진 퍼카우프(Eugene Ferkauf)가 뉴욕 맨하탄 여행용가방 할인점 개설되었다.
- 1954년 가을 코베트(E. G. Korvette)라는 디스카운트 스토어를 처음 개설, 코베트는 가전제품을 중심으로 한 내구소비재를 주로 취급하였다.
- 1960년대 초부터 실용품인 내구소비재와 의류를 중심으로 발전하였다.
- 1970년대 이후 의류, 화장품과 같은 소프트 상품으로 부터 냉장고, 세탁기, 에어콘, 가구 등과 같은 하드상품을 취급하면서 급속하게 발전하였다.

③ 성장 배경

에어콘, 가구 등과 같은 하드상품을 취급하면서 지속적인 성장추세이다. 사회・문화적인측면에서는 2차 세계대전이후 호황으로 개인소득이 증대하고 소비패턴이 다양화되면서 많은 상품을 저렴하게 파는 것에 인기상승하였다.

법・제도적측면에서는 Korvette의 할인판매가 공정거래법에 저촉되었으나, 벌금액은 미미한 반면 재판결과로 저렴한 상품원가가 노출되면서 오히려 업태 인지도와 충성도를 상승시키는 역할을 했다.

〈그림 5.13〉 일본 동경 더 프라이스(THE PRICE)

④ 업태 특징

- 매일 저가격(10%에서 20% 싸게 공급) 대량 판매한다.
- 저가격과 저품질의 상품을 판매하는 것이 아니라, 전국적인 상표에 중점을 준다.
- 셀프서비스방식으로 최저의 고객서비스와 최소 시설에서 경비를 절감한다.
- 지가가 비교적 싼 지역에 위치하여 먼 거리의 고객을 흡입한다.
- 비식품중심의 강력한 구매력과 회전이 빠른 상품으로 압축한다.
- 저마진과 고회전율, 대량판매와 대량구매로 구매비용과 운영비용을 절감한다.

⑤ 동종업태 사례 분석

■ 알디(ALDI)의 박스스토어(Box Store)

• 개요

할인점과 창고점이 결합한 수퍼마켓. 점포에 출점비용(설비투자)과 서비스를 최대로 축소하여 식품중심으로 상품가격을 대폭 싸게 파는 소매점이다.

주로 식료품과 세제, 샴푸, 휴지 등 일상 생활용품과 PB · PL(95%) 판매한다.

〈그림 5.14〉 독일 알디사의 매장 정경

■ 알디(ALDI)사 개요

알디는 1948년 Karl과 Theo Albrecht(알브레히트) 형제가 창업했으며, 탄광 노동자의 아내였던 어머니가 탄광촌에서 시작했던 작은 점포에서 출발하였다. Albrecht 형제의 Discount Store에서 상호명 ALDI라고 지었다. 알디의 경영원칙은 '단순하게 경영하라'이며, 최저비용 운영으로 이익을 소비자에게 환원하면서 독일인이 생각하는 최고의 기업이 되는 것이다.

• 공급자가 상품 진열 및 재고관리로 인력비용 감소 및 신속한 상품보충.
• 현재두 형제의 공동 경영으로 세계 16개국에 8,000여개의 매장 운영.
• 독일 : 4,000여개, 프랑스 : 500여개, 영국 : 300여개, 미국 : 1,000여개
• 독일시장 전체 시장점유율은 40%, 전 세계 매출이 60% 차지함.

■ 특징

• 점포외관과 진열이 창고모양과 상품을 낱개가 아닌 박스진열로 판매한다.
• 점포를 창고처럼 만들어 상품가격을 낱개보다 저렴하게 판매하는 방식이다.
• 각종 식료품의 포장형식을 구매당시 포장으로 진열하고 판매하는 방식이다.
• 상품의 구성은 저장성과 소모성이 강하며, 오픈케이스에 진열한다.
• 취급품목은 600~800개 수준. 1 품목당 1 브랜드방식, NB상품의 제한한다.
• 냉장농산물은 부분취급하며, 유제품, 델리카테슨, 정육, 청과물은 취급한다.

• 회원제 운영과 영업시간 제한. 셀프 포장과 단품별 가격부착하지 않는다.

■ 현황

• 독일 알디사에 의해 개발된 창고형 소형점포로서 활발히 보급한다.

• 우리나라에는 수지에 600점포가 있으며, 일본은 '다이에(Daie)'가 최초이다.

〈그림 5.15〉 영국소재 알디 맨체스터점

⑥ 한국 신세계그룹의 이마트

■ 개요

일본 자스코(JASCO)의 양판점(GMS) 업태개념과 미국 「프라이스클럽」의 운영방식을 모방하여, 독창적인 방식으로 「한국형 디스카운트 스토어」로 개발하여 지속적으로 개선시킨 '대한민국 우수 할인점'이다.

기존 업태특성에 맞는 입지전략(교외지역)과 서비스(Self Service)보다는 한국적인 쇼핑문화(식문화와 쇼핑문화)를 기반으로 백화점수준의 서비스를 제공한다.

Everyday Low Price, Eash Shopping, Eash Counting, Economic의 머리글자를 따와서 1993년 11월 12일 도봉구 창동에 연면적 3,000여평, 매장면적 1,500

여평, 지하 1층 지상 2층 규모로 개장한 선진 유통기술을 모방하여 만든 국내 유통업계 최초의 디스카운트스토어 형식의 할인점 업태이다.

외국 유통업체와 기술제휴나 협력관계가 아닌 자체기술과 노하우로 선진국과는 달리 식품비중(특히 1차식품)을 높이는 새로운 영업방식으로 개발한다.

■ 특징

- 셀프서비스(Self Service) 및 one-way control 영업방식 채택한다.
- 상품의 거래선에서 직매입 및 대량구매를 통한 구매원가의 절감한다.
- 인건비 및 운영비용의 절감한다.
- 전진 입체 진열방식(forward display) 채택과 박스단위 판매방식의 도입한다.
- 고마진 고회전 생활필수품(volume producing item)위주의 상품 구성한다.
- 일정 품질상품의 저가 판매로 평균 마진율은 MWC와 같은 수준인 7%선까지 낮추어서 다른 업태 판매가격보다 30~50%싸게 판매를 목표한다.
- 매일 저가격판매 및 바겐세일 지양(Everyday Low Price, no bargain sale) 영업 표방을 통해 다점포전략을 추진한다.

■ 현황

- 2009년 말 현재 전체매장 수는 114개이며, 매출액은 1026억원으로 발표되었다.
- 사업초기 상품매출구성비는 식품 54.3%, 잡화, 주방, 가전 등 33%, 의류와 아동용품 11.7%, 스낵 3.6%, 식품매출에 대한 의존도가 매우 크다.
- 현재 매장의 상품구성비는 일반적으로 식품비 40%, 비식품 60%수준으로 구성한다.
- 넓은 복도, 소비자동선을 고려한 배치, 청결하고 밝은 매장, 넓은 주차장이 있다.
- 5개 물류센터 운영한다.(물류비용의 절감 및 신선한 품질을 가장 싼값에 공급)

■ 경영이념

- 핵심 경영 : 무한 경쟁 시대에 유한한 경영자원으로 생존할수 있는 길 – 자신있는 분야에 경영자원을 집중 – 유통산업의 리더역할을 수행한다.
- 견실 경영 : 튼튼한 재무구조를 비롯해 글로벌 스탠다드에 맞는 경영만이 격심한 환경변화 속에서 생존 할 수 있다.

- 책임 경영 : 신뢰를 바탕으로 과감한 권한 위양과 고객 접점의 영업 현장에서 최고 의사결정에 이르기까지 각 경영활동의 주체가 스스로 판단하여 행동하는 기업문화 지향 → 맡은 일에 끝까지 책임을 진다.

■ 자체 브랜드 개발

고품질 저가격의 차별화된 PB/PL상품 적극 개발('97년 3%, '08년 20%)하였다. 현재 3000여개 품목개발 판매, 2010년도에는 30%까지 확대할 방침이고, 기존점포와 차별화를 위하여 EQ(E-Mart Quality)브랜드를 자체상표로 개발하고 있으며, 앞으로 자체 개발상품 비중을 50%선 까지 높일 예정이다.

5.6 수퍼 센터(Super Center)

① 정의

체인스토어의 발달로 인한 미국의 대표적 업태이다.(수퍼마켓+할인업태)

1988년 월마트가 등장시켜 K-마트와 미국 시장을 석권한 소매업태이고, 디스카운트스토어와 수퍼수퍼마켓을 결합한 원스톱 쇼핑 업태이다.

디스카운트에 식품과 비식품 등 생활필수품을 강화하여 조화를 이루는 현대화된 수퍼마켓으로 세탁, 구두수선, 수표교환, 식사 등 부수적 서비스를 제공하며, 한 지붕 밑에서 단층매장을 one stop shopping store로 형성한 것이다.

대표적 회사는 미국 Wal-Mart super center, Super K, Super Target, Super Venture, Meijer, 한국 삼성 테스코 홈 플러스, 일본 자스코 등이 있다.

〈그림 5.16〉 월마트 캐나다 서리점(WAL-MART, SURREY, CANADA)

② 성장 배경

1960년 초반 미국의 수퍼마켓업체인 메이저(Maijer)에 의해 수퍼마켓에 잡화를 결합하는 형태로 출발하였다.

1988년 월마트와 K-마트가 할인점에 수퍼마켓을 결합한 형태로 발전하였다.

■ 발전 형태

- 1차 : 미국형 비식품부문 점포인 디스카운트 스토어(DS)에 잡화중심의 버라이어티 스토어(VS)를 결합한 업태형식이다.
- 2차 : 수퍼마켓(SM) 식품부문과 수퍼 스토어, 컴비네이션 스토어(드럭 스토어 추가)를 업태 결합한 대형점포로 발전된 업태이다.

〈그림 5.17〉 일본 오쿠와 수퍼센터 고세점

③ 성공 요인

맞벌이 부부 등 시간의 절약형 소비자들에게 넓은 상품구색과 저렴한 가격으로 원스톱 쇼핑의 즐거움과 편의성을 제공하는 것이다.

경쟁력 제고차원에서 여러 가지 서비스요소를 추가 배치하였다. 즉 사진인화점, 안경점, 사진관, 미용실, 비디오대여점, 세탁소 및 예복대여점, 점내 식당(맥도널드 등), 델리점, 제과점, 꽃가게, 은행 등 때때로 수퍼스토어나 드러그 콤보와 비슷한 특색을 띤다. 취급품목은 20,000여 가지로 할인점과 수퍼마켓의 상품을 각각 취급하여 제반 비용을 절감하는 반면, 대면에 의한 1차 상품부문을 마진 믹스로 고마진을 올리고 있다.

④ 특징

매장규모는 18만㎡(약 4,000평)에서 20만㎡(약4,500평) 점포면적 자랑이다.

- 1층 단층매장을 주차장과 같은 수평적 면적의 대규모 점포를 형성한다.
- 식품과 비식품부분의 원스톱쇼핑이라는 고객욕구를 만족시켜 주는 점포이다.
- 디스카운트업태에 식품부문을 강화하여 조화를 이룬 현대화된 수퍼마켓이다.
- 운영원가 증대, 식품의 이익감소, 쇼핑의 불편함으로 인해 업태를 전환한다.
- 수퍼스토어, 드러그 콤보와 비슷한 특색의 원스톱쇼핑과 고객만족 실현한다.
- 점포 매장면적 1천5백~3천평(9천9백㎡), 연매출 8백만달러(90억원)이상이다.
- 취급품목은 20,000여개, 농산물을 대면판매에 의한 마진믹스로 고마진이다.

월마트는 운영원가 증대, 이익감소(식품), 쇼핑 불편함 등으로 업태전환하였다.

점포당 연 매출 8백만 달러(90억원)이상의 실적을 나타내고 있으며, 비식품 부분을 강화한 서비스를 강조한 특색을 띠고 있는 점포이다. 품목구성은 4만 품목에서 5만 품목까지 상품구성하고, 매장 레이아웃은 격자식매장(grid type)으로 원웨이 콘트롤식동선 갖추었다. 매장구성은 수퍼부문과 디스카운트부문을 명확하게 구분되어 있다.

월마트 수퍼센터 : 수퍼부문이 왼쪽, 디스카운트 부문이 오른쪽이다(정원용품, 정원수, 자동차 서비스매장은 별도).

⑤ 성장의 제약요인

- 수퍼센터 성장에 따른 다름 업태들의 대응전략과 새로운 업태의 출현이다.
- 기존 점포별로 매출신장의 정체와 시장의 포화상태로 업태의 성숙기이다.

• 적절한 상권규모 및 입지의 한계성과 지가급등으로 저비용출점의 한계이다.
• 점포의 대형화에 따른 쇼핑시간의 연장과 상품을 찾지 못하는 문제점이다.
• 기존 할인점의 업태전환 및 신규점포 출전비용의 증가로 인한 부담감이다.

〈그림 5.18〉 일본 베이시아 이치하라야와타 점(좌, 중)과 이온수퍼센터 나스시오바라점(우) 정경

⑥ 성공전략

• 순환적인 동선계획 : 내점빈도가 높고 저마진 식품과 내점빈도가 낮고 고마진 비식품의 교차구매를 유도하여 고객을 위한 순환동선이 필요하다.
• 저가격 : 원가절감과 저비용 경영을 통한 매일 저가판매의 실천이다.
• 상품구색 : 생활필수품을 중심으로 상품구색의 깊이와 넓이의 보강이다.
• 판매량 : 상품이익률을 낮추고 회전률을 높이는 전략으로 이익극대화이다.
• 내점 빈도 : 신선식품(청과, 야채, 생선, 정육 등)의 강화를 통한 고객의 충성도를 확보하여 마진믹스를 통한 고객만족 서비스 제공한다.

⑦ 미국의 월마트(Wal-Mart)

■ 개요

• 미국에 본사를 둔 유통기업으로써, 세계 최고의 기업이다.
• 1962년 월마트의 창업자 샘 월튼이 아칸소 주에 작은 잡화점을 시작하였다.
• 1969년 10월 31일 기업으로 설립하였다.
• 1972년에 뉴욕 증권거래소에 상장하였다.

■ 역사

- 1940년 6월 3일, 샘 월튼은 아이오와 주 디모인의 J.C.페니 잡화점사원
- 1962년 7월 2일 아칸소 주 서북부 작은 도시 로저스 잡화점개점(시초)
- 1967년 아칸소 주 서북부일대 점포 계속 늘려 5년 만에 점포수 24개
- 1968년 인근 미주리 주와 오클라호마 주로도 진출
- 1969년 월마트 스토어스 회사가 되었고
- 1970년 로저스 인근의 벤턴빌에 본사 설치, 38개 점포에 1500명 직원
- 1975년 125개 점포에 직원 7500명으로 중견기업으로 성장됨
- 1980년대에 급격히 성장하여, 1987년 점포수 1,198개
- 1988년 워싱턴 주에 대형 할인점인 "수퍼센터"(Supercenter) 점포 개설
- 1995년 해외 진출, 남아메리카, 영의 수퍼마켓 체인 아스다를 인수
- 2000년 7월 HomeWareHouse.com으로부터 인터넷 필요기술들을 인수
- 2000년 8월 Garden.com에서 콘텐츠 인수, walmart.com배송센터 설립
- 2002년 처음 포춘 500에서 규모 면에서 미국 제 1의 기업으로 등극

■ 운영전략

- 미국 소비자에게 저렴한 가격과 원스톱쇼핑(One-Stop Shopping)제공한다.
- 가격 경쟁 전략은 미국 소비자 쇼핑문화와 경향을 바꾸는 결과 초래한다.
- 차별화전략은 생필품강화, 소비자중심의 가격과 상품, 저렴한 가격의 헬스케어 제품라인과 쇼핑환경, 자사상표(PB) 강화 등이다.
- 월마트의 할인매장과 Sam's Warehouse Club이 비식품에 주력한다.
- 수퍼센터는 식료품분야에 주력하여 유통분야에서 가격파괴선구자가 된다.[11)]

■ 성공요인

"정확하고 신속한 재고관리, 보다 양질의 제품, 보다 저렴한 가격, 고객이 원하는 시점에, 언제나 공급 한다"는 기업의 경영목표를 달성한다.[12)]

월마트 성공전략은 이기자(Win), 놀자(Play), 보여주자(show)이다.

- Win전략 : 경쟁사를 누른 술책은 핫상품, 즉 플랫 스크린 텔레비전 같은 하이엔드 모델을 저렴한 가격에 선보이면서 시장 점유율 두 배 증가한다.
- Play전략 : 월마트가 주력하지 않았던 어패럴 부분, 청바지 같은 핫상품을 하이엔드로 바꿨고 20불선으로 저렴하게 판매한다.

11) 장세진, 글로벌경쟁시대의 경영전략박영사, 2005년. pp.295~296.
12) http://kin.naver.com, 삼성경제연구소, 2006년 6, 9.)

• Show전략 : 원스톱쇼핑(One-Stop-Shopping). 로스(Lowe's)나 홈디포(Home Depot) 등 하드웨어(hardware) 제품라인으로 그들과 경쟁하였다.
• 집안일과 사무실 일을 쓰이는 망치, 줄자 등은 매우 중요한 상품구성이다.
• 의류 부분은 나무 바닥과 조명 등 좀 더 고급스러운 분위기로 변화한다.

■ 경영

• 월마트는 US 월마트 스토어스, 샘스클럽, 월마트 인터내셔널으로 운영한다.
• US 월마트 스토어스는 월마트에서 가장 비중이 큰 분야, 미국 내 월마트 이름 단 점포 담당, 월마트 인터내셔널은 14개국 진출한 월마트점포관리이다.
• 대형할인점인 Walmart Discount Store(Walmart), 하이퍼마켓으로 식품 분야를 강화한 대형 Discount업태인 Walmart Supercenter, 지역밀착형 소규모 수퍼마켓 개념의 Walmart Neighborhood Market으로 구분된다.
• 2009년 말 현재, 미국 내 점포수는 월마트 디스카운트 스토어 810개, 월마트 수퍼센터 2,737개수준. 샘스클럽은 창고형회원제할인매장으로 미국 점포수 605개, 브라질, 중국, 멕시코, 푸에르토리코 매장을 운영한다.
• 월마트는 멕시코 월멕스, 영국 아스다, 일본 세이유그룹으로 운영한다.
• 전액출자 자회사 아르헨티나, 브라질, 캐나다, 푸에르토리코, 영국 소재이다.

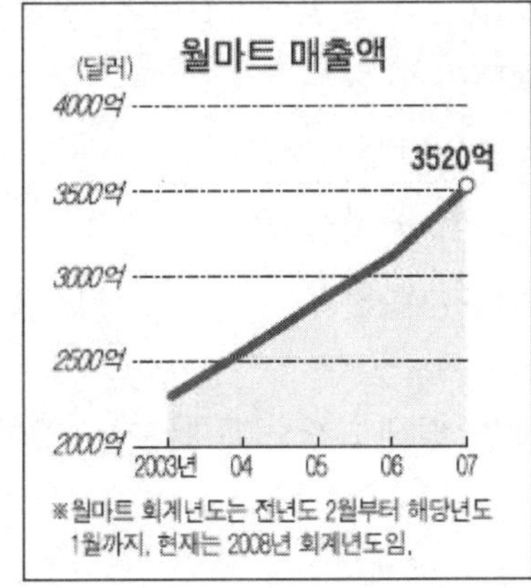

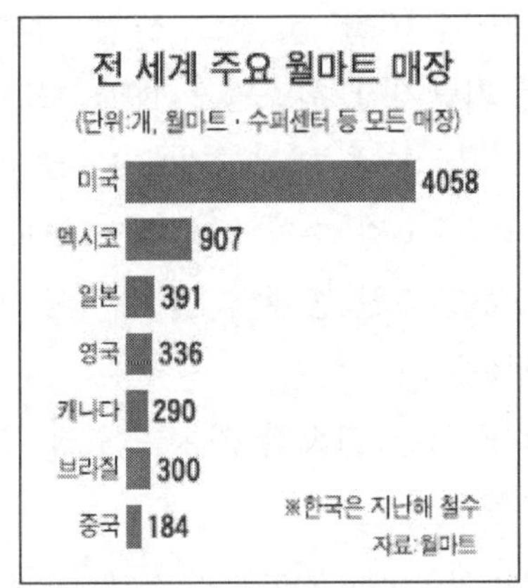

〈그림 5.19〉 WWW.daum.net, 중앙일보 2007.5.30)

⑧ 한국 삼성 홈플러스(Home plus)

■ 개요

- 1999년 영국의 테스코사와 삼성물산㈜이 합작한 전문 유통회사이다.
- 한국의 대형할인점 업체 가운데 이마트에 이어 시장점유율 2위를 차지한다.
- 2008년 5월 홈에버 인수, 소형매장(홈플러스 익스프레스) 공격적 출점한다.
- 2009년 말 현재 전국 110여개 홈플러스, 130여개 홈플러스 익스프레스이다.

〈그림 5.20〉 삼성 홈플러스(Home plus) 매장별 CI 정경

■ 연혁

- 1997년 9월 삼성물산 유통부문, 홈플러스 1호점 대구점 오픈
- 1999년 5월 (주)삼성테스코 출범
- 2000년 8월 최초의 합작 1호점 안산점 오픈
- 2001년 7월 홈플러스 PB / 상품권 본격 출시
- 2001년 10월 전 점포 산업자원부 서비스품질우수기업인증 취득, 유통업계 최단기간 최소점포 매출 1조 돌파
- 2002년 11월 패밀리카드(Family Card) 발행시작
- 2004년 6월 수퍼체인 익스프레스 1호점 중계점 오픈
- 2008년 5월 홈에버 인수, 홈플러스테스코 출범

■ 경영목표

고객을 위한 지속적 가치 창출로 고객을 평생고객으로 만드는 것이다.

■ 운영정책

- Best for customer: "고객은 더욱 편안하게"
- Simpler for staff: "업무는 더욱 편안하게"
- Cheaper for Tesco: "운영비는 더욱 저렴하게"

■ 운영 특징

- 2006년 현재 세계 테스코 점포 중 연면적 대비 점포수가 가장 적으며(점포당 면적이 넓음), 타 국가의 테스코들과 비교해 매출이 가장 많다.[13)]
- 테스코 본사에서 홈플러스 브랜드를 벤치마킹해 현재 Tesco Homeplus 이름으로 영국 각지에 10여 개의 대형 매장(Super Store)이 영업한다.[14)]

⑨ 고객서비스 전략

■ 고객들을 위한 쿠폰제

- 포인트카드는 1천원당 5점 적립, 2000점 이상이면 년 4회 정기쿠폰
- 쿠폰은 각 가정으로 직접 배달, 상품구매시 현금으로 사용

■ 각종 편의시설

- 푸드코트 : 보다 다양한 메뉴
- 수유실 : 전자렌지와 싱크대가 갖추어져 있다.
- 사랑방 : 만남의 장소 휴식공간 여성잡지, 음료수, 자동판매기 등
- 생활 편의시설 : 약국, 안경점, 여행사, 사진관, 세탁소 등
- 고객문화센터 운영
- 인터넷 쇼핑몰 운영 : 인터넷 주문 배달 서비스를 운영

〈표 5.6〉 삼성 홈플러스(Home plus)의 현황과 미래 계획

구 분	2006년 현재	2010년	2012년
시장 점유율(Market Stare)	2위	2위	1위
할인점 점포 수(# of Hyper)	48개	127개	150개
매출규모(Sales)	(테넌트 포함) 5.5조원	(P7PP 기준) 12조원	16조

⑩ 마케팅전략

■ 홈플러스 브랜드전략(홈플러스 자체 브랜드 -Homeplus)

- 홈플러스 알뜰 : 최저 가격
- 홈플러스 : 가격은 더 저렴하고 품질은 1등

13) Tesco Preliminary Results 2006 – Additional Information – Wikipedia 'Tesco' 문서
14) 홈플러스 브랜드 영국본사로 역수출 한겨레, 2009년 3월 8일 기사

• 홈플러스 프리미엄 : 홈플러스 최상급 품질

■ 가격전략

• 매일 최저가격 두 배 보상제
• 서비스 실명제
• 품질 만족제
• 계산착오 보상제
• 배달 책임제
• 유통기한 보상제

■ 유통전략

• 홈플러스는 '1번지 1호점'이라는 목표를 세우고 있다.
• 전국상권을 철저히 분석해 전략입지에 좋은 위치의 부지를 매입한다.
• 쇼핑환경측면에서 밝은 조명과 깨끗한 매장, 높은 천장, 편안함 강조한다.

■ 촉진전략

• 기존 창고개념 탈피, 가치개념을 도입, 백화점보다 고급스러움 강조한다.
• 한국인 체형에 맞춰 매대 높이를 알맞게 낮추고, 매대 간격을 넓혀 고객의 쇼핑 동선을 충분히 확보한다.
• 층당 매출이 가장 높은 '골든존' 1층, 상품 코너대신, 푸드 코트, 전문식당가, 서점, 패션존 등 고객 중심의 공간을 설치한다.

(자료) 삼성 홈플러스 제공

〈그림 5.21〉 삼성 테스코의 경영전략

5.7 하이퍼마켓(Hyper Market)

① 개념

1960년대 프랑스 카르푸가 개발한 유럽의 대표업태(수퍼마켓+할인업태)로 수퍼마켓(수퍼스토어, 영국), 종합할인점을 혼합한 교외창고형 할인매장이다.

입지비용, 개점비용, 구매원가, 인건비 등 대폭적인 운영비용 절감방식과 대규모 주차장과 대형 매장을 중심으로 창고형태로 식료품의 취급비율을 50% 이상으로 강화하여 비식품을 보다 풍부하게 운영하는 소매업이다.

식품과 비식품을 종합화한 대형 수퍼마켓, 파리교외에 약 200평 규모로 개설한 것이 효시이다.

〈그림 5.22〉 다다뉴브 리야드점(Danube, Riyadh Saudi Arabia)

② 특징

하이퍼마켓은 식품・비식품매장을 중심으로 셀프서비스와 원스톱 쇼핑을 중심으로 하는 디스카운트 스토어(DS) 범주에 포함되나, 식품 비중이 높고 그 구색과 신선도에서 차이가 있다.

미국 수퍼센터가 유럽식 하이퍼마켓과 가장 유사한 업태이다.

- 교외입지
- 넓은 주차장
- 셀프 서비스 방식
- 저마진, 고회전율

③ 성장 배경

프랑스 자국 내의 자영소매점포의 보호를 위한 대형마트 규제로 인하여 일찍 해외 진출을 시도하여 성공한 대표적인 사례이다.

프랑스 제외한 벨기에, 독일, 오스트리아 3개국은 16%대 점유율을 확보하였고,

스페인, 영국 등 유럽과 브라질 등 유통산업의 발달이 비교적 낙후된 지역에서 급속하게 세력을 확장하였다. 최근 유럽에서 남미와 아시아 등지로 유럽식 하이퍼마켓 원리를 적용한 디스카운트 스토어가 늘어나는 것은 고객 선호도가 높아지기 때문이다.

- 미국에서 업태가 발전하지 못한 이유

  수퍼마켓보다 값이 싸기 때문에 '하이퍼'라는 명칭이 붙었으나, 미국은 정통적으로 수퍼마켓이 강하게 발달되어 디스카운트와 수퍼마켓의 혼합 형태인 하이퍼마켓의 업태선호도가 상대적으로 낮았다. 연쇄점이 매우 발달한 미국에서 하이퍼마켓체인 유로 마르쉐의 실패, 수퍼밸류의 자본참가로 프랑스 컨셉을 채용하여 미국방식으로 전개되었고, 업태변화로 수퍼스토어가 개점되었다.

〈그림 5.23〉 까르푸, 이탈리아 밀라노(상), 오샹(Auchan) 루마니아 타이탄점(STORE VISITS AUCHAN, TITAN, ROMANIA)

④ 특성

- 고객 : 자가용 승용차를 소유한 중간 소득층과 가격에 민감한 소득층, 생활의 리듬과 새로운 쇼핑문화를 즐기는 질적인 구매자를 포함한다.
  - 풀라인 수퍼마켓과 DC Store상품 카테고리를 보유한 원스톱쇼핑 업태이다.
  - 국가별로는 소매업자와 자영업자가 주 타켓이며, 비회원출입도 허용한다.
- 입지 및 상권 : 매우 넓고 독점적인 지역상권이 형성된 지역이다.
  - 토지가격이 저렴하고 지역 쇼핑센터의 역할을 대행할 수 있는 상권이다.
  - 자가용 이용고객의 접근성향상을 위하여 고속도로, 간선도로, 교차로 등이 인접된 30분 시간이내로 쇼핑이 가능한 위성도시와 근접도시이다.
- 운영 : 창고형 점포에 셀프서비스방식과 식품, 비식품, 내구소비재 등을 취급, 고도의 오퍼레이션시스템(Operation System)이 요구되는 업태이다.
  - 맴버십 홀세일클럽(MWC)과 유사한 창고형태이나 회원제는 아니다.
- 상품 구색 : 식품과 생활필수품중심의 수퍼마켓 풀 라인 상품체계이다.
  - 식품비율을 절반이상으로 높이고 일상 반복 구매되는 품목이외이다.
  - 가구나 의류 혹은 지역별 특성자재(예 : 농촌경우, 농기구) 등도 포함한다.
  - 상품의 단품별 낱개 판매가 가능하다.
  - 상품구성은 주로 구매빈도와 인지도가 높은 국내외 유명제품이며, 유통업자 상표(PB, PL) 상품도 많다.
  - 상품의 종류는 기본적으로는 중저가 편의제품이 중심이며, 선택품목도 큰 비중이 차지한다.
- 상품 조달 : 상품계열별 직거래방식으로 납품된다.
  - 농산물의 경우, 현지포장 또는 인스토어마킹형태로 판매된다.
  - 일부품목은 글로벌 머천다이징방식으로 본사차원에서 구매한다.
- 가격측면 : 대량 구매와 원가절감을 통한 저마진・저가격정책 고수이다.
  - 저비용경영(시설, 운영, 인건비, 상품, 서비스)정책의 고수이다.
  - 정상적인 소매가격보다 10%에서 15%까지 저렴하게 판매한다.
- 건물 시설 : 판매장 면적이 3천 6백평(10만㎡)~6천평 이상의 규모이다.
  - 점포시설과 설비는 단순하고 소박, 내부 장식은 거의 생략, 최소화이다.
  - 넓은 노천주차장과 건물 내・외부통로는 산책, 휴식처, 갤러리가 연결한다.
  - 편의시설은 카페테리아, 차량수리, 영상장치, 고객수화물 보관소 등이 있다.
- 판촉활동 : 단조로운 공고방식이다.

• 직접우편광고, 라디오 지방채널, 지역정보지 등 저렴한 비용 광고방식이다.

〈그림 5.24〉 카르푸 까루가테점 하이퍼판다 두바이점

⑤ 현황

■ 대표기업

• 프랑스 카르퓨(Carrefour), 프로모데스,
• 벨기에 수퍼바자르(Super Bazar),
• 독일 벨트카우프(Welt Cauf),
• 스웨덴 옵스(Obs), 뱃셀(Wessels),
• 일본 아이크, 세이유, 다이에 등이 있다.

미국의 월마트는 사업 환경의 악화로 인하여 수퍼센터로 업태를 전환하였고, 현재 하이퍼 마트 USA, 케리포가 있다.

한국은 프랑스 까르푸가 영업, 2001아울렛에 M&A하고 한국시장을 포기하였다. 지금은 삼성 테스코사가 인수하여 DS스토어형태로 운영하고 있다.

⑥ 카르푸(Carrefour)

■ 개요

유럽의 하이퍼마켓업체로 세계 30여개 국가에 매장 9,200여개, 직원 383,000명, 연간 매출액이 약 92,778백만달러(2007년) 다국적기업이다.

프랑스에 본부, 1963년 까르푸 설립당시 매장이 파리외곽의 다섯개 도로가 교차하는 지점에 위치하여 교차로(Carrefour)의미로 작명하였다.

1993년 한국정부의 외국인투자개방화정책으로 한국현지법인 설립하였고, 자회사인 네덜란드 카르푸 BV사가 재무부로부터 6,000만불 투자하고, 1996년 7월 한국 최초의 매장을 경기도 부천시 중동에 개점하였다.

한국까르푸의 매출 규모는 1조 6043억(2004.12.31기준), 2006년 이랜드 그룹에 인수되고 한국에서 철수하였다.

〈그림 5.25〉 한국 카르푸 내부 정경

- 운영
  - 대형매장에서 식료품, 비식용 가정용품 및 기타 잡화 등 2만~5만개이다.
  - 저마진(15%)체계, 기존 수퍼마켓보다 20%의 저렴한 가격으로 판매한다.
- 까르푸의 6대 성공 요인
  - 과학적인 부지 선정, 강력한 상품관리 기구와 온라인 시스템이다.
  - 간결한 조직 구조, 경영 마인드와 고효율의 현장 관리이다.
  - 완벽한 기업 문화와 강인한 손실 방지 마인드라고 평가된다.
- 산지 직거래
  - 농촌 산지 직거래 역시 2009년 까르푸가 주목 받은 '변화' 중 하나이다.
  - 2009년 5월 농촌 생산지와 직거래선언, 2010년 50%를 농촌 직접 구매한다.
  - 비용 절감을 통한 이윤 극대화를 위해 10%~20%의 유통비용을 절감한다.
  - 농촌은 소득증대와 정부지원효과를 거두게 되어 순수익이 10% 증가한다.
  - 직거래관련 시스템 구축, 설비 건설과 계좌 개설 등 시간과 비용투자한다.
  - 생산지 직거래는 유통단계 단축으로 상품신선도와 손실방지의 장점이다.
- 모방과 창조의 시행착오를 통한 성장
  - 까르푸는 지난 14년 동안 본사의 성장 및 경영 방식으로 경영된다.
  - 중앙집권관리는 현지 부적응과 현지기업 모방으로 통제가 어려워진다.
  - 지점장 권한회수, 지역시장의 통일관리 등 창조개혁 성장단계를 거친다.
- 대도시를 벗어난 2~3선의 도시 진출[15)]
  - 최근 업계 경쟁과 성장 속도 둔화에 직면한 중국 시장의 출점전략이다.

15) 플래닛 리테일 보도, 한국유통물류진흥원, 2009.

■ 저가의 자체 브랜드 개발

- '까르푸 디스카운트(Carrefour Discount)' 라인은 약 400종 상품이다.
- 오렌지주스, 야채, 육류 등 신선식품들을 포함한다.
- 프랑스의 수퍼마켓과 하이퍼마켓에서 '디스카운트' 라인의 상품 판매한다.

■ 할인점 사업을 위한 '디아(Dia)'업태 개발.

- 프랑스 내수시장에서 할인점사업에 새로운 활력을 불어넣기 위해서 '디아(Dia)' 상호로 테스트 매장들을 오픈할 계획이다.[16)]
- '디아'라는 할인점개념은 스페인에서 성공적인 발전을 이룬 것이다.
- 지난 8년간 프랑스 '에드(Ed)'매장에서 판매된 디아의 자체브랜드와 매장의 상호(CI) 사이에서 새로운 개념의 강력한 유대관계가 성립이 예상되었다.
- '디아(Dia)'업태의 테스트매장은 이전에 '에드' 상호로 운영되던 장소이다.
- 파리 교외의 '비네브 생 조르주(Villeneuve Saint Georges)'와 부르고뉴의 '마콩(Macon)' 지역에 위치한다.

5.8 쇼핑센터(Shopping Center : SC)

① 정의

계획적으로 만들어진 전문점, 음식점 등이 입주한 소매 조직의 통제된 상업 집적을 말하며, 공통의 경영정책으로 운영되는 대규모 상업적인 공간이다.

미국 마케팅학회의 정의 : 많은 소비자가 다양한 상품요구를 충족할 수 있는 각 업종 및 업태의 소매업이 집합한 지리적 중심이며, 소비자가 구매시간을 단축하여 편리하게 쇼핑하는 충분한 매력을 가진 장소이다.

개발업자(Develop)와 임차 계약하여 출점하는 점포를 테넌트라고 하며, 쇼핑센터에서 가장 집객력이 큰 점포는 핵 점포(key tenant)라고 한다.

개발업자는 상권 및 입지분석과 사업성검토 등 기획과 점포의 규모, 점포구성, 키 테넌트(key tenant) 모집, 판촉관리, 사후관리를 총괄한다.

최초는 2차 세계대전 이후인 1948년 미국의 돈 카스터에 의해 도입되었다.

16) 플래닛 리테일의 보도, 한국유통물류진흥원, 2009.

도시교외로 인구이동과 모터라이제이션(Motorization) 진행, 급속 확대되었고, 현재 약 3만 여개를 넘었으며, 미국전체 소매금액 중 50%이상을 차지한다.[17]

제반 소비수요에 따라 교통이 편리한 교외도로변에 입지한 쇼핑단지는 자동차 문화, 대도시인구 교외이동, 도심교통난, 주차장부족 등 생성한다.

단지쇼핑을 위한 백화점, 수퍼마켓, 레스토랑, 은행, 병원, 우체국, 약국, 세탁소, 여행서비스 등 부대시설과 넓은 주차시설이 있어 소비자구매가 집중되는 지역사회의 활동중심지가 되는 커뮤니티센터이다.

건물구조와 디자인측면으로는 오픈 몰(Open Moll)형에서 밀봉형인 엔크로즈드 몰(Enclosed mall)형과 초현대형태에서 중세시장 이미지의 고전적인 형태로 변화하였다. 점포의 핵심적인 고객가치는 One Stop Shopping, One Stop Service이다.

② 역사

1924년 미국 미주리주 캔저스시티에서 전용주차장 시설도 없이 길 옆 간이주차장에 의존하여 설립된 컨트리클럽 프라자가 시초이다.

1930년대 미국 3대 소매업태 수퍼마켓(식생활), 드럭 스토어(건강생활), 버라이어티 스토어(주생활업태)가 한 장소에서 집적한 쇼핑센터 보급되었고, 1945년부터 1950년대 전성기. 도심 과밀화, 교통 혼잡, 주차장시설 부족 및 인종문제 등으로 교외 인구이동, 교외하이웨이 정비 등 위성도시화 촉진하였다. 복합 쇼핑센터가 위력을 발휘하는 것은 바로 문화와 공간 예술, 소비가 종합적으로 만나 그 상징성이 만들어내는 부가가치가 실로 엄청나기 때문이다. 마켓의 변화를 수용한 정보가 있고, 디지털 기술이 있고, 문화 콘텐츠까지 탄생하는 '스페이스 미학'을 여실히 보여주는 곳이 복합 쇼핑센터이다. 세계적인 추세는 파워센터(Power Center, PC), 테마파크형 쇼핑센터(Theme Park Shopping Center, TPSC)로 양극화가 진행되었다.

한국의 복합쇼핑몰 대표 테넌트의 변화로는 한국복합쇼핑몰에서 머천다이징영역은 백화점과 대형마트가 제외되면, 패션, 전문점, 식음, 엔터테인, 컨비니언스 등으로 구분된다.[18] 그동안 주도적 역할을 해온 테넌트는 연대마다 변화되어 왔고, 2000년 중후반 유니클로, ABC마트, 링코, 토다이, 펀잇, 키자니아 등이 있다.

향후 진행추세는 기존의 테넌트이외에 새롭게 H&M, 마샬, 이케아, 키즈파크,

17) 유통의 이해, 서봉철 · 변명식 · 김영이, 학문사, 2005. p.229.

18) 패션비즈(2010.01)

로봇랜드, ESPN레스토랑, 서커스, 유니버설 스튜디오, 도무스아카데미, 멤버쉽 라이브러리 등이 큰 비중 예상된다. 복합쇼핑몰은 고급화된 소비의 공간이자 휴식을 취할 수 있는 생활공간뿐만 아니라 나아가 브랜드의 체험공간으로 진화가 예상된다.

〈표 5.7〉 연대별 한국의 대표 테넌트의 변화

대표 테난트 믹스	1980년대	1990년대	2000년대	2010~2015년
패션	후아유, 랄프로렌플로 베테통	망고, 파크랜드	유니클로, 포에버21, 자라	H&M, 마샬
전문점	교보문고	하이마트, 전자랜드	ABC마트, 링코, 반딘앤루니스	이케아, 카즈파크, 로봇랜드
식음	맥도날드, 피자헛, TGIF	아웃백, 베니건스	토다이, 아모제	ESPN레스토랑, 에스닉레스토랑
엔터테인	63수족관, 롯데월드	CGV, 메가박스	Fun it(SEGA)	태양의 서커스, 유니버설 스튜디오
컨비니언스	-	MBC, SBS아카데미	키자니아, 서울건강검진센터	도무스아카데미, 맴버쉽 라이브러리

자료: 패션비즈 2010.01

③ 쇼핑센터의 경쟁 능력과 강점

〈경쟁 능력〉

■ 보다 좋은 공간 지향

- 넓고 느긋하다, 편안하다, 컬러 및 예술감각이 고객에 맞는다. 느낌이 좋다는 것이 포인트가 된다.
- 색체, 조명 등이 고려되지 않고 상품만이 잡다하게 진열된 구질구질한 공간은 환영 받지 못하며, 좋아하지도 않는다.

■ 정보와 문화적 가치

- 소비자·생활자는 정보와 문화적 가치를 중시한다. 쇼핑센터 전체가 가져

오는 혹은 빚어내는 것은 분위기적 생활개선 제안이고, 개인의 숍부터 입수하는 것은 구체적 개선 제안이다.

- 이런 분위기적 개선 제안과 구체적 개선 제안의 상승효과가 소비자 · 생활자에겐 큰 매력이 되어 마음에 와 닿아 감동을 준다.

■ 구매의 레저화

- 소비자는 구매행동 자체를 즐기는 경향이 있다. 즉 소비자 · 생활자는 쇼핑거리가 어느 정도 멀어도 귀찮아하지 않는다. 여기에 땅값 상승에 의한 도심부에의 점포 입점의 어려움과 더불어 교외화의 온상이 되었다.

■ 높아지는 쇼핑센터 지지도

- 쇼핑센터가 널리 지지를 모으는 것은 단독점포로서는 제공할 수 없는 핵점포, 음식점, 식당가, 문화, 정보, 오락기능 등의 기능을 제공할 수 있다는 데에 있다.

■ 쇼핑센터 개발방법

- 대기업 주도형, 현지 전문점 주도형, 제 3섹터 방식 〔종래의 지역개발은 관주도(제1섹터)였고 또 영리위주의 민간사업(제2섹터)이 있는데, 관민 합동의 기업체가 제3섹터임〕 등이 있다.
- 향후 상당기간 쇼핑센터가 소매업 분점의 주도적 역할을 담당함과 동시에 유통 전쟁의 중심으로써 각지에 희비 쌍곡선의 문제를 발생시켜 나갈 것이다.[19)]

〈강점〉

■ 집객능력

- 1업종 2점포(전문점, 핵점포, 음식점)이상, 문화 · 정보 · 오락기능 등이 있다.
- 교외 및 신흥 주택지에 입지, 자동차사회에 대응전략(주차장) 완비한다.
- 북적거림과 꺼리전략, 드라마전략, 개성화전략 등 창조적 집객장치이다.
- 특정 연령층대상 이벤트, 행사 등 소비자의 기대감과 충성도 강화한다.
- 쇼핑센터 이벤트 기획 및 정보관리를 위한 전문 마케팅회사의 설립한다.

■ 정보와 문화

- 감성 쇼핑을 위한 1~2층 연속 건물이다.

---

19) 유통의 이해, 서봉철 · 변명식 · 김영이, 학문사, 2005. P231.

- 문화추구 및 즐거움, 재미, 유쾌함을 위한 중산층의 가족동반 쇼핑이다.
- 정보와 문화를 지원하는 쇼핑센터의 고객만족을 위한 판촉 수행한다.
- 문화지원활동 및 테넌트에 대한 엄격한 지정위치와 매장규모 지정이다.
- 고객의 흥미와 단독 고객흡입이 가능한 핵점포의 $\frac{1}{2}$이상 구성한다.

④ 특징과 유형

■ 기능 구성

- 핵점포- 백화점, 종합수퍼, 전문점
- 몰
- 전문상가
- 코트
- 사회 · 문화시설

■ 쇼핑센터와 백화점의 차이점

- 보행자 전용도로는 쇼핑센터만의 특징
- 쇼핑센터의 규모가 더 큰 경우가 대부분
- 사회시설과 미술관, 각종 강좌 등의 문화시설 갖춤
- 전관 임대 백화점은 50% 이상 직영
- 상품별 전문조직이 다수업체의 집합이나 백화점은 단일주체
- 쇼핑센터 통일적 운영관리와 업종융화 강조, 백화점 상품개발 중시.

■ 성공조건

- 쇼핑센터의 임대 수입과 상가 매출액은 밀접한 관련이 있다.
- 쇼핑센터의 수입원은 상가의 매출액에 의해 결정되는 임대료이다.
- 매출이 감소되면 상가주인은 임대료 삭감과 경영원가 절감한 노력이다.
- 지원팀과 개발자, 쇼핑센터 주인과 소통과 협조로 성장전략을 수행한다.
- 쇼핑센터는 일반 유통업체와 다른 생명력을 가진다.
- 쇼핑센터는 다양한 고객집객능역으로 유행과 고객취향 등에 민감하다.
- 시대흐름의 변화, 개조 등 브랜드와 업종변화 등 경쟁력 유지 노력한다.

■ 쇼핑센터 운영의 연계성

- 개발자는 정기적으로 운영상황을 체크, 개선 방안을 찾아야 한다.
- 개발자는 고객에게 양질의 상품과 서비스를 제공, 소비자극을 노력한다.
- 지원팀은 소비자와 개발자, 쇼핑센터 주인 사이의 조정자역할을 수행한다.

• 지원팀은 브랜드판촉, 홍보활동, 고객확보, 매출확대, 수입증대를 노력한다.

■ 운영 포인트
  • 쾌적한 쇼핑환경 조성에 노력한다.
  • 고객안전, 위생, 적절한 조명, 환기 등 쇼핑환경으로 고객만족을 지원한다.

■ 지원팀의 원활한 커뮤니케이션관리
  • 개발자와 쇼핑센터 주인과의 교량역할로 의견수렴과 수요를 파악한다.
  • 개발자에게 개선방안 제시, 상가 주인에게 유리한 경영환경을 조성한다.

■ 정기적인 경영점검 및 머천다이징관리
  • 매출현황 분석 및 소비자니즈 점포확대로 쇼핑센터 시장가치를 제고한다.
  • 소비변화에 따라 쇼핑센터 포지셔닝 수준향상으로 경쟁력을 제고한다

■ 판촉행사를 통한 유동 인구 증가 노력
  • 고객특성과 수요에 따른 다양한 판촉으로 지명도 및 이미지 제고한다.
  • 단일행사 : 명절 축제 등 특별공연, 패션쇼 등 비정기 단기행사이다.
  • 주제행사 : 월드컵판촉 등 장기진행, 단일행사보다 높은 수익창출한다.

■ 재정 예산 및 관리
  • 정확한 재정 예산과 관리는 쇼핑센터 운영의 기본이다.
  • 운영, 판촉활동 등을 위해 유동자금 확보와 정확한 재무예산 필요하다.
  • 시장가치와 운영을 위해 개발자에게 운영상 개선방안 제시한다.
  • 임대수익과 지출 등 재무예산은 개발자의 의사결정에 중요자료이다.

〈쇼핑센터의 유형〉

쇼핑센터는 대개 아래 표와 같이 규모에 따라 4가지 유형으로 분류된다.

■ 초기 유형, 근린형 쇼핑센터(Neighborhood Shopping Center, NSC)
  • 수퍼마켓을 핵 점포로 일상생활필수품의 판매목적으로 한 쇼핑센터이다.
  • 수퍼렛(Super Rette)을 핵 점포로 편의점(Convenience Store)형 출점이다.
  • 다운타운 상점가들이 소멸되고 상업지구와 주택지구가 분리되는 경향이다.
  • 상점가자리에 도시 재개발형 대형 쇼핑센터가 건설되는 도시가 많다.
  • 임차면적은 대개 3,000평 미만이고 상권인구는 3,000～3만명 정도이다.

■ 커뮤니티 쇼핑센터(community Shopping Center, CSC)
  • 중형쇼핑센터. 네이버후드 쇼핑센터의 3～4배 면적(약5만평)에서 시작
  • 평균 임대면적 4천7백평(1만5천5백㎡), 주차대수 4백～1천대

- 핵 점포는 생존 3대 업태와 GMS, 백화점. 테넌트 20~40점포
- 제 2차 세계대전이후부터 1948년까지 신흥주택지에서 개발
- 소형백화점 또는 버라이어티 스토어 핵 점포로 편의품, 선매품 취급
- 임차면적은 10,000평 미만이고 상권인구는 대개 3~7만 정도
- 집객력 증대를 위한 원스톱 쇼핑의 가능을 높혔다.
- 1960년대 들어서 리저널 쇼핑센터에 밀려 쇠퇴기에 이른다.
- 1970년대 디스카운트 스토어를 핵으로 유지하고 있다.
- 상권은 소형차로 15분 내외이며 인구 3만~10만명 정도이다.

■ 1970년대 리저널 쇼핑센터(Regional Shopping Center, RSC)

- 대형백화점을 핵점포로 선매품중심, 넓은 상권대상의 대형쇼핑센터이다.
- 임차면적은 대개 30,000평 미만이고 상권인구는 30만명 미만이다.
- 주로 일반가정에서 필요한 상품을 판매하고 지역 내 주민수요 만족한다.
- 레스토랑, 서비스 기능 위주의 종합형 쇼핑센터로의 발전에 적합하다.
- 도시전체 계획이 전제되어 지역에 따라 과잉 혹은 부족현상이 제거된다.
- 가맹점과 서비스업종보다 패스트푸드, 커피숍, 베이커리 등 업종 집중된다.
- 인지도가 낮아 소비자집중도를 높이기 위해서는 특별판촉수단 필요하다.
- 주변상권 업태적응 필요, 지역주민들에게 환영 받는 서비스업종 주력한다.

■ 수퍼 리저널 쇼핑센터(Super Regional Shopping Center, SRSC)

- 대형 백화점, 디스카운트 스토어, 양판점 등 4~5개 점포를 핵 점포이다.
- 임차면적은 대개 30,000평 이상이고 상권인구는 50만명 이상이다.
- 리저널 쇼핑센터를 훨씬 능가하는 초대형 쇼핑센터이다.
- 핵 점포는 리저널쇼핑센터보다 많다. GMS, 디스카운트스토어 4~5점, 버라이어티 스토어와 드럭 스토어가 각 1~2점, 테넌드 150점 이상이다.
- 20세기 최대 쇼핑센터 『몰 오브 아메리카』, 테넌트 약 8백점 구성된다.
- 수퍼마켓은 리저널 쇼핑센터와 마찬가지로 없는 경우가 많다.
- 부지 10만평 이상, 평균 임대면적은 3만 5천평이다.
- 주차대수 5천대 이상, 상권은 자동차로 25분거리, 20만~50만명 대상이다.

〈표 5.8〉 쇼핑센터의 4가지 유형

구 분		NCD Neighbor-hood	CSC Community	RSC Regional	S R S C Super Regional
임차면적	미국	평균1,400평 (2,800평까지)	평균4,700평 (11,200평까지)	평균18,000평 (30,000평까지)	평균35,000평 (30,000평이상)
	일본	1,500-3,000평	2,000-5,000평	5,000 -1만평	1만평이상
대지면적	미국	1만평까지	5만평까지	12만평까지	15만평까지
	일본	8,000평까지	1.5만평까지	7만평까지	10만평까지
테난트수		10-30개	20-40개	50 -150개	150개이상
주차대수		평균 280대 (600대까지)	평균 940대 (3,500대까지)	평균3,600대 (8,000대까지)	평균 7,000대 (5,000대이상)
상권	미국	10분이내거리	15분이내거리	20분이내거리	20분이내거리
		5,000인이내 (실제1-2만인)	3만인이내 (실제3-5만인)	5만인 이내 (실제7-15만인)	10만인 이내 (실제2-50만인)
	일본	3.5만인	5-7만인	15 -30만인	50만인이상

⑤ 한국과 미국과 일본의 비교

- 한국 : 복합쇼핑몰 시대 개막
- 1인당 국민소득 증가에 따라 소비자들의 생활습관이 감성가치창조방향으로 생활습관이 진화되면서 유통 패러다임이 복합쇼핑몰로 전환되었다.
- 소비, 문화, 공간예술, 정보, 디지털 기술 등이 종합화 된 복합쇼핑몰로 인해 몰링(malling)족이 급격히 확산되었다.
- 전문 경영인체계가 확립되면서 직영 및 임대 형태로 체계적 운영을 하는 복합쇼핑몰이 점점 더 주목받고 있는 시대로 진입하였다.
- 대형 복합쇼핑몰의 대표적 사례로 영등포 타임스퀘어를 들 수 있다.
- 우리나라는 전통적으로 재래시장과 백화점에 이어서 1968년 수퍼마켓이후, 80년대 전문점, 통신판매, 편의점, 1993년 이후 창고형도매클럽(MHC), 대형마트, 하이퍼마켓, 온라인쇼핑몰, 2000년대에 쇼핑센터가 오픈하기 시작되었다.
- 쇼핑센터는 일본대비 약 15~20년, 미국대비 40~50년 뒤져있다.
- 국민 1인당 소득수준 향상과 소비자 소비수요가 다양해지면서 쇼핑센터의 양적, 질적 향상이 뒤따르게 된다.

• 미국 : 일부의 예외를 제외하고 역전 상점가에서 도시 재개발 등의 형태로 정리, 종합하는 방식을 택해 업태의 집합체로 인정되는 면이 강하다.
• 일본 : 타 업태에 비하여 별로 발달하지 못했다.

〈그림 5.26〉 미국 피그 가든 빌리지(Fresno. California) 정경

■ 대표적 쇼핑센터
  • 라라포트와 '94년 오픈한 윙 마켓센터와 넥스트에이지(NEXT-AGE)
  • 윙 마켓센터는 점포면적 1만1천1백십평의 대규모
■ 특징 : 업종이 중복되어 있기 때문에 점포간의 경쟁을 통하여 SYNERGY효과가 있는 것이 강점이기도 하다.
■ 사례
  • GMS 계통인 다이에이, 이토요카도, 세이부의 시대가 지나가면서 중위권 양판점업체인 이온이 급성장하고 있다.
  • 이온(AEON)그룹이 일본 최고의 유통그룹으로 정착하면서 만든 이온 레이크타운은 향후 100년을 내다보는 초대형 복합쇼핑몰로 565개 전문점, 도쿄돔의 5배 크기, 친환경 에코 쇼핑몰이다.

〈그림 5.27〉 일본 이온 레이크 타운(埼玉県越谷市東町4－21－1)과 도쿄미드타운(東京ミッドタウン)

〈표 5.9〉 한 · 미 · 일주요 소매업태 출현 시기

연도	한국	미국	일본
1890~1920	재래시장	백화점, 통신판매, 잡화점, 식료품체인, 드럭스토어	백화점
1930		양판점, 쇼핑센터	
1940		수퍼마켓	수퍼마켓, 통신판매
1950	수퍼마켓	대형마트	전문점
1960	백화점	편의점	대형마트, 편의점
1970		홈센터, 창고형클럽	홈센터, 방문판매
1980	전문점, 통신판매, 편의점	쇼룸, 하이퍼마켓, 파워센터	쇼핑센터, 전문대형점
1990	전문대형점, 창고형클럽, 대형마트, 하이퍼마켓	수퍼센터	창고형클럽, 카테고리클럽
2000~2010		라이프스타일센터, 테마파크	라이프스타일 센터

자료: 패션비즈 2010.01

⑥ 우리나라의 유형

■ 개요

쇼핑센터는 일본이나 미국, 한국에서의 정의가 다소 차이가 있다. 유통산업이 성숙기에 접어들면서 소매업과 엔터테인먼트를 결합하여 다양한 소비자 니즈에 대응한 "복합 쇼핑몰"의 성장이 가속화되었다.

주요 백화점 빅3들은 장기계획으로 본격 복합쇼핑몰 경쟁을 진행하였다.

신세계 부산 센텀시티점, 영등포 경방타임스퀘어점, 롯데 광복점, 현대백화점 목동점이 복합쇼핑몰 형태로 리뉴얼을 오픈하였다.

■ 특징

- 한국 쇼핑센터는 백화점 수퍼마켓 등 핵 점포가 있고 각종 전문점과 레저시설 및 공공시설 등 편익시설을 갖추고 통일적으로 운영되는 직영 또는 임대형태의 소매업집단으로 규정하였다.
- 임차건물경우, 매장면적 50%이상 직영과 종업원 5%이상 판매사고용과 매장면적은 서울시 3,000제곱미터이상, 기타지역 2,000제곱미터 이상이다.

- 한국은 내점빈도가 높지 않은 중산층과 구매목적성 높은 고객집객력이다.
- 신규 유통단지(신축 건물, 재건축)조성을 통한 저 원가점포건설 요구이다.
- 정부의 종합화된 도시개발계획과 「유통 마스트플랜」 기획이 전제된다.
- 쇼핑, 외식 · 오락 등을 한 곳에서 즐기는 몰링(Malling)이 소비시장의 메인 트렌드 부상이다.
- 부산 신세계 센텀시티 : 몰링형태 엔터테인먼트와 이벤트, 쇼핑 결합이고, 연면적 약 9만평, 백화점, 쇼핑센터, 스파랜드, 아이스링크, 영화관 등이 있다.
- 2012년까지 유통 3강이 참여하는 복합쇼핑몰은 전국 10여 업체 예정이다.
- 코엑스몰, 용산 아이파크몰 등 '몰링 문화'가 전국적으로 확산될 전망이다.

〈표 5.10〉 백화점들이 개발 · 참여하는 복합쇼핑몰

복합물	개발회사 (입점백화점)	위치	개점시기(예정)
신세계센텀시티	신세계	부산 해운대	2009년 3월
평택역사몰	AK플라자	경기 평택역	2009년 4월
타임스퀘어	경방(신세계)	서울 영등포	2009년 9월
부산 제2롯데월드	롯데	부산 중구	백화점은 2009년 12월, 엔터테인먼트시설은 2011년
레이킨스몰	(주)킨텍스몰(현대)	경기 고양 킨텍스	2010년 8월
청량리역사몰	롯데	서울 청량리역	2010년 말
양재복합몰	(주)파이시티(현대)	서울 양재동 화물터미널 부지	2011년
김포스카이파크	롯데	김포공항	2011년
아산복합몰	현대	충남 아산 배방지구	2011년
청주복합몰	현대	충북 청주 대농부지	2011년
의정부역사몰	신세계	경기 의정부역	2012년
수원복합몰	롯데	수원 KCC공장터	2012년 이후

자료 : 각사

〈세부 사례〉

■ 롯데백화점 부산 광복점(구 부산시청부지)

• 2009년 말 개점한 점포에 SPA(패스트 패션) 브랜드 등 입점되었다.
• 2010년 8월 개장인 신관에 스포츠센터, 키즈 테마파크 등 입점 예정이다.
• 현대백화점은 2010년 1월 무역센터점 증축공사를 시작한다.
• 2010년 7월, 일산 레이킨스 몰에 복합쇼핑몰 킨텍스 점을 개점하였다.

〈그림 5.28〉 신세계 부산 센텀시티점(좌), 롯데, 청량리역사점(중), 현대백화점 일산 레이킨스 몰(우)

■ 롯데백화점 청량리역사점은 지하 2층, 지상 8층으로 구성되었다.

- 기존 점포의 2배 수준연면적 17만8512m², 영업면적 3만6363m² 규모이다.
- 서울시내 롯데백화점 중에 본점과 잠실점에 이어 세 번째로 큰 규모이다.
- 1, 2층에 식품매장과 영 플라자, 유니클로이다.
- 4~6층 롯데마트, 7~8층 8개관으로 구성된 롯데시네마이다.
- 옥상은 자연생태공원, 약 270석 규모 문화 홀과 문화센터, 갤러리 등이 있다.

■ 현대백화점 일산 레이킨스 몰은 연면적 16만m² 규모이다.

삼성동 코엑스 몰의 1.5배에 달하는 대형 복합쇼핑몰이다. 1층과 2층 상가는 현대백화점과 한 동선의 통로로 연결되며, 지하1층 및 지상1층에 홈플러스, 지상 3층과 4층에 메가박스 입점한다. 영화, 공연, 쇼핑, 외식 등 원스톱 쇼핑기능과 주변 환경도 좋은 조건이다.

■ 신세계백화점 천안점은 종합터미널자리에서 2010년 연말 오픈할 예정이다. 입지는 천안 야우리백화점과 갤러리아백화점이 함께 위치하고, 연면적 약 13만6414㎡, 영업면적 약 8만7862㎡이며, 중부권 최대 규모이다. 전략적인 제휴를 통한 마케팅, 상품기획, 영업, 서비스 등 책임관리를 하였다.
신세계는 임대료 없이 매출의 일부만 수수료 형태로 수익을 보장하고 소유주 아라리오는 운영비용의 부담대신 매출액의 일정부문 이익보장이다.
신세계는 투자비용을 줄이면서 천안 상권에 진입할 수 있다는 점과 아라리오는 기존매출보다 높은 이득을 투자 없이 올리는 장점 부합한다. 신세계는 출점 수가 늘어나면서 기존 상권의 지배능력이 강화되면서 점포 입점업체들에 대한 통제력이 증가되면서 최고상권 도약 전망이다.[20]

신세계 대전 유니온 스퀘어 개요

위치	대전시 서주 관저동
용지 면적	35만m^3
구성	프리미엄 아울렛+복합엔터테인먼트 시설 (아이스링크, 수영장, 영화관, 웨딩홀 등)
개장	2013년 말 예정(2012년 착공)

자료 : 신세계

〈그림 5.29〉 신세계백화점 천안점

■ 국내 최대 교외형 복합유통엔터테인먼트 대전유니온 스퀘어(가칭)이다. 신세계와 대전시가 약 4500억원 공동 투자, 2013년 말쯤 완공 계획이다. 복합엔터테인먼트 공간과 명품브랜드중심의 프리미엄 아웃렛공간 구성된다. 한 곳에서 문화, 레저, 쇼핑, 서비스의 "원데이(One Day) 체험 공간"과 아이스링크, 어린이직업체험관, 실내스포츠 테마파크, 영어 체험교실, 오토몰, 라이프스타일센터, 생활전문점, 멀티플렉스시네마, 스파 수영장이 있다.

■ 야외공간 : 암벽등반, 익스트림 스포츠, 이벤트 · 공연 등 수변야외무대와 관광객들을 위한 각 공간을 연결해주는 미니 익스프레스(기차) 운영한다.

20) 유통물류진흥원, 2010.

5.9 전문할인점(CK ; Category killer)

① 정의

기존의 경쟁 업체들보다 상대적으로 매장 면적이 넓지만, 다른 소매점 또는 백화점보다는 훨씬 좁은 범위의 상품을 취급하는 소매 업태이다. 어떤 한 부문의 상품영역을 폭넓게 집중적으로 취급하여 소비자가 해당 상품에 대하여 상대적으로 비교우위 가격으로 구매되도록 운영되는 점포이다. 전문화·대형화로 원스톱쇼핑 추구와 철저한 저비용운영에 의한 강력한 가격파괴력과 특정분야에서는 소비성향의 개성화에 따라 성장하는 소매점이다. 소비자 구매습관 변화에 따라 종합소매점(백화점, GMS, DS)에서 취급하는 품목에서 한 계열을 선택, 상품 폭을 깊게 하여 가격을 파괴하는 업태이다. 업태의 어원은 분류기준(category)과 파괴자(killer)를 합성어로 '양판점이나 백화점의 카테고리(상품분야)를 없앤다'라는 말에서 유래되었다.

유통업태 발달 역사상 가장 짧은 시간 내에 국제화에 성공한 유통업태이고, 급속한 국제화로 인해 복수구매가 촉진된 제품구색과 제품깊이는 구매촉진으로 저비용, 고효율이 실현된 파워리테일링(Power Retailing) 대표업태이다.

〈그림 5.30〉 일본 동경 토이저러스 아키시마점(トイザラス昭島店)

② 성장

■ 성장 배경 : 대형공간을 실현, 풍부한 상품진열과 막강한 구매력으로 총이익율을 철저히 인하하여 압도적 할인가격을 실현한 것과 기존 전문점 영업이

론과는 다른 영업혁신으로 코스트 삭감이 가능한 것으로 대별된다.

■ 성장 요인 :

• 근대적 경영시스템 도입
• 연쇄경영시스템과 POS시스템 도입
• 원활한 자금조달을 위한 주식 상장
• 쇼핑센터중심의 출점 등

③ 특징

• 디스카운트스토어와 백화점상설할인코너가 합친 강력한 흡인력의 업태
• 대량구입과 마진을 대폭 낮추어 가격경쟁우위를 찾는 전문할인기업
• 가격이 저렴하기 때문에 소비개성화에 따라 가장 성장성이 높은 업태
• 특정한 전문상품분야에서는 풍부한 상품구색으로 원스톱 쇼핑한다.
• 파워센터에 출점능력과 가격이 저렴해 경제 위축시기에 더욱 강해짐

■ 대표 업체

미국의 더 리미티드(여성의류), 토이저러스(완구), 서키드 시티(家電), 스테이플즈와 오피스 맥스(Staples, 문구), 스포츠 오소리티 등이 있고, 일본의 아오야마(青山, 신사복), 알펜-스포츠 등이 있다.

④ 대표기업 : 토이저러스(Toy's R'us)

■ 특징

평균 매장규모 4,500제곱미터. 완구류를 비롯, 기저귀, 이유식, 아동용 스포츠용품 등 어린이들을 위한 상품을 폭넓게 구성한다. 각 상품영역마다 내역과 코드번호를 명시해 놓은 표지판과 매장 입구에는 알파벳순의 상품품목 리스트와 코드번호가 적힌 팸플릿 준비한다. 안내 데스크, 계산대, 재고정리를 담당인력뿐, 인건비 절감효과와 고객만족을 위해서 사용한 물건도 만족하지 못하면 환불제도 운영, 신생아용품을 가장 저렴하게 판매, 자녀들을 평생고객으로 목표를 설정한다.

■ 경영

• 미국 700여개, 해외 300여개, 총 1,000개 점포 보유
• 해외매출 총매출의 30%, 매출액 및 영업이익 성장률 국내보다 상회
• 캐나다 및 유럽지역이외에 진출이 미비한 아시아 시장으로의 진출
• 시장규모 및 소득수준이 낮은 아시아지역은 2,800제곱미터 소형점포

• 미국 전자제품 대표인 '베스트바이(Best Buy)'는 대형 할인점의 추격을 피하기 위해 지속적인 점포 확장

5.10 회원제 도매클럽(Membership Wholesale Club)

① 정의

맴버십 웨어하우스의 명칭으로 Wholesale(도매)와 Club(회원제)을 의미한다.

소비생활중심 회원제셀프서비스도매상을 회원제소매점으로 바뀐 형태이고, 창고형태의 대형매장에 보존성·소모성이 높고 단가가 낮게 Box단위와 덕용 사이즈로 포장된 대표적인 일용품을 Discount Store보다 20~30% 할인된 가격으로 모집한 회원들에 한해 상품을 판매하는 소매업태이다.

WMS(Wholesale Membership Store)이며, 업태혁신의 3가지 흐름에서 전문화를 제외한 경제성과 종합화(일용품의 경우)를 만족시키는 업태이다.

제조업체(도매업자)는 배송 및 설치비용 절감과 소비자와 영세소매업자, 전문점, 숙박업체(호텔, 여관), 요식업체(식당, 카페) 등이 주요 고객이다.

② 업태의 발전

■ 역사

1976년 비행기공장이 있던 미국 캘리포니아남부의 교외에서 소매업자를 회원으로 모집해 싼 가격으로 상품을 공급한 프라이스클럽(Price Club)이 시작되었다.

1983년 Wal-Mart의 Sam's Club, Costco, K-Mart의 자회사인 Pace까지 탄생되었고, Costco는 1983년 시애틀에서 창립. 1993년 Price Club은 Costco사 합병, 1993년 창고형 회원제 개척자 프린스 컴퍼니(Prince Campany, 1976년 설립)와 합병하여 규모 확장하였다.

■ 특징

디스카운트스토어(DS)가 주로 도심에 위치한 것과 달리, 대도시 외곽의 교통과 주차가 편리한 큰 도로 주변에 입지이다. 납품 및 중간유통 단계를 줄여 물류 등 각종 경비 최소화를 통해, 파격적인 할인가격으로 고객을 유인하

였고, 1980년대 미국은 체인스토어로 발전. 도매업 매출은 약 15%수준이었다. 일본은 1992년 고베 포트아일랜드점 최초로 개발하였고, 일본 주택시장 특성으로 박스판매가 부진, 업태성장이 느리게 진행되었고, 2007년 8월 말, 회원 수는 5000만 명을 넘었고 갱신률은 86%로 높다. 평균 점포규모는 13만 9000평방피트(3900평)로 도쿄돔 잔디구장 면적이다. 상품구성은 4000SKU로 적으나, 연간 1억 2200만 달러(140억엔) 판매하였고, 2008년 호주에 진출하였다.

〈그림 5.31〉 일본 메트로 C&C 우쓰노미야점

③ 운영 방식

■ 회원제

- 회원모집, 안정고객층 확보, 회원에게 매출 및 입회비로 마진확보한다.
- '코스트코 홀세일'은 회원들에게 경쟁사보다 낮은 가격 설정해 판매한다.
- 연회비는 45달러~500달러. 선택하는 클래스에 따라 상품판매액 다르다.
- 철저한 비용 삭감(제조사 직접납품, 케이스 판매, 무배송서비스, 무실내장식 등)과 타사대비 2배 이상 재고 회전률로 초저가 판매를 실현한다.

■ 저렴한 가격 : 정상적인 상품을 시중가격보다 약 30~50% 초저가로 판매한다.

- 무배달 현금판매와 철저한 저비용으로 경영한다.
- 10%이하의 낮은 판매이익률
- 회원들의 회비를 자금운용에 활용하여 할인의 폭을 높이는 것 등이 있다.

■ 상품구색 : 약 4천~5천개의 품목을 폭넓게 취급하면서 싸게 판매한다.

- 보존성과 소모성이 높고, 상품충성도와 단가가 낮은 일용상품 중심이고, 식료품, 생식품, 가정용품, 스포츠, 의류, 문구, 가전제품, 자동차용품, 실내용품 등이 있다.

- 입지 조건 : 대도시주변, 자동차로 30분~40분 소요거리 독립 상업입지.
  - 상업지역보다 지가가 싼 공장, 창고 등 공업지역과 준주거지역 위치한다.
  - 입지의 접근성 등이 부족해도 고객서비스와 저가판매로 충분히 극복한다.
- 점포 면적 : 평균 약 12,400평방미터.
  - 점포면적 2천~4천평 수준이다
  - 주차시설 800대~1,500대가 일시에 수용한다.
  - 기타 부대시설이 절대적으로 요구된다.
- 취급품목
  - 식품류, 계란, 주류, 가전제품, 가구, 사무용품, 의류, 카메라, 의약품, 보석, 일용품, 서적, 안경 등이 있다. 각 점포에는 주유소와 사진 현상 서비스도 함께 운영하고 있다.

〈표 5.11〉 Wholesale Club과 Discount Store의 비교

구 분	홀 세 일 클 럽	디스카운트스토어
개 념	대도시 외곽의 교통이 편리한 큰 도로 주변에다 창고형 매장 유통단계의 혁신 및 판매관리비의 최소화 등을 통해 파격적인 할인가격 회비와 멤버십 회원에게 상품 판매	고객이 상품구입에서 운반, 계산에 이르는 전과정을 수행하는 셀프서비스 방식 유통마진, 점포인테리어, 일반관리비, 판촉비 축소, 재고품이 아닌 정상품 판매 시중가보다 20~30% 할인된 금액 판매
국내사례	프라이스 클럽 (신세계) 코스트코(미국)	E-마트 (신세계), 홈 플러스(삼성 테스코), 롯데마트 등
입 지	교통접근이 용이한 수도권	주거밀집지역
대상상권	광역형, 대상권	근린형
대상고객	법인, 일반회원	일반대중
MD 컨셉	식품, 생활 중심의 고회전	식품, 생활 중심의 고회전 상품, NB 중심의 중저가 상품
판매방법	셀프 및 묶음판매, 일괄계산	셀프, 일괄계산
매장면적	약 2,000~4,000평	약 5,000~6,000평
상품수	3-4천여 품목	1만~1만2천 품목
마진율	8~9%	12~14%
운영비용	7%(인건비 3%)	9~10%

④ 코스트코(Costco)의 선전 사유[21)]

■ 현황

대다수 회원은 중산층 또는 상류층 및 소규모 사업자로 구성되어 있다.

연간 회원비는 50달러~100달러. 2010년 회비수익 3억8천6백만 달러이고, 판매가격을 원가와 원가의 14%를 더한 파격적인 가격으로 제공한다.

미국 1위의 회원제 도매업체고 세계 9위의 유통업체의 위상이고, '09년 수익 7백억달러 이상, 타겟(Target), 홈데포(Home Depot) 능가한다.

■ 성과의 원인

상품원가를 낮게 유지해 경쟁사에 비해 낮은 가격을 유지하는 것이다. 매장 바닥은 콘크리트, 천장은 대들보가 보이는 등 인테리어를 자제했고 제품의 위치를 가리키는 표지도 없다. 고객이 매장 내에서 길을 잃도록 하는 '보물찾기'게임의 효과이다.

고객이 매장으로 들어온 이후에 바로 자신이 원하는 제품이 있는 코너로 가는 것이 아니라, 매장을 둘러보도록 하는 효과이다.

경쟁사에 비해 적은 제품종류를 최대한 활용하여 최적의 가격을 제공한다. 자사의 약 4천여 제품을 항상 세일가격으로 경쟁업태와 차별화를 제공한다. 약 4만 종류의 제품을 판매하고 있는 전형적인 수퍼마켓이다. 약 1십 2만 5천여 제품을 판매하는 월마트(Wal-Mart)매장과 차별화한다. 판매상품의 깊이가 깊고 고가의 브랜드상품도 취급한다. 2백 종류 이상의 와인 중에서 고객이 원하는 와인을 직접 고른다. 크리스탈 샴페인에서 마이클 코어스(Michael Kors) 의상까지 다양하다.

초기에는 최고 공급업체에게 고가제품을 구매의향의 설명에 어려움을 겪는다. 인기 상품중심의 세계적인 판매능력 보유하고 있다. 캐슈너트(견과류) 판매량 매주 3십만 달러, 전 세계공급량 50%를 차지한다. 캐슈너트보다 많이 팔리는 제품은 화장지이다. 가장 인기가 있는 또 다른 제품 중 하나는 연어이다.

■ 다양한 상품의 보유능력

자사 브랜드에서 고가 브랜드에 이르기까지 다양한 고객층에 어필하고, 다양한 상품이 바로 성공의 가장 큰 비밀이며, 미래 성공의 열쇠이다.

■ 상품의 로케이션관리능력

신선식품을 매장 뒤쪽에 배치, 고객이 매장전체를 한 바퀴 순회유도하고, 매

---

21) Secrets of America's Favorite Stores, ABC News(2010.03.2957)

월 특정제품 과잉생산 경우, 이전 제품을 과잉 생산제품으로 교체한다.

■ 다양한 상품개발 능력

모든 제품은 효율성 추구를 위해 끊임없이 재검토되는 시스템 추국과, 자사 브랜드 커크랜드(Kirkland)는 와인, 양말, 사탕, 우유 등 다양하다.

■ 한국시장의 성공

- 미국적인 브랜드이미지와 머천다이징전략으로 한국소비자에 어필했다.
- 국내 할인점이 갖추지 못한 독특한 상품과 업태컨셉(Concept) 제안했다.
- 매장외관은 물론, 화장실 변기까지도 미국 현지모습을 그대로 구현했다.
- 창고형의 매장구조를 원형으로 살리면서, 한국전통의 대면판매 도입했다.

5.11 아울렛 스토어(Outlet Store)

① 정의

메이커 및 소매점에서 팔고 남은 상품을 초저가에 판매하는 소매업태를 말한다.

특정 의류나 잡화류 재고상품 및 결함상품, 반품 등을 할인 판매점포라하고, 경기침체 극복과 소비자들의 가격 합리성에 대한 욕구만족, 흠이 있는 상품이나 팔고 남은 재고처분을 위하여 급성장을 보이고 있는 할인 업태이다.

경기불황에서 미국과 일본에서 세력이 확대되는 디스카운트스토어업태이다.

〈그림 5.32〉 일본 고텐바 프리미엄 아울렛

② 특징

원래 자체 가공공장에서 과잉생산품, 재고품 등을 판매하는 직영점의미의 팩토리 아울렛(Factory Outlet)이다. 자사제품 또는 이월상품중심의 초저가 판매와 재고처리로 현금회전률을 증대하는 의미로 직영되는 오프 플라이스 스토어(Off price Store)개념이다. 재고상품을 판매하기 때문에 상품구색과 입지조건이 불리하지만, 브랜드상품중심으로 70~90%까지 인하한 할인가격이기 때문에 고객이 몰린다.

불리한 입지를 선택하는 것은 임대비용의 축소와 기존 자사 소매망과의 가격경합을 막고 제품 차별화를 기하는 전략이다.

〈표 5.12〉 아웃렛 몰(outlet mall)의 구분

팩토리 아웃렛	리테일 아웃렛
• 공장 생산과정의 오손, 파손 – B급 제품 • 수송과정의 오손,파손 – B급 제품 • 유통업자에게 들어온 반품 – 반품 제품	• 계절을 타는 상품의 재고 – B급 제품 • 사이즈가 크거나 작은 재고품 – B급 제품 • 유통업자에게 들어온 반품 – 반품 제품

③ 미국의 아울렛

대도시 근교에서 1천평 규모의 대형매장에서 대량판매를 통해 유명 메이커 제품을 염가로 상품을 공급하는 형태가 보편화되어 있다.

■ 발전형태

시설이나 판매원을 제대로 갖춘 전문점 형태이고, 여러 점포가 모인 상가의 아울렛 몰, 아울렛 센터가 박스 스토어, 웨어하우스 스토어 등으로 발전되었다. 미국은 시어즈, 포토맥 일본은 펙토리 등이 있다.

④ 우리나라 아울렛

■ 1980년대 에스에스패션의 이코노 샵을 선두로 개점되었다.
  • 이후, 하티스트, 반도패션 등의 할인매장을 출점하였다.
  • 1990년대 폴로, 게스, 빈폴, 필라 등이 개점되었다.

■ 1994년 이랜드가 개점한 「2001아울렛」이 처음으로 등장하였다.
  • 자사 재고의류제품을 최고 80%까지 할인, 농산물, 가공식품도 판매하였다.

■ 신세계 첼시는 여주 명품 아울렛, 파주프리미엄 아울렛 개장 계획이다.
  • 국내외 명품 패션, 잡화 브랜드 등을 판매한다.

〈그림 5.33〉 한국 여주 신세계 첼시 명품 아울렛 정경

■ 롯데쇼핑은 광주 월드컵점에 이어 '롯데 프리미엄 아울렛 김해점'을 개점하였다.
  • 롯데는 2010년 이후에도 파주와 대구 등에 아웃렛을 개설할 예정이다.

〈그림 5.34〉 롯데 프리미엄 아울렛 김해점

5.12 드럭 스토어(Drug store)

① 개요

■ 정의

수퍼마켓의 비식품 판매에 관계있는 일용잡화에다 의약품과 남성용 BB크림, 여성용품과 진통제, 건강식품, 이용·미용상품, 유기농 화장품, 뷰티 제품, 비타민, 치약·샴푸 등 잡화를 추가한 상품구성을 가진 할인업태이다.

한국의 경우, 코오롱웰케어가 운영하는 W-스토어와 GS 왓슨스, '데어리팜'과 CJ의 합작회사에서 2008년 CJ가 홍콩 지분을 인수한 올리브영 등이 있다.

〈그림 5.35〉 GS 왓슨스,W-스토어,올리브영

■ 특징

- 로우 코스트 오프레이션에 의해 대량 매입과 저가 대량판매가 경영목표이다.
- 목적 내점객을 확보하는 수퍼마켓과 의사의 처방전이 필요 없는 일반 시판약품을 전문적으로 취급하는 약국, 잡화점이 혼합된 소매업태이다.

■ 역사

- 1900년대 초기 탄생되어 1920년~1930년대 근대 의학의 발달과 의약분업 제도로 급격하게 성장하였지만 이업태간 경합이 격해지면서 1990년대 이후 모습을 감추었다.
- 일본의 경우, 싸게 판다는 이미지를 통해 여자 학생이나 젊은 직장인에게 인기가 있다.

② 국가별 현황

■ 미국

- 미국 특유의 업태로 성장하였다.
- 기본 컨셉은 "건강 · 안도 · 미용 · 보호이다. 버라이어티 스토어 취급상품 가운데 프라이스 존(price zone)이 낮은 대중 실용품을 주로 갖추고 있다.
- 흔히 셀프 서비스제의 경식당(Cafeteria)이 병설되는 경우가 많다.
- 규모에 따라 평균 200평 이상이며, 최고 전성기에는 600평(1천9백80㎡) 이상이었다.
- 편의점 드럭스토어(60~100평), 드럭스토어(100~300), 수퍼 드럭스토어(450~1,350), 수퍼수퍼 드럭스토어(1,500~4,000) 등으로 분류한다.

■ 한국

- 매장구성은 관련법 개정 등이 미뤄지면서 업태 특성을 살리지 못하고 술

안주부터 남성용 BB크림, 여성용품과 진통제, 유기농 화장품부터 신기한 뷰티 제품, 비타민, 치약・샴푸에다 먹꺼리 등 잡화점형식으로 판매되고 있다.

- 만약 약사법 등이 개정되면, 대형 유통기업을 중심으로 기존 점포들을 리뉴얼하는 형식으로 활발하게 진출이 예상된다.

■ 일본

- 일본 체인드럭스토어협회(JACDS)의 발표에 따르면, 일본 드럭스토어(DgS)의 2008년도 시장규모는 5조2336억엔으로 전기 대비 5.4% 성장하였다.
- DgS시장은 06년도부터 3년 동안에도 5%내외의 신장률을 유지하고 있으며, 당분간은 시장확대가 계속될 것으로 보인다.
- 주요 기업으로는 마쓰모토기요시 홀딩스가 매출액 3900억엔을 넘어, 다른 기업과 큰 차이로 부동의 1위를 유지, 7.5%의 점유율을 기록한다.
- 로컬 체인들과의 프랜차이즈 계약도 순조롭게 늘어나, 점포망을 계속해서 확대 중이며, 09년 3월기 결산에서 매출액은 4000억엔을 넘을 전망이다.
- 매출 2000억엔대로 격전을 벌이고 있는 2위 이하의 기업은 M&A에 대한 의욕이 왕성하여 재편의 움직임이 활발해지고 있어 상위에 대한 집중화가 진전되어 순위가 교체되고 있다.
- 업계최대인 마쓰모토기요시홀딩스 마쓰모토기요시그룹은 자본관계, 업무제휴와 프랜차이즈계약을 활용하여 네트워크를 확대해 왔다.

③ 미국의 오버 더 카운트 마켓(Over The Count : OTC)

■ 개념

- 미국에서는 약국과 대형 수퍼체인 등에서 시간과 장소측면에서 장애요인이 없이 의약품 구입이 아주 용이하다.
- 약품과 여러 종류의 기본적인 편의품 등 간단한 식료품까지 판매한다.

■ 판매현황

- 미국에서 수퍼형 체인 약국은 다양한 아이템을 보유하고 있다.
- 미국 소비자들에게 오버 더 카운트 약품종류는 보통 80여개 이상이다.
- 약국에는 약사들이 배치되어 소비자 질문사항을 약사들이 즉시 도움을 준다.
- 대형체인약국 월그린(Wallgreen), CVS, 라잇 에이드(Rite Aid) 참여한다.
- 미국FDA "The OTC Drug Review Program", 라벨링 · 재료성분 평가한다.
- 2004년 FDA, 주요 OTC약은 두통약, 복통약, 신경안정제, 수면제 등이 있다.
- 2004년 NIH(The National Institutes of Health), 감기약 53%, 항염증제 49.9%, 아스피린 49.2%, 기침약 44.8%, 비타민제 36.5% 판매한다.
- 현재 800여개의 유효한 재료를 포함한 10만개 이상의 OTC 시중판매한다.
- 한국에서는 약사들의 반발이 심해서 아직 OTC약품 구입이 불가능하다.

■ 운영동향

- 월그린(Walgreen), 라잇 에이드(Rite Aid) 등 거대 약국체인을 운영한다.
- 월마트(New $4 Over-The-Counter Program) 등 대형점포 OTC를 성행한다.
- 월마트는 네이버후드 마켓인 샘스클럽(Sam's Club)과 네이버후드 마켓 약국 체인점에서도 오버 더 카운트 의약 상품 프로모션을 확대한다.
- 월마트 웹사이트인 'Walmart.com'도 OTC상품 점점 상업화되고 있다.

■ 향후 전망

- 대중약품시장은 예전에는 의약품을 취급하지 않았던 타 업종이 진출하여 경쟁하게 될 것이다.
- 일본의 경우, 2009년 6월에 시행되는 개정약사법으로 '등록판매자'제도가 신설되어 대중약품을 판매하기 쉽게 될 전망이다.
- DgS기업들의 사활을 건 경쟁상황은 향후 한층 더 활발해질 것이다.
- 한국에서 OTC약품을 가까운 수퍼, 동네 약국 혹은 편의점에서 쉽게 구입

된다는 이유로 인해 미성년자인 10대 소비자층에 대한 문제점을 해결한다.

- 한국에 오버 더 카운트 시스템이 도입되면 이러한 문제들에 대한 대책과 가정 혹은 기타기관에서 소비자교육이 반드시 필요하다.
- 청소년들의 OTC약품 사용법에 대한 디시전 메이킹(decision making)시도 및 OTC약품 사용에 있어 청소년들의 영향들도 심각히 고려한다.[22)]

5.13 전문점(Specialty Store : SC)

① 정의

단일품목 중 극히 한정된 품종만을 전문적으로 취급하는 판매점이다. 상품유형과 관계없이 특정 상품군의 계열화와 전문화로 차별화한다. 협의로는 한정계열의 상품판매(편의점, 선매품, 전문품)에 집중한다. 광의로는 좁고 깊은 상품구색을 가진 초 전문상품계열을 취급한다. 맞춤형 고객서비스와 특정제품, PB상품이 특정 용도로 특화한다. 종합소매점이 취급하는 품목 중 특정 소비자층을 대상으로 판매한다.

특정계열의 품목만을 전문적으로 취급하는 정확하게는 업종점포이다.

〈그림 5.36〉 서울시내 의류전문점 정경

② 전문점 경영의 본질

- 제한된 상품구색 : 하나의 제품계열을 취급하거나 소수의 제한된 제품계열을 취급하고, 특정한 제품계열에 대하여 매우 깊이 있는 제품구색을 갖춘다.

22) 유통물류진흥원, 2009.

■ 경영 방식 : 우수한 머천다이징 능력을 바탕으로 소비자욕구에 부응하는 개성화와 차별화를 실현하는 상품 구성의 독립 점포와 체인 방식이다.

■ 전문적 서비스 : 풍부한 상품 지식의 전달, 호감을 줄 수 있는 매너, 매력 있는 점포 구성과 진열, 특색 있는 판매기법, 그리고 매력적인 광고를 통해 전문적인 서비스를 고객에게 제공한다.

③ 성장 요인

■ 근대적 경영시스템의 도입 : 전문경영자가 기업경영을 담당하면서 생업적인 경영에서 기업적인 경영으로 전환한다.

■ 연쇄화경영시스템과 POS시스템의 도입 : 패션의류전문점을 중심으로 네트워크관리를 통한 효율적인 경영을 한다.

■ 원활한 자금조달을 위한 주식 상장 : 기업경영의 투명한 공개과정으로 기업이미지 관리한다.

■ 쇼핑센터 중심으로의 출점 : 마케팅채널의 집중적인 관리체계 구축한다.

④ 전문점의 경영전략

■ 3대 기본 전략

- 고객의 세분화 : 라이프스타일에 입각한 시장 세분화로 목표고객을 명확하게 설정한다.
- 목표고객의 상품화전략 : 여성용 의류점의 경우, 청바지 전문점과 같이 철저한 단독상품화전략, 생활단면의 의류품 수요에 대응하는 파티복점, 구도자복과 임산부복의 상품화, 동질적인 패션선호고객을 위한 패션상품화 및 한정된 체형의 수요에 대응하는 체형별 상품화 등이 있다.
- 점포의 차별화전략 : 자기 점포의 개성이 명확히 식별될 수 있도록 기업의 차별화(CIP : Corporate Identification Program)를 적극 전개한다.

■ 전문점 경영의 기본 방향

- 대량 판매보다는 적당량의 판매를 위하여 노력해야 한다.
- 저비용·저마진보다 적당한 마진의 창조 노력한다.
- 광고, 진열, 인지도, 서비스측면에서 강한 개성과 독창성을 강조한다.
- 전문화된 상품, 개성 있는 상품, 특색 있는 상품으로 구색을 갖춘다.
- 성장률이 좋은 DC(디자이너와 캐릭터)브랜드로 대표되는 패션업계이다.
- DC브랜드 부띠끄는 각점의 확고한 브랜드 이미지에 근거해서 전개한다.

⑤ 대표 업태

〈SPA〉

■ 개념

미국의 청바지회사 갭이 1986년 도입한 개념이다.(제조직매형 의류전문점) 전문점(specialityretailer) + 자사상표(private label) + 의류(apparel)이다. 제조업체 매입한 소매기능과 직접 디자인기획 · 생산 · 제조기능점포이고, 미국 GAP, 일본 유니크로나콤, 한국 이랜드와 베이직하우스 대표적이다.

■ 특징

- 소비자가 원하는 스타일파악으로 신속한 기획과 생산이 가능하다.
- 브랜드 컨셉이 직접 전달되고 비용절감을 통한 소비자의 부담이 감소한다.
- 이미 판매에서 검증된 상품만 만들어 판매하여 안정적이다.
- 통합물류시스템의 구축을 통해 저비용 운영체제를 추구한다.

〈그림 5.37〉 명동 '눈스퀘어' 건물.자라(ZARA), 망고(Mango),스웨덴 H&M 명동점

■ SAP의 장점

- 중국과 동남아시장에서 저렴하게 생산, 제조단가를 낮춘 매입 가능하다.
- 대량발주나 대량판매의 조건이 되면 유통비용을 절감한다.
- 소매업자가 직접 제품을 관리하므로 비용관리가 저렴해 진다.
- 소매기업으로는 제품단가를 낮출 수 있으므로 큰 폭의 마진을 취득한다.

■ SAP의 제조화 프로세스

- 자사의 오리지널 제품 발안 → 제품이미지 형성 → 소재선택, 제조법, 메이커결정 → 메이커로 위탁 → 매장에서 판매

〈화장품 브랜드 샵(전문점)〉

■ 개요

- 중소기업형 '르네상스시대'에서 대기업형 '브랜드숍 대전'이 시작됨.
- 1차는 더페이스샵 · 미샤 · 스킨푸드 · 이니스프리 · 에뛰드하우스 등 주도.
- 2차는 백화점, 방문판매위주로 한국화장품, LG생활건강 등이 가세.

■ 특징

- 1차는 '저가전략'에서 2 · 3세대 브랜드숍들은 다점포화중심의 경영이다.
- 2차는 로드 숍에서 전국 백화점, 마트 등까지 경쟁적으로 입점한다..
- 아모레퍼시픽과 LG생활건강이 화장품대리점채널을 장악함으로써, 판매채널을 확보 못한 2군 화장품업체들은 브랜드숍이 유일한 대안이다.
- 브랜드숍이 화장품시장에서 20%를 구성, 대기업들이 사업에 참여한다.

〈그림 5-38〉 좌로부터 에뛰드하우스, 더페이스샵, 에이블씨엔씨의 미샤, 코리아나의 '이브로쉐'

■ 업체별 현황

- 더 샘 인터내셔널(한국화장품)
  5대도시에서 가맹점, 백화점, 마트 등 '10년 50개 매장, 2013년 350개 매장이다.
- 더페이스샵(LG생활건강) : '10년 초 720여개 매장에서 '10년 800여개를 목표로 업계 1위 입지를 더욱 확고히 한다.

• 미샤 : 국내 브랜드숍 화장품시장 개척의 선두. '1위 탈환'의 행보한다. '10년 6월까지 총 420여개 매장 확보, '10년 말 500여개로 확대한다.
• 비욘드(LG생활건강) : 2009년 대형마트 520억원 매출, 바디전문브랜드숍으로 전환, 200여 제품을 세배까지 확대한다.
• 네이처 리퍼블릭 : '09년 130여개 매장에서 '10년 70개 점포오픈 계획이다.
• 토니모리 : '09년 200여개 매장에서 '10년 50개 점포를 오픈할 계획이다.

〈표 5.13〉 화장품 브랜드숍 현황

브랜드숍	모회사 또는 관계사	1호점 설립시기	국내매장 수(개)	2009년 매출(원)	해외매장	외국인 고객비중 (명동점 기준)	아웃소싱 비율	광고 모델	특징
아리따움	아모레퍼시픽	2008년9월	1157	비공개	없음	40%	아모레퍼시픽: 5%미만 아리따움 F & T : 100%	송혜교 현빈	아모레퍼시픽 관계사 12개 브랜드판매
뷰티플렉스	LG생활건강	2004년9월	1050	비공개	없음	70%	10%	이효리	70%는 LG생활건강제품, 나머지는 점주자유
더페이스샵	LG생활건강	2003년12월	810	2571억	19개국300개	70%	약100%	전지현	2010년1월 LG생활건강이 인수
스킨푸드	피어리스	2004년12월	420	비공개	11개국205개	확인안됨	15%	성유리	
미샤	에이블씨앤씨	2004년4월	420	1811억	23개국588개	80%	비공개	김혜수 이병헌	최초의 브랜드숍
부티크레딧	소망화장품	2004년11월	390	비공개	8개국292개	50%	5%	구혜선 윤상현 이다혜	
이니스프리	아모레퍼시픽	2005년	290	1000억	없음		비공개	윤아	
에뛰드하우스	아모레퍼시픽	2005년8월	250	1146억	9개국70개	70%	30%	이민호 박신혜 2NE1	
토니모리	태성산업	2006년10월	200	450억	13개국200개	60%	약100%	김현중	화장품 용기업체가 설립
네이처리퍼블릭	네이터리퍼블릭	2009년3월	130	220억	4개국12개	70%		비	
잇츠스킨	한불화장품	2006년6월	55	140억	5개국230개	80%	20%	2PM	

자료 : 각 업체, 중앙일보(2010. 08.19)

■ 전망

• 국내 화장품 브랜드숍 시장은 '09년 대비 17% 증가된 1조7000억원이다.
• 나드리 · 코리아나화장품 등의 업체들의 시장 진출로, 향후 경쟁이 치열하다.
• 해외시장에 대한 사업영역확대로 인해, 해외 점포수가 급격히 증가된다.

- 국내 브랜드숍 집결지와 외국인 관광중심지 명동은 '수출전시장' 역할이다.
- 사업초기에는 중국 · 일본 고객비중이 컸으나, 최근 동남아에서도 인기이다.
- 더 페이스 샵의 경우, 중국(95개), 말레이시아(32개), 필리핀(24개), 싱가포르 · 베트남 · 인도네시아(각 20개) 등이 있다.

〈그림 5.39〉 서울 명동은 화장품 브랜드숍(에뛰드하우스 · 홀리카홀리카 · 더페이스샵 · 토니몰리 등)의 전경

5.14 테마파크(theme park)

① 정의

특정주제(theme)를 정하여 그 주제에 맞는 오락시설과 건축, 조경 등의 연출이 이루어지는 공원. 테마공원이라고도 하며, 유원지 놀이공원의 의미이다.

일상적인 확실한 테마를 통해 관련요소들이 주제에 맞게 구성되어 있으며, 건물이나 분위기는 물론, 판매상품과 종업원의 복장까지 일체화된다. 최초의 테마파크는 1955년 7월에 월트 디즈니가 만든 미국 디즈니랜드이다.

② 디즈니랜드의 성공요인

창조적인 조직문화와 직원교육훈련으로 내부 마케팅(내부 고객관리를 통한 주인의식의 고취), 채용과 학습(적절한 인재채용, 실용적 교육, 각종 복리후생 제도) 효과가 있다. 동경 디즈니랜드는 외부 세계와는 단절된 디즈니가 연상되도록 설계했다.

경영방식(청결유지, 다양한 행사, 상품판매, 편의시설)과 고객만족서비스(앰버서더 활용, 고객니즈 파악, 세심한 관심)와 철저한 직원관리다.(직원 신뢰, 친절,

직원교육과 규칙, 업무성과지원) 특히, 중요한 열쇠는 미국과 일본 문화의 적절한 조화였다.

■ 한국의 현황

한국 최초는 1977년 용인자연농원, 현재 에버랜드로 변경되었다.

- 놀이기구와 동물원, 식물원, 수영시설 등 갖추었다.
- 기타 롯데월드, 서울랜드, 어린이대공원 등

③ 백화점과 다른 점

- 백화점은 반복 고객이 대상이다.
- 테마파크는 관광객 등 방문객이 대상이다.

〈그림 5.40〉 미국 플로리다주 올랜도 해리포터 테마파크'와 에버랜드 정경

5.15 기타 기존 업태

(1) 상점가

① 개념

"상점가"라 함은 「유통산업발전법」 제2조 제6호의 규정에 따른 상점가를 말한다.

"상인조직"이라 함은 재래시장(이하 "시장"이라 한다) 또는 상점가의 점포에서 상시적으로 직접 사업을 영위하는 상인들로 구성된 법인 · 단체 등으로서 대통령령이 정하는 것을 말한다.

"시장활성화구역"이라 함은 2개 이상의 시장 또는 시장과 상점가가 인접하여 하나의 상권을 형성하고 있는 곳으로서 시장 · 군수 · 구청장이 지정한 구역을 말한다.

"상업기반시설"이라 함은 시장 또는 상점가의 상인이 직접 사용하거나 고객이 이용하는 상업시설, 공동이용시설 및 편의시설 등을 말한다.

"시장정비사업"이라 함은 제41조의 규정에 의한 시장정비사업시행자가 시장의 현대화를 촉진하기 위하여 상업기반시설 및 「도시 및 주거환경정비법」 제2조제4호의 규정에 의한 정비기반시설을 정비하고, 「유통산업발전법」 제2조제3호의 규정에 의한 대규모점포가 포함된 건축물을 건설하기 위하여 이 법 및 「도시 및 주거환경정비법」 등이 정하는 바에 따라 시장을 정비하는 일체의 행위를 말한다.

"시장정비사업추진계획"이라 함은 제33조제2항의 규정에 해당하는 자가 시장정비사업을 추진하기 위하여 수립한 계획을 말한다.

"시장정비구역"이라 함은 시장정비사업을 추진하기 위하여 제37조의 규정에 의하여 특별시장 · 광역시장 또는 도지사(이하 "시 · 도지사"라 한다)가 승인 · 고시한 구역을 말한다. "시장정비사업조합"이라 함은 토지등 소유자가 시장정비사업을 추진하기 위하여 「도시 및 주거환경정비법」 제16조의 규정에 따라 설립한 조합을 말한다.

"상가건물"이라 함은 동일 건축물 안에 판매 및 영업시설을 갖추고 그 밖에 근린생활시설을 갖춘 건축물을 말한다.

"복합형 상가건물"이라 함은 동일 건축물 안에 판매 및 영업시설 외에 공동주택 또는 업무시설을 갖추고 그 밖에 근린생활시설 등을 갖춘 건축물을 말한다.

② 특징

일정 범위 안의 도로 또는 지하도에서 가로 또는 세로로 50개 이상의 도매 점포 · 소매 점포 및 이와 관련된 용역 점포가 밀집해 정렬되어 있는 상업지구이다. 국가별로 약간의 개념을 달리한다. 쇼핑고객이 한번 방문하여 구매하기 편리하며, 상인측면에도 상점의 집적으로 인한 시너지효과로 유리하다.

- 한국 서울 대학로 : 마로니에공원과 야외공연장, 풍류마당 등 연극 · 영화 · 콘서트 · 음악 · 뮤지컬 · 시 등 문화예술 거리가 조성, 젊은이들의 명소이다.

③ 일본 사례

일본 오사카 신사이바시 : 에비스바시에서부터 북쪽으로 이어지는 아케이드 상점가로 전통있는 음식점과 잡화점 등 신구 점포가 혼재하는 거리로 오사카의 대표적인 관광지이며, 젊은이가 찾아오는 명소이다.

- 일본 오사카 도톰보리 : 오사카 최고의 번화가로 커다란 게 모양의 간판(그

림 참조), 큰 북을 치는 구이다오레 인형 등 개성을 드러낸 독특한 음식점들이 늘어선 거리로 식도락으로 유명한 오사카의 음식문화를 보여준다.

〈그림 5.41〉 일본 오오사카(대판)시 신사이바시 아케이트 및 도톰보리 야간 전경

(2) 독립소매점

조직력이 없고 비전문적이며 소규모 점포이다.

유통 경로상의 다른 구성원들과 전혀 거래관계가 없이 유통체널상 독립적인 소유자들에 의하여 소유되고 운영되는 소매기관이다.

(3) 재래(전통)시장

① 개념

특정지역에 상설로 설치된 다수의 점포시설에서 도소매업자와 이를 지원하는 용역업자가 형성되어 지속적인 상품판매 또는 용역을 제공하는 장소이다.

우리나라의 재래시장 또는 상설시장으로 통칭되는 소매시장이다. 일정기간 개설하는 정기시장과 매일 개장하는 상설시장으로 구분한다. 백화점, 할인점, 수퍼마켓, 편의점 등 현대적 업태와는 상반되는 개념이다. 넓은 의미는 일반시장과 정기시장을 포괄하는 유통업태 개념이고, 좁은 의미는 1980년대 이전에 개발된 시장. 건축물의 노후화와 편의시설의 부족 등 경쟁력이 부족하여 재개발 또는 현대화의 필요성과 인구 및 산업의 도시집중, 건축물의 안전 등 건축물과 시설확충 등이 필요한 시장이다.

〈그림 5.42〉 서울 양천구 신월1동 신영시장. 신영시장과 이웃한 월정로시장. 의정부 제일시장

재래시장 및 상점가 육성을 위한 특별법에서 "재래시장"이라 함은 다음 각 목의 어느 하나에 해당하는 장소로서 상업기반시설이 노후화되어 개·보수 또는 정비가 필요하거나 유통기능이 취약하여 경영개선 및 상거래의 현대화촉진이 필요한 장소를 말한다. 「유통산업발전법」 제8조의 규정에 의하여 대규모점포로 등록된 시장(이하 "등록시장"이라 한다) 등록시장과 같은 기능을 행하고 있으나 「유통산업발전법」 제2조제3호의 규정에 의한 대규모점포의 요건을 갖추지 못한 곳으로서 대통령령이 정하는 기준에 적합하다고 시장·군수·구청장(자치구의 구청장을 말한다. 이하 같다)이 인정한 곳이다.(이하 "인정시장"이라 한다)

② 역사

신라시대부터 전승되어 온 3일시, 5일시 등에서 발전된 일시, 즉 '저자'로 불리는 매일시장에서 유래된다. 현행 재래시장은 시장규칙(1914년)으로부터 중앙 도매시장법(1961년 제정 공포, 87년 폐지)에 의해 오늘날의 재래시장이 형성되었다.

- 1986년 제정 공포된 재래시장은 상설시장과 정기시장으로 분류하고 그 중 상설시장(시장)은 30㎡(9평)미만의 소규모 점포가 전체 점포수의 50%를 넘는 도·소매업이 입지를 정하고 영업을 하고 있다.

③ 상권

주로 도시 주거지역에 입지하며, 근린생활시설로서 1987년까지는 도시계획상 주거지역에 시장부지가 설정되었으나, 현재는 상업지역에 한하여 개설이 허가된다.

입지면에서 보면 네이버후드 쇼핑센터(Neighborhood shopping center)의 역할과 같다. 근래에 소수 재래시장이 정부의 지원으로 이 같은 쇼핑센터 기능을 도

입한 사례가 있다.

④ 주요 특징

도심, 번화가 지역, 인구밀집지역에 입지하여 고지가지역에 입지함으로써, 개발잠재능력은 크지만 토지이용율이 낮고 낡은 건물로 운용되는 점과 점포시설이 대부분 노후화되고 고객편의를 위한 부대시설이 거의 없으며, 시장 환경이 불량하여 도심 미관을 해치다는 점이다.

- 고객이 쇼핑할 수 있는 제반 공간이 불편하고 서비스개념이 부족한 점이다.
- 주변 교통체계의 혼잡과 주차공간이 없어 교통체증을 유발하고 있는 점이다.
- 대부분 임대점포의 집합체로서 현대적 개념의 대형점이나 전문점에 비하여 영업 효율성이 크게 뒤떨어지는 점 등이다.

1996년 유통시장 개방으로 대형 선진유통업체의 급속한 출점 확대와 소비행태 변화, 소비구조의 양극화, 전자상거래 및 TV 홈쇼핑 등 무점포업의 급격한 성장 등으로 경쟁력의 한계점으로 사업체 수의 증가둔화 및 감소되는 현상이다.

재래시장 및 상점가육성을 위한 특별법제정으로 정부와 지자체는 각각 사업자금의 60%와 30%를 시설현대화 및 경영의 경쟁력지원 사업명목으로 지원되고 있다.

(4) 파머스마켓

① 개요

■ 특징

- 지역 주민들이 직접 재배하거나 만든 농산물과 수공예품이 주로 거래이다.
- 평소에는 주차장 등으로 이용되는 광장에서 열린다.
- 일요일에는 농산물(과일, 채소), 골동품과 수공예품 등 다양한 상품등이 있다.
- 지역민들은 물론 관광객들까지 몰려 항상 활기가 넘친다,
- 생음악과 맛있는 요깃거리까지 곁들여져 일종의 파티 분위기다.

■ 역사

1801년에 캐나다에서 시작, 1930년대 미국 경제공황으로 인하여 활기를 띄었다.

농부들이 직접 생산한 농산물을 싣고 나와서 시민들에게 판매가 시작되었다.

캐나다 동부 온타리오주(州) 킹스턴의 경우, 오랜 역사를 자랑하는 곳답게 주변에는 19세기풍 건물들이 즐비하며, 상점과 음식점들도 많아 관광객들에게 인기가 높다.

〈그림 5.43〉 LA의 명소 파머스 마켓, 더 그로브, 산타모니카 비치

② 미국의 시카고 다운타운

〈개요〉

■ 현황

- 고층건물 앞 광장에 텐트를 치고 각종 식품, 특히 야채 및 채소 판매한다.
- 시카고 다운타운은 시카고시의 후원으로 전체 35개 Market을 주최한다.

■ 주요 시장

- 매주 화요일마다 미국 연방플라자 빌딩 광장
- 한 달에 2번 시카고 시청 앞 프루덴셜빌딩 광장
- 시카고 현대미술관 광장 등.

■ 성수기

- 여름기간 7, 8월이 성수기로 일일 방문객수가 3만명 정도이다.
- 일일 매출액은 약 4만 달러수준이다.

■ 특징

- 성수기를 위해 연초 지역농업종사자에게 광고, 접수 등 경쟁력 치열하다.
- 참가농업종사자들은 기본 25달러수준의 부스대여비용인 참가비를 부담한다.
- 판매시설은 각자 부담이며, 시는 공공장소, 주차장, 뒷정리를 담당한다.
- 참가자들은 판매제품, 판매금지제품, 판매방법 및 판매가격 등 규정한다.
- 고기, 생선, 달걀 등 신선도가 매우 중요시 되는 제품판매는 금지한다.
- 농업인들은 좋은 비즈니스 기회, 직장인들은 야채, 채소 공급의 기회다.

Chapter 06

무점포 소매점
(無店鋪 小賣店. Nonstore Retailing)

6.1 무점포 소매점의 개요

① 개념

무점포 소매기관이라고도 한다. 시장이나 점포에 직접 가지 않고도 집에서 전화 한 통이나 버튼 하나면 상품을 구입할 수 있는 방식을 말한다.

다이렉트 마케팅은 발송처를 어느 정도 선별할 수 있는지가 매우 중요한 개인에게 보내지는 광고로써, 쌍방향(two-way)방식의 마케팅이다.

수많은 고객을 대상으로 하는 원시방법의 단순 물물교환 또는 방문판매나 통신판매, 대량 광고를 통한 대량 마케팅에 대한 상대적인 개념이다.

호별방문과 통신판매, 전화판매, 방문판매 등 비상설적인 임시점포 또는 판매업자가 고객에게 접근하는 방법으로 판매형태이다.

② 종류

직접 판매, 방문판매, 자동판매기 등으로 구분한다.

- 직접 판매 : 다이렉트 메일(DM), 엽서, 서신, 카탈로그, 신문, 잡지, 라디오, 전화, TV홈쇼핑, CA-TV 등을 말한다.
- 전자상거래 : 인터넷이나 PC통신을 이용해 상품을 사고파는 행위를 말한다.
- 통신판매 : 상품이나 서비스를 제공하는 행위를 말한다.
- 방문판매(또는 다단계판매) : 고객을 방문하여 판매하는 행위를 말한다.

종래의 행상, 방문판매, 상품이나 기업 소개를 위해 만든 인쇄물(목록, 요람, 편람 등)인 카탈로그판매, 통신판매, 자동판매기판매, 전시판매, 홈파티방식과 전화쇼핑, 인터넷 홈쇼핑 등도 무점포로 판매한다.

〈표 6.1〉 무점포 소매점 종류

직접마케팅	직접적 마케팅 카탈로그마케팅 전화마케팅 텔레비전마케팅 인터넷마케팅	우편물 등을 통해 직접 마케팅을 하는 것 카탈로그를 활용하여 판매하는 것 소비자에게 직접 판매를 위하여 전화를 사용 홈쇼핑 채널을 이용하는 것 컴퓨터를 이용하는 것
방문판매	다단계마케팅	가정방문 또는 대인접촉을 통해 판매하는 것
자판기판매	체인화	점포를 통해 판매하기 어려운 장소·시간에 제품을 24시간 구매할 수 있게 해서 소비자에게 편의 제공

③ 환경 변화

전통적인 소매업태(백화점, 수퍼마켓, 할인점 등)외에 지가 상승과 점포 용지난, 소비자욕구 개성화와 다양화, 일하는 주부들이 늘어나면서 평일 쇼핑의 감소에 따라 새로운 판매채널 성장과정에서 주요하게 부상된 업태이다.

정보통신의 발달과 매체혁명이 급속히 진전으로 우편이나 택배가 발달하면서 홈쇼핑, 인터넷 쇼핑판매중심으로 급격히 발전하였다.

④ 특징

유점포업자(백화점 등) : 자체신용, 기업이미지, 상품력을 배경으로 카탈로그를 통한 판매를 크게 늘림. 카탈로그 판매를 전개함에 있어서 필요한 조건의 대부분을 갖춘다.

- 무점포업자 : 기업이미지의 향상, 신용의 획득 등을 하나부터 스스로 실시해 나가이지 않으면 안 되는 것. 점포 전개를 실행한다.(자사의 자존심을 높임, 기업의 신용능력 향상을 위해 노력).

⑤ 특기 사항

컴퓨터의 등장과 정보통신의 발달로 인해, 많은 시장 정보와 폭넓은 커뮤니케이션을 바탕으로 소비자와의 친밀한 거래관계의 유지를 위해 시간과 공간을 뛰어 넘는 경제행위로 인해 각광을 받고 있다. 소비자 니즈의 다양성과 변화로 인한 시장 환경의 변화에 부응하여 유행처럼 확대되고 있는 판매방법이다. 다이렉트 메일은 답장이 오지 않을 수도 있어 쌍방향 대화가 쉽지 않으며, 수집 자료에 대한 데이터베이스 관리를 통해 고객의 니즈를 상품개발에 반영시키는 시간이 오래 걸리는 단점이 있다. 기업 정보의 축적으로 고객데이터베이스를 잘 활용하는 것이 무엇보다 중요하다.

6.2 무점포 소매점의 종류

(1) 인적판매(Personal Selling)

■ 정의

메이커가 직접 소비자에게 자사 세일즈맨을 이용하는 상품판매방식이다.

이는 진열판매 · 견본판매 등도 한 형태라도 할 수 있다.

판매업자가 영업장소외에서 계약체결로 제공되는 상품 또는 용역을 말한다.

우리나라는 방문판매에 관한 법률 개정(1995.7)되어 있다. 예로는 한국 암웨이, 홈쇼핑에 의해 대체 가능성이 있고, 미래가 불확실하며, 홈쇼핑, 전자상거래 등에 의해 대체 가능성이 존재한다.

〈장점과 단점〉

■ 장점

- 편리하고, 유통단계에서 사장품과 반품이 없어지고 생산계획수립에 용의하다.
- 제조업자이미지가 판매원을 통해 소비자에게 정확하게 전달되는 장점이 있다.
- 유통업자에 대한 마진을 지불하지 않게 되며 그만큼의 이익을 수취한다.
- 메이커의 이미지가 판매원을 통해 올바르게 소비자에게 전해진다.
- 유통단계에서의 데드스톡이나 반품이 없게 되고 생산계획수립이 용이하다.

■ 단점

- 판매원 관리 및 유지비용, 고객과의 접촉에 어려움이 있다.

〈표 6.2〉 인적판매의 장점 및 단점

장점	단점
• 소비자에게 많은 정보를 즉각적으로 제공 • 구매자와 판매자 간에 쌍방향 커뮤니케이션 → 소비자 욕구에 즉각 대응 • 대중매체를 이용하는 광고에 비해 효율적으로 자원을 집중시킬 수 있음 • 소비자들의 구매행위가 바로 이루어질 수 있도록 유도할 수 있음 • 즉각적이고 명백한 피드백(Feedback)이 가능	• 한정된 수의 소비자에게만 접근가능 → 광범위한 소비자 인식을 발생시키기가 어려움 • 1대 1 접촉으로 인하여 고객 1인당 소요비용이 매우 높음 • 판매원의 출장비, 임금, 커미션, 보너스 등으로 인해 많은 비용 발생 • 판매원의 진실성 결여, 강력한 구매압력, 즉각적인 구매의사결정 강요 등 최종소비자들에게 매우 부정적 이미지를 남길 수 있음

■ 품목

- 화장품, 주방용품, 서적 예)Marry Kay, Tupperware
- 방문판매 품목에는 서적, 화장품 등에서 소득증대에 따른 구매력의 향상으로 화장품 · 약품 · 서적 · 자동차 · 보험 · 증권 등으로 확대되었다.

■ 특징

점포외의 장소에서 경쟁거래를 통해 소비자에게 구매편의를 제공하면서 판매업자가 소비자에게 접근하는 판매로 체계되었다. 판매원(Sales Person)이 목표고객과 직접 접촉하여 자사의 상품이나 서비스를 구매하도록 설득하는 커뮤니케이션 활동이다.

- 판매원을 매개로 하는 촉진수단이다.
- 촉진의 속도가 매우 느리다.
- 일반대중 다수를 대상으로 하는 상품에는 부적합하다.
- 고객 1인당 촉진비용이 높다.
- 상품을 인지하고 있는 고객을 대상으로 하는 판매활동이 가장 효과적이다.

■ 특성

- 영업사원을 통하여 직접 소비자에게 판매하므로 유통마진이 필요 없다.
- 공급업자의 이미지가 세일즈맨을 통하여 소비자에게 전달된다.
- 유통과정상 불필요한 재고와 반품이 없어 생산계획을 세우기가 용이하다.
- 호별방문을 통한 개인적인 접촉으로 유통채널에서 기회비용이 제거한다.

■ 성공 요건
- 상품 단가이익률이 비교적 높아야 한다.
- 판매에 임해 강한 설득력이 필요한 상품에 한한다.
- 메이커 지명도와 브랜드 로열티, 세일즈맨의 육성, 관리 등이 있다.

■ 방문판매 사례
- 한국 요구르트, 웅진과 대교 등 학습지, 1980년대 화장품 방문판매 등이 있다.
- Avon 화장품, Am way, Mary Kay 화장품, Britanica 백과사전 등이 있다.

(2) 통신판매

■ 개요

우편이나 전화, 서신, TV에 의한 소매, 카탈로그를 가정에 보내거나 TV선전을 통해 소비자로 하여금 상품을 보게 하고 소비자가 전화나 서신으로 주문하면 우편이나 운송기관 등에 의하여 배달하는 소매형태이다.

■ 텔레마케팅(telemarketing)
- 전화 등을 이용, 소비자구매이력 데이터베이스에 의해 행하는 세일즈이다.
- 통신판매에 비하여 적극적인 방법으로 잠재고객을 적극 공략한다.
- 소비자가 수신자부담인 080 프리다이얼(자동착신 요금서비스) 등 사용한다.
- 적용분야 : 전화판매, 직접반응마케팅, 고객정보서비스, 시장조사 등이 있다.

① 우편 및 카탈로그 판매(Catalog Selling, Catalog Shopping)

■ 개요
- 소비자에게 편리한 시간에 카다로그에 상품을 소개하는 판매방법이다.
- 선택된 고객에게 판매상품의 구체적인 설명, 사진, 가격 등을 명시한다.
- 소비자들에게 우편이나 전화, 인터넷 등으로 주문받는 통신판매방법이다.
- 정보전달을 위해 백화점 등 소매점에 비치하고 가져가는 것도 포함한다.

■ 장단점
- 소비자측은 편리한 시간에 풍부한 상품 중에서 선택 구매하는 매력이다.
- 판매자측은 판매원과 점포가 불필요하며, 재고가 적어도 되는 장점이다.

■ 역사

• 최고선발 기업은 미국의 몽고메리 워드(Montgomery warde)사이다.
• 시어즈 로벅(sears robuck)사는 오늘날 세계 최대의 통신판매업자이다.

■ 현상

• 소비자욕구의 다양성으로 인해 다양한 판매방법과 상품구성으로 변화된다.
• 시장성이 증가되면서 업자들이 증가되고 업자간의 경쟁이 치열해 진다.
• 과거 제조업체와 소매점이 이용, 최근 소규모 카탈로그소매상의 도전한다.

② TV Home Shopping(HS)

■ 개요

• 유선방송(CATV)화면으로 상품설명 등 구매를 유도하는 판매방식이다.

■ 장점

• 집안에서 편리한 시간, 쇼핑시간 축소, 저렴한 가격으로 상품을 선택한다.

■ 특징

• 1995년 CATV의 보급과 함께 최근 가장 빠른 속도로 성장한다.
• 장기적으로 환경보호 및 환경마크 부착 상품을 중점소개 한다.
• 소비자중심 제도에 초점을 두고 동일상품 최저가격보증제 실시 등이 있다.

■ 주요 기업

• 대형 백화점 등 유통·물류·정보 통신관련 업체들이 참여한다.
• CJ홈쇼핑, LG홈쇼핑, 농수산TV, 현대홈쇼핑, 우리홈쇼핑 등이 있다.
• BC카드, 국민카드 등 신용카드회사와 중소규모의 전문 우편업체가 있다.

③ 인터넷 비즈니스(internet shopping)

■ 개요

• 인터넷환경에서 전시된 물건을 소비자가 쇼핑, 주문, 결제, 구입행위이다.
• 인터넷거래의 활성화로 B2B, B2C, B2G 등 새로운 거래방식 활성화한다.
• 인터넷을 매개로 상품과 서비스를 제공하고 보상받는 모든 거래행위이다.
• 인터넷 쇼핑몰
• 전자상거래의 한 형태로 인터넷을 이용한 기업과 소비자 간의 거래를 말한다.
• 백화점과 같은 소매기능을 수행하는 다양한 형태의 가상점포이다.
• 고객에게 화상정보와 열람, 주문, 결제와 배달 등 컴퓨터조작을 말한다.
• 유형은 취급상품의 종류에 따라 종합 쇼핑몰과 전문 쇼핑몰로 구분한다.

• 종합쇼핑몰은 전통적 상거래에서의 백화점 등 다양한 제품을 판매한다.
• 전문쇼핑몰은 특정 제품분야를 중심으로 판매하는 기업을 의미한다.

〈표 6.3〉 전자상거래와 전통 상거래 비교

구분	전자상거래	전통적인 상거래
유통채널	기업 ↔ 소비자	기업 → 도매상 → 소매상 → 소비자
거래대상지역	전세계(글로벌 마케팅)	일부지역(closed clubs)
거래시간	24시간	제한된 영업시간
고객수요파악	• 온라인으로 수시 획득 • 재입력이 필요없는 디지털데이터	• 영업사원이 획득 • 정보 재입력 필요
마케팅활동	쌍방향 커뮤니케이션을 통한 1대1 마케팅	구매자의 의사에 상관없는 일방적인 마케팅
고객대응	고객수요를 신속히 포착하여 즉각적으로 대응	고객수요의 포착이 어렵고 이에 대한 대응의 지연
판매거점	사이버공간	판매공간의 필요

■ 전자상거래의 유형
• B2B(Business to Business) : 기업이 기업을 대상으로 하는 전자상거래
• B2C(Business to Consumer) : 기업이 개별 소비자 간의 전자상거래
• B2G : 기업이 정부를 대상으로 하는 전자상거래
• P2P : 개인과 개인 간의 전자상거래
• G2C : 정부와 소비자 간의 전자상거래

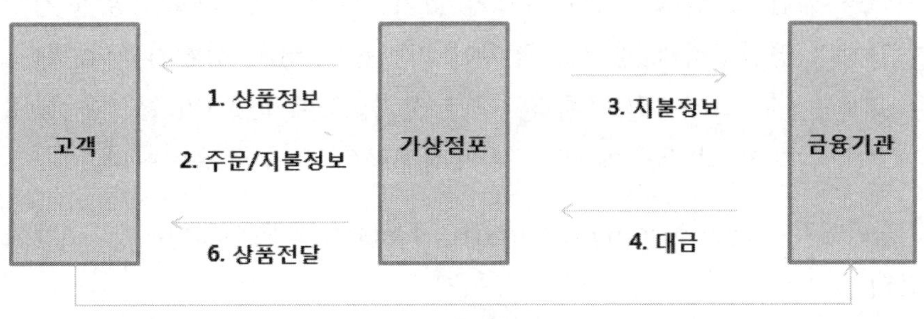

〈그림 6.1〉 인터넷쇼핑몰의 구조

■ 인터넷유통의 기능
- 고객지원의 기능 : 다양한 제품구색 갖추어 제공 시간과 노력절감
- 고객에게 정보제공의 기능 : 고객에게 구체적인 제품의 정보제공
- 판촉의 기능 : 특별할인, 이벤트, 판촉을 고객에게 제공 → 고객흡인력
- 고객정보수집기능 : 시장조사와 고객의 제품반응정보의 수집
- 보관, 운송의 기능
- 유지, 수선, 주문의 기능

〈전자상거래의 장점〉

■ 종합평가
- 원가절감효과(유통단계, 재고부담, 수주로스의 축소, 의사소통원활)
- 수익창출효과(고객정보에 의한 마케팅계획수립과 실천, 성공률증가)

■ 소비자 측면
- 소비자만족을 위한 상품정보 탐색, 평가, 구매, 사용 등 편의제공한다.
- 상품을 구매하는 데 있어 시간적, 공간적 제약을 받지 않는다.
- 검색엔진의 도움으로 상품가격정보, 유사상품정보 등의 효과적으로 취득한다.
- 비용감소와 다양하고 정확한 정보획득, 다양한 제품선택기회를 획득한다.
- 판매원의 압력이 배제되어 소비자의 선택이 자유로워진다.

■ 기업 측면
- 유형점포가 필요하지 않으므로 저렴한 비용의 상품 전시판매가 된다.
- 양방향 의사소통과 고객정보의 획득으로 지속적인 고객관리가 가능하다.
- 셀프 서비스와 중간 단계인 물류과정의 생략으로 원가절감이 가능하다.
- 쇼핑 공간 및 판매시간의 제약이 없어지면서 기업 매출신장에 기여한다.
- 가상의 진열형식과 광고를 통하여 저비용 경영의 실현이 가능하다.
- 고객특성과 구매행위(구매량, 구매 시기, 구매 빈도)의 분석을 통해 개별 고객의 특성 및 욕구에 맞는 마케팅전략의 수립이 용이하다.

③ 자동판매기 소매업(Automatic Vending Machines Retailing)

■ 정의

자동판매기 기계에 경화 및 그 대용품을 투입구에 투입하면 기계의 자동적 조작에 의하여 일정량의 상품이 나오게 되어 있는 무인기계를 말한다.

- 광의 : 주화 또는 그에 대신할 수 있는(지폐 카드 메달 등) 것에 의하여 조작되는 기계
- 협의 : 물품을 자동적으로 판매하는 기계. 제품이 다양해지고 있으나, 기계 고장, 재고 부족, 제품교환의 어려움이 있다.

■ 특징

- 점포가 없는 장소에서 소비자의 기계조작으로 판매한다.
- 24시간 무인판매가 가능하다.
- 기계 구입비용이 너무 많아서 초기 투자비용의 부담이 있다.
- 표준화되고 크기나 무게가 균일한 편의품의 판매가 많다.

〈자동판매기 역사〉

A.D 1세기경 그리스사원에서 참배객들이 주화를 넣으면 정화수를 얼마간 받는 장치를 갖추어 놓았던 것이 기록상에 나타난 최초의 것이다. 그 이후 속옷에서부터 담배, 금붕어, 지렁이 등 물품판매에 활용한다. 1971년 배합주류의 양과칵테일은 물론, 판매액 합계까지 기록하여 바텐더를 대체하기 위해 9,960달러에 시판된 일렉트라 바이다. 현재 자동판매기사업은 일본을 중심으로 발전되고 있다.

이는 담배, 라면, 음료, 과자, 주류, 햄버그 등 독특하며, 유머감각까지 가능하다. 취급품목으로는 주로 대량 규격생산이 가능하고 비교적 단가가 저렴한 커피, 청량음료, 담배 등 단순식품에서 인스턴트, 조리식품 등 그 영역이 확대되었다.

〈자동판매기의 장단점〉

■ 장점

- 무인화(사람이 필요 없고 저절로 판매되는 기계임)
- 현금장사이다.
- 투자회수율이 빠르다.(상품에 따라 보통1~12 개월내 회수 가능)
- 원가가 저렴하다.
- 수익률이 높다.(장소 아이템에 따라 다름)
- 설치장소가 무궁무진하다.(영업장에 따라 다름)
- 직접운영 가능 임대 위탁가능. (투자자 관리자 모두 이익이 됨)
- 투자자금이 적다.(투자자금이 없어도 자판기 수익으로 충담됨)
- 이동이 용이하다.(수익률 저조시 이동가능)
- 국내자판기 시장은 초기 단계로 시장이 넓다.

■ 단점

• 자판기 업체의 신뢰도 문제. (A/S 문제 내용물 공급문제)
• 파손이나 도난의 위험.(실외에 두는 경우)
• 인근에 같은 종류의 중복 설치 문제.(수익률 저하)
• 관리문제.(재료보충 청결유지)
• 설치시는 장소선정의 문제.

④ 다단계 판매(多段階販賣, Multiple sales)

■ 정의

판매업자 또는 용역업자가 특정인을 통해 상품과 용역서비스를 판매하는 과정에서 불특정 다수의 소비자들에게 당해 특정인의 하위판매원으로 가입하도록 하여 "당해 특정인과 동일한 활동을 하면 일정한 이익을 취할 수 있다"는 조건으로 판매원을 기하급수적으로 확산시켜 나가는 판매 방식이다.

■ 특징

가입회원들이 구매자인 동시에 하위판매원이 판매자가 되는 종적구조의 방문판매와는 구별된다. 또한 가입비 징수, 강제구매 유도, 하위판매원 확보의무, 환불 불가 등 제반 조건이 부여되는 피라미드 판매와는 구분된다.

많은 사람을 가입시키면 기업으로부터 마진을 받는 것이 장점이므로 이로 인해 연쇄적인 피해가 있을 수 있으며, 판매원이 된 모든 사람들에게 이익을 보장시켜 줄 수 없는 단점이 있다. 1995년 7월 방문판매 등에 관한 법률의 개정이후, 2002년 재개정에 의해 자사 제품이외의 상품판매도 가능하다는 등 직거래 판매에 대한 제한 요소들이 제도적으로 완화되어 있다.

도매업의 기능과 특성

7.1 도매기관의 개념과 역할

(1) 도매업의 개요

① 정의

"재판매 또는 사업을 목적으로 구입하는 고객에게 상품이나 서비스를 판매하고 이와 관련된 활동을 수행하는 산업"으로 정의된다. 즉, 생산자와 소매상의 사이에서 상품유통의 중간적 기능을 하는 상업경영이라고 할 수 있다. 도매업을 수행하는 자를 도매상(wholesaling)이라고 한다. 도매업이란 소매업체, 타 도매업체, 생산업체, 공공 및 비영리단체, 혹은 기업고객 등을 대상으로 판매 활동을 하는 산업을 의미한다.(단 전체판매액 중 최종소비자를 대상으로 한 판매액이 차지하는 비중이 아주 적어야 함)

■ 미국의 역사

- 1800년대에는 도매상이 미국시장의 대부분을 장악하였다. 당시는 생산자와 소매상의 규모가 적고 수가 많아 도매상 서비스가 필요하다.
- 그러나 지금은 생산자와 소매상이 거대하여져 도매상을 경유하지 않고 생산자와 소매상이 직접 거래를 하게 되었다.
- UPS와 Federal Express 등 운송 서비스업체의 쉽고 값싼 물품의 배달로 인하여 도매상의 어려움은 더해지고 있다.

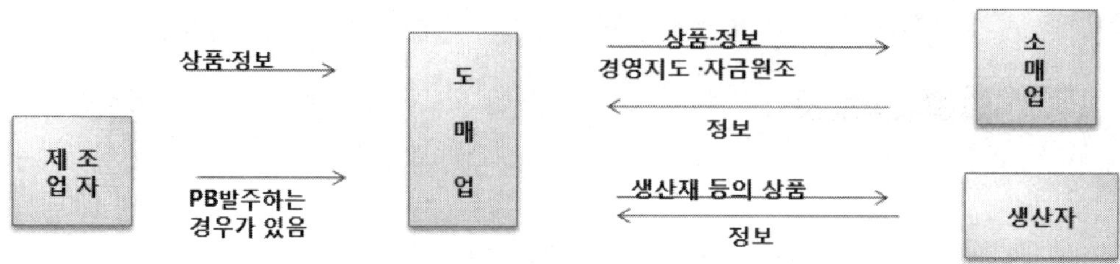

〈그림 7.1〉 도매업의 유통구조

② 도매기관(都賣機關)

- 상인, 소매기관, 상업적 사용자들에게 상품을 판매하는 사람이나 조직
- 생산자로부터 제품구입(수집)하여 소매기관에 판매하는 유통경로구성원
  - 제품별(특히, 가공식품과 농산물) 유통채널에 따라 기능과 역할이 다르다.
- 취급상품은 생산재와 소비재의 모두이며, 소매업을 제외한 모든 과정
- 광의의 개념에는 중개업, 종합상사, 생산자의 판매회사, 협동조합 등이 있다.
  - 한국의 대표적인 도매업자는 남대문시장, 동대문시장, 체인사업자 등이 있다.

③ 도매상과 소매상의 차이

- 도매상은 입지, 촉진, 점포분위기 등에 상대적으로 큰 비중을 두지 않는다.
- 도매상은 일반적으로 넓은 상권을 대상으로 대규모 거래를 한다.
- 도매상은 소매상과는 상이한 법적규제와 세제의 적용을 받는다.

④ 도매업의 특징

- 생산자가 미치지 못하는 소규모 소매상들과 접촉하여 판매를 촉진한다.
- 소매상이 필요로 하는 품목들을 대량으로 구입하여 소량으로 분산된다.
- 운송과 보관으로 적정재고를 유지하므로 재고비용과 위험을 축소한다.
- 생산자에게 선급금 등 지급과 소매상에게는 외상판매 등 위험을 부담한다.
- 생산자에게 상품소유권을 이전받아 도난, 파손, 구식화의 위험을 부담한다.
- 생산자에게 경쟁회사의 신제품이나 가격 등 제반 시장정보를 제공한다.
- 소매상에게 판매사원 훈련, 상품진열과 매장배치 등 경영자문을 제공한다.

⑤ 도매업의 기능

- 상품집하 및 분산기능 : 단위상품 구매, 보관, 분류, 수·배송, 포장 등이 있다.

- 판매동향상품정보 등의 정보전달 기능 : 신상품, 52주 판촉프로그램 등이 있다.
- 판매처 경영지도 및 제반 지원기능 : 매출증대, 컨설턴트, 금융지원 등이 있다.
- 상품화 계획 및 상품 개발기능 : 머천다이징 및 상품화 계획 등이 있다.

⑥ 도매상의 종류

- 도매상은 판매경로와 서비스와 취급상품의 종류에 따라 구분된다.
- 미국은 일반잡화도매상, 한정품종도매상, 전문도매상 등 취급품목이 특화된다.
  - 도매의 기능 중 특정 기능에 특화한 형태인 현금 무배달 도매상, 직송도매상, 통신판매 도매상, 트럭판매 도매상, 선반진열 도매상 등 발달
- 도매상의 소유에 따라 제조업체 소유도매상, 립적인 도매상, 소매상 소유의 조합과, 구입 사무소 등으로도 구분된다.

⑦ 도매상의 통합형태

- 도매상과 소매상통합 : 도산매상, 자유연쇄점도매상, 연쇄점도매창고 등이다.
- 도매상과 생산자통합 : 제조업자판매지점, 제조도매상, 도매겸영제조업자이다.
- 도매상과 도매상통합 : 연쇄 도매상과 지점제 도매상 등이다.

(2) 도매(기관)의 역할

① 제조업자에 제공하는 서비스

- 소매상에게 판매능력 제공 · 제조업자의 광고계획 조언
- 제조업자 재고 부담 감소 위한 제고 보유 · 제품 수송 책임
- 제조업자에게 자금 제공 · 제조업자에게 시장정보 제공
- 제조업자 대신 위험 부담(악성채권, 상품훼손 등)
- 기업 이미지(CI) 및 브랜드관리 지원

② 소매상에게 제공하는 서비스

- 소매상 비용 감소 위한 재고 보유 · 소매상에게 제품 수송
- 시장정보 제공과 경영지도 및 사업 조언
- 신용판매를 통한 금융서비스 제공
- 소매상 요구대로 상품 제공(수량, 경로)

(3) 도매(기관)의 기능(function of wholesale)

소비자의 자발적인 구매 의욕관리와 합리적 상품구입으로 보다 풍부한 소비 생

활 영위와 제조업자에게 고객니즈를 전달하여 우수 상품을 생산하기 위한 소비자와 생산자사이에서 수요와 공급을 위한 가교 역할을 수행하는 기능이다.

① 기본 기능

- 거래선 관리 및 유통비용 절감기능
- 제품 개발
- 검품 · 검수
- 보관 · 수송 · 포장 등의 물적 유통 및 수급조절
- 상품의 수집, 집하 및 분하
- 수 · 배송 등 물류기능
- 매입채널과 판매채널 쌍방에 대한 금융 · 보험
- 상품화계획 및 생산자지도 등 위험부담
- 제품 개발
- 판매동향 · 상품정보 등의 정보전달 및 정보관리 등이다.

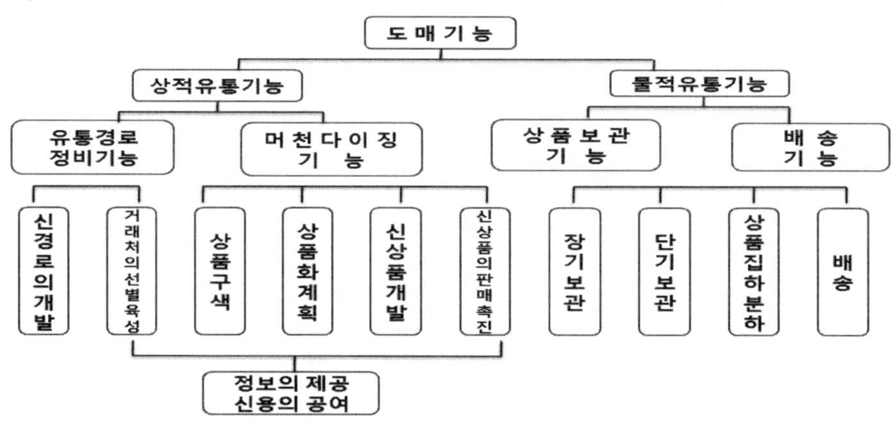

〈그림 7.2〉 도매업의 기본적 기능

② 제조업자를 위해 도매상이 수행하는 기능

- 시장 확대기능 : 제조업자는 합리적인 비용으로 필요한 시장 카버리지를 유지하는 데 있어 도매상에게 의존한다.
- 재고유지 기능 : 도매상들은 제조업자의 재무 부담과 막대한 재고보유에 따른 제조업자의 위험을 감소시켜준다.
- 주문처리 기능 : 다수의 제조업자들의 제품을 구비한 도매상들이 다수의 소

매상들의 소량 주문을 보다 효율적으로 처리한다.

■ 시장정보제공 기능 : 제조업자들보다 고객들의 제품이나 서비스에 대한 요구를 쉽게 파악한다.

■ 고객서비스대행 기능 : 소매상들에 대한 제품의 교환, 반환, 설치, 보수, 기술적 조언 등의 제공함을 통해 생산성을 향상한다.

〈표 7.1〉 소매상의 기능

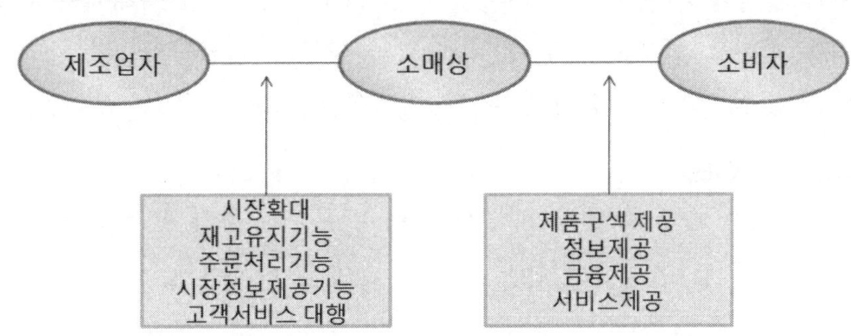

③ 소매상을 위해 도매상이 수행하는 기능

■ 구색 갖춤 기능 : 제품구색을 보유한 소수의 전문화된 도매상으로부터의 주문을 통해 거래를 단순화한다.

■ 소단위판매 기능 : 제조업자로부터 대량주문을 한 도매상이 제품을 소량으로 분할하여 소매상들의 소량주문에 대응한다.

■ 신용 및 금융 기능 : 외상판매를 통해 소매상들로 하여금 구매대금의 지불 이전에 제품을 구매할 수 있는 기회를 제공한다.

■ 소매상서비스 기능 : 배달, 수리, 보증 등 다양한 유형의 서비스 제공을통해 소매상들의 노력과 비용을 절감한다.

■ 기술지원 기능 : 숙련된 판매원을 통해 소매상에게 기술적 및 사업적 지원을 제공한다.

2) 도매상의 특징

(1) 도매상의 기본 요소

① 거래처의 니즈 파악

도매업의 번영은 거래처의 번영에 있다. 거래처의 니즈를 파악하는 것이야말로 도매업의 번영의 핵심적 역할을 한다. 거래처 관리라는 것은 매출관리뿐만이 아니라 거래처가 성장할 수 있도록 관리하는 것을 의미한다. 이런 거래처가 다량의 상품을 납입을 한다고 하여도 그것이 그 점포의 성장과 연결되지 않는다면 그것은 가공의 매출일 뿐, 쌍방 입장에서 볼 때 어떠한 의미도 가질 수가 없다.

② 상품의 안전관리

최근 소비자들은 상품의 제조 년 월일은 언제인가, 유해한 착색료, 취급상의 안전성은 어떠한 가 등 안전성의 높은 상품의 욕망은 더욱더 증가된다.

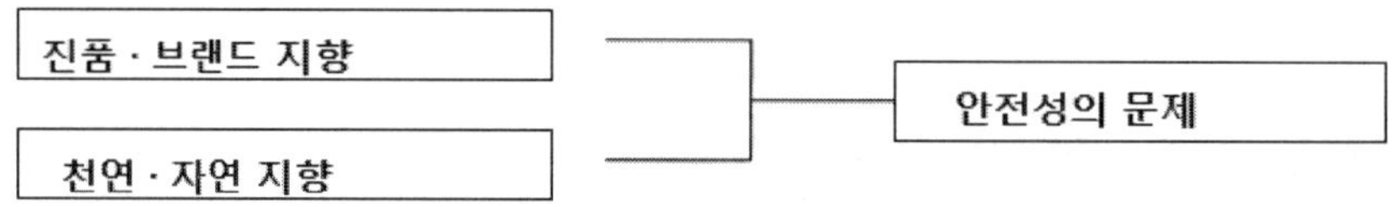

〈그림 7.3〉 소비자가 갖고 있는 니즈

③ 상품판매

상품 판매에 있어서는 상품유통 상의 특성으로부터 다음의 두 가지 패턴으로 나누어서 생각해 보는 것이 바람직하다.

〈표 7.2〉 소품종 대량상품의 판매 VS 다품종 소량상품의 판매 비교

구분	소품종 대량상품의 판매	다품종 소량상품의 판매
수퍼마켓	대량 판매를 지향 • 점두 결품정보 제공 • 특매상품 대량 공급 • 배송방법 선정	취급상 전문성이 크게 필요 • 한정판매 채용 • 새로운 판촉자재 연구, 개발 • 정보제공방식의 제안
일반소매점	입지조건, 경영전략별 거래처 분류 • 코드 계약 철저 • 특매조건 의 제시 • 원활한 제공처 재정	입지조건, 경영전략별 우량점포 선택 • 상품특성별 관리체계 철저 • 이벤트, 프로모션의 적극전개 • 고객충성도강화를 위한 판촉행사

④ 상품의 라이프 사이클과 이용

판매활동의 전개에 있어서 그 상품의 라이프 사이클의 파악은 매우 중요하다.

■ 상품라이프사이클의 특징

상품라이프사이클에서 각 단계마다 특징을 갖고 있으며 수익성도 달라지며, 기업은 이러한 변화에 대처하기 위하여 마케팅기법, 생산, 재무, 인사에 이르는 모든 조직을 적절하게 변화시켜야 한다.

- 이익곡선은 성숙기에 비하여 성장기에 먼저 상승된다.
- 매출액곡선은 성장기에서부터 상승되어 성숙기에 정상에 도달된다.

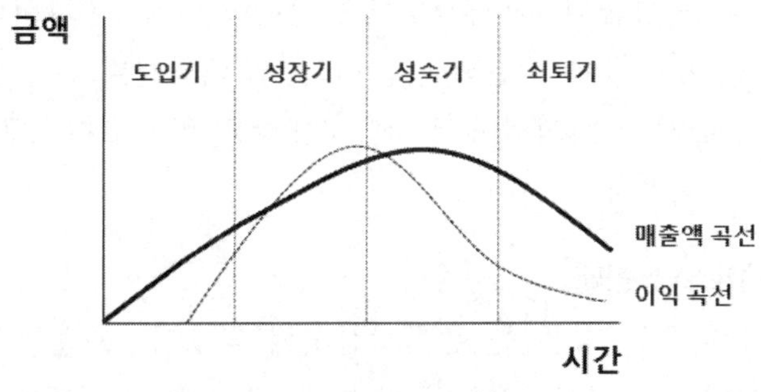

〈그림 7.4〉 상품라이프사이클의 특징

- 상품의 라이프 사이클을 이용한 판매 전략이 필요하다.
- 상품은 성숙기에 가까워질수록 유사상품과 여타상품과의 차별화를 위해서 세분화가 된다.
- 세분화가 되는 단계에서는 이미 그 상품이 성숙기에 와 있다고 판단하고 지금까지와는 다른 판매상의 각종 대응책의 수립 필요하다.

〈표 7.3〉 라이프 사이클 판매전략

판매전략	소품종 대량상품	다품종 소량상품
도입기	• 목표고객설정 • 시장조사 • 시장규모측정	• 목표고객설정 • 거점 소매점선별 • 거점 판매지역선정
성장기	• 유통채널선택 • 판매지역재검토 • 거점화 정책실시	• 판매원 교육 재강화 • 배송체제 재정비

성숙기	경쟁 상품과의 차별화 정책 도입	• 거점판매 지역확대 • 관련상품개발
쇠퇴기	• 적정시장 점유율 산출 • 지속적인 판촉활동의 전개	• 적정 판매량 산출 • 고수익 체제 정비

(2) 시스템의 판매

① 종합 서비스의 판매

도매업이 상품을 판매이외에도 각종 서비스를 포함한 종합기능을 판매한다. 도매기능의 총 매출액은 상품의 이익액과 깊은 관련이 있다. 종합서비스는 상품판매와 서비스지원기능이 동시에 수반되어야 하고, 도매업서비스는 항상 사회적요구와 소매점니즈측면에서 정비되어야 한다. 도매상은 목표고객욕구를 정확히 파악하여 전문서비스를 제공하는 것이다.

② 판매하는 서비스의 형태

- 상품 공급 : 다품종 상품 등 종합상품구색 갖추기, 품절예방 안정 공급
- 물적 유통서비스 : 정시, 정확한 배송, 상품구색, 품절방지 정보서비스
- 판매관련 각종 정보 제공서비스 : 상품정보, 거래조건, 판촉기획 등
- 거래 소매점지도 육성서비스
  - 경영 방침의 검토 및 제안
  - 점포 개장의 어드바이스와 시장조사의 위탁실시
  - 세무 상담 및 기타 경영전반에 걸친 각종의 지도원조

7.2 도매상의 종류

(1) 도매상의 유형

도매상은 판매경로에 따라 그 종류가 다양하다. 어떤 도매상은 여러 가지 서비스와 여러 종류의 제품을 취급한다. 또 어떤 도매상은 전문적인 서비스와 제품을 취급하기도 한다. 대체로 누가 도매상을 소유하느냐에 따라 제조업체 소유도매상, 상인도매상, 대리인, 브로커 등으로 나누어진다.

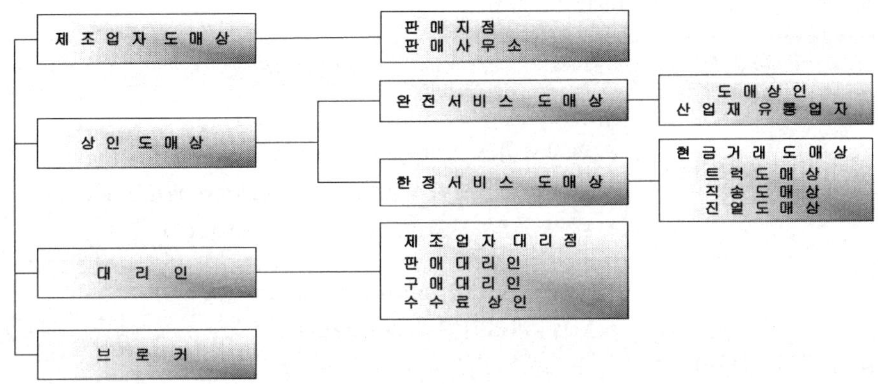

〈그림 7.5〉 도매상의 유형

〈표 7.4〉 도매상의 분류

구 분	상인도매상	대리 도매상	제조업자 도매상
통제와 기능	도매상이 도매기능을 통제하고 일부, 전부의 기능을 수행	생산자와 도매기관이 약간의 통제와 기능을 분담	생산자가 기능을 통제하고 모든 기능 수행
소유권	도매상의 제품 소유권	제조업자의 제품 소유권	생산자의 제품 소유권
현금의 흐름	도매상이 생산자에게 대금 지불로 상품을 구입하여 고객에게 판매	제품 판매이후 도매상은 대금을 생산자에게 지불하고 커미션·수수료 받음	생산자가 판매 후 대금회수
최적 이용	생산자가 다량 상품 구비와 지역적 분산고객에게 판매시 최적	고객의 지명도가 약할시 적합	고객 수가 적을 시, 지역적으로 집중되어 있을 시, 최적

〈표 7.5〉 자본출자 관점에서의 도매업 분류

형 태		사 례
상인 출자경영	상인 도매상	도매상, 보조도매상, 전문도매상, 대리점
	위탁 도매상	브로커, 수출입대리상
생산자 출자경영	대규모생산자의 판매회사	판사, 상사
	소규모생산자의 판매회사	농협중앙회
소비자 출자경영	소비자단체의 협동조합	소비자 협동조합 중앙회
정부 출자경영	국가, 공공단체의 공기업	농수산물 유통공사

〈표 7.6〉 수직적 유통경로별 도매업의 종류

구 분	내 용
관리형 수직적 경로시스템	상인도매상(Merchant Wholesaler) • 완전서비스 도매상(Full -service Wholesaler) • 한정서비스도매상(Limited-service Wholesaler) • 대리점 및 브로커(Agent and Broker)
계약형 수직적 경로시스템	제조업자 대리점(Manufacturer's Agent) • 판매 대리점(Sales Agent) • 수수료상인(Commission Agent) • 브로커(Broker) • 제조업자 도매점(Manufacturer's Wholesale Operation)
기업형 수직적 경로시스템	•판매지점(Manufacturer'sSales Branch): 재고 보유 •판매사무소(Manufacturer'sSales Office): 재고 미보유

〈표 7.7〉 취급 상품별·기능별 도매업 분류.

구 분	내 용
상품별 도매업 분류	① 생산재·소비재, ② 종합·업종·단품도매업 등
지역별 분류	① 중앙·지방·산지, ② 판매대리·집산지 등
기능별 분류	① 전(全)기능·한정기능, ② 1차·2차·3차, ③ 제품제조 도매업 등
특수 분류	① 생산자 판매회사, ② 소매 기업의 매입 회사 등

〈표 7.8〉 취급상품, 영업활동, 기능별 도매상 유형

구 분		내 용
취급상품의 종류	일반상품 도매업	모든 업종에 걸치 상품을 종합적으로 취급하는 도매업, 마치 백화점처럼 온갖 잡화를 취급한다.
	한정상품 도매업	어느 특정한 단일 상품군이나 어느 한 업종에 한정된 상품을 취급하는 도매업, 가령 식료품 도매업인 경우 온갖 종류의 식료품을 취급.
	전문상품 도매업	한정상품도매업보다 더 특화된 도매업으로서 일명 특수도매업이라 하며, 식료품의 경우 특별한 품종만을 전문적으로 취급하게 된다.

영업활동의 범위	지방적 도매업	특정한 어느 지방에 영업활동의 주 세력을 둔 도매업으로 그 지방의 특산물 거래가 주종을 이룬다.
	전국적 도매업	영업 활동이 전국에 걸친 도매업
기능의 발휘	완전기능 도매업	모든 도매기능을 발휘하는 도매업
	한정기능 도매업	일부의 한정된 도매기능만을 수행하는 도매업

(2) 상인 도매시장(Merchant wholesaler)

① 특징

- 상품을 직접 구매하여 판매하는 기관, 취급제품의 소유권을 가진다.
- 제조업체 또는 소매상과 관련없는 독립된 사업체, 가장 전형적인 형태이다.
- 생산자에게 상품 원료나 원자재를 공급하는 상인도매상은 산업유통업자이다.
- 고객서비스 정도에 따라 완전서비스 도매상과 한정서비스도매상으로 대별한다.

② 종류

- 완전서비스 도매상(full-service wholesalers)
  - 물적 소유, 촉진, 협상, 위험부담, 주문, 지불 등 모든 유통활동을 수행한다.
  - 소매재고, 판매원지원, 신용제공, 배달, 경영지도 등 종합서비스를 제공한다.
- 종합상인 전문기관 : 거의 모든 상품을 판매하는 도매기관
- 전문상인 도매기관 : 한정된 전문계열 상품을 판매하는 도매기관
- 한정서비스 도매상(limited-service wholesalers)
  - 고객과 관련된 몇 개의 상품계열만을 집중취급, 전문서비스 도매상이다.
  - 한 가지 제품계열 내에서 특정품목(또는 하부 제품계열)만을 깊게 취급한다.
  - 상품별 : 의약품도매상, 의류도매상, 철물도매상 등이 있다.
  - 기능별 : 현금거래 도매상, 트럭도매상, 직송도매상, 진열도매상 등이 있다.

〈표 7.9〉 한정기능 상인 도매기관의 비교

서비스 내용	현금판매	트럭도매	직송도매	선반도매	협업도매	상사도매
상품의 물리적 보유	있음	있음	없음	있음	있음	없음
판매원의 소매 점포 방문	없음	있음	없음	있음	있음	없음
시장정보 제공	없음	약간 있음	있음	있음	있음	있음
고객에 대한 조언	없음	약간 있음	있음	있음	없음	없음
고객점포 상품 저장·관리	없음	없음	없음	있음	없음	없음
신용 판매	없음	약간 있음	있음	있음	있음	있음
배달	없음	있음	없음	있음	있음	있음

〈현금거래-무 배달 도매상(Cash and Carry Wholesalers : C&C)〉

- 저비용운영(Low Cost Operation), 초특가 가격(Everyday Low Price).
- 고객이 현금으로 대금을 지불하고 스스로 제품주문과 직접 제품인수.
- 일반소매점, 식당, 급식업체 등에게 신용판매와 배달서비스 등 제거한다..
- 신선식품, 생활필수품, 잡화, 사무용품, 전기용품, 식자재 등 상품구성한다.
- 소매상 점두 또는 지정장소까지 배송하는 도매상거래와는 반대개념이다.
- 운영비용(자금성, 인건비 등)절감으로 매일 최저가격 판매시스템을 유지한다.
- 미국의 회원제창고형할인매장(Membership Warehouse Club).
  - 수퍼마켓, 디스카운트스토어, 도매(물류)센터 등에서 채택한다.
  - 유럽은 메트로(METRO), 미국에서는 제트로(JETRO)가 성업한다.
  - 회원제중심으로 년 중 무휴 영업한다.(단, 요일별 영업시간을 차별화)

〈트럭도매상(Truck/wagon wholesaler)〉

- 고정적인 판매루트, 트럭, 기타 수송수단으로 판매와 동시 상품을 배달한다.
- 머천다이징과 촉진지원, 한정서비스 도매상이므로 사용판매하지 않는다.
- 고객조사기능이 취약하며, 판매금액이 낮고 개인서비스비용은 높다.
- 취급하는 제품은 과일, 야채 등 소규모 식품점이다.

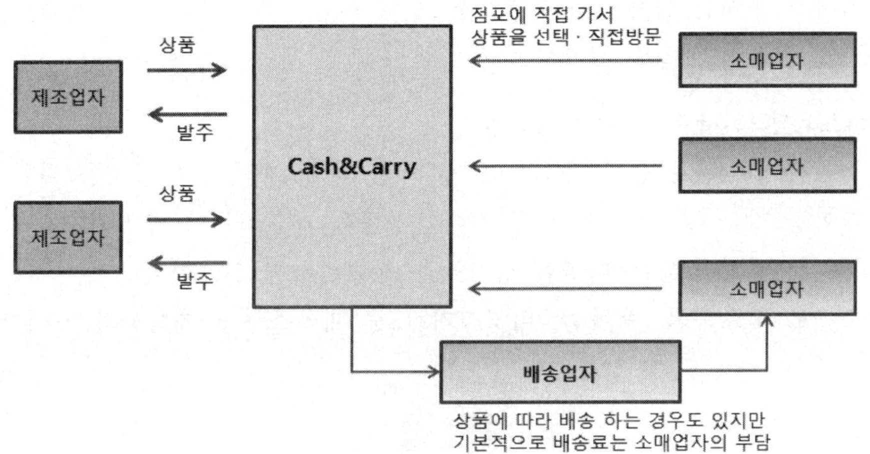

〈그림 7.6〉 현금 도매업의 유통체계

〈직송도매상(Drop Shipper or Desk Jobber)〉

- 제조업자 또는 공급업자에게 제품을 구입하여 현장에 보관시킨 뒤에 고객에게 직접 제품을 판매하고 현지에서 직송하게 하는 도매업.
- 소유권 有, 소유 無, 구매 · 판매계약 체결, 보관이 어렵고 비싼 제품이다.
- 석탄, 목재, 중장비 등 대용량상품(bulky product)시장에서 주로 활동한다.
  - 상품을 구매하고자 하는 소 매상고객들과 협상을 통해 계약을 체결한다.
  - 제조업자가 고객에게 직접 제품을 선적 운반한다.

〈선반도매상(Rack Jobber)〉

- 선반도매상은 소매점의 진열선반 위에 상품을 공급하는 도매상이다.
- 도매상이 소매매장에 직접 진열 · 관리, 상품소유권은 도매상에 있다.
  - 소매상은 팔린 물량에 대해서만 대금 지불하는 일종의 위탁판매방법이다.
- 편의품류(매출비중: 보통, 상품이익과 매출비중: 낮다, 회전율: 높다).
  - 수퍼마켓이나 식료품점들에게 공급한다.

〈우편주문 도매상(Mail-order wholesaler)〉

- 소규모 소매상, 산업구매자에게 보석, 스포츠용품 등 제품목록을 판매한다.
- 제품판매비용보다 인적판매비용이 높은 외진지역 소규모 소매상을 판매한다.

〈도매 물류업(都賣物流業, Vendor)〉

- 집 · 배송 물류센터, 물류센터 등을 이용한 도매 배송업태를 말한다.

■ 자사가 구매한 상품을 도매행위 또는 수수료를 받고 위탁받은 상품을 도·소매 점포에 배달할 목적으로 사업하는 기업 또는 상인이다.

〈서비스머천다이저(머천다이즈 도매상)〉

■ 소매점에서 판촉 등에 대응하여, 고객만족으로 매출목표 달성을 위한 머천다이징 기술 및 지식 등에 근거하여 상품을 제공하는 도매업이다.
■ 서로 관련성이 없는 다양한 상품들을 광범위하게 취급한다.
■ 소규모 식료품점, 백화점, 비영리기관 등 대·소형 소매상들과 거래한다.

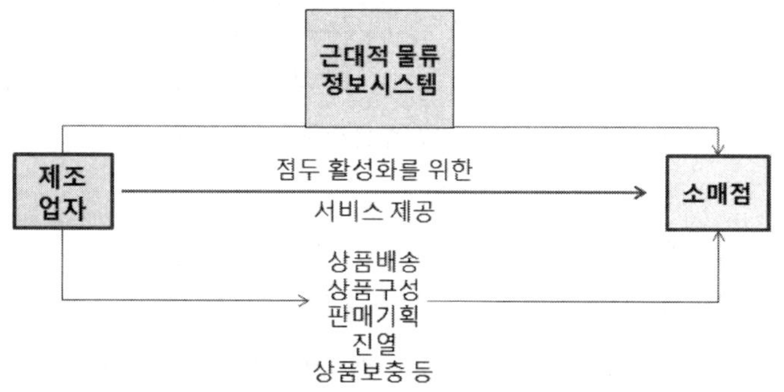

〈그림 7.7〉 서비스 머천다이저의 유통 체계

〈협업화 도매업〉

■ 대기업과 소매업의 대형화·조직화에 대응, 도매업자들이 힘을 합쳐서 그들에게 대항하려고 하는 유통조직을 말한다.

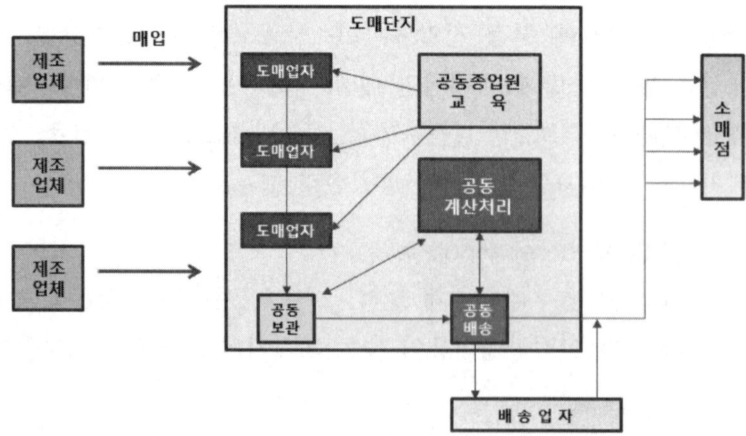

〈그림 7.8〉 도매업의 협업화에 의한 유통

〈상사형 도매업〉

■ 상사는 도매업의 하나의 형태인데, 일반적인 도매업이 국내서의 거래를 중심으로 하고 있는 것에 비해서, 국내제품의 수출, 해외제품의 수입 중심으로 하고 있는 것이 특징이다.

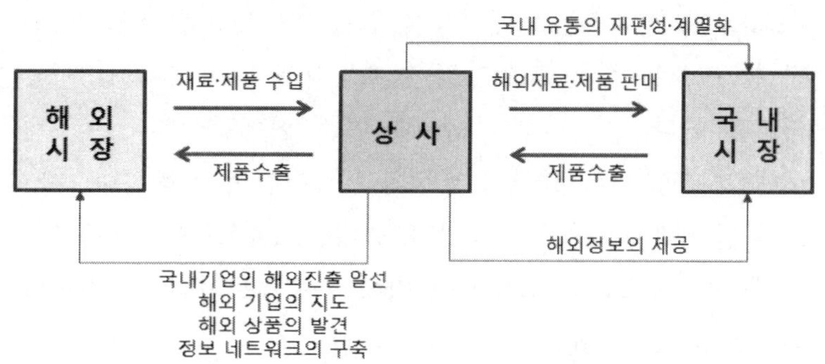

〈그림 7.9〉 상사의 유통체계도

(3) 대리 도매 기관(Agent)

① 특징

■ 제조업자나 공급자를 대신해서 제품을 판매해주는 도매상이다.

■ 판매지원이나 조사기능 등은 수행하지만, 상인 도매상과는 달리 제품에 대한 소유권은 없다.

■ 판매 후 제조업자나 공급자로부터 수수료(Commission)를 받는다.

② 종류

■ 제조업자 대리인(manufacturer's agent)

제조업자 대리인은 여러 제조업자의 위탁으로 특정지역 내에서 특정제품을 대신 판매해 주는 도매상이다. 여러 제조업자로부터 제한된 숫자의 제품을 대행판매해 주지만 이들이 취급하는 제품들은 대체적으로 서로 비경쟁적이거나 보충적인 제품들이다. 영업지역은 서로 명확히 구분되어 있고 중복되지 않는 비경쟁 보완 제품은 취급 가능하다.

• 판매지역 및 판매조건이 제조업체에 의해 제한된다.

• 제품에 대한 신용판매는 하지 않지만 제품의 배달 및 제품판매를 위한 조

사 등에 대하여 지원하고 머천다이징 및 촉진지원 등을 한다.

- 일반적으로 대리도매기관들은 다양한 수수료(장려금 등)를 지급받음.

■ 판매 대리인(Selling Agents)

판매대리인은 계약상 모든 마케팅활동 결과에 대한 책임을 진다. 가격이나 판매조건, 촉진방법에 관한 결정권한을 가지고 있으며, 제품에 대한 지역권과 소유권을 제외한 모든 도매기능을 한다. 대체로 몇 개의 제조업체의 일부 또는 전 품목 또는 한 제조업자와 판매계약을 맺어 제조업자의 판매부서와 같은 역할을 한다.

다른 도매상(제조업자 대리점, 브로커 등) 이용이 가능하며, 마케팅 전문업체(제한된 판매대행) 대규모 생산자보다는 소규모 생산자와 독점형식의 계약으로 인하여 제조업자 도매상에 비하여 수수료가 높은 편이다.

■ 구매 대리인(purchasing agent)

구매대리인은 구매자와 장기적인 관계를 유지하면서 구매자를 대리하여 상품을 구입, 검사하여 창고에 보관하고 구매자에게 선적한다. 구매대리점은 의류산업에서 자주 이용되는데 이들은 소규모 의류소매업자들에게 필요한 의류의 탐색과 구입을 대행한다. 시정정보의 수집을 통해 소규모 의류점의 영업을 도와주는 부가적 서비스도 수행한다.

■ 수수료 상인(Commission Merchants)

생산자로부터 위탁한 상품을 자기 책임아래 단기간 계약으로 판매한다.

- 위탁에 의한 완전한 판매대행이다.
- 공급자가 정한 거래기준 내에서 판매에 대한 권한을 행사할 수 있다.
- 법적소유권 없고, 물리적소유권 보유, 완전 판매인력, 판매협상 대리.
- 종종 신용을 제공하고 상품을 비축 · 전달하며, 판매원을 제공한다.
- 수수료, 운송비, 기타경비 등을 제외한 판매대금, 제조업체에게 지불.
- 대상 품목은 농산물, 수산물, 가구, 예술작품 등이 많다.
- 농 · 수산물의 분산기능을 갖는 사람으로 크게 두 가지 기능으로 구별한다.
- 도매시장, 공판장 등 상장농수산물을 경매, 중매하는 소비지중매업자.
- 생산지에서 생산자와 도매상과 사이에서 수집기능의 생산지중매인.

■ 공영 도매시장

농산물생산은 자연조건에 의해 크게 좌우되고, 보존이 어렵고 산지와 소비지가 지리적으로 분리되어 있어서 생산과 소비간의 조정이 필요하다.

생산자와 소매업자의 영세한 규모로 인하여 유통의 중개기능에서부터 농산물 전문의 거래를 수행하는 제도화된 시장이다.

- 일본의 경우, 서울 가락동시장과 유사한 도쿄 오오타시장이 있다.
- 가락동시장은 1985년 개장, 54만3,451㎡ 부지, 1일 7,300톤 물량 거래된다.
- 오오타시장은 1989년 개장, 38만6,426㎡ 부지, 1일 수산물 80톤, 청과물 3,233톤, 화훼류 326만본 등 거래된다.

〈그림 7.10〉 서울 가락동시장 vs 도쿄 오오타시장

■ 시장도매인

도매시장의 개설자자로부터 지정을 받고 농수산물을 매수 또는 위탁받아 도매하거나 매매를 중개하는 영업을 하는 법인이고, 농산물 도매업자는 생산자로부터 위탁받은 청과물을 대부분 경매에 의해 매수인에게 판매하고, 일정한 비율의 도매 수수료를 취득하는 법인이다. 2000년 1월 공포된 '농수산물유통 및 가격안정에 관한 법률'에 의해 제도적으로 운영한다.

기존의 문제점 개선과 경매제도와 수매·위탁·판매 등 다양한 활동으로 생산자와 소매상, 소비자에게 공동이익을 제공하기 위하여 도입한다.

대형 할인점과 대형 소비업체 등장으로 산지 직거래의 증가 등으로 농수산물 도매유통구조의 변화에 따라 그 기능이 변화되고 있다. 서울 가락동도매시장은 서울, 동화, 농협청과 등 6개 도매법인이 있다.

■ 중매업자(中賣業者, jobbers)

중매업자는 도매상과 소매상과의 사이에서 중개하며, 도매상으로부터 매입한 상품을 나누어 소매상에게 재판매하는 중개상인이다. 중매인은 선별, 평가, 분할, 보관, 가공, 대금결재 등 기능을 수행한다. 전국 농산물 도매시장 중도매인은 축산, 양곡, 화훼, 약용시장을 포함하고, 7,000여명이 개설자인

시장의 허가를 받아 영업한다.

'농수산물유통 및 가격안정에 관한 법률'에서 중매업자는 부류별 개설자의 허가를 받아 지정도매업자에게 100만원이상 보증금납부 규정한다.

■ 거간(broker)

판매자와 구매자사이에 계약을 맺도록 도와주는 도매기능이다.

- 구매자와 판매자간의 정보교환 및 거래를 중개하는 것이 주기능이다.
- 상품의 법적·물리적 소유권을 갖지 않고, 구매자와 판매자 사이의 거래를 촉진시키는 역할만을 수행한다. 브로커는 재고유지와 위험부담이 없고 재무적 서비스에 관여하지도 않으며, 따라서 거래에 대한 위험부담을 지지 않는다. 가격설정권한이 없으며, 단지 판매 협상만을 중재한다.
- 판매의뢰자와 지속적으로 거래하는 것이 아니라, 거래당사자 간에 계약과 상담을 적극적으로 추진시키는 소개상인이다. 구매자의 요구를 승인 또는 거절하는 것은 판매자의 책임이다. 대상자는 주로 부동산업자, 보험업자, 운송업자, 증권업자 등이 있다.

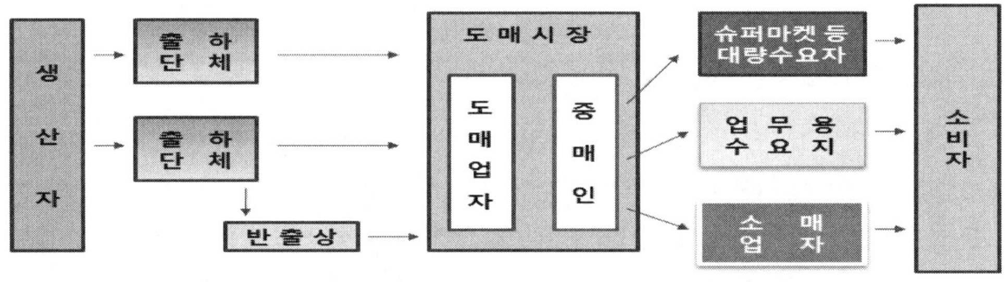

〈그림 7.11〉 도매시장의 유통체계도

(4) 제조업자 도매기관(manufacturer wholesaling)

① 특징

■ 제조업자가 직접 도매기능을 수행하는 것.

- 제조업자의 내부적인 도매기능으로 해석된다.
- 대개 제조업자의 생산자나 고객시장에 가까이 위치하는 것이 특징이다.

■ 제조업자의 판매지점과 판매사무소가 있다.

- 둘 다 제조업자의 도매기능을 수행한다는 점에서는 동일하다.

- 판매지점은 판매할 제품의 재고를 보유하고 있다.
- 판매사무소는 제품의 재고를 보유하고 있지 않는 것이 다른 점이다.

② 종류

■ 제조 도매업

자사에서 제조 설비는 없지만, 자사의 브랜드에 의한 자사 기획 상품을 만들고 있는 기업을 말한다.

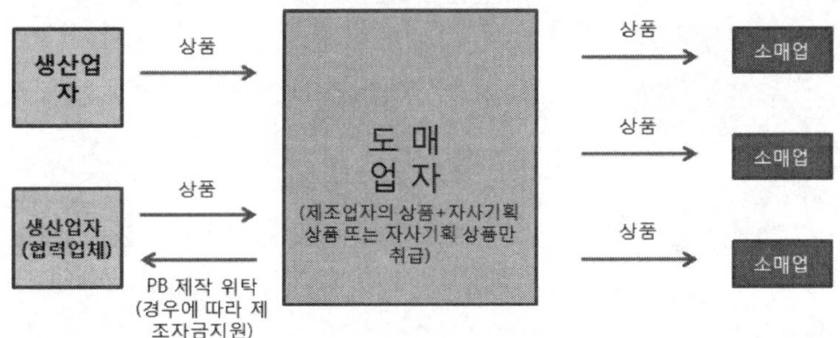

■ 대리점 · 특약점의 유통

- 대리점 · 특약점 · 판매회사 모두 도매업의 형태, 그 기능은 다르다.
- 대리점은 제조업체를 대신하여 상품의 물류활동을 수행하는 기업이다.
- 특약점은 제조업자에 의해서 조직화된 도매업이다.

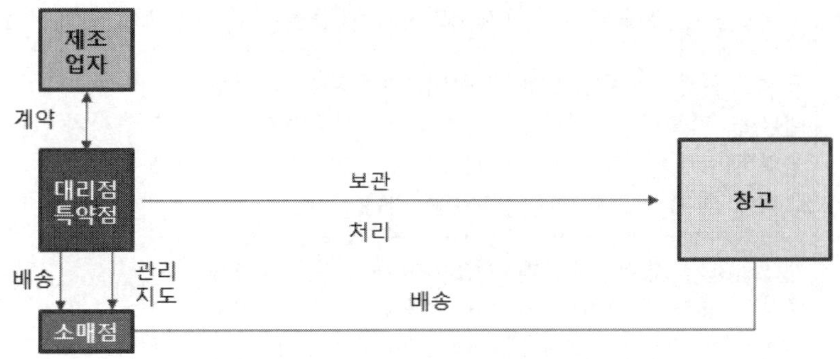

〈그림 7.12〉 대리점·특약점 및 판매회사의 유통 1

■ 판매회사의 유통

- 판매회사의 역할은 업종에 따라서 다소 다르다.
- 각각 그 지역의 물류거점, 소매점의 정보수집의 역할을 수행한다.
- 자동차 업계처럼 제품의 도매 · 판매역할을 동시에 수행하는 경우이다.

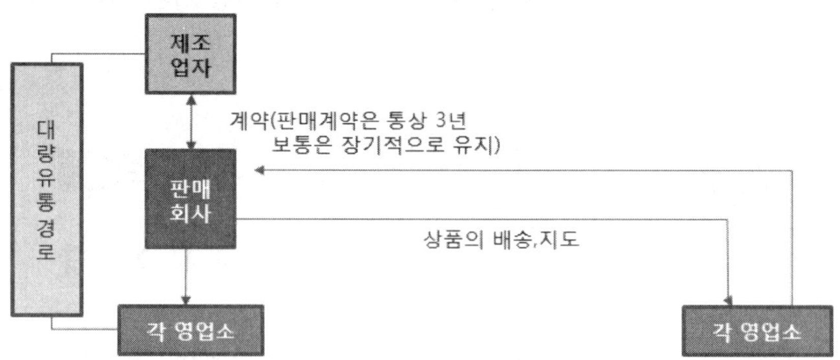

〈그림 7.13〉 대리점·특약점 및 판매회사의 유통 2

〈표 7.10〉 도매상들의 각각의 형태와 특징

구 분	상인도매상	대리도매상	제조업자도매상
통제 및 기능	도매기관이 도매기능을 통제하고 많은 또는 전부의 기능을 수행	제조업자와 도매상이 각각 약간의 통제와 기능을 수행	제조업자가 기능을 통제하고 모든 기능을 수행
소유권	도매기관이 제품을 소유	제조업자가 제품을 소유	제조업자가 제품을 소유
현금흐름	도매기관은 제조업자에 대금을 지불하고 제품을 구입하며 다시 그 제품을 고객에 판매	제품이 판매되면 도매상은 대금을 제조업자에게 지불하고 커미션이나 수수료를 받음	제조업자가 판매하고 대금을 회수
최적이용	제조업자가 많은 제품계열을 보유하고 있거나 지역적으로 분산된 고객에 판매할 때에 적당	제조업자가 소규모 마케팅이 부족할 때, 그리고 상대적으로 고객에 지명도가 약할 때 적당	고객의 수가 적을 때 그리고 지역적으로 집중되어 있을 때 적당.

(5) 산업용품 도매업

① 산업용품 시장의 특성

- 고객 수는 한정되어 소비재시장에 비하여 적으나, 구매단가 크다.
- 고객특성은 반복구매이며, 시장은 지역적으로 편중되어 있다.
- 집단판매형태의 결합수요. 수요자는 다른 제품과 결합하여 최종제품을 만들어 시장에 재판매하기 위하여 제품을 구매한다.
- 산업용품은 경기변동에 민감한 비탄력적 수요, 파생수요 성격이다.
- 파생수요(Derived Demand)는 제조업의 상품수요 증가에 따라 해당산업 수요도 늘어가는 것이다.
- 직접 소비시장에 상품을 제공하지 않는 산업도 산업용품 사용자에게 판매하는 양은 최종소비자에게 의존하는 것이다.

② 산업용품 시장의 기능

- 재고유지 기능
- 주문처리 기능
- 시장정보 제공기능

③ 고객서비스 대행기능

- 구색 갖춤 기능
- 소단위 판매 기능
- 신용 및 금융기능
- 서비스 및 기술지원 기능

〈표 7.11〉 산업용품 분류코드

구 분	중분류	소분류
5152	철물 및 냉난방장치 도매업	배관 및 냉난방 장치, 철물 및 수공구 등
51521	배관 및 냉난방장치 도매업	설치용 냉난방장치 및 배관장치 등
51522	철물 및 수공구 도매업	일반철물, 수공구 등
51591	도료 도매업	유성도료, 수성도료 등 도료관련 제품
5160	금속광물 및 1차 금속제품 도매업	금속판, 봉, 관 및 유사 1차 금속제품 및 금속광물

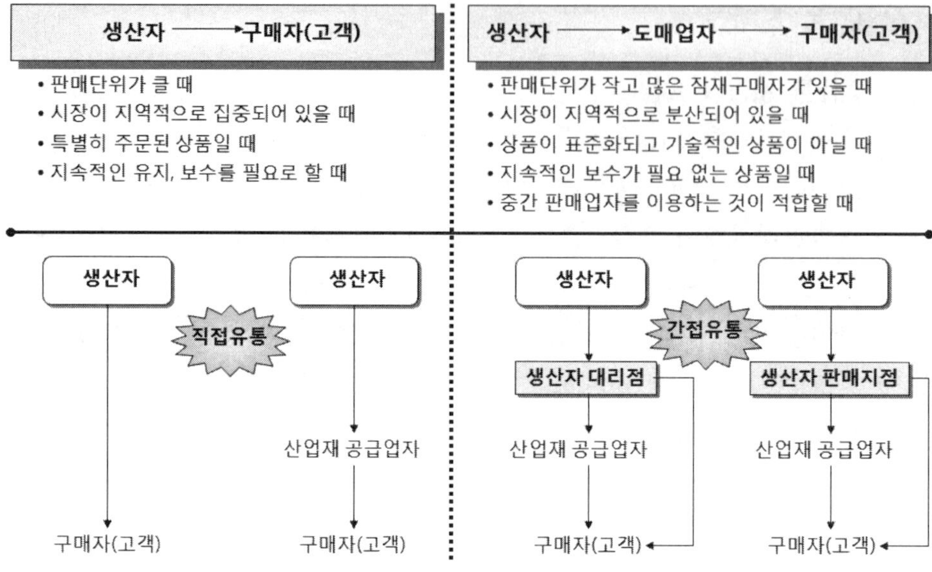

〈그림 7.14〉 직/간접 유통형태에 따른 산업재 유통경로

7.3 외국 도매산업 현황

① 일본 도매업

■ 특징

• 매출과 수익측면에서 감소. 비용삭감, 구조조정, 물류합리화 가속화
• 이익중시전략으로 제조업과 소매업이 도매상을 배제한 직거래를 시도한다.
• 도매기능의 존재를 위해 소매업체에 없는 기능제공이 필요하게 된다.
• 미국계 코스트코, 프랑스 까루푸 등 '매일 저가격판매'에 정면 도전한다.
• 소매상 압박, 리베이트 감소, 중간유통 간소화, 저비용압력이 강해진다.
• 소형 소매점의 감소로 인해, 도매업의 금융기능은 상대적으로 축소된다.
• 고기능 저비용 물류체제 구축. 지역단위 일괄물류 서비스방식 도입한다.
• 상품판매동향 데이터분석, 점포의 판매대 관리 등이 활발히 수행된다.
• 소매상들에게 소매지원프로그램 등 제반 서비스지원이 증가될 전망이다.

■ 한일간 경쟁력 비교

• 도매업은 거래, 물류, 정보, 소매업지원 등에 따라 경쟁력이 결정한다.

■ 우리나라 도매업체
- 규모의 취약성으로 상품조달, 분배, 알선 등 거래기능이외에 없다.
- 소매점 지원프로그램과 상품기획개발 기능 등 선진국과는 차별적이다.
- 소유권중심 도매업, 대리점, 대리인 등 도매업체가 비교적 단순하다.

■ 일본의 도매업
- 물류, 금융, 소매지원기능 등 도매업이 수행해야 할 대부분을 수행한다.
- 상품기획개발기능만을 수행하지 못할 뿐, 수퍼바이저기능 활성화 된다.
- 물류부문에서는 제조와 소매의 중간단계에서 핵심적인 역할을 수행한다.
- 도매 배송업태와 현금판매 무배달도매(Cash&Carry)가 차별화 된다.

〈표 7.12〉 한일 도매업의 기능 비교

도매기능	한국	일본
거래	○	○
물류	△	○
정보화	×	△
소매지원	×	○
금융	△	○
교육훈련	×	○
상품기획개발	×	×

주 : 1) ○은 비교적 갖고 있는 경우, △는 일부 도매업종이나 업태가 제한적으로 갖고 있는 경우, ×는 거의 갖고 있지 않는 경우
2) 거래기능은 조달, 분배, 알선 등을 포함함.

② 미국의 도매산업

■ 종류

도매상은 크게 보면 아래와 같이 세 가지로 구분된다.
- 상인 도매상(Merchant Wholesale-distributors)은 자기의 명의와 계산으로 도매를 하는 상인을 말하는데 통상 창고시설을 보유하고 있다.
- 제조업자 판매지점, 판매 사무소(Manufacturers' sales branches andoffices)인데 주로 제조업자가 소유하고 운영하는 도매상이다.
- 대리점, 브로커(agents, brokers, commission agents)들은 상품을 소유하지 않고 일정 수수료를 받고 영업하는 도매상이다.

■ 특징

- 중소 유통업체들은 발달된 도매업으로부터 소매자원을 받고 있다.
- Super Valu와 Fleming 등 대형 도매물류업체의 소매상지원이 강력하다.
- IGA(Independent Grocer's Association) 등 임의가맹점본부기능이 발달된다.
- 체인본부역할의 도매업자와 제조업체를 연결해주는 Broker들도 발달한다.
- 중소유통업자들에게 도움이 되는 유통산업구조를 보여주고 있다.

〈미국의 물류 시스템〉

■ 미국의 물류 여건(유통업 중심) 및 제약 요소

- 입지(물류단지조성) 확보, 물류센터조성에 대한 정부규제사항 없다.
- 공원지역은 한국의 그린벨트개념. Wilderness Area로서 미개발지역이다.
- 유통단지조성은 유통업체와 메이커의 필요성에 의해 자발적인 참여한다.
- 유통단지 등의 조성에 대한 정부의 역할은 대부분 없다.

■ 미국 성장 도매업의 3가지 공통점

- Retail Base 다변화 확충
- 업무 효율화(시스템화)
- Retail Support System(RSS) Program 개발

■ 물류(배송) 센터의 Efficiency에 주력

- 거래 소매상의 기본 물량확보를 기반으로 배송센터의 저비용경영을 위한 시스템

■ 화로 이익의 향상에 초점

- 소매상은 상품마진이 아닌, 물류배송서비스 피(fee)개념으로 정립한다.
- On-line정보시스템에 의한 소매점 및 물류센터의 작업효율 극대화한다.
- 노동생산성 제고, Trucking(최적 Routing, 공차활용수입 등) 등이 있다.
- Retail Support System(RSS) 강화와 수발주 시스템이 활발히 진행한다.

■ 미국 도매업계의 동향이 주는 시사점

- 미국의 도매상도 새로운 유통업계의 변화에 다양하게 반응하고 있다.
- 미국의 지역특성상 단일 기업이 전국 도매유통을 담당하기 어렵다.
- 지역적으로 확고한 유통망을 확보된 도매상에게 자사의 유통기능을 위탁하고 있어 전문 도매상이 발전할 수 있는 환경이 조성된다.

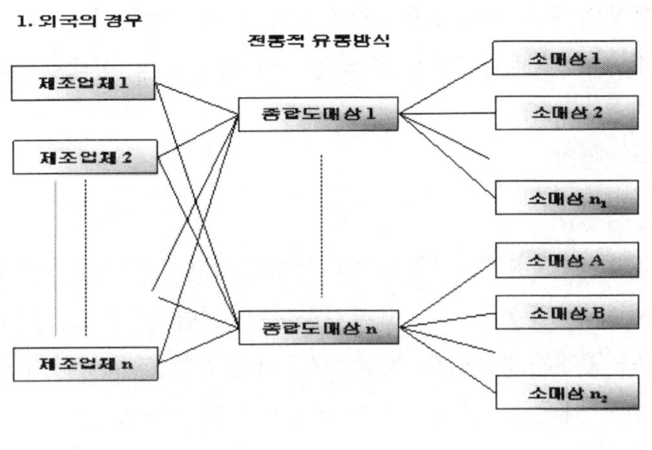

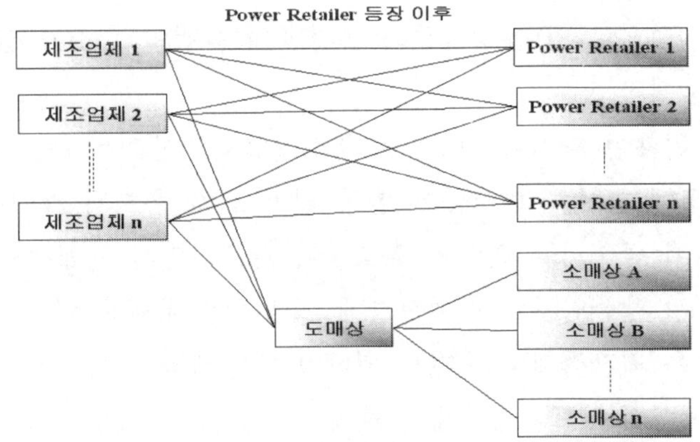

〈그림 7.15〉 외국의 도매상 쇠퇴의 구도

- 최근에는 미국 도매업체의 국제화 추세가 뚜렷하게 나타나고 있다.
  - 한국과 일본의 종합무역상사는 다품종을 무차별적으로 취급한다.
  - 미국은 몇 개의 상품군을 전문적으로 다루는 도매업체가 해외진출한다.
  - 국내 도매업체의 향후과제는 글로벌 경쟁력을 갖춘 기업의 탄생이다.
  - 세계화된 소매업체와 제조업체를 위한 자본력과 전문 인력, 시스템 및 운영체계를 갖추어야 한다.
  - 독립점포들은 그룹기능이 가능할 때 매출향상과 강한 경쟁력이 있다.
  - 소규모 도매상의 유일한 생존방안은 대규모기업 간 전략적 제휴다.
  - 그 범위는 다양한 영업 부문이 포함될 수 있도록 확대되어야 한다.
  - 통합 공급과 전자상거래에 대응하는 물류기능 전문화 등은 고려사항이다.

• 미국 도매상의 규모화(대형화, 다점포화, 지역 확대) 등 효율성 확대한다.
• 국내도 대규모 자본 유입 등 도매업체의 규모화가 절대로 필요하다.

(3) 한국 도매업의 현황

■ 국내 도매업의 특징

• 소규모 난립, 과다경쟁, 경영능력의 부족, 경쟁력기반이 취약한 실정이고, 제조업체위주의 유통구조와 도매기능 위상정립의 미약으로 취약하다.
• 상품거래와 중개거래중심의 현상유지. 제반역할을 수행하지 못하고, 소매업체 규모화, 대형유통업체, 전자상거래의 활성화로 입지가 상실한다. 주 상품공급처인 중소형 소매업체들의 영업부진으로 결정타가 된다. 규모면에서 영세성으로 인한 경영상의 제반 비효율적인 요소가 있다.

■ 기능상의 문제점

• 한국유통업계는 대형메이커와 대형소매업체중심으로 정보관리체계가 개편되어 도매업체는 그 기능이 한정 내지 점차 축소될 것이다.
• 유통채널이 단축되고 경영의 효율성이 강조되면서 도매업의 기능이 점차 약화되면서 생산업자와 소매상간에 도매상을 배제하는 실정이다. 대형소매업체들은 저가격제품 구매를 위해 도매업체를 거치지 않고 대형제조업체와의 전략적 파트너십관계를 확대하고 있다. 소매업의 현대화(유통정보화), 조직화(체인화), 공동 구매사업이 극히 저조하여 도매업이 종합도매물류사업으로의 성장에는 한계가 있다.

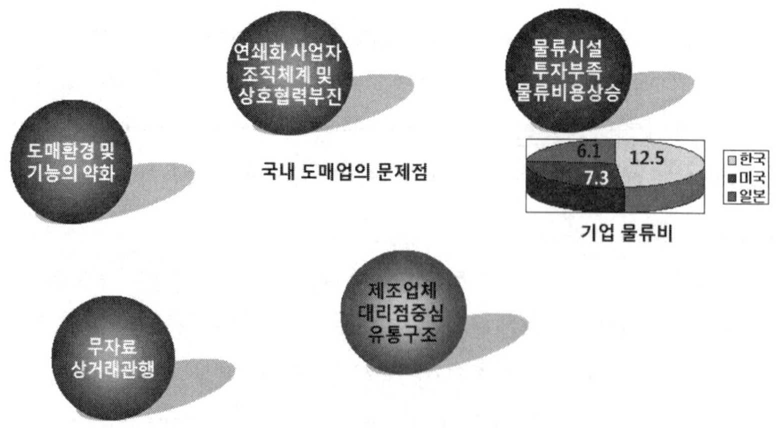

〈그림 7.16〉 국내 도매업의 문제점

■ 제조업체중심 대리점 체제의 유통구조

- 제조업체가 직접 영향력을 행사하는 폐쇄적 유통경로(대리점, 직매점)로 인해 대형 도매센터, 기업형 도매물류업(vendor)의 위축을 초래한다. 대형 제조업체의 유통지배력(공산품의 약 80% 이상)이 심화되면서 메이커 주도형 유통 구조가 심화되고 있다.

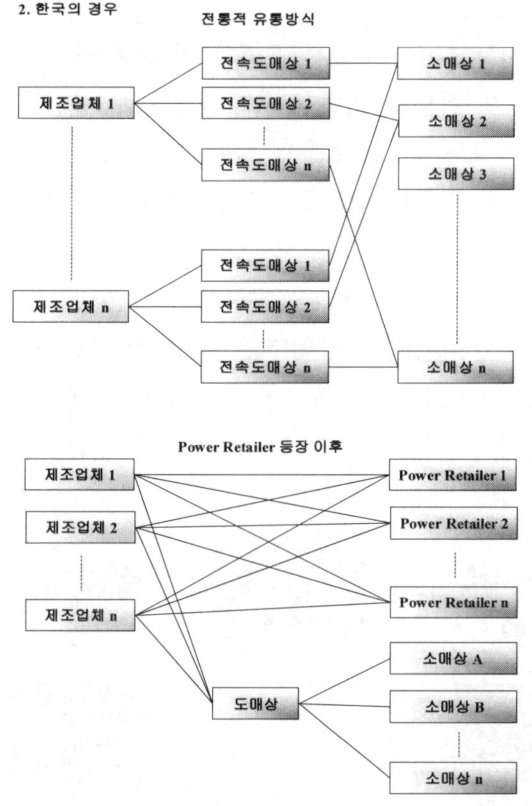

■ 물류시설 투자부족 및 물류환경의 한계 등 국제경쟁력의 열세

- 도매업체의 물류시설(집 · 배송센터 등) 건립을 위한 투자재원이 매우 부족하고 체계적인 부지확보 및 관리체계, 세제지원 등이 미흡하다. 국토의 지리적인 협소 및 도시중심의 도심교통량이 복잡해진 반면, 소량 다빈도 배송과 짧은 lead time의 주문에 대응하는 시스템 부족하다. 규모의 경영을 위한 제반 여건이 크게 부족하기 때문에 물류비용의 상승요인이 발생되어 국제 경쟁력이 크게 떨어지고 있다.

■ 연쇄화 사업자의 조직화, 협업화 부진

- 소매점의 연쇄화사업의 조직화 비중이 5.3%이며, 연쇄화사업 업종도 자영수퍼마켓을 대상으로 사업하는 체인사업(협동조합) 하나뿐이다. 연쇄화사업자 본부의 자본력 및 전문경영능력이 크게 미흡하다. 농축수산물의 경우, 전문화된 도매기능의 한계점과 복잡한 유통구조,산지특성에 의한 수급조절 불균형 등으로 거래마진의 증폭이 초래된다.

■ 무자료 상거래 관행

- 소매점의 탈세형태는 도매업의 유자료 상품매입의 기피에 그 원인이 있으나, 거래 쌍방의 합의로 의한 상거래관행으로 나타는 현상이다. 관행적인 무자료 거래는 조직화, 협업화 및 정보화의 장애요인이 된다. 조직화란 도소매업체중심의 연쇄화사업 등을 통한 협업화・공동화・조직화사업에 의한 공동물류, 공동구매, 공동상품(상표) 개발을 의미한다.

■ 유통업체의 배송단지(배송센터, 공동물류센터) 물건 확보난

- 유통업체에 의한 배송단지 사업추진 시, 적정 부동산 확보 어려움 및 복잡한 인허가 절차(지자체별 담당부처별 지원) 등 제반 준비가 부족하다. 대도시는 입지확보의 한계와 총 투자비대비 부동산투자비중이 증대한다.

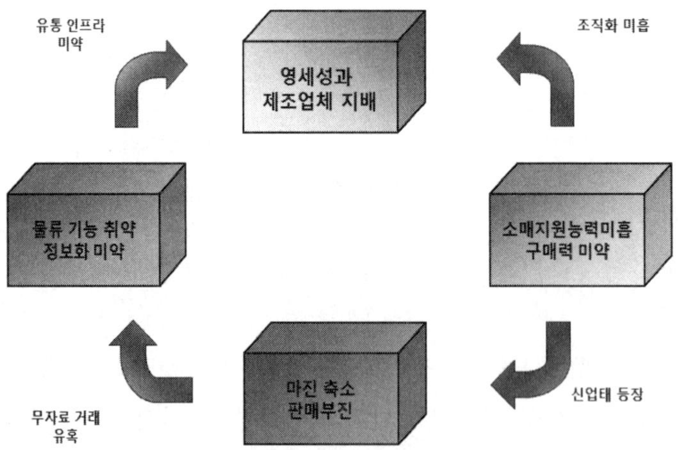

〈그림 7.17〉 도매업 경쟁력 악화의 순환 과정

7.4 도매상 전략

(1) 개요

① 표적시장의 선정

전체 소매상이나 산업구매자 모두를 대상으로 영업활동을 수행할 수는 없기 때문에 경쟁우위를 가질 수 있는 표적시장을 선정해야 할 필요성 있다.

산업유형, 규모, 고객의 유형, 서비스 수준 등 기준에 의해 시장세분화하고, 소매시장을 세분화하여 표적세분시장을 선정하면 이에 적합한 마케팅믹스인 제품, 가격, 촉진, 입지 결정한다.

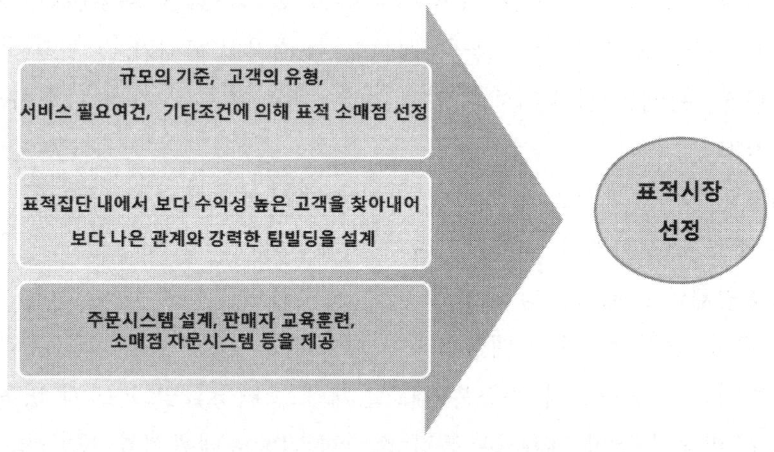

〈그림 7.18〉 도매업의 마케팅 믹스

② 도매마케팅믹스 전략 수립

- 소매시장을 세분화하여 표적세분시장을 선정
- 이에 적합한 마케팅믹스인 제품, 가격, 촉진, 입지 등의 결정
- 제품구색과 서비스결정
  - 얼마나 많은 제품계열을 취급해야 하는지를 재검토
  - 수익성이 높은 제품계열에 한정해 제품구색을 갖추어야 함.
  - 적정 취급제품의 재검토, 수익성 높은 제품을 한정하여 구색을 갖춤
  - 갖추고 있는 제품의 구색 그 자체

• 소매상의 갑작스런 주문에 대처할 수 있는 적정재고 수준을 유지
• 수익성이 높은 제품계열에 한정해 제품구색 갖춤
• ABC의 순서대로 구분해서 각각의 재고수준을 달리하여 수익성 향상
• 제품구색 및 서비스수준의 재선택이 도매상 경쟁력 강화의 핵심과제

■ 가격결정

• 거래규모나 시기에 따라 가격 할인을 하거나 매출증대를 위한 가격인하 등의 가격변화를 시도할 필요가 있다.
• 거래규모나 시기에 따라 가격 할인을 하거나 매출증대를 위한 가격인하 등의 가격변화를 시도할 필요가 있다.
• 대부분의 도매상은 원가의 일정비율 표준마진을 기준으로 가격결정을 하고,(원가중심 가격결정 방법을 사용) 거래규모나 시기에 따라 가격할인을 하거나 매출증대를 위한 가격인하 등의 가격변화를 시도한다. 자체적인 가격조정 등을 잘 볼 수 없는 사례이다. 소매점의 파워가 큰 경우(예 : 병원, 할인점 등)에는 관계유지를 위해 적은 이윤 폭으로 거래를 성사시킨다.

■ 촉진결정

• 제조업체나 소매상들의 촉진에 비해 상대적으로 비중이 낮으며, 촉진수단은 주로 인적판매나 소매상판촉이 이용된다.
• 제조업체나 소매상들의 촉진에 비해 상대적으로 비중이 낮으며, 촉진수단은 주로 인적판매나 소매상판촉이 이용된다.
• 일반적으로 도매상의 촉진은 제조업체나 소매상들의 촉진에 비해 상대적으로 비중이 낮다. 대부분 특정 소매점과의 유대관계를 통한 영업활동과 도매상의 촉진수단은 주로 인적 판매나 소매상판촉이 주로 이용하고, 주로 전문잡지나 업계잡지에 게재, 경쟁이 치열해짐에 따라 촉진의 중요성이 증가, 자체적인 촉진활동의 개발과 공급자, 생산자의 촉진활동에 함께 참여하거나, 촉진 툴의 개발 및 활용에 적극 참여해야 할 필요성이 대두되었다.

■ 입지결정

• 최종소비자를 대상으로 영업활동을 하는 것이 아니기 때문에 점포입지는 소매상의 경우처럼 결정적인 요소는 아니다. 또한 최종소비자를 대상으로 영업활동을 하는 것이 아니기 때문에 점포입지는 소매상의 경우처럼 결정적인 요소는 아니다.

- 전형적으로 임대료가 싸고 세금이 낮은 지역에 입지, 사무실이나 시설 등 외형에는 신경 쓰지 않는다.(물리적인 시설에 비용투자를 하지 않는 편이다) 원가상승에 대응하기 위해 자동화 시스템을 도입하여 노력하여야 한다.

제3부

물류관리

제8장 물류
제9장 물류조직관리와 외주물류

Chapter 08

물류(物流: Physical Distribution, Logistics of Distribution)

8.1 물류에 관한 상식

(1) 개요

① 기본 개념

물류란 필요 상품을, 필요 장소에, 필요시기에, 적정 가격으로, 가능한 빠르게, 저렴한 비용으로, 안전하고, 확실하게 이동시키는 것이다. 이는 기업이 상품을 생산해서 포장, 출하, 운송, 보관, 하역, 통신, 서비스 등을 고객에게 배달하기까지의 전 과정의 활동이며, 물적 흐름이다.

물류(物流)란 운송이나 보관을 통하여 생산자에게서 소비자에게로 재화 또는 용역이 이동되는 흐름이다. 물류는 경제순환과정에서 생산과 소비 사이에 발생하는 지리적, 시간적 간격을 극복하여 연결시켜 주는 동시에 수요와 공급을 원활히 조절함으로써 개별 기업은 물론, 국민경제적 관점에서 중요한 역할을 수행한다.[1)]

선진국의 물류개념은 4P(product, price, place, promotion)와 연계된다.[2)]

마케팅 믹스에 물류를 포함하여 5P's로 확대하는 경향이 있고, 물류관리를 중요시하는 이유는 『제 3의 이익원』으로 인식된다.[3)] 이는 성역화·정보화·국제화 등의 기업환경 변화에 적응하기 위한 것이다.

---

1) 국제물류론, 두남출판사, 차종곤, 2005. p.17.
2) McCarthy, Basic, Marketing; A managerial Approach, 1971, p.44.
3) 국제물류론, 두남출판사, 차종곤, 2005. p.18.

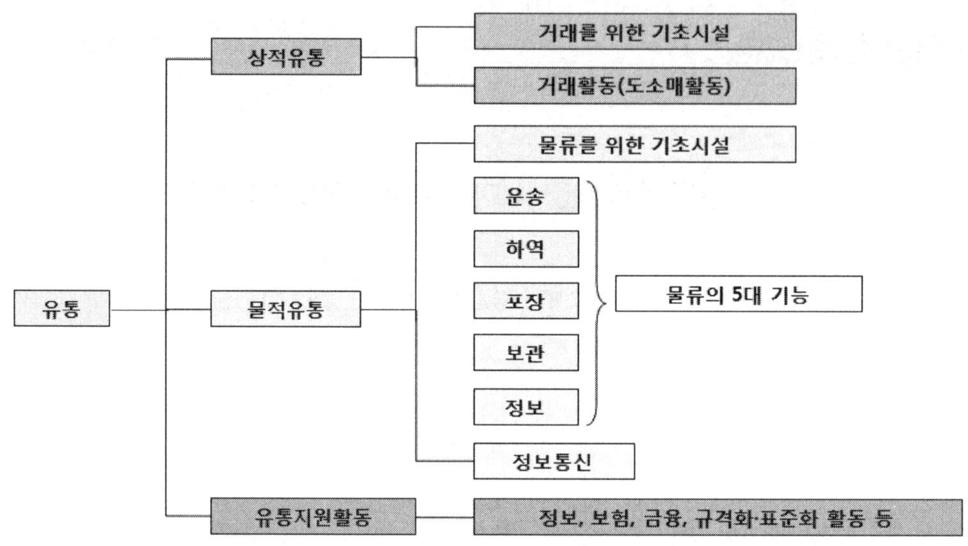

〈그림 8.1〉 물류의 범위

■ 유통기능의 4가지 흐름은 상류, 물류, 금류, 정보류이다.

- 상류(Commercial Flow) : 도매, 소매 등과 같은 상거래활동
- 물류(Physical Flow) : 운송, 하역, 포장, 보관, 정보 등 실제 상품흐름
- 금류(Cash Flow) : 상품 대금이 흐르는 것
- 정보류(Information Flow) : 거래나 관련 정보가 이동하는 것

■ 물류의 영역

물류의 영역은 분류별 다음의 4가지로 구분할 수 있다.[4)]

- 국내 영역에서 물류의 확대 과정별로 구분된다.
  기업내 물류 → 기업간 물류 → 산업간 물류 → 지역사회간 물류
- 물류의 내용에 따라 형태별로 구분된다.
  조달물류, 생산물류 및 판매물류로 구분.
- 국제화단계에서 물류영역을 구분된다.
  국내 물류(지역형과 초지역형) → 2국간 물류(지역형과 초지역형) → 다국간 물류(지역형과 국제형) → 국제물류로 발전한다.
- 시스템측면에서 구분

4) 국제물류론, 두남, 차중곤, 2005, p.24.

개방형(open type)과 폐쇄형(closed type)으로 구분된다.
환경분야와 연관되는 것으로서 폐쇄형은 순환형이라고 본다.
최종 수요자에게까지 과정에의 폐기물류 또는 회수물류를 포함한다.

② 물류의 내용별 분류

- 제조업의 물류 : 원재료의 조달에서부터 생산과정과 완제품의 영업소 이동과 고객에게 판매되는 활동에 수반되는 물류다.
- 조달물류(physical distribution on supply)
  외주 기업에서 원자재와 부품이 납입되어 공정에 투입되기 전까지 기업자체 공장의 보관과 자재관리에 대한 효율성제고에 중점을 두는 물류관리과정이다.
  수·배송, 하역, 검품, 보관 등과 관련된 비용이 발생된다.
- 생산물류(physical distribution on production)
  자재창고의 출고작업에서부터 운반, 하역, 완제품 창고입고 등 과정이다.
- 사내물류(社內物流)
  생산된 제품 출하시부터 판매보관창고에 이르기까지의 물류활동활동이다.
- 판매물류(physical distribution on sales)
  제품을 도매업자나 소비자에게 전달, 제품판매가 확정된 최종단계이다.
  이는 일체의 수·배송활동과 이에 수반되는 총체적인 제반 물류활동이다.
- 반품물류
  - 반환된 물품회수, 수송, 하역, 검품, 분류, 보관, 처리업무
- 회수 물류(reverse logistics & withdrawal physical distribution)
  - 물류활동 중에서 재사용하기 위한 회수활동과 관련된 물류활동
- 폐기물류(廢棄物流, abolition physical distribution)
  - 제품포장재 및 수·배송용기, 수명이 다한 물건 등의 폐기물을 처리
- 판매업의 물류 : 판매업의 유통판매활동에 수반되는 물류를 말한다.
- 조달물류
  - 제품과 상품 등 조달처에서 유통업자에게 납입되기 전까지의 물류이다.
  - 상품이 조달처에서 직접 판매장소의 보관창고로 납품되는 경우를 말한다.
- 사내 물류
  - 입고된 상품이 판매가 최종적으로 확정되어 출고되기 전까지의 물류를 말한다.

■ 판매물류

- 상품판매가 확정되어 곡객에게 출고에서 인도까지의 물류를 말한다.

■ 반품물류

- 판매된 상품이 특정한 사유에 따라 반품과 관련된 물류를 말한다.

■ 폐기물류

- 물품, 상품의 불량 및 유효기간 경과 등 제반 사유로 인한 처분물류를 말한다.

③ 유통과 물류의 차이점

유통산업이란 상적(商的)유통 또는 물적(物的)유통과 관련된 산업을 말한다.

■ 상적유통

- 소유권 이전활동(상품의 사고팔기).
- 판매, 영업, 마케팅 상거래 활동.
- 도매업, 소매업, 중개업, 대리업, 무역업.
- 형태에 따라 할인점, 백화점, 편의점, 시장, 쇼핑 몰, 사이버마켓 등

■ 물적 유통(상품의 운송, 보관, 포장, 하역, 유통가공)

- 물자 이동활동(물자 연결활동)
- 물자흐름. 정보흐름 활동
- 3대 영역(조달, 생산, 판매물류)
- 5대 기능(포장, 보관, 하역, 수・배송, 정보관리)
- 종합 물류업, 3PL업, 운송업, 보관업 등으로 구분한다.

■ 운송업 : 운송기관이 담당하는 업무

■ 창고업 : 보관시설인 창고를 소유하고 상품을 보관하는 업무

- 유통은 판매확대는 거래지역을 확대시킨다.
- 물류는 배송거리의 연장과 단위당 보관시설, 재고 등은 증가되나 전사적 재고량은 감축한다.

④ 물류의 역할

현대적 의미의 물류시스템은 모든 요소를 하나의 유기적 시스템으로 결합하여 이윤의 레버리지 효과를 창출하려는 노력이다.

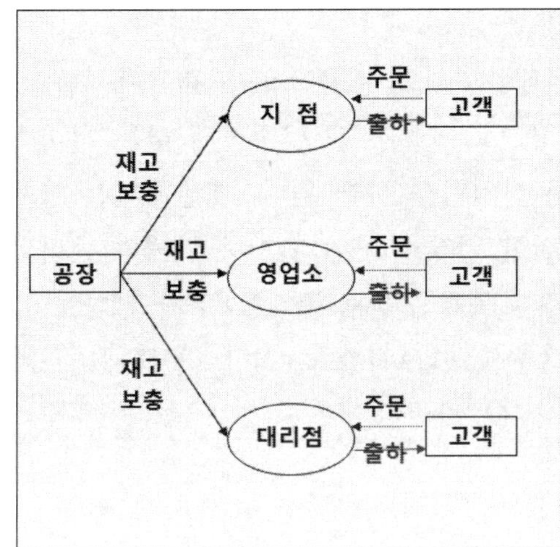

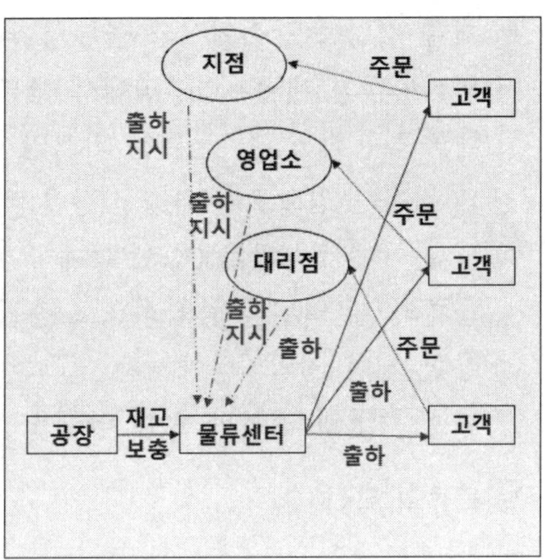

〈그림 8.2〉 유통과 물류의 차이

- 국민경제적 관점에서의 물류의 역할

  물류의 목적은 “원가절감과 이를 통한 물가상승억제”에 있다.

  물류의 합리화의 효과로는 상류의 합리화를 통한 대형화를 유발하여 유통효율의 향상으로 물류비용을 절감하여 소비자 및 도매물가의 상승을 억제한다. 또한 정시배송의 실현을 통한 서비스 향상에 이바지하여 수요자들에게 양질의 서비스를 제공하게 된다. 자재와 자원의 낭비를 방지하여 자원의 효율적 이용이 가능하여 기업의 체질을 개선한다. 지역경제 발전의 기회를 주게 되어 도시 생활자의 생활 환경개선과 인구의 지역적 편중을 해소할 수 있게 해준다.

  물류 합리화를 위해서는 사회자본의 증강과 각종 설비투자가 필요하며, 결과적으로 국민경제개발을 위한 투자기회를 늘려준다.

- 사회경제적 관점에서의 물류의 역할

  물류는 유/무형을 불문하고 모든 경제재의 흐름을 말하는 것으로 산업구조상 커다란 비중을 차지하고 있다. 사회 경제적으로 본 물류활동은 물리적 흐름에 관한 경제활동으로 운송통신 활동과 상업 활동을 주체로 하며 이들을 지원하는 제 활동을 포함한다. 물류가 잘 발달된 미국이나 일본 등지에서도 GNP의 20% 정도가 물류비로 지불되는 등 사회 경제적으로 물류가 미치는 영향은 매우 크다.

■ 개별 기업적 관점에서의 물류의 역할

영리목적의 개별기업입장에서 물류목적은 "최소 비용으로 고객서비스를 극대화"하는데 있다. 물류는 최소의 비용으로 소비자를 만족하게 하는 서비스의 질을 높임으로써 매출 신장을 꾀하는 역할을 하게 된다. 개별기업은 마케팅 분야에서 상품을 제조, 판매하기 위한 원재료 구입과 제품 판매와 관련된 물류의 제 업무를 종합적으로 총괄하는 물류관리에 중점을 두게 된다.

향후 개별 기업입장에서는 고객의 욕구를 만족시킬 수 있는 물류서비스가 판매 경쟁에 있어 중요한 역할을 하게 될 것이다.

⑤ 물류의 목적

■ 3S1L

필요물품을, 필요장소에, 필요한 때에, 적정가격으로 전달한다는 원칙과 Speedy(신속하게), Surely(확실하게), Safely(안전하게), Low(싸게)이다.

■ 7R의 원칙

적절한 상품을 적절한 품질로써, 적절한 양만큼, 적절한 시기에, 적절한 장소에, 적절한 인상을 주면서, 적절한 가격으로 거래처에게 전달하는 것을 말한다.

→ Right Commodity(적절한 상품), Right Quantity(적량),
Right Quality(적절한 품질), Right Time(적시),
Right Price(적정 가격), Right Impression(좋은 인상),
Right Place(원하는 장소)

(2) 물류개념의 변화와 역사

① 물류(Physical Distribution)의 어원

물류란 생산과 소비간의 장소적, 시간적 격리 및 형태적 조절기능이고, 장소적 격리를 조절한다. 장소효용을 창조하는 보관, 장소적으로 변경하여 형태효용을 창조한다

물류란 기업목적에 필요한 물품을 일관성 있게 가장 적은 경비와 효율적인 방법으로 원하는 장소에 때맞춰 보낼 수 있도록 체계화하는 것이다.

그리스어 'logistikos(계산기술)'와 라틴어 'logists(행정과)'에서 유래되었다. 프랑스어 Logistique에서 유래되었고 불어로 "병참"이란 나폴레옹이 군수품 보급부

대이름을 Logistique로 명명한 것에 유래하기도 한다. 세계 2차 세계대전 미국 육군에 필요한 병참활동은 물자, 무기조달, 수송, 보관, 야영숙소 할당, 창고출납, 식료품과 무기・피복 배급, 보급 등 물류활동과 조정기능의 두 가지로 대별된다.

1990년과 1991년의 걸프전이후, 물류의 중요성이 한층 부각되었다. 군사장비와 무기, 병력 배치 등 효율적인 물류관리와 연합국 및 다국적군대 승리, 대부분 기업들이 새로운 경영기법 도입하게 되었다.

② 물류의 변천과정

■ 미국 A.M.A(American Marketing Association, 1948년) 정의

물류란 생산지점에서 소비지점까지 상품이동 및 취급을 관리하는 것을 말한다. (재화를 생산점(시간과 장소)에서 소비(이용점)까지 이동하고 취급) 또한 유통활동의 판매물류관리의 측면에 국한한다.

■ 미국 물류관리협의회(NCPDM, 1962년) 정의

소비자의 욕구만족을 위하여 원산지에서부터 소비지까지 저비용운영을 위한 상품계획・실행・통제하는 저장방법과 효율적인 정보흐름의 과정이다.

고객서비스, 수요예측, 물류정보, 구매, 포장, 운송, 하역, 창고(보관), 반품처리, 입지결정 등 Total Cost 개념이 도입된 시스템이다.

■ 일본 산업구조심의회의 정의

물류란 운송, 보관, 하역, 포장 및 통신의 제 활동을 가리키며, 상거래에서 물리적인 재화의 시간적공간적인 가치장조에 공헌한다.

■ 대한상공회의소의 정의

생산과 소비 간에 존재하는 장소적/시간적 거리를 연결시키는 활동이다. 물류기능 중 수송, 보관, 하역, 포장, 유통가공은 물류의 5대기능이며, 이를 토털시스템화 하기 위해서는 정보시스템이 필수적이다.

③ 물류사업의 발전단계

■ 초기단계 : 단순 수송시대

소형 자가용위주 개별운송과 영세 지입차량의 운송업체로 구분한다.

→ 높은 공차율과 좁은 지역중심의 사업체계.

■ 개별물류 관리단계 : 기업별로 물류체계가 형성되고 택배업 등장시대.

편도위주의 소형차운송으로 공차율이 높다. 또한 서비스지역은 국내 전역으로 확대되고 수송의 시대에서 물류의 시대로 전환되는 시기이다.

- 공동물류 관리단계 : 유통단계 축소. 공동구매 및 수·배송제도 도입.
물류효율성이 제고되고 소매점의 경쟁력을 강화하는 종합물류체계이다.
기업 간에 물류제휴 협정과 물류 전문화와 대형화, 운송횟수, 운송시간 조정 등 공차율의 축소 및 효율적인 배송관리이다.
→ 최적의 서비스가 실현되는 시기
- 계획물류단계 : 물류업체와 유통업체/제조업체가 상호 유기적으로 연계된다.
물류가 기업경영전반에 걸쳐 전략적 차원으로 계획·실행되는 단계이고, 사업영역의 국제화로 복합 상품의 집단배송과 왕복물류가 실현된다.
이는 소화물 특송업체들이 세계영업망과 첨단 택배시스템 구축시기이다.
→ 기업 간의 경쟁이 아니라, 물류활동을 매개로한 체인간의 경쟁이다.
물류 스피드화. 물류활동이 주 매개체가 되는 전략적 제휴가 활성화

③ 미국의 물류발전

- 현대적 의미의 도입시기
  - 1912년 마케팅론의 개척자인 쇼(ARCH. W. Shaw)교수.
    하버드대학 학술지 "Physical Distribution(물적유통)"에 처음 사용하였다.
    경영활동을 생산, 유통 및 조성으로 구분되고, 유통을 수요 창조활동과 물적 공급활동의 두 가지로 대별된다. 이는 물류를 유통활동의 구성요소로 인식하고 그 중요성을 강조한다.
- 1922년 클라크(F.E.Clark)는 『마케팅 원리』
마케팅기능을 교환기능, 물적 공급기능, 보조기능의 셋으로 구분한다.
물류를 "교환기능에 상대되는 유통의 기본적 기능"이라고 강조하였고, 물적유통(Physical Distribution)은 교환기능에 상대되는 유통기능이 있다.
제 2차 대전 중 미군의 병참보급에서 로지스틱스가 연구되기 시작하였고, 1950년경 비즈니스에 응용되면서 비즈니스 로지스틱스로 발전하였다.
- 물류에 대한 관심이 집중되는 시기
1960년대에는 미국 기업의 조직 내에서 물류부와 자재부가 등장하였다.
마케팅 로지스틱스, 인더스트리얼 로지스틱스(industrial logistics), 로지스틱스 관리(logistics management), 비즈니스 로지스틱스을 사용한다.
  - 1962년 미국의 드럭커(Peter. F. Drucker) 교수
    "경제의 암흑대륙"으로 물류는 최후의 이익원이다.

(Physical distribution is "the last frontier of cost economies)

- 파커(D. D. Parker)교수

  "비용절감을 위한 최후의 미개척분야"로 표현

■ 물류개념의 확대시기

Philip Kotler(2000)은 마케팅 영역에서 물류활동의 중요성을 강조하였다. Business Logistics란 고객의 요구조건에 부합하기 위함이다.

생산지점에서부터 소비지점에 이르기까지 원재료, 반제품, 완제품 및 관련 정보의 흐름과 보관을 효율적이고 비용을 최소화하기 위한 계획 입안, 실시, 통제하는 과정(Supply Chain Management)이다. 현재는 물류와 로지스틱스, 비즈니스 로지스틱스 등 일반화 되었다. 미국이 개별기업측면에서 로지스틱스 연구와 발전이 가장 진전되었다.

시기	개념	기관
60-70년대	물류관리(Physical Distribution Management) • 물류비 절감의 중요성 인식 • 수송, 보관 및 재고관리 등 기능별 물류관리에 초점	NCPDM (National Council of Physical Distribution Management)
80-90년대	로지스틱스 관리(Logistics Management) • 전사적 물류효율화를 위한 통합 물류관리에 초점	CLM (Council of Logistics Management)
2000년대	공급망 관리(Supply Chain Management) • 공급망 전체의 최적화에 초점 • 공급망 참여기업간 조정과 협업강조	CSCMP (Council of Supply Chain Management Professionals)

〈그림 8.3〉 물류개념의 발전

④ 일본의 물류 발전과정

1956년 일본생산성본부, 미국 "유통기술전문시찰단의 귀국보고서"는 P.D라는 용어를 처음 사용하면서 물류의 어원이 되었다.

물류 통합화 단계(1965~1969년), 1965년부터 물류에 대한 하여 중요성을 표현하였다.("제 3의 이윤원", 『비용절감의 보고(寶庫)』, 『암흑대륙』 등)

1965년(일본의 물류 원년)에 공표된 「중기경제계획」은 물류 근대화에 대한 정부표명, 각 기관에서 물류문제 검토를 시작하였다.

물류 근대화 단계(1970~1972년), 일본에서 물류가 본격적으로 시작된 시기이고,기계화, 자동화, 유닛화, 복합일관운송 등이 도입되기 시작하였다.

물류합리화 단계(1973~1980년), 주로 비용면에서의 평가에 중점이 주어진 시기로, 제 1차, 제 2차 오일쇼크가 있다. 1차는 물류업계를 비롯한 모든 주요 제조업이 큰 타격입었고, 2차는 물류비 절감 대책에 대한 관심이 크게 고조되었다.

물류 다양화 단계(1981~1984년), 물류의 구조적 변화가 일기 시작한 시기이다.

다품종・소량・다빈도 요청, JIT(Just in time)의 확산, 소비자물류 급증, 물류 VAN의 등장 같은 물류의 다양화 현상이 급격히 확산되었다.

물류의 효율화 단계(1985년 이후), 1985년을 기점으로 물류환경의 토털시스템화가 급속히 진행되었다. 이는 통신의 자유화, 공기업의 민영화, 뉴미디어의 등장, 규제 완화 등이 있다. 물류 시스템영역도 물자유통에서 정보유통까지 범위가 확산되었고, 물류로부터 로지스틱스로 그 영역이 확대되었다.

(4) 우리나라 물류의 발전과정

① 물류의 전근대기(1970년 이전) :

1945년 해방이후 1970년까지 물류에 대한 인식이 거의 없는 시기이다.

해방이후 15년간 경제 무질서. 정치・경제・사회 등 혼란상황 지속되었고, 물류 인식과 유통기구/유통구조가 미비, 기본유통산업의 전근대시기이다.

1960년대 정부의 주도하에 제 1차, 제 2차 경제개발 5개년계획 추진하였고, 공급측면의 물량확대와 수요측면의 소비구조향상을 위한 유도과정이다.

유통질서의 개선을 위한 검토가 점차 이루어지기 시작하였고, 1968년과 1969년을 기점, 기업의 최고경영자들의 이해와 관심의 부족해졌다.

이는 물류중요성에 대한 인식부족으로 자생적/주도적 발전여지 부족과 수퍼마켓 등장과 경인고속도로 개통 등에도 유통산업기반 정립부족 등이 있다.

② 물류의 발아기(1970년대) :

1970년은 유통근대화 5개년계획이 수립된 해이다.

정부가 주도하는 수출중심의 중공업중심 제 3차, 제 4차 경제개발이 되고, 국내 유통시설 및 유통경제에 대한 정책을 시도하기 시작한 시기이다.

1970년대는 우리나라 경제가 고도성장기간이다.

정부주도의 고속도로와 철도투자가 집중, 성장계획의 성공적인 수행과, 생산중심의 사고방식에서 소비부문에서의 관심이 높아지는 계기가 되었다.

1970년대는 유통조성, 사업기구가 신설되었고, 상류중심의 백화점과 연쇄점이 크게 발전하였다. 또한 물류측면의 사회간접자본(고속도로) 확충을 통한 운수교통도 발전하였다. 경부고속도로(1970년), 영동고속도로(1971년), 호남・남해고속도로(1973년), 동해고속도로・구마고속도로(1979년)는 1971년 농산물집하장(충북 옥산)의 물류/상류통합체계와 유통개선을 하였다. 1975년 화물운송에 컨테이너화 촉진방안으로 트럭터미널을 개장하였다.

- 유통과 물류의 발정에 따라 유통정보에 관심이 고조
- 1975년 농협의 농산물 가격정보센터의 설치
- 1979년 수협의 수산물 유통정보센터의 설치

③ 물류의 개화기(1980년대) :

■ 1980년대는 물류의 중요성을 본격적으로 인식하기 시작한 시기이다.

- 상류와 물류와 연계된 운송, 하역, 포장, 보관 등 제반시설 조성시기
- 유통여건의 체계적 개선을 위한 제도적, 환경적배경이 조성된 시기
- 유통근대화촉진법, 소비자보호법, 공정거래 관련법 등 제정, 보완
- 운송, 하역, 보관, 포장 등에 관한 기업물류비계산 준칙의 제정공포
- 유통근대화를 목표로 유통의 사회적・경제적 기능의 능률화 추구
- 유통구조의 개선과 물류시설 확충 등 종래 거래방식이나 제도 변화

■ 1980년대 물류의 필요성이 강구된 주요 원인이 되었다.

- 컴퓨터를 이용하여 막대한 정보자료를 처리할 수 있는 단계에 이름
- 제품원가구성비에서 상적유통비용과 물적 유통비용이 50%를 인식함
- 인건비 상승과 노동인구 부족으로 운송비 및 기타 유통비용이 상승
- 글로벌경쟁에서 원가상승으로 물류비 절감의 중요성이 인식된 시기

■ 1980년대는 주요 물류시설에 투자된 시기이다.

- 중부고속도로, 부산항 3단계 신선대 부두의 준공, 군산항 건설 등
- 각종 물류관련 연구기관에서 물류실태조사 등 많은 물류정보 제공
- 우리나라 기업의 물류관리의 현상과 개선책 등 기초자료를 제공
- 「기업 물류비 계산 준칙」의 제정・공포

■ 다양화・고급화되는 소비자 유통패턴과 관련
기업물류합리화 추진, 물류회계관리 및 정보관리구축에 많은 도움이 된다.

④ 물류의 도약기(1990년대) :

■ 1990년대 물류가 화물운송시스템에서 물류산업시스템으로 전환 시기이다.
- 교통부내에 물류산업 전담기구가 설치
- 유통단지 개발종합계획이 수립·시행 등 물류산업 정책이 본격 추진

■ 1990년대는 물류도약기. 정부의 물류정책의지 강화와 기업자체 노력
- 정보기술투자가 활발하여 물류정보시스템이 개발
- 군장신항, 아산항, 광양항에 물류단지가 조성되는 시기

■ 1994년 국내 국제물류대회 개최, 제도적「화물유통촉진법」제정
- 대단위 집배송 단지와 복합화물터미널 등이 건립
- 물류관리사제도 도입 등 전 국가적 물류관심이 확산되기 시작

■ 1990년 이후는 제 3의 이익확보, 이익증대를 목표로 급진적 발전시기
- 정보화 및 국제물류의 필요성 등에 부응한 발전과정을 기초로 함.
- 정부의 본격적인 연구 자료와 유통정보시스템체제 구축 노력
- 기업들의 자각과 인센티브 등 다양한 자구노력이 병행되는 시기

⑤ 물류의 성숙기(2000년대 이후) :

■ 2000년대는 물류의 확산시기이다.
- 국내 물류기업들이 세계적인 물류기업과의 경쟁적인 체제를 준비.
- 글로벌시대에 대응하기 위해 종합물류업자인증 제도를 도입.

■ 2008년 화물유통촉진법과 유통단지개발촉진법의 개정하였다.
부처간 분산돼있던 물류종합조정기능을 건교부로 일원화작업에 착수하였고, 우리나라 물류산업의 국제 경쟁력 확보를 위한 기반조성시기였다.
- 물류시설개발 종합계획수립제도 도입.
- 물류표준화 추진계획 수립·시행, 물류분야 연구개발 계획수립 등
- 국제물류의 중요성 인식 허브항만, 허브공항 정비
- 종합물류단지 조성
- 물류공동화 추진 : 3PL

⑥ 물류의 확산시기(2010년 이후)

2012년까지 우리나라는 IT기반 물류선진국에 진입하였고, ISO 등 국제 활동 강화를 통해 국제 및 동북아 물류협의체를 선도하였다.

6대 분야(포장, 수송, 보관, 운반하역, 정보화, 기반역량) 표준화로 추진하였다.

- 포장분야 : 국제표준 팔레트와 호환 가능한 포장모듈을 개발
- 수송분야 : 화물자동차 및 화차의 적재함 표준화, 수송 장비표준화
- 보관분야 : 보관시설의 표준 레이아웃 매뉴얼의 작성 · 보급 등
- 운반 · 하역분야 : 각종 운반하역기기의 인터페이스 강화 및 자동화
- 정보화분야 : 국가물류통합정보센터 등 물류정보 표준화 선도 등
- 기반역량분야 : 표준화 팔레트, 시설, 통계, 전문가, 전문기관 육성
- 물류기술개발 중장기 계획 : 핵심사업 우선순위를 통해 중점 육성

물류시설개발종합계획 : 물류시설 중복투자 방지와 투자효율성 제고와 물류시설 5년단위 총괄계획의 수립 등이 있다. 동북아 물류중심국가 실현을 위한 국제물류거점을 육성한다.

8.2 물류의 기본 기능

1) 운송(Transportation)

(1) 개요

① 정의

상품 공급자와 수요자 사이의 공간적 간격을 극복하는 기능을 말한다.

재화나 용역을 자동차, 철도, 선박, 항공기 기타 수송수단에 의해 효용가치가 낮은 곳에서 높은 곳으로 이동시켜 장소적 효용을 창출하는 경제활동이다.

② 종류

- 운송 : 물품을 운반하여 옮기는 것으로 법률용어임
- 운반 : 사람이나 화물을 운반하여 옮기는 것
- 운수 : 여객 및 화물을 주로 철도, 자동차, 선박, 항공기로 운반하는 것
- 교통 : 왕래 또는 격지 간 사람의 왕복. 화물의 수송, 의사소통의 총칭
- 배송(배달) : 물품을 전달함이며, 가장 일반적인 용어임

(2) 형태별 분류

육상운송(도로) : 공로(도로, 화물자동차), 철도, 삭도(케이블카), 파이프라인

① 자동차 운송 : 공로망을 통한 운송수단(자동차, 화물트럭)

■ 방식

- 전세 또는 구역취급
- 노선수송 : 소량단위 화물수송, 집하, 적재, 하차, 배달코스트 절감과제
- 집배 : 철도역두, 노선터미널 등 발착 양단에서 집배작업에 관한 수송

〈표 8.1〉 장점과 단점

장점	단점
• 일괄운송 가능 • 근거리 운송에 적합(경제적) • 포장이 간단 • 시기에 맞는 배차 용이	• 대량운송에 부적합 • 원거리 운송시 운임이 비싸다 • 중량과 기후에 영향을 받아 안전성이 떨어진다.

② 철도수송(RAIL)

■ 방식

- 직행수송 : 특정발착역 직행수송, 왕복수송 효율향상, 송품정밀도
- 컨테이너 수송 : 컨테이너 문전-문전으로 일관수송
- 쾌속 화물열차 : 지역별 중심역 간을 쾌속열차로 수송
- 야드 수송방식 : 야드 기준, 행선지별 분류 및 화물의 착역 수송

〈표 8.2〉 장점과 단점

장점	단점
• 대량화물 운송에 적합 • 중·장거리운송 시 운임이 저렴하다 • 사고율이 낮다 • 전천후적인 운송수단 • 화물중량에 영향을 받지 않는다	• 근거리 운송시 운임이 높다 • 화차의 일관작업 시 장시간 체류 • 부적절한 배차시기 • 하역비가 비싸다 • 화물수취의 불편함(부가적인 운송수단 필요)

③ 해상선박운송(바다)

■ 방식

- 정기선과 부정기선
- 컨테이너수송과 페리수송 : 컨테이너전용수송과 화물일괄운송방식.

〈표 8.3〉 장점과 단점

장점	단점
• 대량물품의 원거리 운송에 적합 • 원거리 운송시 운임이 가장 저렴 • 대량 운송시 전용선에 의한 운송 및 일관 하역작업 가능 • 용적이 큰 물품의 운송에 적합하다	• 운송속도가 느리다 • 항만 시설비와 하역비가 비싸다 • 기후의 영향을 많이 받는다 • 화물 수취의 불편함

④ 항공운송(하늘)

■ 방식

- 여객기 수송(페리) : 여객수하물이외 공간에서 화물을 수송하는 방식
- 화물전용기(프레이터) : 컨테이너화 일괄수송. 정기, 부정기로 구분.

〈표 8.4〉 장점과 단점

장점	단점
• 운송속도가 빠르다 • 소량상품의 원거리 운송에 적합 • 물품의 파손이 적고, 포장이 간단	• 운임이 비싸고 화물의 중량제한이 있다 • 물품의 수취가 불편 • 기후의 영향을 많이 받는다

⑤ 복합운송

■ 개념

- 특정운송품의 선박, 철도, 도로 등 해륙내지 해・육・공운송의 결합이다.
- 둘 이상 종류가 상이한 운송수단에 의하여 순차적으로 운송되는 경우를 말한다.

〈표 8.5〉 장점과 단점

장점	단점
• 화물 유통의 신속성 • 화물 유통의 경제성 • 서류의 간소화로 무역의 촉진 • 화물 유통의 안전성 • 노동력 부족 해결과 하역설비의 자동화	• 공공서비스기능의 약화 • 컨테이너수송에 필요한 막대한 자금 투입. • 컨테이너 유니트화로 전체 도난 등 • 비싼 운임과 대량운송의 제약 등 • 철도, 선박, 트럭 등 다양한 운송수단 활용

■ 복합운송의 요건

- 국제간 운송
- 복합운송계약의 체결과 복합운송인에 의한 전구간 운송의 책임 인수
- 운송수단의 이종복합성 내포

■ 복합운송의 효과

- 화주입장 : 안전성, 경제성, 신속성 상승효과
- 운송인 입장 : 컨테이너운송에 의한 선박가동률 증대, 규모의 경제 실현
- 기계화, 자동화에 따른 인건비 절감 및 대량화물 신속처리로 이익 상승
- 형태(하주와의 계약관계에 따라 손해귀책과 책임영역에 따라 구분).

  부분운송 : 구간별 개별운송계약, 운송인은 자기 구간에서만 책임진다.

  하청운송 : 하청운송인은 자기구간에서만 원청 운송인과 계약관계 성립.

  공동운송 : 공동참여 운송인은 연대책임. 운송인 공동일관선하증권 발행.

  연대운송 : 전체운송 인수를 인정하여 직접 수행하는 운송서비스형태.

  복합운송증권 : 복합운송장. 복합운송인 책임을 엄격하게 규정.

■ 목표

- 수송비용의 절감 : 수송 수단의 선택, 시스템화, 효율화
- 고객의 서비스 향상 기능
- 기업적 측면 : 일정 시간대 고객에게 상품전달, 판매와 생산의 조정역할
- 경제적 측면 : 지역간 물품교환, 가격안정과 평준화, 지역적 분업화
- 사회적 측면 : 문명발달촉진, 지역간 및 국가간 유대 긴밀화

(3) 운송관리의 개요

① 목적

보다 많은 수량을 안전하고, 신속하게, 저렴한 비용으로 운송하며, 수주, 포장, 보관, 하역, 유통포함, 마케팅비용 절감과 고객서비스를 향상한다.

② 효율화 원칙

- 대형화의 원칙 : 가능한 한 대형차량에 의해 대량수송
- 회전율 극대화 원칙 : 정해진 시간 안에 차량 운행시간을 최대한 확대
- 영차율(실차율) 극대화의 원칙 : 공차율 최소화의 원칙

③ 합리화(우리나라 운송시스템의 합리화)

- 수송체계의 다변화 · 야간 차량운행의 활성화
- 물류개선을 위한 특수차 개발 · 공로운송 업종의 통합
- 연안운송을 위한 전용부두의 · 철도인입선 및 전용선의 연장
- 컨테이너전용 정기직행 열차 도입
- 복합운송 체계의 지향

2) 하역

(1) 개요

① 정의

운송의 양 끝단이나 보관시설에서 물리적인 화물취급 기능을 말하고, 물자의 상하차, 운반, 쌓기, 꺼내기, 분류, 정리 등 제반 작업의 총칭한다.

② 하역의 기능

유통과정 중 일어날 수 있는 물품의 파손 위험으로부터 물품 보호와 물품의 외형을 미화시켜 소비자 구매의욕 의도, 운송, 보관능력의 효율 향상을 지원하는 기능을 한다.

〈표 8.6〉 하역용어

용 어	개 념
적하 (Loading&Unloading)	첫 번째 요소인 적하는 「싣고 내리는 것」으로 운송기기 등에 화물을 싣고 내리는 것을 포함한다. 컨테이너 운송에 있어서 물건을 싣는 것을 Vanning, 내리는 것을 Devanning이라고 말한다.
운반(carrying)	두 번째 요소인 「운반」은 화물을 비교적 단거리로 이동시키는 작업을 말한다. 생산, 유통, 소비 등 어떤 경우에도 운반은 수반되기 때문에 하역의 일부에 포함되어야 한다.
적재(Stacking)	세 번째 요소인 「쌓는 것」은 화물을 보관시설 또는 장소로 이동하여 위치와 형태로 쌓는 작업을 말한다.
반출(Picking)	네 번째 요소인 「꺼내는 것」은 보관장소에서 물건을 꺼내는 작업이라고 정의한다.
분류(Sorting)	다섯 번째 요소는 「분배」로서 "화물을 품종별, 발송처별, 고객별 등으로 나누 는 것"을 말한다.
정돈 (상품구색 갖추기)	여섯 번째 요소는 「상품구색 갖추기」로서 출하하는 "화물을 수송기관에 바로 실을 수 있도록 준비하는 것"을 말한다.

③ 하역합리화의 원칙

- 하역경제성의 원칙 : 하역작업의 횟수 축소, 화물파손, 손실비용 최소화
- 이동거리(시간) 최소화의 원칙 : 물류비와 직접 연결되는 요소들의 최소화
- 활성화의 원칙 : 물품운반과 움직임을 쉽게 하여 운반을 편하게 하는 것
- 단위화(유니트화)의 원칙 :하역작업 능률화/효율화, 로스감소, 체크용이
- 기계화의 원칙 : 어려운 물품작업을 하는 인력을 기계화로 대체하는 것
- 중력이용의 원칙 : 화물을 위에서 아래로 움직이게 하는 것(플로우 랙)
- 인터페이스의 원칙 : 하역작업 각 공정 간의 접점을 원활히 하는 것
- 시스템화의 원칙 : 개개의 하역활동을 유기체활동으로 시너지 효과 원칙

(2) 하역 기계화

① 하역 기계화의 필요성

중량화물의 경우 인력으로 작업하기 곤란하다.

많은 인적 노력이 필요한 경우와 인력으로 취급하기 곤란한 화물(액체 및 분립

체), 인력으로 시간을 맞추기 어려운 화물, 장거리 운송화물, 인적접근이 곤란하거나 수동화하기 어려운 화물, 사람에게 유해하거나 위험한 화물 등이 있다.

② 하역기계화화의 효과

인력하역과 파렛트하역 비교결과, 하역기계화는 50~80% 인력단축의 효과가 있다.

3) 보관

(1) 개요

① 정의

상품 공급자와 수요자 사이의 시간적 간격을 극복하는 기능을 하고, 재화를 물리적으로 보존하고 관리하는 것을 말한다. 물품의 생산과 소비의 거리를 조정하여 시간적 효용을 창출하는 것이다.

② **필요성** : 기업에 있어서 적정수준의 재고보유를 통하여 창고비, 생산비, 수송비가 상쇄되어 총비용의 최소화가 되도록 하기 위한 것이다.

③ 목적

- 수송비와 생산비의 절감 · 수요와 공급의 조정 및 균형
- 생산과정의 지원 · 판매활동의 지원

④ 기능

저장, 생산과 판매조절의 완충 기능, 집산 · 분류 · 검사장소 기능, 수송과 배송의 윤활유 기능이다.

- 저장(Storage) : 원재료, 부자재의 저장(장기간)
- 보관(Warehouse) : 단기간 기능. 수송비와 생산비 절감, 수요와 공급의 조절, 생산측면에서의 이점, 마케팅 측면에서의 이점이다.
- 고객서비스의 최전선 기능 : 소비지 가까운 곳에 위치한 창고에 제품을 보관함으로써 수요에 따라 제품을 시장에 배달하는 데 걸리는 시간을 절감빠른 배달로 인해 서비스가 향상되어 판매가 증가한다.
- 창고의 기능 : 저장, 수급조정(수요와 공급의 조정 또는 완충기능), 가격조정, 연결기능, 매매기관적, 신용기관적, 판매전진기지적 기능이다.

- 집하, 분류, 유통가공, 조합 및 검사장소의 기능이다.

⑤ 원칙

- 통로대면 보관의 원칙
- 높이 쌓기의 원칙
- 선입선출(FIFO)의 원칙
- 회전대응 보관의 원칙

⑥ 종류

- 보관시설 : 입하보관 오더피킹 검품 포장출하
- 창고 : 저장과 보관을 위한 시설
- 물류센터 : 보관, 출하 및 정보시스템의 토탈 물류기능을 강조
- 보관센터(스톡센터) : 제품 보관이 주목적
- 배송센터 : 보관과 출고기능에 중점
- 중계 또는 무재고센터(Depot), Cross-docking

(2) 창고자동화

① 정의

자재조달, 생산 및 판매관리의 중간과정에서 나타나는 보관관리를 CIM이나 자동제어기술을 결합하여 만든 기계화와 전자화가 결합되어 인텔리전트화한 인공두뇌창고의 개념이다.

② 도입배경

- 인건비 상승과 인력난
- 유통환경의 변화(다품종 소량주문과 배송의 신속화)
- 제조부문의 자동화와 균형을 위한 물류 자동화의 필요성
- 좁은 국토의 효율적 이용
- 화물이동의 양적 증대로 인한 수용의 필요성 증대

③ 창고시스템의 설계 및 운용

- 창고입지의 선정
- 창고시스템의 설계
- 창고시스템의 운용

- 동일성, 유사성의 원칙 : 관리효율, 생산성 향상
- 중량특성의 원칙 : 대형, 중량물-하층소형, 경량물-상층
- 위치표시의 원칙 : 단순화-소인화-효율화
- 명료성의 원칙 : 식별표시로 신입사원 실수 최소화
- 네트워크 보관의 원칙

④ VMI(Vendor-Managed Inventory)

유통업체의 재고를 납품업체가 직접 관리하여 자동 보충하는 시스템이다.

(3) 보관물류(保管物流, physical distribution on storage)란

① 정의

재화와 용역의생산지와 소비지사이의 거리를 효율적으로 조정하여 조화를 이룸으로써 시간적인 효용가치를 창조하는 행위이다. 물류센터나 창고를 이용하여 재화와 용역을 안전하게 보관 및 관리하고 거래 쌍방 간의 수·배송과 연계시키는 물적 유통활동이다.

② **효율적 운영** : 입체자동창고, 회전선반, 드라이브 인 래크, 미니 로드 등 공정흐름 속도를 조정하기 위해 물품을 의도적으로 정체시켜 입출고를 신속히 행하는 보관시스템이 필요하다.

(4) 저장(貯藏)

① 정의

주로 농산물과 공산품 등 상류기능을 지원하기 위하여 장기적으로 보관하는 방식이다.

② 저장의 종류

상온저장, 저온저장, 포대저장, 산물저장, 밀폐저장 등한다.

■ 쇼 케이스(Show Case) 냉각방식의 저장고 분류

- FAN Coil식 : 냉각속도가 빠르고, 성애제거 용이하나 저장고내의 상품이 건조해지기 쉬운 단점(우리나라 대부분 설치)이 있다.
- PIPE Coil식 : 상품의 건조방지가 쉬우나, 가격이 비싼 단점이 있다.
- 예냉(pro-cooling, 豫冷) : 과실의 신선도 유지에 대단히 중요하다.

■ 정의

농산물의 고유품질을 유지와 저온유통을 위한 선진농업국의 작업형태이다. 수확물의 목표 저장온도 유지, 호흡량 축소와 포장의 열 제거 등으로 저장양분의 소모를 감소시켜서 저장능력을 증가시키는 작업이다.

■ 종류

- 차압통풍냉각식(Static pressure air cooling)
- 냉수냉각식(冷水冷却式, hydro cooling)
- 강제통풍냉각식(forced air cooling)
- 진공냉각식(vacuum cooling)

■ 사례 : 과실의 특징

- 과실은 기온이 5C 상승하면 품질 변화는 2~3배 촉진
- 과실을 32C에서 1시간 방치하는 것은 10C에서 4시간, 0C에서 7일간의 보존기간에 상응하는 품질노화 기간과 같다.

4) 포장(packaging)

(1) 개념

① 포장상품을 일정단위로 정리하고 물류의 제반기능을 효율적으로 운영하는 동시에 물류과정에서 상품의 안전성 확보를 목적으로 하는 기능이다. 다시 말하면, 물품을 수송・보관함에 있어서 가치 및 상태를 보호하기 위하여 적절한 재료나 용기 등을 물품에 시장(施裝)하는 기술 또는 상태를 말한다.

② 물품의 수송, 보관, 거래, 사용 등 그 가치 및 상태를 유지하기 위해 적절한 재료, 용기 등을 사용하여 보호하는 기술 및 보호한 상태를 말함.

③ 포장물류란 "물류의 수배송, 보관, 거래, 사용 등 그 가치 및 상태를 유지하기 위해 적절한 재료, 용기 등을 이용해 보호하는 기술 및 보호하는 상태이며, 단위포장(낱포장), 내부포장(속포장) 및 외부포장(겉포장)으로 대별된다.

④ 물류부분에서 포장의 비율은 10%수준이지만 자재관리, 생산, 물류, 판매를 위한 공급채널을 연결하는 공급체인망(SCM)의 기본단위로 기업 내에서 생산・판매・물류를 통합하는 기능과 정보매체로서 중요한 역할을 한다.

⑤ 물류와 포장의 관계

포장 설계에 따라 물류 형태에 많은 영향 미치고 있다. 포장은 물류의 한 분야며 물류도입부로써, 생산의 끝이자 유통의 시작이다. 포장은 물류비 절감의 주요 수단으로써, 보호성보다 경제성 강조한다.

(2) 기본적 기능

① 포장물류의 기본기능은 보호성・상품성・편리성・심리성・배송성에 있다.

- 보호성 : 수・배송 및 보관 등의 물류활동 과정에서 진동, 충격 등 외압과 습기, 온도 등의 기상변화 및 생물・화학적으로 내용물의 보호 기능.
- 하역성 : 물류하역기능을 효율적으로 수행할 수 있어야 한다.
- 작업성 : 최근 기계화 및 시스템화로 포장기기의 사용에 의해 포장물류의 일관 작업 및 자동화작업이 가능해야 한다.
- 편리성 : 하역 등 물류작업 편리함과 포장해체 시는 용이성을 고려한다.
- 표시성 : 포장된 화물의 취급이나 분류 등에 필요한 사항(품명, 수량, 중량 등)을 문자, 표지, 기호 및 심벌 등을 사용하여 포장의 표면에 표시하여야 하역물류 자동화와 컨베이어, 분류기 등의 채택이 용이하다.
- 수, 배송 및 보관성 : 하역 작업 등이 원활하고도 능률적으로 수행되도록 단위용적이나 중량과 관련된 문제 등이 고려되어야 한다.
- 경제성 : 비용이 가능한 한 절감될 수 있도록 포장물류의 기능이 보장될 수있는 범위내에서 포장은 최소한도로 억제되는 것이 좋다.

② 생산된 물품은 포장이 되어야 비로소 상품화될 수 있다. 외장의 형상・치수・중량 등 수송・보관・하역에 편리한 배송성도 중요한 기능이다. 종전에는 포장의 기능과 보호성에 중점, 오늘날에는 판매촉진기능에 중점이 된다.

③ 기업이미지 관리와 고객충성도 확대를 위한 다양한 판매촉진이 개발되면서 소매점과 소비자에게 편리한 포장과 방식의 중요성이 강조된다.

④ 고객만족의 접점에서는 대면 또는 셀프서비스판매방식에서 소비자가 포장을 보고 구매결정을 하는 구매심리상의 작용도 한다.

(3) 종류

① 단위포장(개장: 個裝, 상업포장 또는 소비자포장)

물품 개개의 포장. 물품의 상품가치를 높이거나 물품 개개를 보호하기 위하여 적합한 재료 및 용기 등으로 물품을 포장하는 방법 및 포장한 상태를 말한다.

물품을 직접 싸기 위한 포장이고, 제조공정의 최종단계에서 제품시장, 단순한 제품보호가 아닌, 포장재료 또는 용기포장으로 진열되어 소비자 구매의욕을 자극하는 세련된 디자인이라는 시각적인 목적이다. 개장의 포장재에는 금속·종이·플라스틱, 골판지, 유리, 나무 등이 있다. 보조 재료로는 방습재, 방충배, 봉함재, 결속재 등이 사용된다. 포장 디자인은 단순히 상품을 표면상 비주얼하게 장식하는 디자인측면에 그치지 않고 기능적인 측면도 고려된다.

② 내부포장(내장: 內裝, 상업포장 또는 소비자포장)

포장된 화물의 내부포장. 물품 수분, 습기, 광열 및 충격 등을 방지하기 위하여 적합한 재료 및 용기로 물품을 포장하는 방법 및 포장상태이다.

개장된 물품을 상자 등 용기에 넣는 포장. 포장된 화물안쪽에 시작되며, 개장이나 외장보다 복잡하여 고도의 기술 요구된다.

■ 종류

- 일반 내장 : 종이포장지와 용기사용(약품·화장품·과자·문구 등)
- 특수 내장 :

  방수·방습포장(상품을 수분이나 습기에서 보호)

  방청포장(금속제품의 수송·보관 중에 녹이 슬지 않도록 방지)

  완충포장(포장화물의 수송·하역 중에 내용물의 보호)

③ 외부포장(외장: 外裝, 공업포장)

화물 외부포장. 물품을 상자, 포대, 나무통 및 금속 등의 용기에 넣거나 용기를 사용하지 않고 그대로 묶어서 기호 또는 화물표시방법 및 포장상태를 말한다.

■ 수송을 위한 포장. 각종 용기에 상품을 넣어 포장하는 것이다.
과거는 나무상자포장, 오늘날 골판지상자, 철사, 플라스틱용기포장이 증가하고, 금속관·병, 항아리, 대나무 광주리, 산소를 넣는 봄베(bombe) 포장 등이다. 끈이나 로프 등 다발로 묶는 결속포장·자루포장 방법 등도 있다. 화물번호, 송화인표시, 품명·품질표시기호, 행선지·용적·무게·주의사항이다.

④ 사전포장(pre-package, 점내포장)

점포 내에서 특정상품을 판매하기 위해 상품특성과 소비자니즈에 맞게 사전 포장하여 매대에 진열하여 셀프서비스를 통해 판매하는 것을 말한다. 사전포장제도는 소비자의 다품종 소량품목에 대한 선택폭 증대에 따른 고객만족과 소매점 판매

효율화와 인건비 절감이라는 상호 이점이 있다.

(4) 포장의 중요성

① 환경분야 : 포장폐기물에 의한 환경오염 논란 증대

② 유통분야 : 물류표준화 최우선 경제시책으로 대두

③ 정보통신분야 : 전자상거래 활성화로 거래 주체간 비 대면에 의한 매매 확대 →포장설계 및 표시정보 개선으로 신뢰성 확보가 관건

④ 식품 및 기타 제조업 분야

- 식품의 위생성, 안전성에 대한 인식 고조 : KFDA 설립
- 모든 1차 산업 제품의 포장화 추진 : 2003년까지 농수축산물의 80%
- 제조업체의 강력한 원가절감 노력 : 경제발전 둔화 상황 하에서 포장 재료비 10% 절감운동 전개

(5) 용기의 변화

① 원인 : 생활의 다양화, 식생활의 향상과 가공식품의 증대는 식품포장 변화.

② 물품포장(사용이후 버리는 것)

- 무드상품포장 : 사회변화에 다라 편리성을 추구하는 경향으로 확대. 화장품 등은 화려한 경향을 띠는 추세이다.
- 수송포장 : 나무상자로부터 급속히 골판지화가 진전되어 경량화된 방향이다.
- 플라스틱포장 : 필름, 용기형태로 소비자포장과 수송포장에도 널리 이용된다.
- 포장 폐기물 환경오염과 공해, 화려함과 과대포장문제이다
- 포장폐기물 재활용과 재순환과 관련되는 포장설계 요청된다.

(6) 포장물류 효율화(시스템화)의 원칙

① 대형화 및 대량화 원칙 : 포장단위의 대형화와 물류 대량화로 비용절감을 모색 한다.

② 집중화 및 집약화 원칙 : 전반적인 관리수준의 향상과 물류 대량화를 위하여 집중화 및 집약화를 도모한다.

③ 규격화 및 표준화 원칙 : 포장물류의 규격화 및 표준화로 물류활동의 효율화를 추구한다.

④ 사양 변경의 원칙 : 포장의 보호성범위에서 사양 변경을 통한 비용절감을 도모한다.

⑤ 재질 변경의 원칙 : 재질의 변경을 통하여 비용절감을 도모해야 한다.

⑥ 시스템화 및 단위화의 원칙 : 포장의 단위화와 수·배송, 보관, 하역 등 물류의 제반활동을 유기적으로 연계한 시스템화가 필요하다.

5) 물류정보(distribution information)

(1) 개요

① 정의

물류의 영역인 운송, 하역, 보관, 포장 등 각 기능들이 독자 수행되는 과정에서 발생되어 기록된 요소들을 공동의 데이터베이스에 자료로 입력된 것이다.

운송, 보관, 하역, 포장, 유통가공 등의 기능을 유기적으로 결합하는 역할을 수행하며 전체 물류관리를 효율적으로 수행하기 위한 중심기능이다. 기업의 공통의 목표인 생산성 향상과 이익증진을 위하여 생산에서 소비에 이르는 전 유통과정에서 수행하려는 제반 정보를 말한다. 정보 통신의 발달과 급격한 물류환경의 급속한 변화 추세에 따라 물류 정보의 중요성이 높아지고 있어 기업은 물론, 국가차원의 관심과 참여 및 전 인쇄매체, 전파매체, 통신매체가 이를 위해 전력투구하는 상황이다.

② 물류 정보의 의의

물류정보란 물류관리의 주요 단계별 요인인 포장, 하역, 보관 및 운송 등 각 기능을 연결시켜, 전체적인 물류 관리를 효율적으로 수행하는 정보 시스템을 의미한다.

물류정보는 그 자체가 물류 기능을 발휘하는 것이 아니라, 제 물류 기능을 효율적으로 작용하도록 연결시켜주는 핵심적인 역할을 수행한다. 즉, 전산화 도입에 의해, 각 물류 기능을 시스템화 하여 과학적인 관리를 가능하게 할뿐만 아니라, 원료의 조달에서부터 완성품을 최종 수요자에게 인도하기까지 각 물류 기능을 연결함으로써 신속하고, 정확한 흐름을 창출하는 역할을 수행하기 때문에 물류 관리의 핵심이다.

③ 물류정보의 중요성

물류에서 정보는 상거래를 구체적으로 실현하기 위해 운송, 보관, 하역, 포장,

유통가공의 제반 활동 내용을 신속/정확하게 전달하는 기능과 이러한 제 기능을 통합된 시스템으로 구성하여 전체적인 효율화를 추구하는 기능을 수행하기 때문에 매우 중요한 기능을 한다.

④ 물류정보의 기능과 목적

- 기능 : 각 물류 라인의 정보를 신속 정확하게 전달하고 통합된 시스템 구축을 통한 전체적인 효율화를 구축하는 기능
- 물류정보의 목적 : 고객서비스 향상, 물류비 절감, 물류정보시스템을 통한 효율성 · 경제성 · 신속성 · 안전성 촉진

⑤ 물류정보의 특징

- 여러 가지 종류이며, 정보의 양이 타 정보에 비해 절대적으로 크다.
- 평상시 정보와 성수기 정보량의 차이가 크다.
- 화물정보와 상태정보가 동시에 제공될수록 좋은 반응을 나타낸다.
- 정보의 발생지, 처리장소, 전달대상 등이 광범위하다.
- 정보내용이 부서간 연관성이 크며, 전 단계에서 필요정보를 사전처리.
- 정보의 양이 매우 많기 때문에 업무 처리 절차가 매우 복잡하다.
- 물류과정에서 항상 상품의 흐름과 정보의 흐름이 일치해야 한다.
- 최소의 비용으로 서비스 내용을 극대화할 수 있다.

⑥ 물류정보의 종류

- 화주정보 : 화주에 대한 모든 정보이며, 화주의 성명, 전화번호, 주소, 화물의 종류, 중량, 출발지, 도착지, 운송기간, 운송구간등에 관한 정보이다.
- 운송 수단 정보 : 화물운송 자동차정보, 항공기에 관한 정보, 선박 및 철도운송에 관한 정보이다.
- 운송 정보 : 창고정보, 집하정보 등이 해당된다.
- 항만 및 공항정보 : 출발지 도착지 공항이나 항만 및 CY 등에 관한 정보이다.
- 수출입화물검사 및 통관정보 : 검수정보, 수출입에 대한 통관정보, 검역대상품목에 대한 정보 등이다.
- 하역 정보 : 하역업체정보, 하역 진척에 관한 정보, 실적 등에 대한 정보이다.
- 보험정보: 화물보험정보, 자동차등 운송 기기에 따른 보험정보 등이 해당한다.

⑦ 물류정보 네트워크

물적유통에 의해 시간적, 장소적 가치를 만들어내는 경제활동을 파악 하고 관리하는 정보 네트워크(logistics information network)또는 물적 유통에 의해 시간적, 장소적 가치를 만들어내는 경제활동을 파악하고 관리하는 정보네트워크(physical distibution information network)를 말한다.

(2) 유통물류시스템(Distribution Logistics System)

① 개요

물적유통 즉, 포장, 하역, 저장, 보관, 수송, 적하(cargo) 및 이와 관련된 복합적 개념으로 물리적인 경제활동과 정보를 관리하는 시스템이다.

정보관리기술로서, 물류 정보를 효율적으로 활용하는 시스템이고, 화물의 집하, 배송, 수송, 보관 및 하역 등 각 기능적 업무를 연결하는 정보를 효율적으로 수집, 처리, 공급하고 관리하는 것이다.

② 유통회사들의 물류혁신 과제

기업은 비효율적인 요소들을 제거하고 보다 적은 물류비용으로 고객의 Need's를 만족시키는 물류서비스를 고객에게 제공하는 것이다.

기업은 고객이 필요로 하는 상품을, 필요한 시기에, 필요한 양만큼, 저비용으로 제공하는 것이다. 물류효율을 높이기 위해서는 정보시스템을 사용하는 전략적인 구조의 구축이 필요하다.

③ 물류정보 시스템의 목표(효율성, 신속성, 안정성 도모)

- 고객이 원하는 시간에 상품을 신속하고 정확하게 전달(신속성)
- 대고객 서비스 활동 원활화(안정성)
- 물류 및 유통시스템의 운영 효율성을 제고하여 물류비용 절감(효율성)

(3) 물류정보 시스템의 기능

① 기획기능 : 재고관리, 물류시설의 입지 결정

② 통제기능 : 계획과 실적의 통제, 판매원의 통제, 시스템 성과의 통제

③ 조정기능 : 생산, 자재 수급, 판매, 마케팅 기획

④ 고객서비스 및 의사소통기능 : 고객주문 처리상황, 재고상황, 입고상황

(4) 물류정보 시스템의 특징

① 격지자간 시스템
② 다수기업간의 시스템
③ 대량정보처리와 계절변동
④ 현장밀착형 시스템
⑤ 지능형 시스템
⑥ 사전처리형 시스템

(5) 물류정보시스템의 유형

① 수주 및 출하 처리시스템 : 고객의 주문제품 출하과정을 관리하는 시스템
② 재고관리 시스템 : 고객의 주문량과 연동, 적정재고를 보유하는 시스템
③ 창고관리 시스템 : 창고관련 정보관리시스템(입고/재고/출고/이동/관리)
④ 수·배송관리 시스템 : 적기배송체제 확립과 최적운송, 운송비용의 절감.
⑤ 물류관리 시스템 : 수주에서 배송까지의 모든 과정계획. 실시평가 시스템.

(6) 물류정보시스템의 설계

목표의 명확화 → 범위의 설정 → 현상의 분석 → 시스템의 평가 → 일정표의 작성

6) 유통가공

(1) 개요

① 개념

가공이란 소비자에게 판매할 수 있게 재료 또는 제품을 손질하는 것으로 판매단위별 작업이나 사전포장작업, 소분작업, 가격표시작업도 포함한다. 유통가공이란 생산자로부터 소비자까지 어떤 상품을 이전시키는 간단한 생산 활동과 물류활동의 원활화를 위한 보조 활동이다. 간단한 제품가공이나 조립과 상품구색을 갖추고 담는 재포장, 주문에 맞추는 조정 등의 작업과 라벨링, 검수, 검량, 단순가공 등의 행위를 말한다. 유통가공이란 보존을 위한 가공 및 동일기능물의 형태전환의 가공 등 물자유통 상의 가동률 향상에 도움이 되는 것을 말한다.

② 유통가공의 범주

제품형태에 가공을 가하기 때문에 생산에 속하지만, 물류시스템 설계에서 중요한 요인이므로, 물류의 구성요소에 포함시키는 것이 일반적이다.

생산 · 유통 · 소비흐름을 전체로서 효율화하여 물류 결정점, 소비자 스톡 포인트 기능을 수행한다. 유통가공 대형거점을 유통가공기지라고 한다. 물류업무의 수행과정에 있어 재포장, 절단, 라벨링, 검수, 검량, 단순가공 등 제품에 대하여 행해지는 단순한 가공, 조립 등의 행위를 말한다. 가공 도매업자는 취급상품의 대부분을 가공해서 판매하는 도매업자를 말한다. 공장 직영과 외부 생산자에게 위탁하는 외주 아웃소싱의 형태가 있다.

③ 목적

- 판매촉진(고객니즈) : 유통단계 보존기능 강화, 고객요구 다양화 부응
- 생산효율지원(계획생산) : 시간경과 극복, 선도 유지, 상품부가가치 부여
- 물류합리화(운송 로트화) : 유통단계상 상거래 위험 회피, 물류효율 촉진

(2) 형태

① 생산재의 유통가공 : 대규모 설비투자로 복합기능을 지닌 유통센터 설립. 물류비용 절감 및 유통단계 축소 등 물류효율성 제고와 보관기능, 가공기능 부가 등 소비자의 작업시간 절약과 고객만족시스템을 구축한다.

② 소비재의 유통가공

가격표 붙이기, 마킹, 가구의 조립, 카페트 잘라 잇기 등의 형태가 있으며, 목적은 고객서비스 및 물류효율화를 위한 것이며, 소비재 특성이 다품종 소량화 하는 경향에 따라 새로운 유통가공의 기능으로의 발전이 예상된다.

(3) 식품의 유통가공

① 유통가공의 종류

- 생선, 야채 등의 냉동식품
- 가공품, 부분육(커트미트)

② 의의

- 보존과 유통효율의 유효성
- 공간적, 물리적 거리개념의 단축

• 다양한 식품선택의 가능

(4) 유통가공 물류의 도입효과

① 물류센터 등에서의 보관기능을 강화하면서 동시에 전체 물류과정에서의 리드타임을 단축시켜서 상품의 신선도를 유지하여 준다.

② 상품의 부가가치를 향상시켜서 고품질의 상품을 소비자에게 제공한다.

③ 고객에게의 서비스 타임조절이 가능하여 전체 물류서비스를 제고한다.

④ 상품에 대한 다양한 서비스를 받고자 하는 고객의 욕구를 충족시켜 준다.

⑤ 생산지에서 물류센터의 유통가공 장소까지는 대량운송체제가 가능하고 고객까지 배송에는 소량 다빈도체제가 가능하여 수배송의 효율화를 기한다.

(5) 유통가공 물류의 효율화 요인

① 모든 제품을 반드시 유통가공물류과정을 거칠 필요는 없기 때문에 유통가공물류을 가미하여 특정한 제품유형을 판별하여야 한다.

② 물류센터 설계 시는 유통가공 지역을 할당하여 설계하여야 하며, 취급상품의 종류에 따라 물류센터에서 보관되는 안전재고기간 등 제반 작업량과 소요인력, 리더타임을 정확하게 산정하여 관련 업무를 확정하여야 한다.

③ 유통가공물류업무의 효율성 제고를 위하여 고객니즈의 변화와 작업수행에 필요한 절단기, 포장기 등 필수장비를 갖추어야 한다.

(6) 가공식품 표준화 작업(加工食品 標準化 作業)

① 가공식품 표준화 제도

② KS국가규격은 1961년 국내 산업의 취약한 기술수준과 품질경쟁력을 향상시켜 단기간내에 국가 경제의 활성화를 도모하고저 하는 경제정책수단의 하나로 공업표준화법이 제정되었다.

③ 식품업체에서의 KS규격은 해당업체인 ㈜삼양사가 1967년 7월에 제 281호 KS표시업체로 취득한 것이 효시이다.

④ 식품표준화업무는 1980년 농림부 유통정책국내에 가공산업과를 신설하여 식품 전반의 표준화업무를 전담하였으나 1983년 3월 가공식품의 모든 규격이 농림부로 이관된 이래 1988년 5월부터 한국식품개발연구원에서 표준화 전담업무를 수행하고 있다.

물류조직관리와 외주물류

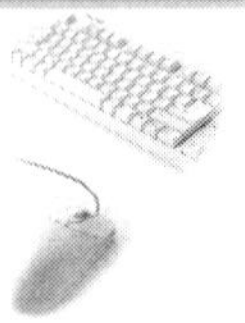

9.1 물류조직

(1) 개요

① 물류조직은 물류기능을 수행하는 중요한 활동이다.
물류조직과 구성원은 상품과 서비스를 다루는데 사용되며 전문성과 기술을 바탕으로 물류조직의구성이 필요하다. 물류조직은 계획의 창조, 수행, 평가를 촉진하는 구조로 구성하였다.

② 물류조직은 기업의 목표를 달성하기 위해 기업의 인적자원을 할당하는 공식 및 비공식적 조직이다. 회사에서 물류활동에 책임이 있는 사람들을 배치하는 것은 물류조직에 있어서 중요한 문제이다. 조직의 배열은 물류시스템을 운영하는데 자주 발생하는 비용의 상쇄효과를 가져옴으로써 제품과 서비스의 공급과 분배에서의 효율을 촉진한다.

③ 물류조직의 주요 임무는
물류예산편성관리, 물류비 파악과 물류비용표의 작성, 전반적인 물류전략 수립, 물류시스템의 설계와 개선, 물류관련 프로젝트의 추진 등이 있다.
물류담당자의 주요업무는 생산관련(생산입출고, 적재지시, 창고조작, 생산설비관리 등), 물류관련(재고관리, 입・출고관리, 물류비용관리 등), 판매관련 (수・발주관리, 조정관리, 관련 리스트작성 등)업무 등이다.

(2) 물류조직구조의 필요성

① 갈등의 해결 : 전체적인 회사의 효율 증진에는 갈등이 발생한다.
갈등은 준 최적(Suboptimal)인 물류운영시스템이 된다. 만약 각 단계가 이러한 갈등을 해결하기 위하여 서로 기능적 타협을 하지 않는다면 가장 유익한 물류활동의 의사 결정을 위한 조직적 구조가 필요하다.

② 관리 : 주문과정, 교통, 창고 같은 것은 관리를 위해 개별적으로 관리.
관리자는 이들을 종합하여 운영, 조정함으로써 되고 관리자만이 가장 높은 수준의 효율을 달성하는 균형 역할을 한다.

(3) 물류조직의 변천

물류조직의 변천은 분산형 → 집중형 → 독립채산형 → 자회사형으로 발전한다.

① 분산형 : 각 공장 및 영업분야, 운송분야, 총무분야 등에 분산되어 있는 물류조직이다. 우리나라의 일반적인 형태와 유사.

② 집중형 : 기업의 판매와 생산부문이 지역적으로 떨어져 있을 경우, 이를 구분하여 관리한다.

③ 독립부문형

④ 독립채산형 : 물류의 코스트비중이 과대하여 발전한 형태.

⑤ 자회사형 :전문화됨에 따라 이윤을 추구하는 기업으로 발전하게 됨.

(4) 기업조직의 일반적 구성요소

① 라인 : 제품 또는 서비스의 생산과 판매 조직

② 스탭 : 분석, 조사, 권고 등 생산/판매라인 업무를 돕는 서비스 제공 조직

(5) 물류조직의 형태

① 직능형 조직 : 1955년까지의 조직 형태로 라인부문과 스텝부문이 미분화상태의 조직. 현대에는 잘 이용되지 않는 유형이다.

■ 특징
물류부서는 총무부나 경리부 등 여타조직과 병렬 또는 개개조직 하부에 발송과 창고부서 등과 같은 형태로 배치한다.

■ 직능형 조직의 단점

• 전사적인 물류정책이나 전략/계획 등을 도모하기 어렵다.

• 직능형 조직은 조직적으로 미숙하여 물류전문집단 육성이 곤란.

② 라인(Line)과 스탭(Staff)형 조직

■ 개요

직능형조직의 결점을 보완하여 라인과 스텝의 기능을 분화, 작업부문과 지원부문을 분리하여 현대물류관리조직의 중심이 되고 있다. 라인활동은 재화나 서비스생산, 판매에 직접 연관되고 스텝활동은 생산, 판매라인 업무를 지원하며, 기본적으로 분석, 조언 보조의 성격이다. 라인과 스텝형의 조직이 확대되면 사업부형 조직이나 다국적 기업의 조직에서 볼 수 있는 그리드형 조직형태로 발전된다.

〈표 9.1〉 라인조직과 스텝조직의 특징

라 인	스 텝
수주처리	시스템의 검토
커뮤니케이션	재고분석
재고관리	하역기술
창고 입고, 보관	창고의 설계
발송	지역계획
수송	마케팅의 조정
차량의 운영	코스트의 분석

■ 특징

라인과 스텝을 분리함으로써, 실시기능과 지원기능이 명확해지고, 스탭에는 서비스 스텝과 제너럴 스텝이 있는데 전자는 컴퓨터, 물류, 경리부문이 후자는 기획실이 대표적이다.

• 서비스스텝은 전문영역의 관점에서 라인을 지원

• 제너럴스텝은 경영계획 등 기업전반의 업무를 관할

〈표 9.2〉 장점과 단점

장점	단점
• 영업과 물류활동의 일체화가 가능하다. • 유통전체의 시스템의 정합성을 유지. • 경영자 영업정책을 물류에 신속 반영. • 영업을 대표, 생산/구입부문과 조정. • 물류부문 의견, 제안 등 영업부문 반영.	• 물류의 일원적 관리가 어렵다 • 책임과 관련하여 권한이 없다. • 실행력이 결핍되기 쉽다. • 물류에 관한 최종 책임이 없다. • 부문혼재시, 물류부문 직접관리력 부족.

③ 사업부형 조직

■ 개요

기업규모가 커지고 최고 경영자가 기업의 모든 업무를 관리할 수 없게 됨에 따라 등장한 조직형태이다. 조직의 유형으로는 상품별 사업부형, 지역별 사업부형과 이 두 가지를 절충한 형태가 있다. 현재의 물류조직은 사업부 단위의 조직이 일반적이다.

■ 특징

- 라인과 스텝에 의한 분권적 집권조직이다.
- 각 사업부가 프로피트센터로서 하나의 회사처럼 운영한다.
- 각 사업부하에 제너럴스텝과 서비스스텝이 존재, 즉 물류부문의 스텝조직이 있다 하면 본부와 사업부 쌍방에 물류부문의 스텝이 존재한다.
- 각 사업부장은 이익책임과 경영의 책임이 있으며, 인재육성측면에서 우수한 조직이다.

■ 장점

- 원칙적으로 사업부 하에 제너럴 스텝이나 서비스 스텝이 존재한다.
- 각 사업부의 장이 자기 사업부의 영업활동 결과에 대한 책임을 진다.
- 하나의 기업과 같이 사업부가 운영되므로 후계자 육성이 뛰어나다.

■ 단점

- 사업부물류 조직과 본부 물류조직간의 횡적인 연대나 연휴가 어렵다.
- 인재의 교류가 경직화되어 인재의 적절한 활용이 어렵다.
- 전사적인 관점에서의 종합성이 결여되어 경영 효율이 떨어진다.
- 사업부 단위 채산성이 최우선됨으로 인해 설비투자, 연구개발 등 전사적 관점의 통합성결여로 경영효율 저해한다.

④ 그리드형 조직

■ 개요

다국적 기업의 물류관리조직형태로 해외 사업본부 하에 각국의 자회사를 두고 관리하는 형태이다. 다국적 기업은 해외 사업본부 하에 각국의 자회사 조직을 두고 각각의 제너럴 스태프와 서비스 스태프를 두고 영업활동 결과에 책임을 지고 있다.

각국의 자회사 물류부서는 자사의 경영자 지시뿐만 아니라, 자회사의 로지스틱스본부의 지시와 영업활동의 결과에 대한 책임을 지고 있다.

■ 특징

- 모회사–자회사간의 권한이양
- 모회사 스탭부문이 복수자회사의 해당부문을 횡적으로 지휘, 명령관리, 지원하는 조직
- 다국적기업의 조직형태에서 많이 볼 수 있는 형태

9.2 가상물류(Cyber Logistics)

(1) 가상물류의 개념

① 정보통신 네트워크를 기반으로 화주기업과 물류기업 간 물류활동 중 상품의 실물적인 취급활동을 제외한 다양한 물류서비스를 온라인에서 구현하여 SCM 개념하에 관련 비즈니스 프로세스를 효율적으로 지원하는 활동이다.

② 물류정보시스템, 네트워크 구축, 물류서비스업체와의 상생협력(Win–Win전략)을 기반으로 한 아웃소싱을 바탕으로 하여 물류업체와 물류정보업체의 다양한 서비스를 종합적으로 조합하고 재배치함으로써 새로운 부가 물류서비스 상품을 지속적으로 개발하는 사이버 공간에서의 활동이다.

③ 물류업체에게는 안정적인 비즈니스의 기회를 제공하고 화주에게는 고품질의 물류서비스를 제공함과 동시에 이들 서비스가 원활히 유통될 수 있도록 업체 간 네트워크 및 커뮤니케이션 수단을 제공하는 것을 말한다.

〈표 9.3〉 가상물류와 유사 물류전략의 개념차이

물류전략	개념차이
가상물류	• 물류경영자산의 실제 소유 및 존재 없이도 가능 • 실제로 이루어지지 않고 존재하지 않은 물류경영자원을 활용하여 물류 활동을 수행(예, 가상인도) • 물류경영자원을 공동으로 관리하지 않음
제3자물류	• 근접거리상에 물류경영자원의 실제 소유 • 물류활동을 외부 전문업자에게 위탁하여 수행하는 것
공동물류	• 근접거리상 물류경영자원의 실제 소유 • 물류경영자원을 공동으로 관리하고 활용하는 것
SCM	• 관련기업간의 공급사슬을 형성하여 물류활동을 최적화 하는 것

(2) 도입배경

① 오프라인의 상거래 온라인 상거래(사이버 경제로의 전환)

② 시장경제체제의 변화(공급자 주도소비자 주도)

③ 가상공간에서의 공동체 구성

④ 전체 공급체인을 운영

시대적 흐름과 경쟁력 강화를 위한 물류의 사이버화 필요하다.

인터넷 속에서는 조달업체, 조립/생산업체, 판매업체, 소비자에 이르기까지 할 수 있는 것이 특징이다.

■ 전자상거래의 등장에 따른 물류사업의 새로운 변화

- 기업고객의 물류 아웃소싱에 따른 택배 및 JIT 배달 기회의 증대,
- 기업고객의 배달 정보시스템과 연계한 배달 추적서비스,
- 다수의 고객이 다수의 물류기업들과 만날 수 있는 장을 마련.
- 중개역할을 하는 물류중개 서비스,
- 물류기업이 직접 상품을 판매하는 물류사의 직접 판매,
- 기업 고객의 제품을 직접 A/S하거나 교환해주는 부가서비스 등.[5)]

5) 국내외 물류 정보화 현황물류관리 시스템.

(3) 가상물류의 성립요인

① 성립요인에는 물류정보네트워크의 구축과 정보의 공유, 거래물품 특성의 부합과 가상물류의 공동물류 전제조건이 충족한다.

② 요소기술로는 IT(Information Technology)기반과 물류지식 등이 필요하며 사이버 물류의 활용방향은 고객 밀착형 서비스 제공수단 및 온라인을 통한 고객의 경쟁력 제고를 지원하는 것 등이 있다.

③ 유형으로는 인터넷 사이트로 제공되는 물류서비스 모두가 사이버 물류라고는 볼 수 없다. 고객과 연결된 operation 부분이 제공된다.

④ 주체로는 국내의 물류전업자와 물류사업대상 SI업체가 사이버 물류를 제공할 수 있는 주체된다.

⑤ 인터넷 화물추적시스템 : 인공위성을 이용한 위치추적시스템(GPS), 주파수공용통신(TRS), 핸드폰, 개인휴대폰단말기(PDA), 등을 사용하여 각 차량의 위치파악과 배송중인 물품의 내역, 배송완결 여부 등을 실시간으로 파악가능. 고객은 운송사 홈페이지, e-mail, 핸드폰의 문자메시지를 통해 자료확인 가능

9.3 외주물류

(1) 물류아웃소싱(Logistics Outsourcing)

① 개념

특정 기업이 물류활동의 일부 또는 전부를 외부 물류전문업자에 위탁하여 수행하도록 하는 물류전략이다. 특정 기업이 고객 서비스의 향상, 물류비 절감 등 물류활동을 효율화할 수 있도록 외부 사업자와 효율적인 관계를 구축하여 물류활동의 생산성을 향상시키는 기법이다.

- 범위 : 창고, 운송, 운임지불, EDI 정보교환, 주문충족, 자동기록,운송수단의 선택, 포장인쇄, 제품조립, 세관통과 과정이다.
- 종류 : EDI정보교환, 주문접수, 운송업체 선정, 포장, 라벨링(labeling),상품조립 등 직접적 고객업무를 포함한다.

② 필요성

기업들의 원가절감 노력은 진행형이다. 보이는 부문의 원가절감이 완성됐다면 보이지 않는 부문의 원가라도 절감해야 하는 게 기업들의 운명이다.

경영컨설팅 회사인 맥킨지 조사에 따르면, 구매비용의 1% 절감은 직원 수의 6.7% 감소, 재고 10% 감소, 판매 3% 증가와 같은 효과를 낼 수 있는 것으로 알려졌다.

물류아웃소싱은 구매 부문의 원가절감 없이는 전사적인 원가절감을 이뤄내기 힘들다는 물류 최적화를 위한 현대경영전략에서 기인한다.

세부적인 필요성은 다음과 같다.

- 주력 업무에 경영자원을 집중하고 핵심역량을 강화하기 위함이다.
  - 인력, 자금 등 경영자원의 적절한 재배분이 가능.
  - 외부전문가 활용으로 비효율·고비용 부문의 효율성 극대화
  - 핵심역량사업에 내부 경영자원을 집중하여 경쟁사와 차별성 부각
  - 주력업무의 전문성과 품질향상, 경영체질의 강화를 도모.
- 리스크를 분산하기 위함이다.
  - 전 세계적인 물류아웃소싱 추세에 대응한 물류시설투자의 경감
  - 아웃소싱 조직으로 시장, 경쟁, 기술 등 기업경영 리스크의 최소화
  - 예를 들어, 제품개발 능력은 보유하고 생산이나 영업을 아웃소싱하면 고정비의 변동비화로 리스크 감소와 기업의 유연성 강화
- 조직을 슬림화·유연화하기 위함이다.
  - 아웃소싱의 활용에 의해 단순하고 반복적인 업무 등이 외부에 의존됨에 따라 기업 내 조직이 슬림화 된다.
  - 따라서 아웃소싱을 통해 유연성 있는 고용형태와 직무급 등의 급여체제 실현도 가능해진다.
- 정보기술 변화에 대응한 효율적인 관리체계 구축을 위함이다.
  - SCM 개념의 확산에 대응
  - JIT체제에의 대응
  - 물류IT의 발달 등 환경여건의 조성에 대응
- 코스트 절감이 그 목적이다.
  - 제반 기능을 비대화되고 전문능력이 부족한 기업 내부에서 진행할 때보다 분야별 전문기업에 아웃소싱을 함으로써, 적은 비용으로 업무추진이 가능하다.

■ 시너지 효과에 의한 새로운 부가가치를 창출하기 위함이다.

- 단순한 외부자원 활용에 그치지 않고, 공급측면과 활용측면의 파트너십이 가져오는 시너지 효과에 의해 새로운 부가가치의 창출과 사업화가 가능해 진다.

〈표 9.4〉 물류아웃소싱 활용의 전략적 효익

핵심역량	비용우위 및 서비스 우위 확보
R&D에 주력	높은 물류 생산성
마케팅과 영업에 주력	물류코스트 절감
생산에 주력	공동 수배송 효과
자원의 집중	계획발주 및 계획 수배송체계 유지
자본 투자리스크 감소	전략적 고객서비스 유지

③ 효과

- 제조업체는 전문화이점을 살려 고객욕구 변화에 대응한 주력사업 집중
- 조직 간소화로 조직의 유연성을 확보할 수 있고 물류비도 절감
- 물류 공동화와 물류 표준화가 가능
- 물류시설 및 장비를 이중으로 투자하는데 따르는 투자위험의 회피 가능
- 기업의 경쟁우위 확보 및 사회적비용의 절감과 국가경쟁력 강화에 기여

④ 물류분야의 아웃소싱단계

서비스제공 형태에 따라 보통 세단계로 구분된다.

첫 번째 단계는 운송, 보관, 하역, 포장, 정보처리, 유통가공 등 일련의 물류 각 기능을 부문별로 외부의 물류업체에게 아웃소싱 경우. 두 번째 단계는 운송, 보관, 하역 등 여러 물류기능을 일괄적인 방법의 아웃소싱 경우. 세 번째 단계는 서비스범위측면에서는 두 번째 단계와 거의 비슷하지만, 운영관리 측면뿐만 아니라 물류전략계획의 수립부문까지 포괄적으로 수행

현재 미국 등 선진유통물류국가를 중심으로 전략적 제휴를 기본철학으로 하는 효율적인 물류전략·계획의 제안, 통합물류서비스 제공 등 공급체인관리(SCM)가 확산됨에 따라 현재는 3번째 단계수준으로까지 발전하고 있다.

⑤ 물류아웃소싱의 이론적 배경

아웃소싱을 기업 내부의 미시경제학적 차원에서 설명하는 거래비용이론과 경쟁우위를 위한 전략적 차원에서 설명하는 전략적 이론이 있다.[6)]

■ 거래비용이론 :

- 외부적 조정비용에 초점을 두는 이론이다.
- 기업은 거래의 적절한 관리구조를 통해 제품 서비스를 외부 서비스를 제공회사로부터 구입 또는 내부에서 조달할 것인지 평가방법을 제공받는다.
- Williamson(1995) : 제한된 합리성과 기회주의, 두 가지의 행동을 가정업무의 직접처리와 관련한 생산비용과 업무의 달성을 위한 계획, 각색, 감시와 관련한 거래비용을 제시한다.
- 조직은 생산과 거래비용의 최소화 목표를 달성하는 구조에 적응한다.
- 거래비용분석은 총비용을 최소화하는 기업의 관리구조에 초점[7)],
- 효율적인 관리 형태를 결정하는 생산-구입 의사결정과 일치한다.[8)]

■ 전략적 이론

- 자원기반이론

  자원기반이론에서 자원은 기업에 투입되는 광범위한 투입을 의미[9)]한다. 자원을 경쟁우위의 주요원천이 되는 기업의 역량으로 본다.[10)]
- 경쟁우위의 두 가지 원천인 우수한 기능과 우수한 자원과 관련[11)]한 경쟁우위를 위해서는 가치, 희소성, 불완전한 모방성, 비대체성을 요구한다.
- 아웃소싱을 전략관리상 자원과 능력간의 갭의 보충이며, 아웃소싱을 통한 자원과 능력의 갭 보충은 기업의 전략적 기회 확대와 경쟁우위의 유지·확대를 위한 자원과 능력의 증대를 의미한다.[12)]

---

6) 宋新根, "會計情報시스템 아웃소싱의 決定要因과 成功要因에 관한 實證硏究," 釜山大學校經營學博士學位論文, 1999.
7) Williamson, O. E., The Economic Institutions of Capitalism, Boston, M. A.: The Free Press, 1985.
8) Nam, K. C., Three Essays on Information Systems, Outsourcing, Doctoral Dissertation, The State University of New York at Buffalo, June 1995.
9) Barney, J., "Firm Resource and Sustained Competitive Advantage," Journal of Management, 1991, pp. 99~120.
10) Grant, R. M., "The Resource-Based Theory of Competitive Advantage: Implications for Strategy Formulation," California Management Review, 1991, pp. 114~135.
11) Day, G. and R. Wensley, "Assessing Advantage: A Framework for Diagnosing Competitive Superiority," Journal of Marketing, April 1988, pp. 1~20.
12) Stevenson, H. H., "Defining Corporative Strengths and Weaknesses," Sloan

■ 자원의존이론

- 가치 있는 자원보유·획득이 기업의 경쟁우위에 공헌한다는 이론
- 기업은 경쟁우위를 위해 생산과정의 자원조달을 외부에서 의존[13)]
- 조직의 자원 획득에는 외부환경관리와 안정적 관계유지전략 필요
- 과업환경 의존과 전략적 제휴와 아웃소싱, 강한통제 등과 관련[14)]
- 기업은 외부 서비스제공회사와 모니터·전략적 관계구축 등 필요[15)]

⑥ 아웃소싱의 종류

■ 비용절감형 아웃소싱

비용절감만을 위하여 중요치 않은 기능을 아웃소싱하는 형태이다. 현재 우리나라 기업들이 주로 이용하는 아웃소싱 방식이고, 원부자재를 조달해 주는 임가공방식에서 고객관리, 해외출장, 자료정리, 행사대행 등 단순관리, 교육, 전산 등 전문 관리까지 아웃소싱이 확산되고 있다.

■ 분사형 아웃소싱

- 이익추구형(Profit-Center)형 : 아웃소싱은 사내에서는 크게 주요치 않으나 나름대로 전문성을 확보하고 있는 기능을 분사화시킴으로써 외부경쟁에 노출시켜 스스로 수익을 창출할 수 있게 하는 방법을 말한다. 분사화된 기업이 모기업에 서비스도 공급하면서 외부 기업과도 거래하고, 업무의 전문화와 함께 인력구조조정의 한 수단으로 활용될 수 있다.
- 스핀오프(Spin-off)형 : 자사가 보유한 일정기술, 공정제품, 역량 등을 분사화·비즈니스화 하여, 조직을 슬림화하는 방법이다. 정보통신업계의 경우, 사업부 조직 자체를 분리해 별도법인으로 독립 또는 협력기업에 이관하는 등 스핀오프형 아웃소싱이 증가되고 있다.

Management Review, 1976, pp. 51~68.

13) Aldrich, H., "Resource Dependence and Interorganizational Relations: Relations between Local Employment Service Office and Social Service Sector Organizations," Administration and Society, 1976, pp. 419~455.

14) Cheon, M. J., V. Grover, and J. T. C. Teng, "Theoretical Perspectives on the Outsourcing of Information Systems," Journal of Information Technology, 1995, pp. 211~212.

15) Lee, M. H., Factors Affecting Information Systems Sourcing Decisions: Data Processing Services in the Banking Industry, Doctoral Dissertation, The University of Texas At Arlington, December 1994.

- 네트워크형(가상기업형) : 핵심역량이나 핵심제품 이외의 모든 기능을 아웃소싱하고 이들 공급업체와 수평적 네트워크를 형성하여 시너지 효과를 제고시키는 형태이다. 복수의 주체가 각각의 서로의 경영자원을 공유하고 상호보완적으로 활용하는 아웃소싱이다.
- 핵심역량 자체의 아웃소싱 : 핵심역량 자체를 외부화하여 경쟁에 노출하고, 핵심사업의 경쟁력을 더욱 높이려는 아웃소싱이다.

⑦ 물류아웃소싱의 장 · 단점

■ 장점

- 글로벌시장 확대를 통해 안정적인 서비스의 필요성으로 장기계약 증가
- 고객사는 안정적인 물류서비스를 받을 수 있고
- 물류회사는 고객사를 위해 물류시설, 시스템 등에 과감히 투자 기회
- 고객에게 맞는 맞춤 IT시스템을 기반으로 정교한 물류 서비스 제공 등

〈표 9.5〉 물류아웃소싱의 장점

화주기업관점	물류업체관점
• 기업의 핵심역량에 집중 • 선진 물류기법 활용 • 물류관리비용 절감 • 고객서비스 향상 • 유연성의 향상 • 물류자본에 대한 투자 감소 • 물류아웃소싱에 따른 세제혜택 • 인력절감	• 규모의 경제 실현 • 다양한 물류고객 확보 가능 • 물류를 핵심사업 군으로 양성 가능 • 물류서비스 수요변동에 대처 가능 • 물류전문인력 양성 가능 • 물류전문업체 양성에 따른 지원 혜택 • 경험을 통한 글로벌 물류시장 진출

■ 단점

- 본사중심의 통제능력 상실 우려
- 고객서비스 수준저하 우려
- 전략적 정보의 노출 우려 등 보안상의 문제
- 교체비용의 발생 등 비용점증 현상의 문제
- 환경변화에 대한 대응능력의 저하우려
- 내부전문가의 상실 등으로 의존성 증가우려

- 정확한 비용절감 효과의 예측 미흡
- 계약종결 문제 등 사후관리문제

〈표 9.6〉 물류아웃소싱 불안요소 및 주요 결정요인

불안 요소	주요 결정 요인
• 직접 통제의 어려움 • 서비스수준의 불확실성 • 비용체계의 불확실성 • 고객변화에 대한 대응체계 • 전문기술의 수준 • 정보시스템통합관리 사용능력 • 프로세스 재설계 • 새로운 관계관리 및 공증관리 • 의사소통/조정의 애로 • 정보유출의 가능성	• 효율성 및 비용절감 효과 • 고객서비스 평가 및 대응수준 • 전문성 및 인지도/고객충성도 • 정보지원시스템의 관리능력 수준 • 경영관리체계 및 재무적 안정성 • 서비스 권역 및 기술수준 • 시설 및 보유 장비/전문 인력 • 노무관리/공정관리의 안정성 • 자사와의 관계관리 및 기여도 • 전문화/협업화/조직화 수준

⑧ 물류아웃소싱 활용절차

- 제1단계 : 물류 환경 및 기업의 전략 분석
- 제2단계 : 물류아웃소싱 공급업체 선택
- 제3단계 : 아웃소싱서비스 계약
- 제4단계 : 물류 아웃소싱에 따른 제반 장애 요소의 인식 및 제거
- 제5단계 : 아웃소싱서비스 실행
- 제6단계시험운영 →실행 →파트너십관계 관리 및 유지

(2) 제 3자 물류(3rd Party Logistics)

① 개념

화주기업이 고객물류서비스의 향상, 물류비절감, 물류 활동의 운용 효율 증대, 판매지원을 통한 매출증대, 경쟁우위 확보 등의 목적으로 공급사슬 상의 물류부문을 물류전문그룹에 위탁하는 것이다. 외부의 전문물류업체에게 물류업무를 아웃소싱하는 경우이다.

〈표 9.7〉 제 3자 물류와 단순 물류아웃소싱의 차이점

구 분	제3자물류	단순 물류아웃소싱
목표	경쟁우위 획득(서비스/비용우위)	원가 절감
운영기간	중장기 위주	단기, 일시적
정보공유여부	반드시 필요	불필요
서비스제공	능동적(제안형)	수동적(수주형)
서비스분야	운영, 관리, 전략	주로 운영
계약방식	경쟁계약	수의계약
의사결정	최고경영층	중간 관리층
자산특성	무경영자산형가능(가상물류 등)	경영자산 소유필수
관리형태	통합관리형	분사관리형
고객화주와의 관계	협력관계	상하관계
서비스 범위	종합물류지향	기능별서비스(수송, 보관 등)

② 등장 배경

물류관리 개념의 역사적 변천을 살펴보면, 1980년대에는 기업내 물류기능간의 통합관리를 강조한 통합물류관리(integrated logistics management) 중시한다.

1990년대 이후 기업간 물류기능의 외연적 통합을 통해 물류효율성을 제고하기 위한 공급체인관리(supply chain management, SCM) 개념 확산시기이다.

1990년대부터는 경쟁관계의 설정과 보다 효율적인 물류시스템의 구축노력이 개별기업 차원에서 공급체인차원으로 확대, 공급체인전체의 물류효율성 증대를 위한 관련주체간의 파트너십 또는 제휴형성이 매우 중요성 이슈로 등장한다.

③ 활성화 필요성

- 화주기업의 측면 : 물류체계 구축비용 등 물류비를 절감하여 기업본연의 업무와 고부가가치 사업 재투자, 소비자만족 등 극대화한다.
- 물류업체측면 : 업종전문화와 규모의 경제 달성으로 이윤을 극대화한다.
- 국민경제측면 : 국가물류비 절감 및 고부가 물류서비스 확대로 경제성장과 국가경쟁력 효과가 향상된다.

④ 도입의 목적

- 기업구조 개선 및 기업의 핵심역량 강화 전략
- 기업의 리스크 분산 및 시너지효과 창출전략
- 비용절감을 통한 경쟁력 강화 전략
- 기업 경영혁신의 도구
- 서비스 전문성을 확대시키는 전략
- 글로벌 네트워크의 효율적 구축
- 기업들의 핵심역량 집중화 경향 가속

⑤ 유형

- 자산기반 물류업체 : 물류자산을 직접 보유또는 임차를 통해 운영
- 네트워크 물류업체 : 글로벌 운송 및 정보통신 네트워크 확보
- 기술기반 물류업체 : 컨설팅, 재무서비스, 정보기술 및 관리역량을 바탕으로 고객에게 차별화된 서비스를 제공

⑥ 활용의 효과

- 일반적 효과 : 비용절감, 첨단 물류정보시스템 활용, 운영효율성의 개선, 물류서비스 개선, 자사 핵심역량강화
- 제3자물류 활용의 전략적 효과 : 경제적 이익, 전문화의 이점 활용, 리스크 감소, 사회·경제적 비효율성 제거
- 화주기업 측면의 효과 : 이익 증대, 경쟁력 향상, 외주화에 따른 사무처리 간소화, 화물 손상 감소, 시간 단축, 시설 이용 효율 향상
- 고객 거래처 측면의 효과 : 혼잡 완화, 영업력 강화, 서비스 증대, 재고 감축, 환경 개선
- 전문물류업자 측면의 효과 : 운송효율 증대, 안정적 경영 기반, 계획적 집하·배송, 배송구역 축소, 효율향상, 배송경로, 작업과정 숙달, 사업 확대 기회 증진, 체계적인 차량 관리 System
- 사회적 측면의 효과 : 에너지 절감, 환경오염 감소, 사회적 비용 감소, 교통체증 감소, 물가상승 억제, 효율적인 인적·물적 활용

⑦ 제 3자 물류의 발전 가능성 요인

- 물류전문그룹에 의한 종합적인 일관물류서비스 제공
- Win-Win게임으로 공급사슬 상의 각 주체에게 전략적인 경쟁우위 확보

- 물류전문그룹으로서 IT기능 및 물류컨설팅 등 복합적인 서비스 제공
- e-Business 환경에 적응
- 고객서비스 · 자본투자 감소 · 비용절감 효과 · 노동문제 유연성 확보 등

⑧ 도입상의 문제점

- 미국의 제조업체들은 다양한 편익을 경험하고 있는 것으로 나타남.[16)]
- 물류비용 절감(38%), 인력전문성 · 시장지식의 향상(24%), 운영효율성의 개선(11%), 고객서비스의 개선(9%) 등의 순으로 나타났다. 또한 제 3자 물류서비스의 이용을 통해 기업들이 자사물류인력을 크게 절감시킨 것으로 나타났는데, 조사업체의 48%가 자사물류인력을 절감시킨 것으로 응답하였으며, 이 중 33%는 20% 이상의 자사물류인력을 절감시킨 것으로 응답하고 있다.

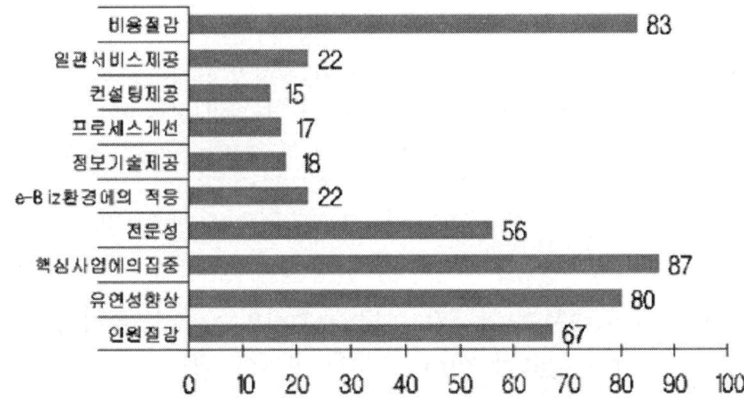

〈그림 9.1〉 제 3자 물류서비스에 대한 만족도 수준(단위 : %)

⑨ 5단계 도입 프로세스

제 3자 물류의 도입프로세스와 관련하여, Sink and Langley(1997)는 제 3자 물류서비스의 구매과정에 대한 연구를 수행하였으며, 구매과정을 다음과 같이 물류아웃소싱의 필요성 파악, 가능대안의 도출, 공급업체의 평가 및 선정, 서비스의 적용, 제공서비스의 평가의 5단계로 개념화하여 제시하고 있다.[17)]

16) Lieb and Randall(1996)의 연구결과,
17) Sink, H. L., & Langley, C. J., Jr. (1997). A managerial framework for the acquisition of third-party logistics services. Journal of Business Logistics, 18(2), pp.163~189.

〈표 9.8〉 제 3자 물류의 5단계 도입 프로세스

구 분	내 용
1단계 : 물류아웃소싱의 필요성 파악	• 문제 또는 기회의 인식 • 구매팀의 구성 • 경영층과의 의사교환
2단계 : 가능대안의 도출	• 내부 전문가/지식/경험의 활용 • 외부전문가의 활용
3단계 : 공급업체 평가 및 선정	• 후보 공급업체의 선정 • 관련 자료의 수집 • 후보업체의 평가 • 공급업체의 선정
4단계 : 서비스의 적용	• 전이계획의 수립 • 교육훈련의 실시 • 실제업무에 대한 서비스의 적용
5단계 : 제공서비스의 지속적인 평가	• 정량적/정성적 분석 • 성과지표의 관리/연속적인 개선 • 관계의 개선 또는 공급업체의 교체

상기 표는 제 3자 물류서비스 제공자의 선정이 가장 중요한 단계로써, 이러한 선정과정을 이해하기 위해서는 화주가 어떤 물류서비스 요소를 가장 중요하게 고려하고 있는가를 이해할 필요가 있다. 운송서비스와 관련하여서는 정시배송률, 배송오류와 같은 서비스 요소가 운송비용과 같은 전통적인 고려요소에 비해 더욱 중요시되는 경향을 보이고 있으며, 제 3자 물류서비스와 관련하여서는 예측하지 못한 문제에 대한 해결능력, 설정된 목표의 달성도, 혁신적인 관리기법, 재무적 안정성 등이 추가적인 고려요소가 되고 있다.[18)]

(3) 제 4자 물류

① 개요

제4자 물류는 기업의 경영자원, 능력, 기술을 관리하고 결합하는 공급사슬 의 통합조정자로써, 관련업체들과 제휴관계를 맺어 가상조직을 형성하여 한 번의 계

18) McGinnis(1989)의 화주의 운송서비스 선정의 결정요인에 대한 연구와 Menon and McGinnis(1998)의 제 3자 물류서비스 제공자의 선정기준에 대한 연구 참조.

약으로 원재료의 조달에서부터 최종고객으로의 판매에 이르기까지 공급사슬 전반에 걸친 원스톱 통합서비스를 제공하는 서비스 방식이다.

종합물류서비스를 제공할 수 있는 물류전문지식과 정보기술을 가지고 전문 물류업체(3PL)가 자사가 부족한 부분을 보완해 줄 수 있는 경영컨설팅업체, 제3자 물류업체, 정보기술업체 등과 제휴를 맺고 가상조직을 형성하여 공급사슬 상의 모든 물류기능에 대한 토털 솔루션을 제공하는 것이다.

물류 컨설팅업체가 상호 긍정적이며, 장기적인 차원에서 창의적인 관계를 가진 파트너십 형성으로 가상조직을 구성하여 공급망상의 모든 물류기능에 대하여 종합일관서비스를 제공하는 것이다. 최근 물류서비스를 아웃소싱하는 기업들이 단일계약(One-Stop Service)으로 전문 물류업체로부터 공급사슬 전체를 지원하는 통합된 물류서비스를 제공받고 싶어 하는 수요증가에 부응하기 위해 생겨난 새로운 조직형태이다. 공급망 내의 자원과 정보기술을 접목해 종합적인 공급망 관리 솔루션을 디자인, 설립 및 운영하는 통합적인 기능을 제공하는 회사를 의미한다.[19)]

제 3자 물류(3PL)가 운송 부문에만 주력했다면, 제 4자 물류(4PL)는 운송에서부터 창고 운영까지 공급망 내의 전체적인 물류 흐름을 분석하고, 최적의 흐름을 제시 및 관리하는 통합 물류서비스 기업이다.

〈표 9.9〉 제 3자 물류와 제 4자 물류와의 차이

구 분	제 3자 물류	제 4자 물류
활동 목적	전문적/객관적 물류 총괄	가상기업의 기능/Assembler
활동 범위	1개 기업의 물류전반	여러 참가기업간 경영총괄
활동 기준	효율성/신속성	Collaborative VCM
정보 활용	Extranet	lntranet/lnternet

② **4PL의 목적** : 기업의 경쟁력을 강화하기 위해서 모든 영역의 물류서비스를 제공할 수는 없었던 기존 전문물류업체(3PL)의 기능적 아웃소싱의 한계를 극복하고 공급연쇄에 대하여 물류기능의 통합과 운영의 자율권이 증대되고, 전체적인 공급연쇄 솔루션을 제공하는 서비스 제공자와 함께 탁월하고 지속

19) Accenture의 정의

적인 개선효과를 발휘하는 것이다.

③ 기능 및 특징

본질적 기능 : 제4자 물류의 공급자는 광범위한 서플라이 체인상의 조직을 관리하고 기술, 능력, 정보기술, 자료 등을 관리하는 공급망의 통합자임.

■ 특징

- 공급사슬과 공급사살 내의 복수기업이 관련되는 물류업무를 지원하는 기능을 수행한다.
- 자신의 서비스 능력을 상호 보완할 수 있는 타 서비스 제공업체와 연계하여 보다 완전한 공급사슬이다.

④ 도입 효과

- 수입 증대 · 운영비용 감소 · 운전자본 감소 · 고정자본 감소

⑤ 등장 배경

제 3자 물류서비스가 e-Business 경영환경에 적극적으로 대응하지 못하고 물류컨설팅에 이르기까지 종합서비스를 제공하지 못한 점 등이다.

- 토털 물류서비스에 대한 요구증가
- 기업환경의 글로벌화에 대한 대응 필요

〈표 9.10〉 물류도입 단계별 특징 비교

구분	계약/운송/분배	제 3자 물류(아웃소싱)	제 4자물류(SCM)
서비스	단일 기능	복수(개별적)기능	복수(통합적)처리기능
관계	일시적 계약	장기적인 합의	전략적 파트너십, 메가 사이즈 계약
범위	지역적	복수 지역적	글로벌, door-to-door
경쟁 우위	단편적	통합적, 협력적	전문화/세분화/틈새시장별 대형협력체계
역량	대량자산. 프로세스 실현	자산기반에서 정보기반으로 이동	정보/지식에 포커스, 통합정보 기술 솔루tus
효과	비용 절감	비용절감, 지리적 확장, 부가적인 개성 가능성	최적화 된 비용서비스 부가가치서비스 제공

- 고객들의 다양한 요구에 대한 대응 필요
- 물류서비스가 기업의 차별화된 경쟁요소로 부각
- 전자상거래, e-business 등 새로운 비즈니스 형태 출현
- 기업들의 핵심역량 집중화 경향 가속

⑥ 선진국의 4PL 도입사례

1990년대 중반 이후 선진국에서 활성화되기 시작한 물류서비스의 아웃소싱은 싱가포르, 홍콩, 대만, 중국 등 아시아 국가로 아웃소싱을 확대하고 있다.

- 미국과 유럽 : 전문물류업체(3PL)들보다 한 단계 더 진보된 4PL 등장
- 그 목적이나 계약조건에 따라 업종별, 기업별로 다양한 형태가 등장
- 영국의 3대 의약품업계와 3대 전문물류업체, 컨설팅회사가 합작 추진
- 3대 의약품업체의 수송기능 통합, 업무상 규모의 경제효과를 추구
- 업무프로세스를 도입하여 공급사슬 전체 비용절감과 효율성 향상 도모
- 영국의 음료업체, 공급연쇄상의 파트너들 참여하는 4PL 설립 구상
- 음료업체, 포장재공급업체, 전문물류업체, 컨설팅회사가 구성
- 공급연쇄의 관리, 조달 및 판매물류기능, 창고업무, 자재관리서비스 등
- 다른 음료업체 물류서비스 기능도 수행할 기대

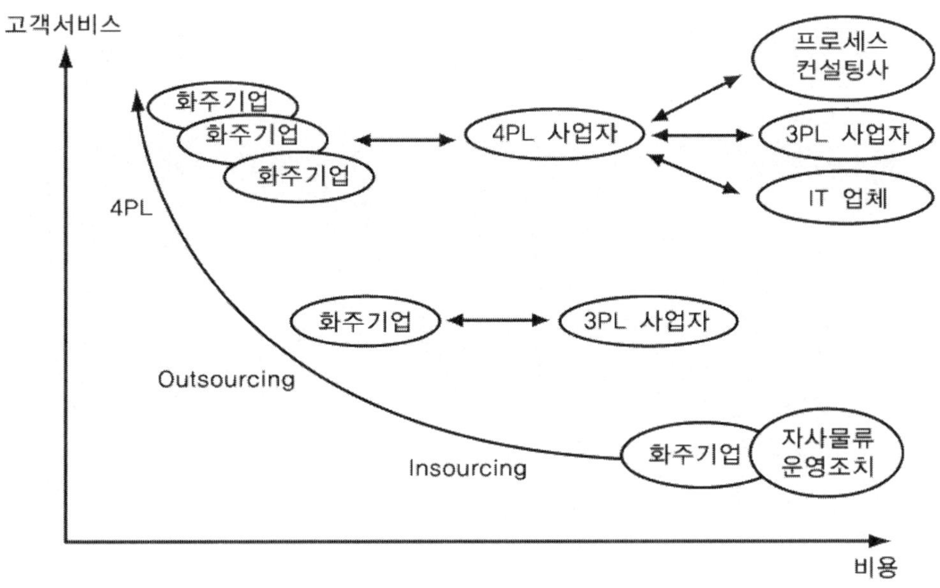

〈그림 9.2〉 제 4자 물류의 발전과정

⑦ 성립 요인

■ 서비스 제공자

- 제 4자 물류 물류전문그룹의 형성 · 일관종합물류서비스 제공
- 정보기술 능력 · e-Business 사업모델의 구축
- 물류컨설팅 능력

■ 서비스 수혜자

- 제 4자 물류서비스의 수용 · 물류서비스 제고
- 물류프로세스의 개선

제4부

유통 물류 정보화

제10장 유통정보시스템
제11장 물류정보시스템

Chapter 10

유통정보시스템

10.1 유통 정보화

(1) 개요

① 정의

유통의 제반자료를 신속·정확성 등 유통활동 효율화와 합리화를 도모한다.

유통비용의 낭비방지와 유통활동 촉진을 위한 시스템구축이 필수적인 역할을 한다.

② 유통 시스템(Distribution System)

■ 개요

유통채널의 생산자, 도매업자, 소매업자, 소비자의 유통기구를 하나의 행동범주에서 동태적, 능률적인 관계를 설정하여 파악하는 체계이다. 유통업은 예측수효에 맞는 상품의 매장공급과 제조업은 조달, 생산, 수·배송, 재고 등을 유통기업의 수효예측을 지표로 계획해야 한다.

■ 특징

유통시스템구축은 기업과 구성원의 경영철학과 기업문화의 동질성이 일치된 선상에서 동격의 의미를 갖고 정보시스템이 구축되어야 한다.

체인스토어사업은 정보시스템이 지원되어야 경영의 효율성을 제고된다.

- 효율적 운영개선 : 저비용경영바탕의 조직하층구조를 완벽히 준비된다.
- 규모의 경영과 정보의 원활한 공급과 분배에 의한 정보공유가 전제된다.

• 전사적인 일체감과 기업문화 창달, 고객충성도의 강화로 이익이 실현된다.

③ 유통정보시스템(Distribution information system)

■ 개념

• 유통과정상의 다양한 의사결정의 지원을 위해 구축되는 정보시스템이다.

• 합리적 유통행위를 위한 구성요소의 상승효과와 목표달성위한 도구이다.

■ 유통 시스템화(Systematization of Distribution)

• 상적 기능과 물적 기능을 연동시켜서 보다 효율적인 시스템을 구축한다.

• 정보기술을 유기적으로 결합하여 효율적으로 활용하는 정보체계이고, 수직적 · 수평적 분업관계에 의해 형성되는 사회적 상품유통구조체계이다.

■ 특징

• 내부 환경, 사용자 환경, 데이터베이스, 응용 소프트웨어로 구성한다.

• 경영효율성 극대화를 위해서 기업문화 · 경영철학의 동질성이 전제한다.

• 저비용 경을 토대로 매일 저가격판매체계를 구축하여 고객만족을 실현한다.

• 조직의 하층구조를 완벽히 이행, 규모의 경영과 원활한 정보공급을 한다.

■ 기술 수준

• 구성요소 : 기업환경, 데이터베이스, 하드웨어, 소프트웨어, 휴먼웨어

• 기반기술 : 바코드, POS, EDI, VAN, Database, 인터넷 .

• 구축단계 : 기획단계 →개발(기술적 구현)단계 →적용(실무도입)단계

〈데이터베이스 구축〉

■ 내부 데이터베이스

• 유통관련 기업내부 제반활동으로 발생되는 데이터를 기초로 구축한다.

〈표 10.1〉 내부 데이터베이스 유형

–고객 · 서비스데이터–상품 · 생산데이터–판매 · 영업데이터 –조달 · 물류데이터 –판매 · 물류데이터

■ 외부 데이터베이스

• 기업 외부로부터 수집된 데이터를 기반으로 구축된다.

〈표 10.2〉 외부 데이터베이스 유형

-경쟁 업체정보, -기술정보, -고객정보, -경제 환경정보, -정치 환경정보, -사회문화정보

10.2 판매시점정보관리시스템(POS : Point of sales)

(1) 기본 개요

① POS시스템의 정의

- 광학적 자동판독방식의 레지스터에 의한 단품별로 수집된 판매정보와 매입·배송 등의 활동에서 발생하는 각종 정보를 컴퓨터로 처리하여 각 부문이 유용하게 활용할 수 있는 정보로 가공·전달하는 시스템이다. 판매시점 정보관리 시스템으로, 매장에서 판매시점에서 발생하는 판매정보를 컴퓨터로 자동 처리하는 시스템을 말함.
- 주요 기능은 계산, 영수증발행, 데이터기록기능 등이 있다.

② POS 개요

판매시점데이터를 직접 리얼타임으로 받아들이는 정보처리시스템으로 상품판매시점에서 상품에 관련된 모든 정보를 신속·정확히 수집하여 발주, 매입, 발송, 재고관리 등 필요시점에 정보를 제공하는 시스템이다. 판매관련 데이터를 물품이 판매되는 시간과 장소에서 즉시로 취득한다. 상품바코드를 읽어 들이는 시점에서 재고량조종과 신용조회 등 판매와 관련되어 필요한 일련의 조치가 한 번에 모두 이루어지는 시스템이다.

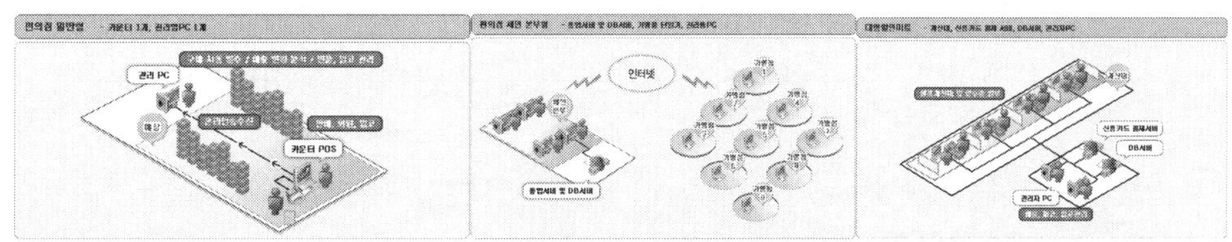

〈그림 10.1〉 유통업태별 POS시스템의 흐름도

③ POS시스템의 특징

- 온라인 리얼타임 시스템이다
- 모든 거래정보가 즉시 파악하여 정보의 변화에 즉각 대응할 수 있다
- 중앙 집중관리시스템, 거래정보시스템, 종합정보시스템, 바코드리더, 광학스캐너, 카드리더 등이 계산대와 결합된 PC 또는 단말기를 사용한다.
- 신용조회나 재고량조정을 위해 중앙컴퓨터와 연결하거나, 일일거래를 일괄저장하기 위해 주전산기에 전송이전까지 독립컴퓨터를 사용한다.

■ 단품관리 시스템이다

- 레지스타 사용 : 상품을 '조미료', '과자' 등 광범위한 분류로 등록한다.
- POS 도입 : 단품으로 관리되어 등록, 각 품목별 판매현황을 파악한다.

■ 모든 거래정보의 파악이 가능하다

- 시스템 역할은 소매업의 종합경영정보시스템과 판매실적을 파악하여 유통센터에 전달한다.
- 모든 거래 : 현금판매, 카드, 특판, 할인, 반품 등이 있다.
- 모든 정보 : 누가, 언제, 어디에서, 어떤 상품, 얼마에, 어떤 고객에게, 어떤 거래형태로 등이 있다.

■ 종업원 관리가 가능하다

- 각 종업원의 근무 상항, 영업 성적(매출액)등을 월, 주, 일 등이다.
- 각 종업원의 시간대별 파악이 가능하다.

■ 종합정보시스템으로의 발전성을 가진다.

- POS시스템은 영업정보에 그치지 않는다.
- 매입 자료, 경리 자료, 인사 자료 등 종합정보시스템으로 발전한다.

④ POS시스템의 장점

- 매상등록시간의 단축 → 고객대기시간 및 계산대의 수를 줄일 수 있다.
- 판매원교육 및 훈련시간이 짧아지고 입력오류를 방지한다.
- 전자주문시스템(EOS)과 연계하여 신속하고 적절한 구매를 할 수 있다.
- 재고의 적정화, 물류관리의 합리화, 판촉 전략의 과학화를 유도한다.

〈표 10.3〉 금전등록기와 POS 시스템의 비교

항 목	POS 사용시	금전등록기 사용	비 고
1. 단품 정리	가능	불가능	
2. 가격표 부착	불필요	필요	Source Marking 90%
3. 행사가격 변경	마스터 수정	가격표 재부착	
4. 매출정보활동	매우 높다	거의 없다	*단품별 물동량 고객별 구매정보
5. 신용카드조회	가능	불가능	
6. 계산속도	빠르다	느리다	*고객서비스 향상
7. 계산의 정확도	정확하다	문제발생	
8. 계산원의 부정	거의 없다	문제발생	
9. 구입가격	비싸다	매우 싸다	
10. 매출누락	거의 불가능	가능	

⑤ POS 시스템의 형태

■ 종합형 : 백화점형 시스템

- POS시스템 전체를 제어하는 컴퓨터를 별도로 설치하고 이것을 POS 단말기를 연결한 형태이다. 이 컴퓨터는 점포용 정보를 관리하고 외부컴퓨터나 신용조회용 시스템과 연결한다.

■ 전용형 : 소형 수퍼나 전문점에서 사용

- 점포 관리용 컴퓨터가 없으며, 한대의 Master POS 터미날에서 복수의 Slave POS 터미날을 접속시킨 형이다. Master POS 는 Slave POS를 제어 하며 Date를 집계하는 기능이다. 정보관리와 출력을 위해 PC를 Master POS에 연결하여 사용하는 경우도 있다.

■ GMS형 : 대형 GMS나 수퍼체인점에서 사용

- 여러 대의 Master POS터미널을 점포관리컴퓨터에 연결하여 정보처리 기능을 강화한 형태로 종합형과 전용형이 복합된 형태이다. 식료/잡화형 시스템에 주로 이용된다.

⑥ POS 주요기기 소개

■ POS 터미널
- 점내에 설치하며 매출, 정산, 매출데이터 전송 등의 기능을 수행하며 주요 목적은 판매에 있다.

■ 매장에있어서의 POS 터미널
- 현금 등록기의 영수증등록, 금고기능, 가격표인식기능
- 매출액기록, 판매상품 정보 자동 수집
- 신용정보조회, 무효카드판정, 여신조회
- 터미널 본체, 스캐너로 구성

〈스토어 콘트롤러(Store Controller)〉

■ 주요 업무
- 점포 내에 설치된 POS터미널을 제어한다.
- 판매정보 수집과 집계, 매출동향 파악에 의한 각종 보고서를 발행한다.
- 발주자료 점포에서 발생한 자료의 수집과 처리 등이 주요기능이다.

■ 사무실 등에 있는 스토어 컨트롤러
- 상품매스터. PLU(Price Look Up) ;상품명, 가격검색
- 스토어 컨트롤러본부 호스트 컴퓨터와 온라인 연결
- 본부 컴퓨터는 거래데이터를 축적 고도의 분석

■ 라벨 발행기(Lable Printer)
- 네쇼널 브랜드상품이외의 상품을 대상으로 라벨부착을 위해 사용한다.
- 1차상품은 바코드가 부착되어 있지 않아 POS관리가 어려운 실정이다.
- 점포자체에서 바코드를 인쇄, 상품에 부착한 라벨(In-Store Label)이다.

■ 스캐너(Scanner)
- 바코드, 광학문자, 자기방식으로 코드 심벌 등을 자동 판독하는 것이다.
- 읽어 들이고자 하는 심벌을 스캐너가 주사할 때,
- 그 심벌의 발행농도에 대응한 빛의 반사를 전기신호로 변환하며,
- 확인이후 정확하면 판독을 완료하고 본체로 결과를 전송한다.

■ 핸드 스캐너
- 레이저 광에 의한 휴대형 자동판독장치, 주사 빔이 심벌을 가로로 읽도록 심벌 면에 가볍게 접촉하여 바코드를 판독한다. 고정식에 비해 가벼운 면

은 있으나 한쪽 손으로 잡아야하기 때문에 한쪽 손은 사용하지 못하는 단점이 있다. 주로 편의점에서 사용한다.

■ 고정식 스캐너

- 상자형, 정치형의 자동주사식판독장치로써 상품이 장치윗면에 있는 판독창을 통과하면, 이를 감지하고 레이저빔을 주사하여 상품의 바코드 라벨을 판독한다.
- 심벌의 인쇄방향에는 관계가 없으나, 상품과의 거리가 10Cm이상이 떨어지면 판독이 어려워진다.

■ 전자저울

- 1차 식품 등 계량에 의해 판매하는 상품이다.
- 판매시 계량용 전자저울로 상품정보를 파악하여 라벨을 출력한다.

■ 핸드 터미널(Handy Held Terminel)

- 발주의 편리성을 추구하기 위하여 핸드 터미널을 사용하며, 발주 품목과 수량을 등록하여 발주내역을 거래처로 전송하는 장비이다. 소매업뿐 만 아니라, 도매업의 대리점관리 등에서 널리 사용된다.

■ 슬립 프린트

- POS 터미널에 연결되어 있으며, 주로 고객용 영수증과 감사용 두가지가 출력되고 있다.

⑦ POS시스템의 효과

- 판매 및 재고현황 등을 수시 파악, 상품회전율 향상과 판매효율화 가능
- 합리적 경영 : 점포사무작업 단순화, 상품매출, 재고관리 신속조회 등

〈표 10.4〉 소매점에서 POS 시스템의 효과

직접효과	간접효과	비 고
① 계산원의 생산성 향상 ② 오타 방지 ③ 상품명이 기록된 영수증의 발행 ④ 점포 사무작업의 간소화 ⑤ 가격표 부착 작업의 간소화 ⑥ 계산원 부정의 방지 ⑦ 고객의 부정 방지	⑧ 품절의 방지 ⑨ 잘 안 팔리는 제품의 신속한 제거 ⑩ 고수익상품 조기 파악과 판매촉진 ⑪ 신상품의 평가 기능 ⑫ 판촉활동에 대한 평가 기능	• 상품관리, 종업원관리, 고객관리 등을 용이 • 배송계획의 합리화와 유통센터 재고의 최소화

- 효율적인 정보 제공 : 품절방지 및 상품의 신속한 회전
- 고객 서비스 향상 : 고객관리(CRM) 및 고객의 부정방지 대책
- 효율적 인력관리 : 계산원의 관리, 생산성 향상, 노동스케쥴관리(LSP)

⑧ POS 시스템이 유통업체에 미치는 영향

- 매장관리 : 입력착오나 고객의 대기시간 단축
- 상품관리 : 단품관리, 자동발주 가격표 부착작업의 절감
- 고객관리 : 고객 데이터베이스 구축으로 고객서비스 향상
- 종업원관리 : 근무상황, 영업성적, 급여계산, 교육단축, 등록실수 방지
- 정보관리 : 수집된 정보를 데이터베이스화로 전략적 정보시스템구축.

POS 도입효과

POS 도입전		POS 도입후
1. 주문서와 계산기로 집계하여 장부 기장	마감업무	1. 주문 및 계산내역 자동집계 및 마감(정산) 보고서 출력
2. 영업도중 중간 입출금점검 불가능	현금관리	2. 영업 총 실시간현금관리, 중간 입출금관리, 대출관리 기능
3. 주문 및 배식을 위해 종업원이 테이블과 카운터, 주방 사이를 계속 왕복하며 서비스	종업원 동선	3. 메뉴 주문과 동시에 주방용 준문시 프린터로 자동 인쇄, 고객주문시(B괘지)자동 인쇄
4. 단순 경험에 의한 수요 예측으로 불용 재고 증가	수요예측	4. 다양한 매출분석 자료를 통한 정확한 수요예측 기능
5. 식자재 및 상품의 적정재고 파악 불가능, 악성재고 발생	재고관리	5. 각종 상품 및 자재의 입출고 내역 파악 가능, 현재고상황 파악 가능
6. 종업의 부정이나 실수로 인한 Loss발생	Loss관리	6. 매출자료를 데이터화하여 종업원 부정을 방지, Loss발생시 데이터 분석을 통한 추적 가능
7. 고객집중 시간의 카운터 적체 현상 발생	계산시간	7. 계산시간단축 및 영수증 발행시간 단축

〈그림 10.2〉 POS 시스템이 유통업체에 미치는 영향

⑨ POS 시스템이 제조업체에 미치는 이점

- 판매정보를 기초로 정확한 생산 계획을 수립
- 경쟁제품과의 가격동향파악, 판매가격조정
- 광고나 판매촉진의 효과측정
- 소비자 욕구에 맞춰 신제품 개발 및 기존제품을 개량
- 팔리지 않는 상품의 생산 중단 및 폐기결정
- 시장규모를 파악 각 사별 시장 점유율 파악
- 출고, 배송의 합리화
- 재고관리의 정확도 향상

(2) POS의 활용

① POS 시스템의 활용정보

- 상품정보 : 금액정보, 단품정보
- 고객정보 : 고객층정보, 개인정보

② POS 데이터의 활용단계

- 1단계 : 단순 상품 관리 단계(매출 속보, SKU/item별 매출 조회 등)
- 2단계 : 상품기획 및 판매장 효율성 향상 단계(판촉활동, 진열관리)
- 3단계 : 재고 관리 단계
- 4단계 : 마케팅 단계
- 5단계 : 전략적 경쟁 단계

③ POS 데이터의 활용 분야

- 상품정보 : 매출관리, 상품계획, 구매계획, 진열관리, 판촉계획, 발주, 재고관리
- 종업원관리
- 고객관리

〈표 10.5〉 POS정보의 활용분야

분야		목적	필요한 가공분석
상품정리 관리	매출관리	• 부문별 매출관리 • 매출 총 이익관리 • 시간대별 매출관리	시간대별 매출관리
	상품, 상품구매 계확관리	• 상품관리 • 인기상품, 비인기 상품관리 • 신상품 도입, 평가	상품의 판매동향 분석
	진열관리	판매장 배치계획	장바구니 분석
	판촉계획	• 적절한 판촉계획 • 적절한 판매가격 결정	판촉효과 분석
	발주, 재고관리	• 발주 권고 • 자동 보충 발주 • 판매량 예측	• 적정 발주량 산출 • 판매요인 분석
종업원 관리		• 계산원관리 • 자금계획의 자동화	계산원별 생산성 분석
고객관리		지역마케팅	• 지역별 판매분석 • 연령별 판매분석

④ POS데이터 활용

- 상품 구색에 활용 · 특매(행사) 효과에 활용
- 시간대별 분석 · 고객층별 매출 분석
- 병매 매출분석 · 선반 페이스 분석
- 재고 발주에 이용

⑤ POS시스템의 효과적인 이용

기업의 물류 시스템 및 상품관리 시스템을 활용함에 있어, 컴퓨터 처리에 사용되는 정보를 코드화가 필요하다. 상품이 이동하는 시점을 바코드 리더기 등으로 코드를 판독하여 이동 DATA를 처리할 때 필요한 상품명, 상품분류, 가격, 기타 정보 등을 상품코드를 이용해 처리하고, 이동처리 및 거래처 등의 상세한 정보를 각 마스터에 등록하여, POS로 수집한 매출DATA를 컴퓨터에서 집계 및 가공하는데 사용된다.

아무리 뛰어난 정보를 가지고 있어도 그것을 신속하게 수집 및 분석 활용되지 않으면 아무런 의미가 없다. 상품분류와 단품 정의를 코드화할 필요가 있다. 상품코드화를 위해서는 코드체계를 설정해야 하며, 코드체계란 어떤 규칙에 의하여 상품코드를 부여 하는 것이다.

⑥ POS 데이터의 분석

- 상관관계분석 상품요인분석, 영업요인분석
- 시계열분석 : 월별, 주별, 계절별 판매 분석
- 고객정보 분석 : 객수, 고객단가
- 매출분석 : 시간대별, 단품별
- 경쟁분석 : 경쟁사 대비 매출실적, 자사 타 점포 대비 매출실적

〈표 10.6〉 POS데이터의 분류

매출분석	부문별, 단품별, 시간대별, 계산원별 등
고객 정보 분석	고객 수, 고객단가, 부문별 고객 수, 부문별 고객단가 등
시계열 분석	전년 동기 대비, 전원 대비, 목표 대비 등
상관관계 분석	상품요인분석, 관리요인분석, 영업요인분석 등

⑦ POS 데이터의 주요 활용방법

- 단일상품 판매량 데이터상품의 매출파악 및신제품 상황을 파악한다.
- 분석데이터 판매량 파악으로 매입, 재고, 프로모션 입안수단으로 활용한다.
- 실험 데이터마케팅 조작 요인 측정한다.
- 소비자행동데이터 구입상품 내용분석, 관련 상품분석 소비자패널을 조사한다.

⑧ 상품정보관리

- ABC분석 : 매장의 상품군을 매출액 기준으로 구분하여 A 상품 군을 집중적으로 육성하고, C 상품군을 집중 관리시키는 분석기법이다.
- ABC분석은 매출 80%이상 A군, 15%이상 B군, 5%이상 C군, 매출과 상관없는 물품은 Z군으로 분류한다.
- 재고관리와 자동발주 가능
- 인력관리 : POS정보를 통해 필요업무나 인원을 적재적소에 배치.

⑨ POS 시스템 도입 효과와 문제점

■ 합리적인 경영 대책

- 매장의 영업 현황을 원하는 시점에 신속·정확하게 분석한다.
- 판매상황 등이 각종 보고서 형태로 출력되어 발행한다.
- 매장의 흐름을 한 눈에 파악할 수 있다.

■ 효율적인 정보 제공

매장 거래에 대한 각종 보고자료, 상품정보 등을 취합하고 분석한다. 악성재고 소진과 인기제품에 대한 즉각적인 발주를 함으로써, 판매 효과를 극대화시킨다.

■ 對고객 서비스 향상

고객 관리기능에 의한 편의 제공과 신속한 계산처리 등을 통한 점포의 이미지 향상 및 고객의 서비스 향상을 이룰 수 있다.

■ 인력 관리

자동매출분석 처리, 종업원들의 매출일보 작성 없어 업무능력향상, 재고파악·현금집계·업무마감 후의 작업이 간편해 지므로 종업원 수의 적절한 조정으로 재배치하여 인건비의 절감도 실현된다.

■ 판매 효과

- 상품의 판매는 정확한 상품 정보와 함께 관리에 의하여 이루어진다.
- 아무리 잘 팔리는 상품도 판매시기를 놓치면 재고가 된다.
- 성수기에 적정재고가 유지되어야 매출신장을 기대할 수 있다.
- 판매 및 재고현황 등 수시파악, 상품회전율향상과 판매효율화 제고된다.

⑩ POS시스템을 도입의 고려사항.

- POS시스템만 도입하면 모든 점포업무가 해결될 것이란 인식의 제고이다.
- POS시스템은 스토어 컨트롤러가 없이는 제반기능을 충분히 발휘할 수 없으므로, POS기기, 스토어 컨트롤러 및 스캐너, 라벨 발행기, 전자저울 등 주변 기기가 겸비된 시스템을 구축하여야 한다.
- 시스템 구축은 금전 등록기를 사용할 경우에 비하여 투자비용이 훨씬 많아지게 되므로, 기업들은 단기적 이익개념보다는 장기적인 안목을 가지고 투자개념으로 접근을 하여야 한다.
- POS시스템을 점포에 정착하여 설치효과를 높이기 위해서는, 전문적인 POS요원 양성, POS 시스템 공급자와 사용자 간에 충분한 사전 업무협의, 사용자의 완전한 교육을 실시한 후에 설치되어야 한다.

10.3 전자문서교환(E·D·I : Electronic Data Interchange)

(1) 개요

① 정의

POS나 KAN상품코드를 활용하여 컴퓨터 간 직접 자료교환을 통한 정보처리방식으로써, EOS(Electronic Order entry System)체계를 발전시킨 것이다.

기업조직 간, 기업들 간에 수, 발주 장부 및 지불청구서 등 기업서류를 전자적으로 컴퓨터 간에 교환할 수 있도록 제정된 기준이다. 각종 행정 및 상거래 문서를 서로 합의된 표준을 사용하여 컴퓨터 간의 통신을 통해 교환하는 것으로써, 빠르고 간편하게 업무를 처리한다. EDI 서비스 제공업자는 전자문서 교환에 앞서 메시징 시스템에 통지되는 이용자 식별코드와 비밀번호의 부여를 통해 메시징 시스템에의 접근을 제한하고 전자문서의 중계 및 전송 활동을 책임진다.

전자우편(e-mail)과 유사하나 컴퓨터간의 통신이라는 점에서 사람 간에 이뤄지는 전자우편은 데이터를 표현하는 구조화된 표현양식을 가지고 있지 않기 때문에 EDI와는 다르다. 필요한 데이터를 추출하여 재입력하여 컴퓨터에 의해 처리되는 유용한 데이터가 되기 위해서는 표준양식이 필요하다.

■ 구성요소
- EDI 표준
- EDI 서비스 제공업자 : 부가가치 통신망 사업자
- EDI 서비스 이용자 : 최종소비자
- EDI 사용자 시스템 : 하드, 소프트, 응용소프트웨어

〈표 10.7〉 EDI와 EC의 비교

EDI	EC
전자거래 〈	전자상거래
정보를 주고 받음	상업적인 거래
기업대 기업	기업대 소비자(가정)
특정한 상대 기초	불특정 다수 대상
국내 한정	국내/해외 대상
업계내	기업내외
Closed System	Open System

② EDI의 발전과정

〈역사〉

■ 1969년대 : 아이디어의 시기
- 미국 운송업계를 중심으로 EDI 활용 움직임
- 표준의 필요성 인식 및 산업표준 재정기구 결성(TCDD, 1968)

■ 1970년대 : 현실화의 시기
- 산업 및 국가 차원의 점진적인 EDI 활용
- 산업표준의 활용 및 국가표준 재정기수 결성(ANSI X.12, 1978)

- 1980년대 : 전면 수용의 시기
  - 국가 표준의 활용 및 EDI 이용의 전 산업에 확산
  - 국제적 차원의 EDI 추진 및 국제 표준 제정(UN/EDIFACT, 1987)
- 1990년대 : 통합화의 시기
  - 선진국 및 NICS 등 EDI 활용의 전 세계에 확산
  - EDI의 학문화 및 시스템의 통합화 움직임이 활발하게 일어남.
- EDI 표준

  EDI 표준은 기업표준으로부터 시작하여, 운송, 식품, 창고 등의 산업별표준으로 더 나아가 국가표준, 국제표준으로 발전하였다. 현재 국가표준으로는 북미지역의 표준인 ANSI X.1 2가 있으며, 국제표준으로는UN / EDIFACT가 있다.

  정보전달규약으로는 EDI 표준 중에 통신 프로토콜이라고도 부르며, 통신 신호의 방법과 데이터 전송속도 등과 같은 컴퓨터 접속 방법에 관한 규약이 있다.
- 우리나라의 도입 배경
  - 종이서류에 의한 수작업에 대한 업무적 한계

〈표 10.8〉 수행이유

기업생존에 필수적	• 산업내의 다른 기업과의 관계에서 필수적 • 기업의 유지에 필수적 • 거래 상대방의 EDI 도입 압력
비용절감의 필요성	• 서류 처리의 비용 절감 • 인건비 절감 • 신속한 정보전달로 재고 비용 절감
기업활동의 향상	• 신속한 정보전달로 기업이 재평가되어 신뢰도가 향상함 • 다른 경영지원시스템과의 통합이 가능함 • 노동생산성이 향상됨 • 보다 더 나은 정보로의 접근이 용이함
소비자의 반응	• 서비스의 신속성, 정확성 등으로 소비자의 반응이 좋아짐 • 판매 증진
유통경로상의 향상과 국제경쟁력의 향상	• 유통경로상의 향상 : 정보전달의 신속, 정확으로 인하여 유통경로 관계가 좋아진다. • 국제경쟁력의 향상

• 사회간접자본 부족, 교통체증의 증가
  → 유통과정에서 발생하는 부대비용 증가한다.
• 지방 중소기업의 균형적 발전이 필요
• 세계적인 무역자동화 및 정보화에 부응
  → 외국에서 EDI방식으로 처리함에 따라 국내서도 동일한 방식이 필요하다.

③ 목적

기업들과 신속한 정보교환, 데이터입력의 정확성 및 비용절감, 우편 및 전화비 감소, 서류처리비용 감소 등 엄청난 효과를 제공한다. 불필요한 인적, 물적 자원의 낭비를 줄이고 신속한 업무처리를 통해 개별 기업과 국가 전체의 경쟁력을 강화시킬 수 있다.

■ 유통기업의 경영측면
주문에 대한 지연과 오차감소, 비용절감, 대고객 서비스의 질적 향상되고, 관련 물류업자(물류센터, 운송업자), 금융기관, 행정기관과 공유가 필요하다. 제조업체는 올 라인 출고・적재와 운송현황, 청구서 등 일체의 주문 처리사항을 모두 소매점에게 통보하게 된다.

■ 유통기업의 관리측면
주문기간단축, 재고관리 효율성증대, 사무처리 인원 감축과 수・발주 착오 축소, 처리시간 단축, 물류업무 효율화 등이 있다. 제조회사와 소매회사는 상품 재고회전율 및 매출 예측 등의 정보 교환을 상호간에 로우 코스트(Low Cost)로 신속하게 행하게 된다.

〈표 10.9〉 EDI 시스템의 장·단점

장 점	단 점
• 정확한 자료 교환으로 개선된 환경, 신속한 처리로 양질의 서비스 제공. • 간편한 서류업무로 각종 인건비가 감소되어 경영비용을 줄일 수 있다. • 주문, 운송, 출고 등 정확한 상황파악으로 소요시간 단축. • 가격의 변동, 시장 변화, 재고 상태를 신속히 알 수 있어 고객서비스의 향상.	• 주문·출고 등이 빠르게 이루어지기 때문에 변경하기가 곤란하다. • 최초로 정보 전달 표준화를 만들기가 어렵다. • 거래 대상의 시스템 수가 많은 경우 전송되는 정보의 보관, 통제가 어렵다. • 전자문서 교환 시스템을 갖추지 않은 상대방과는 의사 소통에 어려움이 있다.

(2) 시스템의 도입

① 도입효과

■ 직접적 효과 : 상품보관 비용 및 정보처리비용의 감소
- 문서처리의 자동화로 인한 거래시간의 단축 및 오류감소
- 협력업체의 반품 및 수주비용의 절감과 고객서비스 향상
- 문서처리의 자동화로 인한 협력업체간의 절차 및 배달시간 감소

■ 간접적 효과 : 인력 및 자금관리에 효율성을 증대
- 인력절감, 재고감소, 정보의 검증 및 보호 기능으로 효율성이 증대
- 물류의 효율화와 시스템 투자의 경감, 종이 문서로 인한 오류 제거
- 거래선의 확대 및 공동 사업화가 용이

■ 전략적 효과 : 전략적 정보시스템 구축이 가능
- 거래 상대방과의 관계개선, 경쟁우위확보 등
- 불필요한 교통유발 방지 및 항만적재 해소

〈표 10.10〉 EDI 시스템의 도입효과

구 분	기대되는 효과
직접적인 효과 (Direct Benefits)	무서 거래의 단축, 자료의 재입력 방지, 업무 처리의 오류 감소, 업무 처리 비용의 감소
간접적인 효과 (Indirect Benefits)	재고 감소, 효율적인 인력 활용, 관리의 효율성 증대, 고객 서비스 향상, 효율적인 자금 관리
전략적인 효과 (Strategic Benefits)	재고 감소, 효율적인 인력 활용, 관리의 효율성 증대, 고객 서비스 향상, 효율적인 자금 관리

② EDI 도입의 문제점 및 해결방안

〈EDI 도입〉

■ 문제점

새로운 변화에 대한 무지와 오해, 거래상대방과의 관계 변화 우려와, 투자비용의 회수 및 효과의 의구심이다.

■ 해결방안

최고경영자의 강력한 의지 표명, 각 부서 참여 유도 및 교육 실시하고, 정보

공유, 상호신뢰로 관계증진 설득, 기존 PC 활용, 전략효과를 강조한다.

〈EDI 실행〉

■ 문제점

부서 간 또는 회사 간의 비협조와 EDI의 기술적 복잡성 우려와, EDI 표준의 변경에 대한 우려이다.

■ 해결방안

- 실행 초기부터 관련부서 참여와 EDI전문 업체의 기술지원 및 교육,
- 공공표준 채택, 변환 서비스 이용.

〈EDI 통제〉

■ 문제점

업무의 통제 상실에 대한 우려, 전자문서의 효력에 대한 의구심과 데이터의 안정성 및 보안, 감사 기능의 약화에 대한 우려가 생긴다.

■ 해결방안

사용자 ID, 비밀번호부여로 통제, 무역자동화특별법, 거래약정 체결, 데이터 암호화 및 인증 기능, log file 생성으로 감사추적이 용이하다.

③ EDI시스템의 효과적인 확산과 성공추구 방향제시.

■ 효과적인 방향

- EDI사업은 국가적 사업이므로 국가차원에서 행정업무를 재검토하여 가장 합리적인 절차와 제도를 도출해야 한다. 글로벌기업경쟁력을 강화하기 위해서는 제반부분에서 혁신적인 조치들을 지속해야 한다. 정부기관 내부업무와 외부에서 발생하는 업무처리가 바뀌어야 한다. 서류폐지와 통합 등 제도적으로 정비하여 제반 낭비를 없애야 한다. 정부가 제반 행정업무에 EDI를 도입하면 큰 효과를 기대할 수 있다.
- 미국은 1993년 Clinton대통령 결제로 1997년부터 IRS 세무행정, 연방 및 주정부 의료보험, 통계국 통계조사, 증권감독원 상장기업재무제표 접수업무와 모든 연방정부 구매는 EDI를 통해서 시행하고 있다.

■ 성공추구 방향제시

- EDI를 수용할 수 있도록 제도적인 정비가 있어야 한다. 1991년 "무역업무자동화촉진에 관한 법률"제정으로 전자문서와 전자서명의 법적효력과 증거능력은 인정되었다. 그러나 효율적 무역업무 자동화를 위해서는 관세법

등 관련 법령의 제정과 정비가 필요하다. 정부는 EDI전자문서 문서표준 제정과 보급노력이 강화되어야 한다. EDI기관의 기능과 역할이 강화되고 정부와 유관기관이 참여하여 각 부문별로 표준전자문서 개발과 보급, 대상범위가 확대되어야 한다.

- 업무시점에서 종점까지 사업전반에 걸쳐서 종종이종간의 효과적인 상호 연계를 위한 업무자동화가 필요하다. 정부는 장애요인제거를 위한 통합 시스템 구축과 각 시스템별 추진일정의 조정이 필요하다. 사용자 소프트웨어의 구입에 대한 정책적 지원이다. 현재 사용자 소프트웨어 가격수준은 중소업체들에게 부담이 된다. 따라서 업체들에게 사용자 소프트웨어들에 대한 구입자금 지원정책이 필요하다.

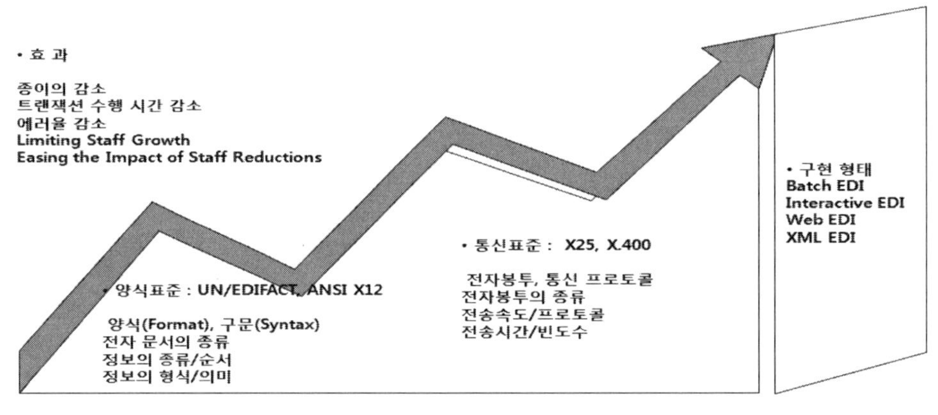

〈그림 10.3〉 EDI 발전방향

(3) E · D · I 활용 사례

① 일본 카오(花王)사와 자스코사의 제휴

■ 개요

- 일본 대표 마케팅회사 카오(花王)사와 소매체인인 자스코가 제휴된다.
- EDI를 통한 공동운명체수준의 상품 자동발주와 발주시스템이 가동된다.
- 소매점의 판매정보를 이용해서 상품개발과 생산, 물류로 연결된다.

■ 양 사 간의 제휴 내용

- 자스코 점포 POS정보를 매일 온라인으로 카오사에 제공한다.
- 판매상황을 근거로 판매수량을 예측하는 프로그램을 공동으로 개발한다.

• 카오사는 POS정보를 바탕으로 전표를 사용하지 않고 상품 생산한다.
• 자스코는 카오사 납품에 대해 입회 검사없이 박스 개수를 확인한다.
• 양사는 공동으로 진열대 배치 시스템을 개발한다.
• 대금결제도 EDI로 한다.

■ 배경

전통적인 관리방식에 대한 합리성을 위한 내부의 필요 충족과, 소매업의 시장 주도권을 이해하고 사전 판매예측과 적기 납품으로 자사 계획생산과 적정재고를 확보하여 자사 재고관리 부담을 축소한다. 효과측면에서 업무처리의 생산성 향상과 관리기능의 합리화를 기대한다. POS데이터가 명확하면 제조업자는 유통관리기능을 수행하지 않는다. 이러한 전략적 제휴는 거래비용 절감을 위한 EDI의 응용에 기초된다.

■ 교훈

소매상은 제조업자와 독립적으로 마케팅 프로그램을 만들어야 한다. 양쪽은 거래협상에서 상대방의 희생으로 이익을 얻으려는 대립적인 시도가 아니라, 구매자와 판매자는 쌍방이익을 얻는 거래관계 구축이다.

소매상이 재고가 떨어지면 주문하는 것이 아니라, POS데이터공유로 생산자가 자동적으로 제품을 소매상에게 보내는 계약을 맺는 것이다.

② 월마트와 P&G의 동맹 체계.

■ 개요

세계적 제조회사 P&G와 세계 최대 소매기업인 월마트와 동맹관계이다. 월마트는 1986년 QR(Quick Response : 즉시 응답체계)에 착수하였다. 거래처와 전자데이터교환(EDI)이후,EOS에 의한 보충발주 도입하였고, 1981년 모든 전표 무종이화, 온라인처리에 의한 무오진화(無誤謬化)되었다.

■ 월마트의 입지전략

• K마트경영진의 무모한 확장, 월마트는 내실 다지며 성장발판을 마련하였다.
• 1962년(K마트 할인점사업 시작) 아칸소州 로저스, 첫째 할인점을 개설하였다.
• 자본열세와 후발업자의 한계극복위하여 농촌지역 소도시 사업기반을 세웠다.
• 기존경쟁 미미하여 진입 쉽고, 향후 시장선점으로 진입장벽 구축하였다.

- 소도시에서 다양한 상품진열과 낮은 가격의 판매는 지역잡화점의 상권영역의 잠식과 원거리 구매자들까지도 흡수할 수 있기 때문이다.
- 구매들의 접근을 용이하게 하기 위해서 고속도로 상에 위치한다.
- 1980년대에는 소비자생활 및 주거패턴이 도심에서 교외이동, 활기

■ 창업자 샘 월턴은 경영전략을 "상시저가판매와 고객만족"으로 설정.

- 가능한 낮은 가격으로 상품을 공급할 수 있는 모든 방법을 강구한다.
- 초기 월마트는 양질의 제품구입채널이 없어, 상품 질과 구색을 열세한다.
- 원가절감을 위하여 점포건설비용이나 임대료를 최소한으로 억제한다.
- 점포들이 냉방장치도 없는 허름한 건물에 조악한 상품진열대를 구비한다.
- 「상시저가판매」라는 당초 원칙에 타협의 여지를 두지 않는다.

■ 핵심을 고수한 월마트

월마트는 저가판매 고수와 고객만족을 통한 수익증대를 동시 추구한다. 보다 양질의 상품과 쾌적하고 현대적인 매장이 필수적임을 인지한다.

샘 월턴은 양질의 상품, 다양한 구색, 쾌적한 쇼핑환경을 위한 노력이다. 저가상품공급, 재고회전률 극대화, 효율적 배송망구축이 경영핵심이다. K마트, 타겟 대비, 월마트는 기존 이익중시유통채널에 접근을 못한다.

■ 정보관리체계

샘 월턴의 결정 : 효율성·신뢰성중심의 독자배급 물류체계의 구축

- 1969년 11월 아칸소州 벤턴빌에 월마트 최초의 물류센터를 건설하였다.
- 월마트물류시스템은 지속적인 발전으로 월마트성공의 원동력이 되었다.
- 전년거래실적대비 고정가격의 쌍방 데이터 교환 가격표시제도를 제거하였다.

■ 1970년대 구축한 크로스 도킹(cross-docking) 유통센터 배송 시스템

- 월마트가 원가측면에서 경쟁자들을 압도할 수 있는 기초가 된다.
- 소량상품은 물론, 보다 빈번한 배송까지 컴퓨터로 효율적인 처리이다.
- 당시는 공급자상품을 각 매장배송이전의 적재개념은 획기적인 발상이다.
- 대규모 상품배송과 분류상품경우, 자동화 분류시스템으로 표준화한다.
- 물류센터에서 박스로 포장, 개별점포에 보다 빠르고 저렴한 배송이다.
- 자사핵심역량 강화, 경쟁사 장점은 벤치마킹, 강력한 성장의 발판이다.

■ OR체계 : 거래처별 POS데이터 전송, 데이터에 의한 부문관리

- 점포별, 상품별, 보충발주와 출하 배송센터 점두 입하데이터를 처리한다.

- 인기, 유행상품 등 상품구색 확보 계획인 "모델 스톡 플랜"을 실시한다.
- 벤더상품 보충발주체계, 계약가격 협의 등 부문관리로 검품을 생략한다.
- 공급리더타임이 단축되고 대폭적인 재고축소와 원가절감이 실현한다.

■ 저스트인타임(Just-In-Time: JIT)에 의한 공급체계와 신속한 배송체계
- 수천 개의 벤더관리체계와 고객욕구에 부응하는 판매체계를 구축한다.
- 1995년 4월까지 잔디, 원예용품 부문의 시스템화를 완성을 실현한다.
- 연간 6백만 달러이상의 원가절감으로 고객만족을 실현노력을 경주하였다.

〈월마트의 성공전략〉

■ QR의 개선
- 고객서비스 기능의 개선과 고객니즈의 신속화가 촉진된다.
- 전자식가격변경, 현금업무자동화, 점포간 정보전달 자동화, 금전 등이 있다.
- P&G와 GE(제너럴 일렉트릭)등 대형 기업에 POS정보를 적극 제공한다.
- 메이커는 생산계획부터 기업노하우바탕, 매일저가격판매정책을 지원한다.
- 매출증대, 재고삭감, 적시, 적량, 적품 등 성장이익을 소비자에게 환원한다.
- 계속적인 소비자 지지를 확보하는 것이 상호 성장을 지속하는 첩경.
- 자사와 거래기업 말단까지 침투, 정보기술합리화를 최대한 활용한다.

■ 전략동맹을 성공시키는 요인

시대의 흐름의 정확한 인식이 무엇보다 중요하다.

■ 기술혁신 발상의 원칙 : 제조, 비용, 판매 등 일체화
- 메이커중심 유통경로정책과 소매업구매력중심 지배력시대는 지났다.
- 생산, 물류, 판매시스템의 거점을 물적 생산수단보유와 소유로 인정한다.
- 상호 소유와 특화된 전문기능활용, 협동과 네트워크화 세계화 추세이다.
- 최적구조를 종합시스템의 이노베이션이 전략동맹의 근본으로 변화한다.

■ 이해공유화의 원칙 : 공통이해와 협력으로 상생협력체계 유지한다.
- 메이커나 도매업, 소매업은 각각 수행하는 기능과 역할은 상이하다.
- 최종소비자평가와 상품구매, 고객만족과 충성도확보는 공통의 입장이다.

■ 정보와 시스템의 공유화원칙 : 상호간에 기능과 역할을 존중한다.
- 소비자가 원하고 있는 시장의 니즈와 정보를 상호간에 공유한다.
- 정보의 공유로 보다 더 높은 차원에서 고객만족을 실현이 가능하다.
- P&G가 월마트에 전문가파견, 각 분야별 전문가와 상호간에 협력한다.

■ 새로운 시장기회와 사업기회의 공유화 원칙 : 소비자이익 확대한다.
  • 보다 더 풍부하게 생활실현을 추구를 위해서 새로운 생활가치 창조한다.
  • 수요창조, 시장개발, 고객창조 등 새로운 시장기회와 기업성과 향상한다.
  • 소비자 위한 신 시장패러다임 전환, 생산, 공급, 판매 등 기회창출한다.
  • 전략동맹의 확대로 불필요한 비용 삭감과 소비자이익 확대가 목표이다.

■ 상호공급기획예측프로그램(CPFR) 구축.
  • 90년대 중반 월마트와 P&G, 대형유통업체와 대형제조업체간 사용한다.
  • 상호 협의를 통해 판매계획, 수요예측, 생산계획과 재고관리 수행한다.
  • 불필요한 비용을 줄이는 양사 공급망 연계된 수급망 혁신 프로그램이다.

③ 이마트와 삼성전자 공급관리시스템

〈삼성전자의 EDI체계〉

■ 1989년부터 부가가치통신망(VAN) 노하우바탕
  • 1990년에는 1차적으로 수출경리결산업무 도입
  • 1992년 초 무역협회 종합무역자동화 추진단과 함께 시스템 도입
  • 1993년 1월에 전사적인 EDI형 수출통합시스템을 구성
  • 1994년, 국내 최초 EDI도입, 업무단계별로 무역자동화시스템 운영
  • 2004년부터 미국의 대형 유통업체인 '베스트바이'와 CPFR을 운영

〈표 10.11〉 EDI 적용에 따른 효과

구분	EDI 추진 전	EDI 추진 후	효과
인적이동	5,776명	0명	5,776명 유동 인력 제거
소요기일	25일(절차 53단계)	5일(절차 17단계)	Lead-Time 단축 20일(36단계 제거) L/C → E/L → LOCAL → 반출 → 선적 → 외부기관 → NEGO → 결산
기회비용	인건비 &교통비 7,594백만원	인건비 &교통비 25백만원	7,569백만원 절감
서류/양	620박스	30박스	양식폐기(590박스) 경쟁력 강화 효율성 제고
전달방법	팩스 혹은 인편	EDI	

■ 효과

- 업무처리시간 단축과 유동인력의 ZERO : 인원효율화, 인건비를 절감한다.
- 리더타임의 단축과 업무절차 간소화로 비용절감효과의 극대화를 달성한다.

■ 국내 최초의 실질적 '제판 동맹'을 위해 CPFR 구축

- 신세계 이마트와 삼성전자가 물류 · 유통혁신을 위해 전략적 제휴
- 양사 수급망의 연계시스템인 상호공급기획예측프로그램(CPFR) 구축
- '제판(製販) 동맹'으로 상호 전산망 프로그램까지 공유는 국내 처음
- 이마트는 안정적 물량확보, 삼성전자는 생산 및 재고물량 오차 축소
- 소비자는 필요제품을 적기에 구입하는 동시, 최대한 빨리 배송 가능

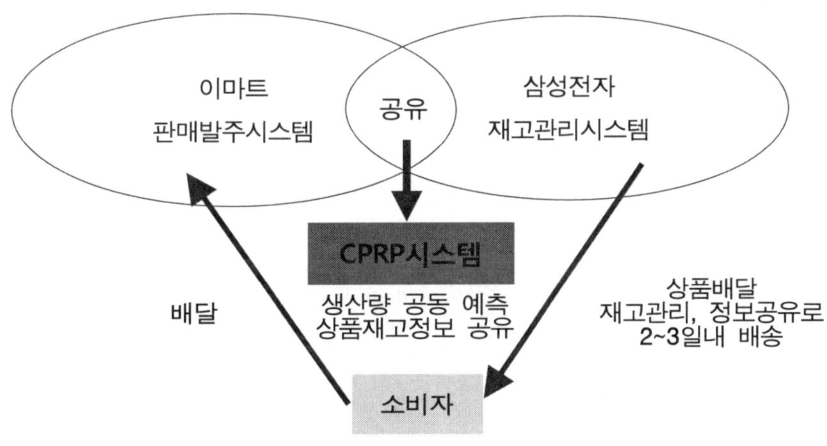

〈그림 10.4〉 CPRP시스템 운영방식

〈시스템 구축의 효과〉

■ 생산자 · 판매자 · 소비자 모두 윈윈체계

- 주력 판매모델 선정 및 프로모션 활동, 주간 단위 판매물량 예측된다.
- 주간별 판촉제품과 물량을 입력하면 이를 토대로 수요예측과 생산된다.
- 재고물량 오차범위를 5% 미만유지, 창고 및 물류비용을 크게 절감된다.
- 안정적인 물량확보로 배송지연 등 판매기회 로스 최소화가 가능하다.
- 소비자는 항상 니즈상품의 즉시구매와 배송기간의 단축(2~3일)된다.

■ 제판동맹의 확산.

- 각종 사업정보 공유로 중장기 영업정책과 판촉 및 판매계획을 수립한다.
- 대고객 서비스 향상과 30%이상의 매출증대가 가능할 것으로 기대한다.

• 향후 하이마트, 홈플러스 등 기타 유통채널로 시스템이 확대 기대한다.
• 가전업계 1위인 LG도 아직 CPFR시스템이 없지만 향후 구축계획한다.
• 더욱 체계적이고 효율적인 판매 및 서비스가 이뤄질 것으로 기대한다.

4) 전사적 자원 관리(E · R · P: Enterprise Resource Planning)

(1) 개요

① 정의

기업의 모든 자원에 대하여 계획하고 활용하는 기업자원관리시스템이다.

기업 내 모든 인적 · 물적 자원을 정보기술에 활용하여 통합 관리하여기업의 경쟁력을 강화시키기 위한 통합 정보시스템 전략을 말한다. 생산관리, 물류관리, 회계관리 등 기업업무들이 단위별로 전산화되고 각 단위의 재통합과 세분화로 종이 없는 사무실을 구현하는 시스템이다.

■ 제조업생산의 자재소요량계획(MRP : Material Requirements Planning). 제조업의 핵인 재무, 유통, 기타 업무들을 목적지향으로 조화롭게 통합한 소프트웨어 어플리케이션의 묶음으로 차세대 업무시스템이다.[1)]
영업수주에서 손익분석까지의 생산 · 구매 · 물류 · 회계 · 원가관리와 실시간으로 통합관리 체계구축을 위한 시스템인프라 구축을 말한다.

② 기능적 특징

• 통합업무 시스템이다.
• 세계적인 표준 업무프로세스이다.
• 그룹웨어와 연동이 가능하다.
• 파라미터 지정에 의해 개발되어진다.
• 확장 및 연계성이 뛰어난 오픈 시스템이다.
• 글로벌 대응이 가능하다.
• 의사결정에 필요한 경영자 정보를 제공한다.
• 전자문서교환(EDI)과 전자거래 대응이 가능하다.

---

1) (Gartner, 1995)

③ 시스템도입 목표

수요예측과 구매, 생산, 물류, 회계 등 회사 전반의 업무과정에 대하여 통합처리와 정확하고 효율적인 물류와 재무를 실현하여 이익의 극대화한다. 기업의 한정된 자원을 효율적으로 수행할 수 있도록 시스템적 지원과 고객과 협력업체 등 전체 공급사슬에 대한 최적의 통합된 의사결정이다. 기업자원을 효율적으로 활용하여 고객서비스 향상과 생산성 극대화로 기업이윤극대화를 추구할 수 있도록 기업정보를 통합하는 시스템 구축한다.

④ 도입효과

- 업무처리 생산성 향상, 중복업무의 완전배제된다.
- 동일한 이슈에 대한 동일한 정보인식관리, 정보의 지역적 한계를 극복한다.
- 업무표준화, 업무개선 및 업무혁신, 경영관리 및 업무 노하우 향상이 된다.
- 기업이미지향상, 대 고객 서비스 질의 향상 등이 있다.

⑤ 위상과 구축방법

생산자재를 계획하기 위한 기법인 자재소요량계획(MRP)에서 출발하여 이제는 기업의 주요 경영기능들에 대한 통합적 관리방법으로 발전한다.

시스템의 성공적 도입을 위해서는 비즈니스 리엔지니어링(BPR)과 연계, 구축하여 완전한 기업업무 프로세스 표준화가 앞서야 한다.

10.4 전자상거래

(1) 전자상거래시대

① 전자상거래의 의미

인터넷에서 전시된 물건을 소비자가 쇼핑하고 인터넷을 통해 주문 및 결제하고 구입하는 '인터넷 비즈니스'를 말한다. 인터넷을 매개로 한 제반 거래행위 즉, 인터넷을 이용하여 다양한 형태의 상품 및 서비스를 제공하고 그에 대한 보상을 받는 모든 거래 행위이다. 비즈니스의 파괴자이며, 새로운 창조자로서 무한한 가능성의 기회를 제공한다.

■ 전자상거래는 고객중심으로서 권력이동이 가속화 된다.[2)]

• 고객관계와 경쟁에서 근본적인 변화를 초래하고 있다는 의미

■ 인터넷이 경쟁의 기본 틀을 변경시키고 소매업 변화를 유발시킨다.[3)]

• 전자상거래에서는"이익이 영업보다 클릭에 의해 발생"한다는 의미

■ 인터넷시대의 개박으로 인터넷 쇼핑몰이 변화

■ 초이스 보드의 시대 : 전자상거래가 일반화, 생활화.

• 고객들이 제품의 설계에 대한 통제권을 갖게 됨으로써 새로운 양상.

■ 전자상거래 활성화로 다양하게 발전

• B2B(기업이 기업을 대상으로 하는 전자상거래)

• B2C(기업이 개인고객을 대상으로 하는 전자상거래)

• B2G(기업이 정부를 대상으로 하는 전자상거래)

• P2P(개인과 개인간의 전자상거래)

• G2C(정부와 소비자간의 거래)

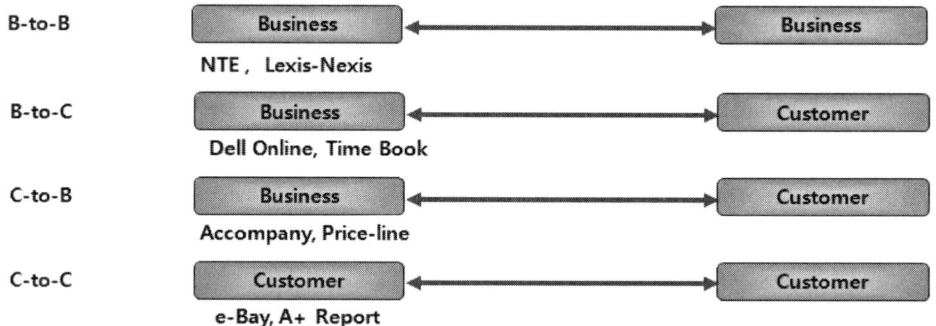

〈그림 10.5〉 거래 주체에 따른 분류

② 인터넷 비즈니스와 전자상거래 간의 관계

• 인터넷 비즈니스 영역 : Online Network Game, Content Provider

• 전자상거래 영역 : EDI, CALS

• 공통 영역 : Cyber ShoppingMall 등

2) 슬리 보츠키(경영 컨설턴트)
3) 크리스 텐센

〈표 10.12〉 Business 형태에 따른 분류

구 분	내 용
판매형	제품 중심형 Model : Category Killer형, Mall형 서비스 중심형 Model : 서비스 직접 제공형
중개형	경매형 Model : 순경매형, 역경매형 서비스 중개형 Model : 서비스 간접 참여형 광고형 Model : Network형, Event형
마케팅형	정보 생산형 Model : 정보 출판, Internet-oriented형 정보 검색형 Model : Contents Link, Customizing, Contents한정형
정보제공형	시장 조사형 Model : Market Research형 고객 지원형 Model : 고객 서비스형
Community	종합형 Model : Portal형 특화형 Model : Specialized Community형

③ 인터넷의 특징 및 장점

일방적 정보전달방식을 깨고, 상호 작용의 커뮤니케이션이 가능하게 된다. 여러 네트워크가 자발적으로 연결되어 있기 때문에, 포괄적인 지배를 가지는 특정한 관리자가 등장하기 어렵다. 중앙집권적이고 수직적인 조직 원리를 분권적이고 유연한 조직원리로 나아가도록 촉진한다. 가상공간의 공동체와 시민 사회의 영향력을 강화하여 새롭고 다양한 인간관계의 형성을 가능케 한다.

④ 인트라넷과 엑스트라넷

- 인트라넷(Intranet)
  - 기업 내부 업무의 효율을 높이기 위해 내부에서 사용하는 인터넷이다.
  - 보안정치에 의해 특정기업이 독점할 수 있는 인터넷이다
- 엑스트라넷(Extranet) : 인트라넷의 확장개념.
  - 관련기업 간 보안문제를 걱정하지 않고 전용망처럼 활용하는 인터넷이다.
  - 서로 연결된 기업과 기업 간에만 사용되는 인터넷, 기업외부와 사용한다.

〈표 10.13〉 인터넷, 인트라넷, 엑스트라넷의 비교

구분	인터넷	인트라넷	엑스트라넷
접속	공개적	비공개적	반공개적
사용자	제한 없음	특정 기업(집단) 내 소속원	고객, 공급자, 사업 파트너 등
응용	• 정보 공유 • 정보 검색 • 광고 선전 • 유즈넷	• 기업 내 정보 및 자원 공유 • 내부 의견 교환 • 교육 훈련	• 수주, 발주 • 제품 카탈로그 • 비공개 뉴스그룹 • 공동 프로젝트 공동관리

■ e-비즈니스

- 전자상거래보다 넓은 의미의 비즈니스를 말한다.
- 전자매체의 거래행위이외 온라인 비즈니스 고객 및 업체와의 관계, 정보의 흐름 등을 나타내는 개념이다.

■ 비즈니스

- 인터넷상에서 이루어지는 업무로 e-비즈니스보다 작은 개념이다.
- 인터넷 거래행위를 포함한 모든 업무, 정보의 흐름 등을 말한다.

(2) 인터넷 비즈니스 모델

① Internet Business Model의 구성요소

- 3C(Contents, Community, Commerce)
- 인터넷 이용자들이 반드시 거쳐야 하는 관문 사이트, 핵심적인 구성요소

■ Contents

- 의미 : 인터넷이나 컴퓨터 화면에 흐르는 문자나 그림, 음성, 동영상 등으로 구성된 각 분야의 정보를 말한다.
- 소위 말하는 저작물에 해당되는 모든 것이 컨텐츠이다.
- 상품정보, 가격비교정보, 온라인용 강의, 뉴스, 음악, 동영상
- 컨텐츠와 소프트웨어의 차이 : 소프트웨어를 이용하여 창조되는 문장, 그림, 영상 등을 구별할 필요에서 컨텐츠란 단어를 사용한다.

■ Community

- 의미 : 네트워크상에서 인간관계를 형성해 주고 그 구성원들의 요구를 파

악하여 충족시켜주고 창출하는 공간. Ex) 동호회, 게시판, 채팅 공간이다.

- 의의 : 전 세계 사람들과 공동의 주제를 가지고 의견을 공유할 수 있는 가상 공동체를 형성하고, 그 공동체의 일원으로 참여 할 수 있는 것이다.

■ Commerce

- 의미 : 인터넷 등의 네트워크를 통해 거래되는 유형, 무형의 상품과 서비스로 이루어지는 상거래이다.

■ 커머스 그 자체가 디지털 경제 또는 인터넷 비즈니스의 실체이다.

- 생산재, 소비재 등 모든 재화의 인터넷망을 이용한 교환을 말한다.
- 항공권예약, 호텔 예약, 컴퓨터관련 부품, 주식, 보험, 책, CD 등이 있다.
- 인터넷을 통해 거래하는 것이 기존의 전통적인 상거래보다 유리하다.
- 농산품, 공산품 등의 유통분야에도서 인터넷 커머스가 확산되었다.

② Yahoo의 Internet Business Model 실현 과정

■ Contents 구축 홍보를 통해 회원확보

Community를 구성하여 회원수가 수익성확보수준에 달하고 고정방문객으로 고착되면, 상거래 활동(판매 및 중개)으로 수익을 창출한다. 상거래를 시작하기 위해서는 무엇보다 공동체에 고정적으로 방문하는 고객을 다수 확보하고 그 저변확대를 위한 기반을 확보한다.

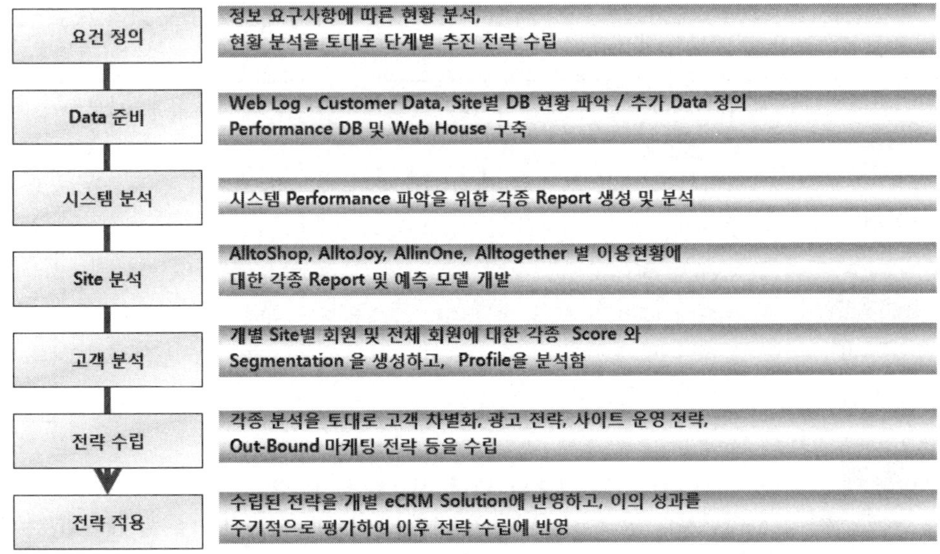

〈그림 13.6〉 추진 절차

■ 전형적인 Internet business의 전개과정

Contents, Community, Commerce 등 인터넷 비즈니스 전개과정이다.

- 각종 정보를 Contents화 한 다음, 무료 Web검색 및 포털사업 선점
- 무료 E-mail, 채팅공간확보 등으로 Community활성화에 성공
- 매출의 60~80%를 차지하는 광고수입으로 흑자실현
- 대대적인 홍보를 통해 세계최대의 포털로 성장

10.5 무선식별 주파수 인식 시스템(RFID : Radio Frequency Identification)

① 개요

RFID는 무선식별. 주파수 인식 시스템이다. 무선 주파수(RF, Radio Frequency)를 이용하여 대상(물건, 사람 등)을 식별할 수 있는 기술이다.

〈표 10.14〉 구성요소

활용 분야	원 리
[태그]	• 상품에 부착되며 데이터가 입력되는 IC 칩과 안테나로 구성 • 리더와 교신하여 데이터를 무선으로 리더에 전송 • 배터리 내장 유무에 따라 능동형과 수동형으로 구분됨
[안테나]	• 무선주파수를 발사하며 태그로부터 전송된 데이터를 수신하여 리더로 전달함 • 다양한 형태와 크기로 제작 가능하며 태그의 크기를 결정하는 중요한 요소임
[리더]	• 주파수 발신을 제어하고 태그로부터 수신된 데이터를 해독함 • 용도에 따라 고정형, 이동형, 휴대용으로 구분 • 안테나 및 RF회로, 변/복조기, 실시간 신호처리 모듈, 프로토콜 프로세서 등으로 구성
[호스트]	• 한개 또는 다수의 태그로부터 읽어 들인 데이터를 처리함 • 분산되어 있는 다수의 리더 시스템을 관리함 • 리더부터 발생하는 대량의 태그 데이터를 처리하기 위해 에이전트 기반의 분산 계층 구조로 되어 있음

좁게 보면 바코드를 대체할 신기술로 제품(또는 해당 대상)에 태그를 붙여 사물과 주변정보를 주파수로 전송, 검색대(혹은 리더기)를 통해 정보를 처리하는 비접촉식 데이터 인식 기술이다. 기존의 바코드시스템이 읽기만 가능한 것과는 달리, RFID는 읽기와 쓰기가 가능하고 동시에 여러 개의 아이템처리가 가능해 획기적인 신기술로 써, SCM에 획기적인 발전을 가져오는 기술로 주목받고 있다.

RFID 기술은 응용별로 주파수 대역을 달리하여 여러 분야에 적용할 수 있는 범용성을 가지고 있다. 따라서 특별한 충돌 없이 기존 산업에 자연스럽게 적용시켜 활용할 수 있다는 것이 가장 큰 장점이다.

② 기술의 장단점

■ 장점

송수신기와 태그가 비접촉방식으로 두개가 데이터를 기록

- 대중교통요금을 손가방에 카드를 넣은 상태에서 근접하여 지불한다.
- 수퍼마켓에서 구입상품을 비접촉식 스마트카드로부터 대금을 지불한다.

■ 유통물류 자동화로 물류비 절감 효과

- 유통물류에서 재고관리, 발주관리 등 자동화로 작업오류를 방지한다.
- 물류작업에 따른 로스비율이 급격하게 줄어들면서 효율성이 향상된다.
- 생산자측면에서 상품추적이 가능하여 배송도중의 기회손실을 방지한다.
- 매장에서도 가격관리나 품절 방지가 한층 수월해진다.

〈표 10.15〉 태그의 종류별 특징

방식별	구분	원 리
읽기/쓰기 가능여부	읽기전용	• 제조 시 정보 입력, 정보내용은 변경 불가 • 가격이 저렴하여 바코드와 같이 단순인식 분야 사용
	한번쓰기 가능	• 사용자가 데이터를 1회 입력할 수 있으며 입력 후에는 변경 불가
	읽기/쓰기 가능	• 여러 번 데이터 입력과 변경이 가능 • 가격은 높지만 고가 상품 등에 활용 가능
태그 전원유무	능동형 (Active)	• 태그에 배터리가 부착, 수십m 원거리 통신용 • 가격 고가, 수명 제한, UHF대역이상에서사용
	수동형 (Passive)	• 태그에 배터리가 없으며, 10m 이내 근거리 통신용 • 가격 저렴, 수명 반영구적(약 10년이상)

■ 단점

높은 가격 : 송수신기(Transponder)가격이 제품가격에 비해 비싸다.

• 바코드처럼 레이블에 상품코드를 바로 인쇄할 수 없는 단점이다.

■ 사생활 침해 : 상품기록이 칩에 저장되어 추적이 가능하다.

• 소비자들은 감시당한다고 생각해 심한 거부감을 갖게 될 수 있다.

③ 작동원리

칩과 안테나로 구성된 태그에 활용 목적에 맞는 정보를 입력하고 박스, 팔레트, 자동차 등에 부착한다. 게이트, 계산대, 톨게이트 등에 부착된 리더에서 안테나를 통해 발사된 주파수가 태그에 접촉한다.

• 태그는 주파수에 반응하여 입력된 데이터를 안테나로 전송

• 테나는 전송받은 데이터를 변조하여 리더로 전달

• 리더는 데이터를 해독하여 호스트 컴퓨터로 전달

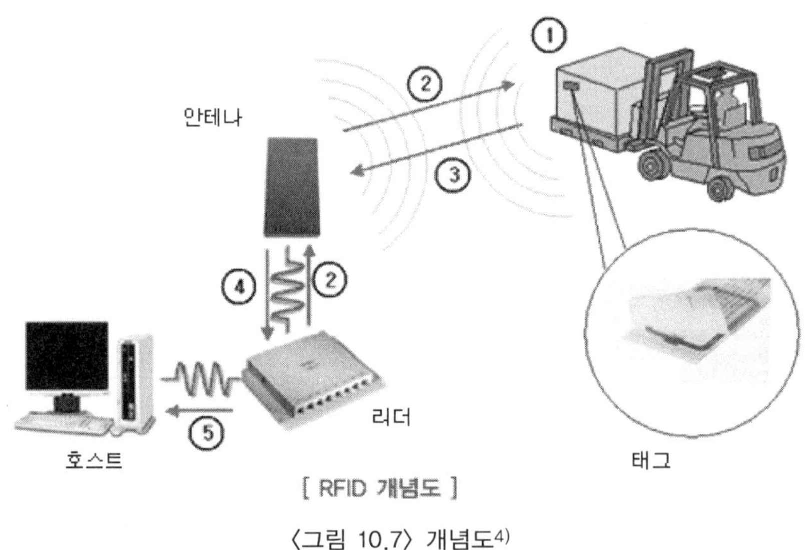

[RFID 개념도]

〈그림 10.7〉 개념도[4)]

④ 이용분야

■ 미국 월마트는 2005년 1월부터 RFID 시스템체계를 적용한다고 발표

• 2005년 4월말에 최초로 실전 RFID 테스트를 시작한다.

4) 유통물류진흥원

• 상위 100개 공급업체는 2005년 1월까지 모든 제품에 RFID태그를 부착한다.
• 나머지 공급업체는 2006년 1월까지 RFID 태그부착을 명시한다.
• 미국 댈러스지역 7개 월마트, 8개 제조업체 21개 제품이 적용된다.

■ 독일 메트로 퓨처스토어 P&G, 존슨&존슨, 질레트, 크래프트 등과 참여.

⑤ RFID의 보급이후 기대 효과

■ 경제적 효과
• 제조/유통/물류 간 협업 SCM 기반이 구축되어 비용을 절감.
• 프로세스 개선을 통해 국가 물류 경쟁력을 향상시킬 수 있다.
• 제품 생명주기 관리로 국가 생산 경쟁력을 향상시킬 수 있다.

■ 기술적 효과
• 표준화(국내외)를 수용하고 이를 주도해 나갈 수 있다.
• 관련 기술을 선험적으로 체험하는 효과가 있다.
• 핵심 기술 개발 및 습득(메모리 DB, 미들웨어, 센서 네트웍 등) 유리

〈관련사업 파급효과〉

■ 핵심기술 및 특허공유를 통해 시장이 활성화
• 공공분야, 유통/물류, 제조 등 산업계 전반.

■ 유비쿼터스 환경기반이 마련.
• 자사의 비즈니스를 분석하여 가치기준을 설정하는 작업을 전개한다.
• 실현가능한 다양한 가설바탕의 비용절감을 통한 수익창출모델 도출한다.
• 파일롯 테스트(Pilot Test)를 통해 전개 모델을 재정의 하는 작업이다.
• 물량위주에서 질적 서비스제공 지향정책으로 탈바꿈되어야 한다.[5)]
• 유비쿼터스환경은 상품 공급망 효율성과 체계적인 재고관리를 통해 고객 서비스 개선으로 기업의 비용절감 및 매출증대를 극대화한다.
• 유비쿼터스전략이란 공급자중심에서 고객가치 중심으로 전환의미이다.

5) 일본 노무라경제연구소

Chapter 11

물류정보시스템

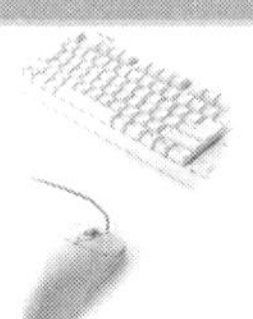

14.1 물류정보의 시스템화

(1) 개요

① 물류정보시스템

㉠ 시스템의 정의

시스템이란 어떤 공동의 목적을 달성하기 위하여 많은 요소가 서로 관련을 갖고 일정 한 기능을 수행하는 복합체이다. 물류시스템화란 반복되어 일어나는 '물(物)의 흐름'을 정형적인 흐름으로 정리하여 가능한 기계적인 활동을 통하여 각 부문을 연결시켜준다.

■ 물류정보시스템

개념 물류관리의 주요 단계별 요인인 포장, 하역, 보관 및 수송 등 각 기능을 연결시켜 전체 물류관리를 효율적으로 수행하는 시스템이다. 운송, 보관, 하역, 포장, 유통가공 등 물류관련 정보관리지원시스템이다.

입하 및 출하 의뢰와 차량알선, 배송, 거래정보의 전자화를 의미하며, 재고관리에서부터 화물의 이동추적까지 물류혁신의 핵심적인 개념이다.

㉡ 물류정보시스템의 의의

각 기능적 주체 (화주, 운송업자, 주선업자, 창고업자 등)사이를 흐르는 정보를 효율적으로 수집, 처리, 공급하고 관리함에 따라 물류의 목표인 효율성, 경제성, 신속성, 안정성을 추구한다.

㉢ 물류정보시스템의 역할

재고 적정화, 수요와 공급조정, 리드타임 절감, 수송효율 및 하역작업의 효율성 제고, 수・발주 및 출하작업 자동화, 사무관리 자동화, 출하 및 배송의 정확성 향상, 판매기능에 대한 지원, 총 물류비용의 절감 등이 있다.

㉣ 물류정보 시스템의 도입배경

물류비의 증가와 밀접한 관련이 있다. 물류비용의 증가원인은 물류시장개방과 경쟁 심화, 고정물류조직에 비해 급격하게 증가하는 운송물량 및 소품종 다품목운송의 집적 등이 있다. 생산원가의 압박요인을 해결하기 위한 방안으로 도입하게 되었다.

■ 배송 시스템(Delivery System)

배송의 효율화를 위해 배송루트 조정, 적재율 향상 등 체계적인 배송운영을 위해서 다이어그램과 배송루트 설정, 리더타임의 표준화 등을 컴퓨터로 조정(지원, 리더, 통제)하는 소프트웨어의 개발체계이다.

배송은 필요물품을 지정일시에 수요자에게 안전하고 확실하게 전달하는 사명을 달성하기 위해 배송센터의 입지, 개수, 규모, 배송경로, 사용차량, 재고관리, 경제성 등을 최적인 것으로 시스템화한다.

최근 시스템기술은 유닛로드화, 전용화, 공동화, 정보화, 하드기기의 발달에 의해 큰 진전이 보여 지고 있다.

■ 배송시점시스템(point of transportation system)

제조업자(도매업자)의 물류 또는 배송에 관련된 하위정보 시스템으로 물류, 배송의 현황을 어느 시점에서 관리할 수 있는 정보시스템이다.

② 물류시스템의 구성

㉠ 유통업의 물류시스템 구축

점포의 출점에서부터 배송, 진열, 판매까지의 전 과정에서 좌우되며, 아직까지도 정복하지 못한 이익원이다. 제조업체의 협력을 기반으로 물류센터에 호스트 컴퓨터를 설치하고 점포와 POS로 연결시켜 필요상품을 정시・정량으로 배송하는 시스템이다.

㉡ 물류 시스템의 도입

- 판매관리차원을 넘어, 재고관리문제점해소를 위해 단품관리에 기초한다.
- 물류시스템의 구축은 정보편재화 방지, 소비자정보의 광범위한 활용이다.

- 소비자동향, 상품정보 등 정보수집, 정리, 축적, 정보File 유지, 관리이다.
- 이용자니즈에 대응 검색, 분석, 신속하게 제공하는 시스템으로 연결한다.
- 물류기술혁신은 수송시스템, 교통시스템, 산업용 로버트 등에 활용한다.

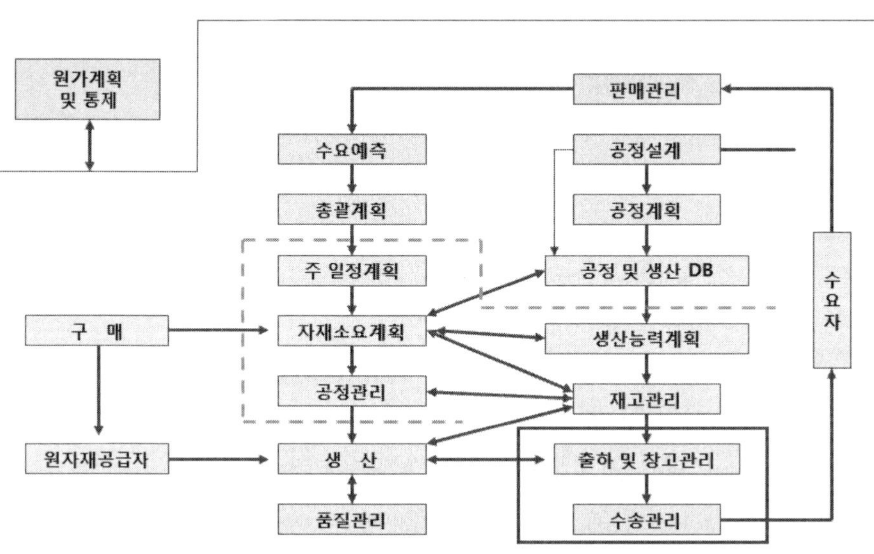

〈그림 11.1〉 물류정보시스템의 구성요소

(2) 목적

① 기본 목적

고객의 요구를 만족시키는 물류 서비스를 제공과 물류비의 최소화 및 최적 물류 시스템을 구성함으로써, 시간과 공간 및 일부의 형질 변경의 효용 창출의 극대화를 시킬 수 있는 종합물류정보 서비스 체계화를 할 수 있다. 이를 위해서는 주문받은 물품을 신속/정확하게 고객에게 인도하기 위해서는 확실한 정보처리가 필요하다. 또한 화물의 집하, 배송, 운송, 보관, 하역 등 각 하부시스템을 포함한 전체적인 측면에서 일관운송체제를 갖추기 위해서는 반드시 물류정보시스템이 필요하다.

② 물류시스템의 구성목적

㉠ 기본 목적

보다 적은 물류비용으로, 보다 좋은 물류서비스를 위하여, 최적 물류시스템을 구성하는데 있다. 기업의 의사결정을 조정/통제하기 위한 수단으로 피드백 효과를 충분히 살리기 위해서는 전략적인 물류시스템 모델화가 필요하다. 물류시스템에 영향을 미치는 환경변수나 기타 변수들의 변화에 대해 보다 탄력성 있는 반응을 보일 수 있는 시스템을 구성하는 것이 효율적이다.

㉡ 구체적인 목적

- 배송기능 : 고객의 주문에 대하여 신속하게 배송
- 재고서비스기능 : 고객이 주문할 때 상품의 재고품절률 감소
- 운송기능 : 운송 중의 교통사고, 화물의 손상, 분실, 오・배달 감소
- 보관기능 : 보관 중의 변질, 분실, 도난, 파손 등의 감소
- 포장기능 : 운송과 보관의 기능을 보다 충분히 발휘시키도록 포장
- 하역기능 : 운송과 보관의 기능을 보다 충분히 발휘시키도록 하역
- 유통・가공기능 : 생산비와 물류비를 보다 적게 하도록 유통가공
- 정보가공기능 : 물류활동을 원활하게 할 수 있도록 물류정보를 제공
- 피드백 기능 : 수요정보를 생산부문, 마케팅 부문에 피드백

(3) 물류정보시스템의 기능

① 기본 기능

㉠ 기획・통제기능

제품주문 상황, 조달관련 리드타임정보 등 재고수량기획 및 입지를 결정한다. 설정된 시설활용서비스 목표와 실제서비스수준 비교, 통제자료로 활용한다.

㉡ 조정기능

- 정보의 공유에 따른 생산계획과 조달계획을 조정가능하다.

㉢ 고객서비스/커뮤니케이션 기능

- 고객주문 시 정보시스템의 반응 및 신축성에 의한 서비스의 개선이다.

② 물류정보시스템의 내용

㉠ 수주, 출하 처리 시스템

- 창고의 재고량, 발주점, 배송능력, 거래선 주소 등을 컴퓨터에 저장
- 거래선 발주정보를 영업지점 단말기에 입력하여 본사 호스트에 전송
- 각종 수주처리 이후와 출하창고 선정이후에 출하지시서 전송
- 적재효율 계산이후 적합도 및 수송효율 계산이후 배송지시
- 출하이후 출하정보입력, 배송완료이후 완료보고, 입력 후 배송관리.

• 수 · 발주정보에서 재고관리, 출하정보에서 실재 재고관리.

• 수 · 발주정보나 재고정보의 문의에 대응 및 영업활동 지원

㉡ 수 · 배송관리 시스템

• 주문에 대해 적기 수 · 배송체제 확립과 최적 수 · 배송계획을 수립한다.

• 수송비용 절감체제로 출하계획의 작성, 출하 서류의 전달, 화물 및 운임계산의 명확성 등 컴퓨터와 통신기기를 이용한 기계적인 처리를 한다.

㉢ 창고관리 시스템

• 최소비용으로 창고면적, 작업자, 하역설비 등 유효한 경영자원을 활용한다.

• 고객서비스수준 제고목적으로 보관시설, 재고상황 유지기능을 보유한다.

③ 물류시스템의 구축

㉠ 물류정보네트워크의 정의

기업이 보유하고 있는 장비에 새로운 통신매체를 이용하여 기업간, 제조업체간, 판매점과 소비자간 등을 상호연결하여 주는 수단이다.

수행수단 매체로는 부가가치통신망(VAN)과 전자문서교환(EDI) 등이 있다.

㉡ 물류전략의 개발 과정(기업 경쟁적 이점의 도구)

• 4P : 제품(Product), 가격(Price), 촉진(Promotion), 유통(Placement)

• 3R : 신뢰성(reliability), 반응성(responsiveness), 관계(relationship)

㉢ 물류전략의 개발 과정

• 고객 세분화 · 규모의 경제를 활용(물류자산 공동활용)

• 물류경로 재구축 · 차별화된 서비스 수준 결정

• 통합보고시스템 구축

④ 물류 정보시스템의 분류

㉠ 수주처리 시스템

• 거래활동의 시발점으로 물류활동에 기초한다.

• 수 · 발주정보처리에서 우선 고객수주를 받은 직원이 재고를 조회, 수주조건 및 재고유무를 파악하는 전체 물류시스템의 관리기능이다.

㉡ 창고관리 시스템

• 최소비용으로 창고면적, 작업자, 하역설비 등을 효율적으로 활용하고 고객서비스 수준 제고, 고객충성도 확대, 이익극대화 순이 경영이 목적이다.

• 재고관리가 가장 중요하며, 생산 및 구매계획시스템과 밀접한 관련이 있다.

- 입고 및 출고정보, 창고내 이동 및 재고정보, 창고관리영역으로 구분된다.

㉢ 수 · 배송 시스템

- 수주된 주문을 처리하는 마지막 단계 정보시스템이다.
- 수 · 배송정보의 청구수단으로 변형시키는 관리까지 그 범위가 중요하다.
- 발주내용과 배송내용이 일치되고 확인까지 되어야 고객이 만족한다.

〈표 11.1〉 물류정보시스템의 구성요소

생산계획시스템	판매기능으로부터 발생한 수요를 충족시키기 위하여 필요한 제품의 생산일정 및 원자재 조달계획을 수립하고, 수립된 계획에 따라 생산을 통제하는 기능을 수행
전자발주시스템	매장에서 필요한 상품을 주문하고 이를 인수하는 과정을 자동화한 시스템
재고관리시스템	급하는 상품의 적정 재고량을 설정하고, 재고 보충시기와 수량을 결정하는 과정을 시스템
창고관리시스템	입고, 출고, 재고의 위치관리 및 창고 내 제품의 이동에 관련된 정보를 관리하기 위한 시스템
판매관리시스템	점포자동화를 실현하기 위한 소매업 경영의 종합서비스시스템으로서 판매정보 뿐만 아니라 매입, 발주, 배송, 재고 등 소매업에서 발생하는 모든 정보를 종합적으로 관리
수배송관리시스템	배송의 효율화를 위해 상품 공급자와 수요자 사이의 공간적 간격을 극복하는 기능, 배송루트의 조정, 적재율의 향상을 위한 체계적인 배송운영을 위한 다이어그램과 배송루트 설정, 최저주문제도, 리더타임의 표준화를 컴퓨터로 지원하고 조정, 통제하는 소프웨어의 개발체제
고객정보관리시스템	마케팅기능과 물류기능을 연결하는 시점에서 고객서비스와 관련된 다양한 정보를 입수, 처리, 가공, 보관하는 기능
수요예측시스템	물품이 운송될 때 수반되는 자료와 정보를 신속하게 수집하여, 이를 효율적으로 관리하는 동시에 수주기능에서 입력한 정보를 기초로 비용이 가장 적은 수송경로와 수송수단을 제공하여 수배송 계획을 수립

⑤ 시스템 운영체계

㉠ 개요

- 물류운영체계는 생산에서 판매까지 전 유통과정의 체계적으로 개선한다.
- 효율적인 수 · 발주, 재고관리위해 본부컴퓨터와 하위기능 시스템구축을 한다.

㉡ 현황

- 현재 판매회사, 유통업체는 본사와 지점·영업소, 도·소매업체를 연결한다.
- 통신망으로 거래정보가 교환되지만, 제한적 범위, 비표준적 정보구성

㉢ 구분 : 업체 간의 정보교환 방식은 크게 3단계로 분류한다.

- 1단계 : 유통업체 본·지사, 제조업체 본사와 지점, 도·소매업체를 연결한다.
  수직형구조의 네트워크로 주로 계열 강화를 위해 개발된다.
- 2단계 : 업계공통 네트워크, 특별그룹 네트워크의 수평형 네트워크
  유통경로 업체, 지역 내 동종·이종기업간의 정보통신망으로 개발한다.
- 3단계 : 수평·수직네트워크, 타정보통신망과 연계된 복합형네트워크
  금융망, 보험망, 물류망 등 유통망과 상호 연동되는 것이 사례이다.
  유통VAN은 타망과 연동되어, 종합정보 통신망으로 발전되고 있다.

㉣ 물류네트워크시스템

- 물류정보시스템의 주요기능을 효과적으로 연계하고 물리적으로 연결한다.
- 공급지, 물류센터, 각 기능부서를 연결하는 정보통신네트워크 구축한다.

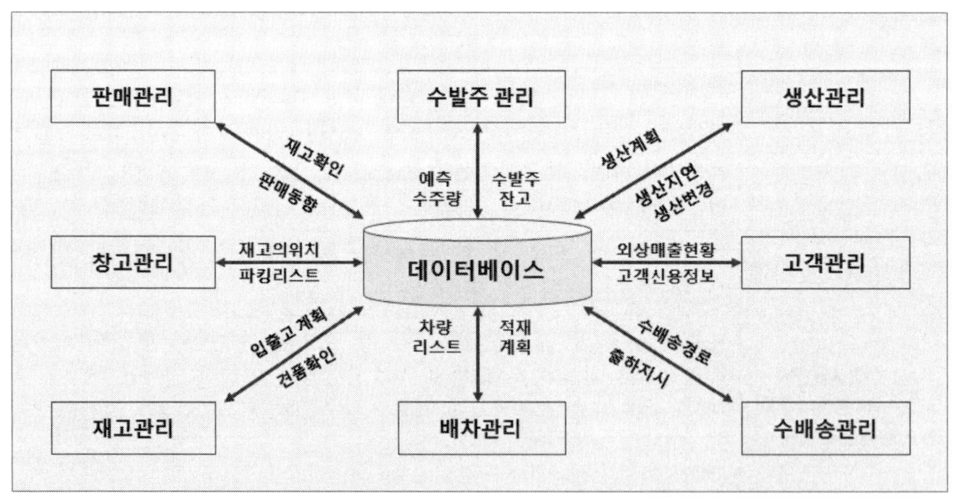

〈그림 11.2〉 데이터베이스관리도

㉤ 문제점

- 시차 및 언어의 차이로 인한 커뮤니케이션의 지연
- 신용장 등과 관련된 재무적 위험 요소의 개입

- 기존 국제 상거래의 긴 사이클 타임
- 서류 증가로 인한 업무처리 및 서류 표준화의 요구
- 재고부담 및 원거리 거래에 의한 신뢰도 및 유연성의 저하

〈표 11.2〉 물류정보화의 실태

물류정보화 수준	물류정보화 도입의 장애요인
• 바코드, RFID(도입시도) • 전자문서교환(EDI) • 판매시점관리 시스템(POS) • 컴퓨터 자동 수발주 시스템 • 화물차량 위치추적 시스템 • 자동창고 시스템	• 정보화 추진전담부서와 인력의 미확보 • 기술도입에 소요되는 투자재원의 부족 • 사내컴퓨터, LAN 등 정보기술기반 미비 • 현재 업무상 정보화의 필요성이 없음

ⓑ 물류운영체계의 기본 개선방향

- 생산에서 판매까지 전 유통과정을 체계적으로 개선해야 한다.
- 효율적인 시스템관리를 위해서 본부컴퓨터와 하위기능의 시스템을 구축한다.
- 현재 유통업체의 한정된 거래정보를 혁신하고 표준화되어야 한다.

11.2 물류시스템 설계와 개선목표

(1) 물류시스템의 설계

① 기본 사항

㉠ 물류시스템 설계시의 기본 원리

- 거점 집약화를 하면, 거점비용은 감소하나, 서비스 수준이 떨어진다.
- 서비스수준을 유지한 채로 거점을 줄이면, 비용이 증가한다.
- 상품을 특정별로 할당하면, 비용도 감소되고 서비스수준도 내려간다.
- 서비스 수준을 유지한 채 소량화하면, 비용은 상승한다.
- 재고 아이템과 수량을 비용은 감소하나, 서비스 수준도 하향한다.

- 서비스수준을 유지한 채로 재고를 줄이면, 비용이 증가한다.
- 정보의 정비는 비용증가, 재고와 배송비용 감소, 서비스수준은 상승한다.
- 차량 대형화, 루트설정별 도미넌트화로 비용감소, 서비스수준도 하락한다.

㉡ 물류시스템의 설계 시 기본사항

■ 대고객서비스 수준

- 대고객서비스수준은 물류시스템 설계에 있어 가장 중요한 고려사항이다.
- 낮은 대고객서비스수준, 비용이 상대적으로 적게 드는 수송형태이다.
- 높은 대 고객서비스 수준을 원한다면 비용이 많이 드는 수송형태이다.
- 효과적인 설계란 소비자 서비스욕구 파악과 대고객서비스수준을 설정한다.

■ 설비입지

- 생산입지와 재고입지(창고)문제는 물류시스템설계의 중요한 골격이다.
- 설비의 수, 지역, 크기 등 결정과 시장수요 할당으로 유통과정을 명시한다.
- 전체 유통과정에서 소요되는 관련비용을 최소화할 수 있게 한다.

■ 재고정책

- 재고수준은 설비의 수, 지역 및 크기에 따라 변동된다.
- 재고정책은 설비의 입지문제와 통합적 관점에서 계획, 수정한다.

■ 운송수단과 경로

- 설비입지문제 결정, 고객수요로 재고수준 결정은 운송, 경로에 영향을 준다.
- 재고입지의 수가 증가하면 고객 수는 감소되나 운송비는 증가한다.

② 물류정보시스템의 설계 목표

■ 기업경영목표와 정보시스템의 전략을 축으로 하여 운영비용의 축소와 고객만족도의 강화 중에서 어디에 중점을 두느냐는 경영정책을 결정한다.

■ 시스템범위를 설정한 후 철저히 분석하며, 시스템화의 비용과 효과를 평가하고, 개발구축 예정 일정을 작성하여야 한다.

■ 기업 하부시스템 계획과 설계는 총체적차원에서 전체 시스템으로 결정한다.

■ 물류시스템 설계는 마케팅설계와 밀접하게 관련되어 구축되어야 한다.

- 물류관리가 물적 흐름과 커뮤니케이션의 효과적 수행, 대고객서비스의 증대 등과 밀접히 관련되어 있기 때문이다.
- 물류정보시스템의 대상이 되는 업무현상을 분석하고 문제점을 파악한다.
- 시스템이 구비해야 할 기능 등을 명확히 규명해야 한다.

- 물류정보시스템의 수명을 설정한 이후, 비용과 그 효과를 평가한다.
- 평가과정까지 완료되면 결과를 바탕으로 시스템구축의 우선순위를 결정한다.
- 계획대로 추진하기 위해서는 종합적인 예정표를 작성하여야 한다.
- 물류정보시스템에는 업무별, 지역별, 기구별, 물류 종류별 수준을 결정한다.
- 업무범위의 설정 : 재고관리, 배송관리, 창고관리 등 시스템화 정도
- 지역 설정 : 전국 범위 또는 특정 지역만을 대상 등 지정하는 문제

③ 물류시스템의 설계 시 고려 사항

㉠ 부분물류시스템의 분석

■ 고객수익성 분석 : 경로분석이라고도 하며, 부분시스템의 한 방법
- 운반경로 상의 각 정지지점을 찾아 지점별 수익성을 분석하는 기법이다.
- 기본원칙은 고객에게 가장 적당한 정도의 서비스를 제공하는 것이다.

■ 창고생산성 분석 : 창고 업무를 보관, 포장, 선적 등의 업무세분
- 유입 및 유출업무를 정의, 지표계산과 지표별 합이 총체적 생산성이다.
- 생산성, 성과, 사용정도 등을 노동시간, 장비, 창고, 투자대비를 산출한다.

■ 운송비용 분석 : 일정기간 발생 운송비용을 각 서비스수준에서 분석
- 소화물운송서비스경우, 대표서비스인 익일 도착서비스, 육상서비스 등을 중심으로 실제 발생한 운송비용을 서비스별로 분석하는 방법이다. 이 방법의 주목적은 물론 전체 운송비 절감에 있다.

■ 제품수익성 분석 : 주로 식료품산업에서 제품별로 물류비용을 산출
- 가격할인, 수량할인 등 정확한 비용을 계산하는 것이 어려운 경우이다.
- 제조업자에게 유통경로 결정이나 포장전략을 수립에 도움이 된다.

■ 산업기준 분석 : 개인 기업이 아닌, 산업차원에서 이루어지는 분석
- 개인 기업은 산업전반의 통계를 토대로 자사실적을 평가할 수 있다.
- 산업전반의 통계는 산업에 소속된 모든 기업의 전략수립에 영향을 준다.

㉡ 전체 물류시스템의 분석

■ 전체 물류시스템 분석틀
- 물류목표와 제약점 설정 · 물류분석 팀의 구성
- 내부 및 외부자료 수집 · 시뮬레이션을 이용한 자료 분석
- 도출된 해를 중심으로 집행

- 물류 모델 설정의 변수
  - 수송 수단과 확보 가능성 · 창고 위치
  - 고객이 원하는 서비스의 조건 · 공장입지
- 물류시스템 디자인

  모든 시스템 구성요소의 통합작업, 널리 사용되는 시뮬레이션 기법이다.

  물류관리자는 물류활동영역과 상호관계를 모형화하고, 전략과 정책을 결정한다.

  기법의 장점은 모델 속 변수들의 변화가 전체 시스템 영향을 파악하는 것이고, 비용측면에서 상당한 절감효과와 컴퓨터 발달로 효과의 가속화이다.

(2) 유통물류시스템의 개선 목표

① 기본 목표

물류환경은 글로벌경제, 디지털경제, 선택과 집중 등 무한경경에 따른 유통채널관리와 물류관리측면에서도 새로운 경영 혁신전략을 요구하고 있다. 물류시스템의 목표는 비용절감과 정보서비스관리로 판매경쟁력을 확보한다.

- 유통단계 축소와 통합유통물류시스템 구축, 정보자동화와 성역화 달성한다.
  - 농산물 도매물류체계의 혁신을 위해서는 산지구매와 포장, 유통가공, 정보서비스체계, 보관, 배송, 단품관리, 로스와 결품관리 등 개선체계가 있다.
  - 생산지에서 소비지까지 유통물류부분을 선진시스템으로 구축하는 것이다.
- 체인스토어의 경우, 시장의 변화에 신속히 대응하기 위한 시스템 구축이다.
  - 상품구매와 수주가 소단위 "다빈도 소량화"를 위한 다양한 물류를 실현한다.
  - 자영소매점은 경영자가 개별구매와 영업보다도 종합정보시스템에 의한 계획적인마케팅, 상품계획이 운영되어야 경영목표가 달성될 수 있다.
- 글로벌경쟁에 선점하기 위한 물류비용 절감, 물류서비스의 안정공급
  - 업태개념 확대, 마케팅대상 수평화, 물류공급시설 선진화와 집약화
  - 52주 아웃소싱공급체계, 현장중심 소매지원 등 저비용물류시스템 구축
  - 물류공동화와 물류합리화와 단품별 재고관리와 로스관리가 필수요소

② 지역사회의 조화된 새로운 물류시스템 조성

- 대 · 중 · 소 상생협력 네트워크와 유통기능별 부가가치 협력체계 구축
  - 규모별(가맹형태별) 업태 개념정립과 물류지원, 독창적인 소매점지원 프

로그램이 완성되면 지역별 · 상권별 업태전략이 완성될 수 있다.

- 지역사회 새로운 생활쇼핑음식문화 마케팅이 접목된 종합물류체계
  품목별 복합품목규모화, 자동기계화, 규격표준화, 비주얼 포장화 등이 있다.
  새로운 물류체계로 경쟁력 강화, 새로운 고객층성도 강화전략이 필요하다.
- 유통산업의 재구성으로 농산물 유통체계의 면밀한 분석 및 약점 보강
  배송의 효율성극대화를 위해 주문량에 따라 사업별 유통채널의 개발이다.
  산지 산업화를 위한 복합포장센터 자동화, 표준화 등 한국형 물류체계이다.
  사전 예약, 배송의 신속성, 서비스개선 등 매출 증대와 신뢰성을 구축한다.

11.3 물류정보화 관련 기술

(1) 크로스도킹(Cross Docking)

① 개요

창고나 물류센터에서 수령한 제품을 재고로 보관하지 않고 즉시 배송할 준비를 하는 물류시스템이다. 보관 및 Picking작업 등을 제거함으로써 물류비용을 절감할 수 있으며, 입고 및 출고를 위한 모든 작업의 긴밀한 동기화를 필요로 한다. 판매시점장소와 포장형태 고려, 공급자는 소매업자에게 상품을 보낸다.

물류센터 도착 즉시 점포별로 구분되어 적하된 팔레트는 광학적 문자 판독과정(UCC/EAN 표준 바코드)을 거쳐 분류되고 재 적재된다. 이 과정은 제품을 직접 체크할 필요 없다. 소요시간도 불과 몇 분이다.

② 크로스도킹의 기본요소

- 경영진의 참여
- ABC (Activity Based Costing) 분석
- 정보기술 투자
- 조직 재정비
- UCC/EAN 표준
- EDI

③ 크로스도킹의 효과

㉠ 감소 효과

- 재고수준 감소・물류비 감소
- 물류센터의 물리적 공간 감소・유통업체의 결품 감소
- 공급사슬전체의 저장 공간 감소・물류센터가 상품유통경유지로 사용

㉡ 증대 효과

- 물류센터 회전율 증가
- 물류센터 평방미터 당 회전율 증가
- 상품진열생명 연장
- 상품 공급용이성 증대
- 상품데이터 개선
- 소매점별 통합주문서 수령

㉢ 원활화 효과 : 상품흐름의 원활화

(2) JIT(Just-In-Time)

① JIT의 개념

필요한 물자를 필요한 양만큼 만을 필요한 시기와 필요한 장소에서 생산하여 보관함으로써 모든 낭비를 없애려는 사고방식이다. JIT는 재고를 전혀 가지지 않는 것을 목표로 하는 대량생산시스템을 말한다.

〈표 11.3〉 JIT의 개념도

② 유례

- 일본의 도요다자동차 제조담당부사장인 다이이치 오오노에 의해 개발되었다.
- 1970년대 석유파동으로 불황에서 많은 이익확보로 집중 연구의 대상이다.
- 본래 토요다자동차 내부 운영과정과 협력업체 관계관리 위한 사용방식이다.
- 토요다 Taiichi Ohno와 일본경영자협회의 Shigeo Shingo에서 본격화되었다.

③ JIT의 구성 전략

- 초점화 공장(focused factory) : 과업의 단순성, 반복성, 경험 그리고 동질성이 경쟁력을 가져온다는 개념에 기초한 초점화 공장기법은 생산의 비효율성을 제거시키고 제조공정과 관련한 복잡성을 최소화하려는 시도라고 할 수 있다.
- 그룹 테크놀로지(GT: group technology) : 그룹 테크놀로지는 공통적인 개념과 원칙, 문제 및 과업들(technologies)을 조직화하는 것(grouping)으로 정의. 이 기법은 불필요한 중복을 피하고 문제를 해결함과 동시에 한 활동에서 연관성이 없는 다른 활동으로 전환시키는 데에 필요한 셋업 시간을 최소화하기 위해서 표준화를 활용한다.
- 셋업 시간 단축(reduced setup time) : 긴 셋업 시간을 상쇄시키기 위해 규모의 경제원칙과 경제적 주문량의 개념을 맹목적으로 사용하기보다는 셋업을 수행하기 위해서 필요한 시간을 줄임으로써 EOQ자체를 줄일 수 있다는 것에 초점을 맞추었다.
- TPM(total productive maintenance) : JIT제조에서 TPM기법은 정기적인 일정에 따라 엄격하게 실시되는 예방적 유지(preventive maintenance)와 기계교체 프로그램 적용으로 구성. TPM의 목표는 공정처리 일정 중에 계획되지 않은 기계의 중단을 제거시키는 것이다.
- 다기능 작업자(multi-function employees) : 다기능 작업자는 다른 JIT 관리기법들을 지원하는 핵심적인 역할을 한다. 작업자로 하여금 다양한 기능부문에서 여러 개의 상이한 기계에 대한 훈련을 받게 하는 것이 주 내용이다.
- 균일한 작업부하(uniform workloads) : 균일한 작업부하는 전반적인 수준과 부분적인 수준에서 모두 제조시스템에서 발생하는 일일 작업부하의 변동을 감소시키게 된다. 전반적인 수준에서는 매일 동일한 최종제품 믹스의 판매될 제품들만을 생산함으로써 이를 달성하게 되며, 부분적인 수준에서의 균일한 작업부하는 최종조립단계를 통제점으로 사용함으로써 달성하였다.
- 간판시스템(Kanban system)의 운용 : 칸반 시스템은 필요할 때마다 각 작업장에 필요한 부품을 "끌어당기기(pull)" 위해 사용하는 정보 시스템 혹은 카드 시스템이다.
- JIT 구매(JIT purchasing) : JIT 구매는 부품이 필요한 장소에서 공급업체로부터 적시에 적량의 올바른 부품을 수령하는 기법이다. 이 개념은 전반적

인 거래비용을 감축하기 위해 공동으로 노력하는 구매자와 공급자간의 장기적인 유대관계를 의미한다.

- TQC(total quality control) : 완전한 품질을 지향하는 품질개선노력의 연속적인 과정. 품질이 사업의 최우선 목표가 되어야 하고, 품질목표가 다른 사업목표들을 주도해야 한다. TQC는 직접 노동자나 자재운반 작업자든 혹은 공급업자든 문제의 원천에서 발생하는 품질에 초점을 마추었다.

④ JIT와 MRP시스템

MRP와 JIT시스템은 고유의 사용영역이 있다.

MRP는 개별주문 생산이나 소량의 로트 생산과 같은 비반복적(nonrepetitive) 생산의 경우 사용된다. 반면에 JIT시스템은 반복적(repetitive) 생산의 경우에 사용된다.

JIT시스템과 MRP시스템의 혼합형태로써 동시적 MRP(synchro-MRP)개념이 등장되었는데 반 반복적(semirepetitive) 생산의 경우에 효과적이다. 이는 기본적인 MRP논리와 절차를 사용해 사전에 자재소요계획을 수립한 후JIT시스템 절차를 따라 생산현장을 통제하는 것을 말한다.

〈표 11.4〉 JIT와 MRP시스템의 비교

구분	MRP	JIT
재고를 보는 관점	자산	부채
로트의 크기	일정계획에 필요한 크기	즉시 필요한 양만큼의 크기
납품업자와의 관계	적대시	협력자
품질상태	약간의 불량 허용	무결점
설비유지보수	필요	지속적 · 효과적인 체제 필요
조달기간	길수록 유리	짧을수록 유리
작업자	규정에 의한 관리	합의제에 의한 관리

(3) JIT II

① 개념

세계적으로 널리 알려진 Hi-Fi 제조업체인 Bose는 JIT-Ⅱ라고 명시한 혁신적인 공급업체 관리기법을 사용하여 JIT제조방식을 사용하는 자동차 회사들의 신속한 납품요구를 훌륭하게 충족시켜 주고 있다. Bose의 구매 및 물류담당 이사였던 L. E. Dixon에 의해서 창안된 이 개념은 '사내인'(社內人: in-plant)이라고 부르는 공급업체의 대표자를 Bose공장 내에 파견하여 근무하도록 하는 방식을 말한다.

〈표 11.5〉 JIT Ⅱ의 개념도

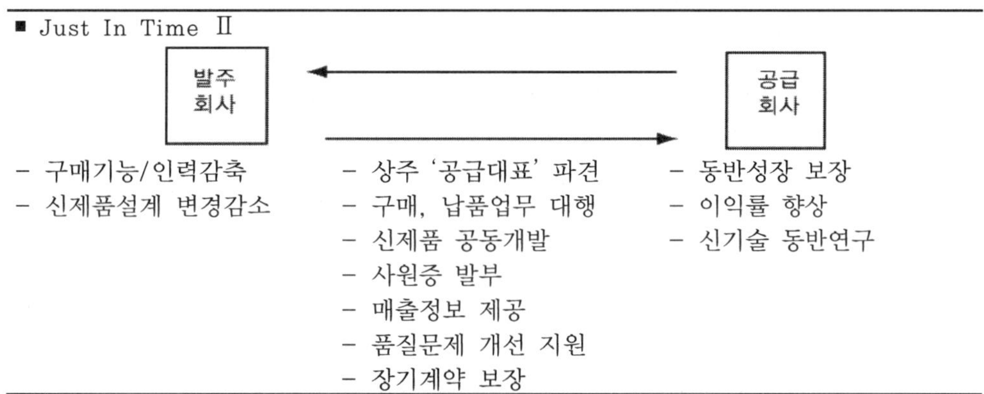

이 사내인은 Bose의 구매 부서에 앉아서 자신의 회사에 대한 구매 주문을 직접 담당하며, 자신의 회사에서 만드는 부품과 관련된 설계회의에 모두 참석하여 동시공학 실현되도록 노력하게 된다. 비록 봉급은 공급업체에서 주고 있지만 사내인의 최종선발권은 Bose가 가지고 있다. Bose는 일정한 수준의 전문지식과 업무능력 및 학습능력을 겸비하고 Bose의 조직문화에 잘 어울릴 수 있는 사람들만을 사내인으로 선발되었다. 수년간의 실행경험을 통해서 JIT-Ⅱ의 실행은 구매업체와 공급업체 모두에게 다음과 같이 여러 가지 이익을 가져다 줄 수 있는 것으로 나타났다.

② JIT-Ⅱ의 이익

㉠ 구매업체에게 주는 이익

- 구매부서 직원들이 행정업무에서 벗어나 다른 기술능력을 배양
- 커뮤니케이션과 구매주문체계가 극적으로 개선된다.
- 자재비용감축이 즉각적으로 실현된다.
- 자재비용감축이 일상적으로 이뤄지며 공급업체의 대표자가 동시공학 프로세스에 참여할 수 있도록 한다. 초기비용수준이 수년간 고정된다.
- 공급업체표준 산출. 우수 공급업체는 제품에 필요한 부품설계를 담당
- EDI와 효과적인 서류처리 및 행정비용개선을 위한 토대 마련

㉡ 공급업체에게 주는 이익

- 구매업체에 상근종업원을 파견하는 대신 판매노력을 없애 준다.
- 커뮤니케이션과 구매주문체계가 극적으로 개선된다.
- JIT-Ⅱ프로그램의 시작과 함께 거래규모가 증가하게 된다.
- 영속적인 계약이 보장된다. 계약의 종료나 재입찰 필요성이 없어진다.
- 공급업체가 제품에 필요한 직접 부품설계로 사업규모 증가 상시 달성.
- 공급업체가 직접 설계부서를 대상으로 판매활동을 벌일 수 있다.
- 대금청구와 결제업무가 효율화된다.
- 공급업체 파견 직원은 공급업체 내의 승진과 1년 이후에는 Bose(구매업체)에서도 자리를 구할 수 있는 두 가지 승진경로를 추구한다.

〈표 11.6〉 JIT-II의 적용과 효과

적용분야	변화내용	효과
자제계획수립	공급사가 발주사의 생산계획을 받아 자재 및 생산계획을 동시 수립	• 중복기능 감소 • 인당 생산성 25% 증대
구매	공급대표가 발주사와 곱사 사이 구매 및 납품 업무 대행	• 구매요원 감소 • 불납요인 사전제거 • 제조원가 절감
배송물류	운송업자와의 전자연결을 통해 물류상황을 통제, 운송업체의 전문요원이 회사에 상주	• 강력한 물류 통제 • 배송시간 30% 단축
신제품개발	공급자의 기술요원이 상주, 동시개발 수행	• 설계기간 단축 • 설계변경 단축

(4) 즉시 대응체계(QR : Quick response)

① QR의 개념

생산·유통관련 거래상사자가 상호 협력하여 소비자에게 적절한 상품을 적절한 장소에, 적절한 시기에, 적절한 양을, 적정한 가격으로 제공하는 것이 목적이다.

표준상품코드, 데이터베이스, 전자문서교환 등 정보처리기술을 활용하여 생산, 유통기간 단축, 재고 감소, 반품손실 감소 등 생산·유통의 각 단계에서 효율화를 실현하여 생산자, 유통, 소비자 상호이익의 공유하는 기법이다.

미국의 미래학자 앨빈 토플러는 그의 저서 〈권력이동〉에서 상품에 부착된 바코드 덕분에 제조업자가 소비자의 구매 동향을 신속하게 파악하고 수요를 예측할 수 있어 상품 재고의 양을 크게 줄였다고 지적했다. 기업들은 시간과의 경쟁에서 우위를 확보하기 위해 기존의 JIT전략보다 더 신속하고 민첩한 체계를 통하여 물류효율화를 추구에 따라 출현한 최신 물류기법. 소매업체가 판매실적정보를 제조업체에게 실시간제공하여 공급의 효율을 향상하는 프로그램이다.

- KAN(Korean Article Number : 표준상품코드)
- EDI(Electronic Data Interchange : 전자데이터교환)
- POS(Point Of Sale : 판매시점관리)시스템
- Shipping Carton Marking

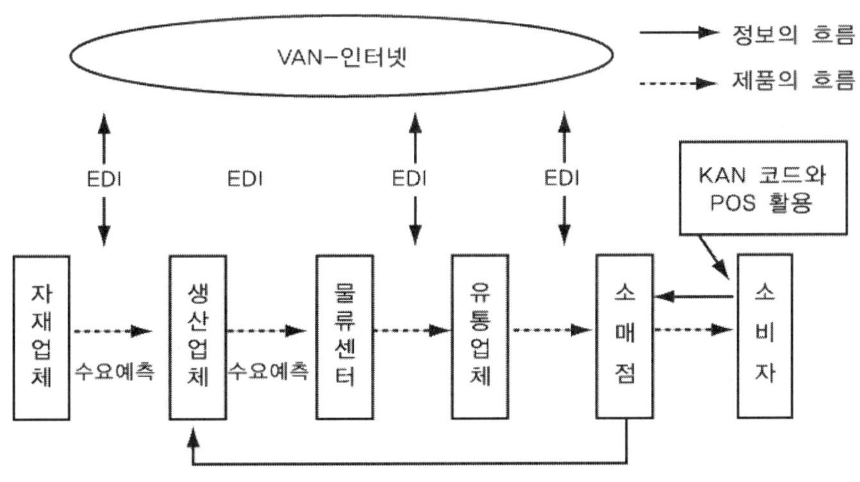

〈그림 11.3〉 QR의 개념도

② 배경

1980년대 초 미국의 의류 소비량 중 수입 증가로 인한 동종 업체 간 경쟁 심화와 시장개방에 따른 고객욕구의 다양화, 유통업자의 협상력 증대 등 급변하는 시장 상황의 환경변화로 인하여 많은 기업들이 경영위협에 직면했다. 이러한 환경요소들을 대처하고 나아가서 능동적으로 이들을 관리하기 위한 새로운 경영기법으로 QR이 개발, 사용되었다.

- 경영자의 리더십 발휘 : 미국의 경우, 소매업체가 미국산제품의 국제경쟁력을 회복하는 전략으로서 관련경영자가 모여서 구체적인 수단으로 채택되었다.

③ 도입효과(섬유의류산업).

- 유통소요시간 단축과 제품생산, 배송관리정보 공유로 재고수준이 감소되었다.
- 정보공유와 산업구조 정보화로 유통시간 단축과 제품납기가 단축되었다.
- 재고수준 감소와 잉여생산 억제로 관리비용 절감과 물류비용이 감소되었다.
- 제품생산과 유통기간 단축, 시장의 판매정보 공유로 제품공급이 원활하다.
- 효율적인 공정과 유통관리로 불필요한 업무배제로 생산성이 향상되었다.
- 소비자니즈에 따른 신속한 제품공급으로 시장점유율이 증가하였다.
- 다품종소량생산과 고객니즈 맞는 상품공급으로 고객만족도가 향상되었다.
- 생산량 조절 및 생산 부하현상, 대기물량 축소로 재고가 감소효과를 가져왔다.
- 재고감소와 시장변화 대응력으로 매출증대와 할인판매의 빈도가 축소되었다.
- 정보의 전자교환으로 인력난 해소, 외국산 의류와의 경쟁력이 강화되었다.
- 정보집약형 산업으로 육성하여 유통산업을 주도하는 효과를 기대한다.

④ QR시스템의 발전단계

■ 제1단계 : 기본 QR정보기술의 사용단계이다.

우리나라에서는 KAN코드라고 하는 공통 상품코드를 제품에 표시하고(소스마킹), 표준EDI 메시지 등을 이용하여 수발주를 하며, 재고관리 등의 물류관리에 공동상품코드를 적극 활용한다.

■ 제2단계: 재고보충 등을 자동으로 하는 단계이다.

출하상품 포장에 물류용바코드를 붙이고, 관련 데이터를 EDI전자문서를 이용하여 상대방에게 사전 통지한다. 이로써 상품인수 시 포장을 뜯어 검품작업을 할 필요가 없으며, 물류센터의 Cross화와 궁극적인 재고삭감이 실현될 수 있다. 또한 소매점은 POS시스템을 이용하여 일별, 주별판매예측이 가능하며, 이에 따라 사이클로 매장재료를 자동 보충할 수 있는 자동보충발주시스템을 운용할 수 있다.

■ 제3단계 : 파트너십형성으로 재고의 자동보충이 이루어지는 단계이다.

판매데이터를 공유함으로써 공동상품계획과 판매예측기능이 강화되어 더 짧은 사이클로 제조업자주도형 매장재고의 자동보충이 이루어진다.

■ 제4단계 : 공동상품개발단계이다.

제3단계까지의 성과로 얻은 확실성이 높은 상품의 기획능력, 따른 추가생산능력, 정보의 즉각적인 입수와 예측 가능한 분석능력을 구사하여 신상품의 판매결과를 근거로 상품의 디자인을 개량하고, 소매점과 제조업자가 공동으로 상품을 개발하는 것이 가능하게 된다. 이 단계에서는 회전이 빠른 상품을 개발할 수 있어 가격이 높은 하이패션상품에서 큰 QR효과를 볼 수 있다.

- 제5단계 : 소매지원단계 즉, 제조업자가 가지고 있는 고도의 판매정보를 이용하여 소매점의 상품진열, 영업 등의 소매지원이 이루어진다. 이 단계에서는 QR을 이용하여 상품유행변화에의 대응이나 소량생산제품의 대응을 효율적으로 수행할 수 있을 뿐 만 아니라 판매의 무대가 점포로부터 가정으로 이동하여 가계의 소비동향이나 요구를 즉시 파악하여 소비자가 필요로 하는 상품을 적시에 가정으로 보내준다.

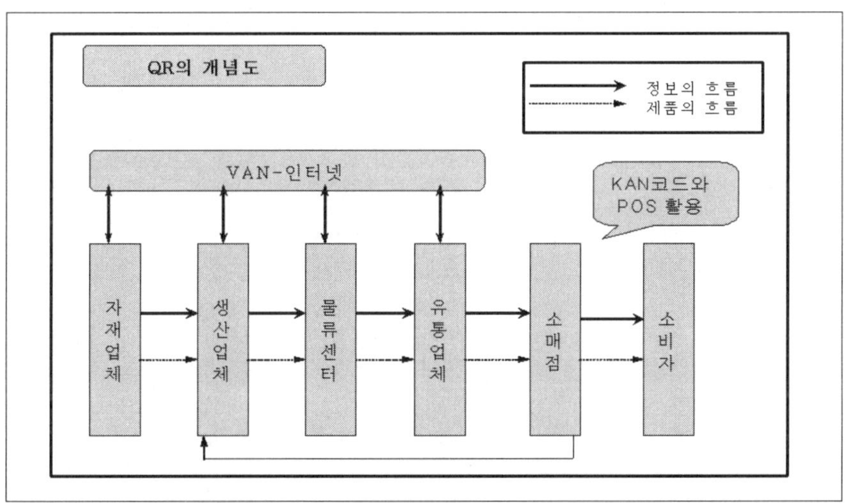

자료 : 유통관리사 2급

〈그림 11.4〉 QR시스템의 발전단계

⑤ QR 전략

생산 및 유통관련업자가 전략적으로 제휴하여 소비자의 선호 등을 즉시 파악하여 시장변화에 신속하게 대응함으로써, 시장에 적합한 상품을 적시에, 적소로, 적당한 가격으로 제공하는 것이다. 미국 최고 유통기업인 월마트경우, 매일 저비용 운영(ELCO, ELC=Everyday Low Cost Operation)을 위하여 매일 저가격 판매(EDLP, ELD=Everyday Low Price)를 경영목표로 했다. 물류시스템 구축을 통한 물류비용의 절감과 고객만족의 확대 지원한다. 월마트가 우선 초기에 활용한 기술로는 POS데이터 활용한 바코드 시스템과 EDI이다. 바코드의 채택은 월마트유통센터 및 매장에서 입·출하작업의 신속화와 재고관리의 효율화를 통하여 고객서비스의 향상으로 이어졌다. 또한 자사 네트워크에 EDI를 구축함으로써 이제까지의 일방적 데이터 전거래관계가 있는 공급업체에게도 EDI를 채택하게 함으로써 궁극적으로는 공급관련 업무프로세스 전반을 개선시키게 되었다. 이러한 정보기술을 바탕으로 창고의 출고데이터를 활용한 QR(Quick Response)이 가능하게 되었으며, 한 종류의 상품으로 적재된 팔레트별로 입고하여 소매점포로 직접 배송되는 파렛트 크로스도킹체계가 도입하여 최고의 서비스를 최저의 비용으로 실현하게 되었다.

월마트는 매장에서 발주부터 보충될 때까지 평균기간이 20일이었던 것이 QR도입이후 사이클이 10일로 줄어들면서 점포의 재고 회전율을 2배로 늘릴 수 있었다. 또한 인기상품 위주로 상품이 구비되고, 품절도 최소로 억제되며, 매출액도 25%에서 30%가 신장되면서 월마트의 정보시스템을 본격적인 궤도에 올려놓는 계기가 되었다.

⑥ QR 도입효과

- 소매업자 : 유지비용의 절감, 고객서비스의 제고, 높은 상품회전율, 매출과 이익증대
- 제조업자 : 정확한 수요예측, 주문량에 따른 생산의 유연성 확보, 높은 자산회전율
- 소비자 : 상품의 다양화, 낮은 소비자 가격, 품질개선, 소비패턴변화에 대응한 상품구매

(5) 효율적인 소비자 대응(ECR : Efficient Consumer Response)

(1) 개요

① 정의

소비자의 만족을 극대화시키기 위하여 모든 관련 업체들이 파트너십을 통한 상호신뢰를 바탕으로 최신의 정보기술을 활용하는 유통전략이다. 디스카운트 스토어를 비롯한 가격파괴 현상의 물결에 직면한 제조업체와 도·소매상이 하나가 되어 효율적인 경영합리화를 모색하여 살아남고자 하는 전략이다.[6)]

일련의 상품흐름을 소비자의 관점에서 근본적으로 재편성하여 유통공급채널에

서 발생하는 모든 비효율적인 요소를 제거하여 관련비용을 최소화하고 소비자 만족을 최대화 시키려는 정보지향적인 유통시스템이다.

'90년대 미국, 유럽 식품업계와 유통업계의 핵심과제로 등장했다.

소매 및 도매에 의한 판매 데이터를 제조업체의 계획생산에 반영시키는 정보의 공유화가 기초되었다. 유통 시스템을 효율화하여 생산에서 판매까지의 시간을 단축시키고 잉여재고를 없애는 것을 주요 목표로 삼고 있다. 생산에서 최종판매에 이르기까지 상품의 흐름에 관련된 각 기업들이 공동으로 상품의 유통과정을 일체화, 표준화한다. 소비자의 만족 및 기업의 이윤을 극대화하기 위한 물류와 정보의 전략적 제휴에 의해 최종소비자 반응에 신속히 대응한다는 경영혁신전략이다.

유통채널의 관련 기업들이 기존의 틀을 뛰어넘어 원료조달과 판매물류를 포함하여 공급 프로세스 시간과 업무의 낭비를 철저히 배제하였다.

저가격 공급과 응대고객의 속도 향상을 동시에 실현하여 고객에게 제공하는 가치를 극대화하여 이익을 공정하게 나누는 것이다.

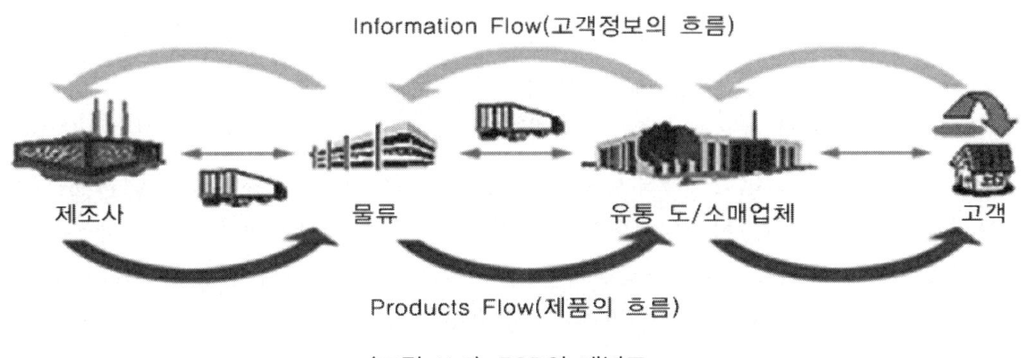

〈그림 11.5〉 ECR의 개념도

② ECR의 특징

ECR이 최초로 적용된 곳은 식품 유통인데, 제품 특성상 장기간 재고를 가져갈 수 없고, 수요예측이 힘들며, 소비자가 찾을 때 신선한 상태로 공급되어야 하는 생필품인 관계로 구매정책수립이 매우 힘들다. 따라서 고객의 정보를 순간순간 파악하여 필요한 때에 소량을 즉시 보충 할 수 있는 방안을 모색하던 중 만들어진 것이 ECR이다.

6) Daum 백과사전.

과거 유통구조는 생산자중심의 일방적인 마케팅시대였다. 따라서 유통업체와 제조업체는 효과가 불확실한 판촉활동, 거래대금의 관리에 따른 비용 발생, 소비자의 요구가 제대로 반영되지 않는 신제품, 개발에 따른 실패, 소비자 수요 파악 실패에 대비한 과다한 재고보유 등으로 인하여 많은 비용을 지출되어서 이러한 비용은 결국 최종소비자가 부담하게 되는 것이다.

ECR은 생산자중심의 관리(push형)에서 소비자중심의 관리(Pull형)로서의 전환은 시대적인 변화에 적극 부응하고 있다. 일본 도요다 자동차에서 최초로 적용한 "JIT(Just In Time)방식"과도 일치한다. ECR은 이러한 풀 방식의 개념을 도입하여 소비자가 원하는 제품을 필요한 만큼 생산, 보충하는 '소비자의 풀(pull 형)'유통을 지향하고 있다.

③ ECR의 유래(QR의 적용)

1985년에 미국에서 그로서리 업계를 중심으로 시작된 ECR를 이해하기 위해서는 QR(Quick Response)과 SCM을 이해하여야 한다.

QR의 기본적인 아이디어는 유통업체와 제조업체가 공동으로 생산 및 판매에 이르는 전 유통채널상의 비효율적인 요소들을 제거하여 비용 절감과 소비자 만족을 극대화하여 파이를 나누는 것이었다.

1992년 미국에서 최초로 ECR 추진위원회(Working Group)가 결성되고 1993년 10여개 단체들이 ECR연구프로젝트를 발기, 마케팅 협회(FMI)가 1993년 5월부터 용어를 사용하기 시작하였다. 처음 단계의 QR 참여업체는 의류업체와 유통채널에서 판매를 담당하는 백화점들이었으며, 가시적인 성과가 나타나기 시작하면서 의류업체이외에 주거관련용품으로까지 확대되었다.

1992년 미국 수퍼마켓의 매출 신장률은 과거 40년 이래 최저를 기록하였는데 이러한 배경에는 경쟁의 심화, 소비자의 구매 저조, 낮은 인플레율 등 3가지 요인이 있었다. 1980년대 중반 이후 급성장한 회원제 도매 클럽이 수퍼마켓의 취급품목분야를 점점 잠식하면서 업태경쟁이 심화되고 있었다. 이러한 문제 인식 하에 1992년 중반 미국내 선두 기업들이 ECR(Effcient Consumer Response) Working Group을 결성하여 수퍼마켓 체인의 경쟁력 강화를 위한 보다 효율적인 생산성 향상 방안을 찾기 위하여 식품 유통의 거래 관행을 재검토하기 시작한 것이 체인스토어에서 ECR의 시초가 되었다.

(4) 효과

① 기대효과

ECR의 최대 이점은 재고 감소에 따른 비용 절감이다. 상품이 포장 단계부터 판매에 이르기까지 전 과정을 빨리 이동하기 때문에 재고는 줄어든다. 비용절감은 공급체인 전체의 비용 절감과 재고 및 고정자산의 생산성 증가에 따른 재정비용 절감의 결과이다. 결국 비용 절감의 효과는 소비자에게 되돌려짐으로써 ECR의 주된 수혜자는 소비자가 된다.

ECR의 목적은 소비자 만족 즉 소비자가치의 극대화이다. 소비자가 인식하는 가치는 질 좋은 물건을 원하는 때에 원하는 장소에서 저렴한 가격으로 구입할 수 있느냐에 달려 있다. ECR은 이러한 면에서 소비자의 가치를 극대화하는 최선의 무기가 될 수 있다.

ECR 유럽연합에는 18개의 다국적 회사가 참여하고 있으며, 제각기 국내 및 국외의 공급망을 가지고 있다. 이들은 가치사슬분석(VCA : Value-Chain Analysis)으로 전 유럽 식품업체의 운영비를 연간 US$270억 절감하고, 총제고량도 40% 줄일 수 있다는 결론을 도출했다. 1996년 통계로 소비자 가격의 평균 5.7%를 절감하였으며, 1997년에는 7.3%의 절감효과를 가져 왔다.[7)]

② 도입효과

- 통합업무시스템 구축
- 고객서비스 개선
- 투명한 경영
- 표준화, 단순화, 코드화
- 결산작업의 단축
- 자금관리개선(채권관리)
- 비즈니스프로세스 혁신(PI)
- 조기경보체제 구축
- 생산계획소요기간단축 및 생산성향상
- 재고물류비용 감소(재고감소, 장부재고와 실물재고 일치)
- 리드타임감소와 Cycle 단축
- 최신IT(정보기술)도입 및 정보마인드확산

7) 다음, 2004/05/03

- 작업의 효율화(이중 작업방지, 데이터정확, 자료의 일관성)
- 원가절감(부품 및 자재도달비용감소)과 경보시스템 유지비용 감축
- 수익성개선(부서별, 사업장별 손익관리)과 매출등대

③ ECR의 적용

소매상과 도매상이 시장점유율의 감소를 방지하기 위하여 재고보충을 위해 업체들 간의 자동발주로 비용이 절감되어 소비자가 수혜자가 된다.

판촉효과측면에서 과거 단순 가격할인에 의한 밀어내기방식에 부담하던 과다재고의 위험을 덜어내고 소비자들이 즐겨 찾는 품목으로 구색을 맞추었기 때문에 더욱 효과 있는 판촉이 가능한 것이다. 고객요구에 기초하여 상품을 조달하기 때문에 성공 가능성이 높아져 상품개발 비용도 절감된다. ECR에서 추구하는 것은 매장에서 팔리는 제품에 관한 정보를 온라인으로 취합하여 현재의 재고를 파악하고, 보충이 필요한 경우 자동으로 일정량을 발주하여 보충하는 시스템을 갖추어야 한다.

- 효율적 진열 : 안정적 생산과 소비자접점에서의 점포공간의 최적화
- 효율적 상품보충 : 상품 조달 시스템에서의 시간과 비용 최적화
- 효율적 판촉 : 거래 및 소비자 판촉의 전체 시스템 효율성을 극대화
- 효율적 상품소개 : 신상품 개발 및 소개 활동의 효과 극대화

대체적인 업종인 줄이기 위한 전통적인 식품업종과 대규모 소매상 및 도매상과의 차별화와 상당히 밀접하다.

11.4 기타 물류혁신기법

(1) 리스트럭처링(Restructuring)

①개념

발전 가능성이 있는 방향으로 사업구조를 바꾸거나 비교우위에 있는 사업에 투자 재원을 집중적으로 투입하는 경영전략이다

기업은 지속적인 이익의 창출을 위하여 새로운 가치 창출하여야 존재하고 그 성장을 거듭할 수 있다. 따라서 기업은 새로운 경영자원을 동원하고 동원된 자원을 유기적으로 결합하여 새로운 가치 창출에 활용해야 한다.

② 효과

사양사업에서 고부가가치 유망사업으로 조직구조를 전환하므로 불경기 극복에 효과적이다. 채산성이 낮은 사업은 과감히 철수 매각해 광범위해진 사업영역을 축소시키므로 재무상태도 호전시킬 수 있다.

(2) 벤치마킹(Bench Marking)

① 정의

업계 최고경쟁사 제품과 서비스, 프로세스, 제도 등의 비교경영기법이다.

경쟁자나 널리 알려진 산업 표준의 장점을 특정 기업이나 조직 혹은 개인이 가진 현재 상황과 비교하는 것을 시작으로 자신의 비효율적인 부분을 찾아내고 개선점을 만들어가는 계획과 효율적인 단계들을 찾아내는 전략이다.

경쟁기업이나 업계 선두기업의 수준 혹은 타 기업의 수준 등 성공회사의 사례를 기초로 자사의 혁신을 유도해 나가는 경영혁신 활동의 일환, 경영 효율성 제고 및 자원 활용도, 고객 만족도의 향상을 위한 것이다. 사업 표준이나 최고 위치의 경쟁자 등 업무단계, 비용, 업무방법, 상품이나 특정 업무 품질, 업무소요시간, 생산성 등을 특정 기업과 비교하는 전체적인 프로세스와 시스템이다.

② 목적

업무의 비용을 낮추고, 품질을 개선하고, 또 시간을 절약하는 방법 등을 찾아내고 비효율성을 제거하여서 경쟁력을 강화하였다.

〈표 14.7〉 벤치마킹과 경쟁사 분석의 차이점

구 분	벤치마킹	경쟁사 분석
목적	혁신의 수단	성과 향상
비교 내용	프로세스	서비스/제품
비교 대상	기업내, 동종업종, 이종업종	직접 경쟁자

③ 벤치마킹의 필요성

- 높은 제품/서비스의 품질 수준 확보
- 앞선 기술 보유
- 낮은 비용으로 제품/서비스 제공

(3) 대량 개별화(Mass Customization)

① 개요

대량생산(Mass Production)과 고객맞춤화(Customization)를 합친 말로, 대량생산의 장점인 저렴한 가격과 차별화 전략의 장점을 합친 전략이다.

디지털 전략의 중요한 핵심사항으로써 다수의 고객을 대상으로 그 각각에게 개별화된 제품이나 서비스를 제공한다는 의미이다.

공급자측면에서는 소품종대량생산에 의한 기존 생산성의 유지, 소비자측면에서는 다품종소량생산에 의한 다양한 니즈를 충족을 원한다.

현재의 저 원가에 의한 생산성을 유지하면서도 다양한 고객의 욕구(니즈)를 정확히 충족시키는 제품 및 서비스 생산이 필요하다.

② 고려 요소

- 고객측면 : 제품과 관련된 고객 욕구의 세분화.
  - 전제 요건은 고객 DB, 고객 특성별 지속적인 그룹핑작업, 고객 트렌드분석, 커뮤니티 등 고객 간의 커뮤니케이션 강화를 위한 공간 제공 등이 있다.
- 기업측면 : 맞춤 생산을 위한 옵션의 모듈화
  - 전체 요건은 협력업체들과의 원활하고 지속적인 관계유지, 판매수익과 옵션화 진행비용 분석 등 비용분석이 있다.
- 고객인지도를 높이기 위하여 브랜딩 사이트를 통해 적극적으로 알리기
  - 전제 요건은 브랜드 사이트 구축, 정확한 브랜드 Identity 분석, 타 매체와의 통합적 커뮤니케이션 구축 등이 있다.

(4) 코피티션(Co-petition)

① 개념

"협력(Cooperation)"과 "경쟁(Competition)"의 합성어로써, 상호 장점을 결합시킨 전략적 비즈니스를 의미한다. 네가 죽어야 내가 산다는 식의 윈-로스(win-lose) 경쟁이 아니라, 공정한 경쟁과 협력을 조화시킴으로써, 산업의 파이를 키우는 데는 너나없이 협력하고 파이를 나누는 데는 공정하게 경쟁하는 윈-윈(win-win)의 경쟁 의미한다.

② 유례

1996년 예일대 베리 네일버프 교수와 하버드대 아담 브랜던버거 교수에 의해 처음 사용된 용어이다. 정보통신 혁명이 도래함에 따라 글로벌경쟁에서 새로운 패러다임의 필요성을 느꼈기 때문에 당시 초기단계였던 인터넷 등의 신생 업종의 시장 규모를 키우기 위해서는 우선 경쟁 기업간의 협력이 필요하다고 주장한다.

원래는 비즈니스 성공 전략을 일컫는 경영학 용어였으나 최근에는 여러 분야에서 널리 통용된다. 이는 기업 간의 승자와 패자가 구분되는 것이 아닌 모두가 승자가 될 수 있다는 윈-윈 전략에 기초한다.

③ 목적

기업간의 극단적 경쟁에서 비롯되는 위험 요소들을 피하고 자원 공용화, 공동 R&D 등의 상호 협력을 통해 시장의 발전을 꾀하는데 있다.

시장의 크기가 3인 것을 독점하는 것보다 10인 것을 양분하는 것이 낫다는 원리다.

향후 디지털 컨버전스 시대에 등장할 여러 비즈니스 영역에서 꼭 필요한 개념으로 인식되고 있다.

④ 사례

- 통신시장의 맞수인 KT와 SK그룹의 적과의 동침
  KTF가 경쟁사인 SK텔레콤의 관계사 SK(주)와 제휴해 전국 3700여개의 SK 주유소, 스피드 메이트, OK마트 등에서 사용할 수 있는 'SK-K머스 상품권'을 개발. 사소한 사례지만, SK측과 KT측이 공동 상품을 출시했다.
- 경쟁상황하에서는 트레이드오프(Trade-off)와 트레이드온(Trade-on)전략
  GM은 자사에 충성심을 갖는 고객에게 할인 혜택을 주고 포드 등 경쟁사에 충성하는 고객에게는 할인 폭만큼의 가격을 높게 책정함으로써 경쟁자의 가격 경쟁을 회피했다.

⑤ 전략

새로운 고객, 공급자, 보완자, 경쟁자 등 기존 게임에 참가하고 있지 않는 새로운 참가자를 영입함으로써 기존 게임의 구조를 변화시키는 것이다.

자신의 각 참가자가 게임에 참여함으로써 게임에 기여할 수 있도록 게임의 관계를 변화시키는 것이 필요하다. 게임의 규칙을 자신에게 유리하게 변화시키는 것이 필요하다. 게임에서 독점적인 지위를 갖고 있는 참가자는 다른 참가자의 부가가치를 제약함으로써 자신의 부가가치를 증가시킬 수 있다. 게임에 대한 참가자들의

인식을 파악하고, 이들을 자신에게 이롭게 변화시킬 수 있도록 대응 전술을 구사하는 것이 필요하다.

11.5 공급사슬관리(SCM : Supply Chain Management)

(1) 개요

① 정의

새로운 부가가치를 창출하기 위하여 제품, 서비스 및 정보를 공급자에서 고객에게 제공하는 제반 경영프로세스의 통합하여 융합하는 과정이다.

원자재 추출단계에서 최종소비자에 이르기까지 관련정보의 흐름뿐만 아니라, 재화흐름과 변형과 연계된 모든 물류흐름을 계획하여 지원하는 방법이다.

물류와 관련된 모든 기능을 하나의 단위로 보고 물적 흐름과 정보의 흐름의 체계적으로 관리하여 전체 흐름을 최적화하기 위한 기법이다.

물류관리개념이 기업내부의 물류흐름을 효율화하는데 한정하지 않고 공급업자, 최종고객, 유통경로구성원, 제 3자 물류의 업무까지 통합화함으로써, 모두 유기적으로 연결하여 전체경로의 효율성을 높이자는 목적에서 출발한다.

〈그림 11.6〉 공급망 관리(SCM)의 물류 제요소

제조, 물류, 유통업체 등 유통공급망에 참여하는 모든 업체들이 협력을 바탕으로 정보기술(Infomation을 활용, 재고를 최적화하고 리드타임을 대폭적으로 감축하여 결과적으로 양질의 상품 및 서비스를 소비자에게 제공함으로써 가치를 극대화하기 위한 21세기 기업의 생존 및 발전전략이다.

■ 공급사슬관리는 사용분야별로 다음 몇 가지 유형으로 분류
- 의류부문에서는 QR(Quick Response).
- 식품부문에서는 ECR(Efficient Consumer Response).
- 의약품부문에서는 EHCR(Efficient Healthcare Consumer Response).
- 신선식품부분에서는 EFR(Efficient Foodservice Response).

② SCM의 목적

고객만족의 강화, 부가가치 기회의 자본화, 공급사슬의 전반적인 기능을 강화하는 것이다. 따라서 공급체인관리란 공급을 쌍방의 문제로 보지 않고 다자간의 연쇄(Chain)로 포착하여 전 과정을 종합적으로 관리하는 것을 의미한다. 즉, 자체 조달에서 제조, 판매, 고객까지의 물류와 정보의 흐름을 종합관리하고 전체적인 관점에서 생산이나 공급을 최적화하는 것을 의미한다.

〈그림 11.7〉 물류 파이프라인 상에서 가치 부가과정

③ SCM의 원칙과 특성

■ SCM의 원칙 : 고객지향성, 장기적인 물류 파트너십 구축, 계획수단과 정보수단의 활용 통합된 정보시스템, 상품과 서비스의 품질 제고 등이 있다.

■ SCM의 특성
- 사용시점에 부품저장위치를 알리는 바코드이다.
- 재고시점에 가까워지면 온라인으로 공급자에게 알린다.
- 각 입지에서 일일재고 평가가 가시화 된다.
- 사용시점에 온라인주문으로 관리되는 재고이다.
- 소량부품의 사용지점으로의 직접 배달된다.

④ 발전 과정
- 60~ 70년대 : 창고처리 및 수송을 신속하게 주문처리 시간을 단축에 초점을 맞추었다.
- 70~80년대 : 정보기술을 활용하여 수송, 제조, 구매, 주문 관리기능을 포함하여 합리화하는 로지스틱스 활동에 초점을 마추었다.

• 현재 : 최종고객까지포함 공급체인상의 업체들이 수요, 구매 정보 등을 상호 공유하는 단계까지에 와 있다.

• 미래 : 제품의 기획, 개발, 제조, 마케팅 등 모든 기능을 관련기업들이 협력적으로 수행하는 단계로 발전할 것으로 예상한다. 이 단계에 이르면 물적 유통의 관리체계가 모두 가상공간으로 들어오게 된다.

⑤ SCM의 범위

업무 프로세스 개선활동의 연장선에서 어떠한 업무 프로세스를 IT기술로 연계할 수 있는가를 중심으로 보는 관점. CRM과 SCM을 어떻게 통합적으로 연계할 것인가의 범주이다. 경영관리의 구성요소로 보는 관점. 경영관리의 효율화를 위한 ERP(전사적 자원관리)와의 통합을 강조하는 SCM의 관점이다.

정보 네트워크의 구조로 보는 관점. 즉, ERP, CRM를 통한 대고객 서비스, 수요관리, 주문처리, 생산일정, 구매, 제품개발 및 상업화, 반품관리 등의 기능이 기업 간의 가치연결고리와 연계되어 통합・운영되어야 성공한다.

⑥ SCM의 활용분야별 유형

■ 첨단전자기술의 활용 유형(전자문서교환, 전자자금결제, 전자카달로그, 전자게시판 등) : 상품주문서나 지불확인서 등 전자메일을 통해 교환하면서정보유지 및 보안문제 해결, 업무처리 시간과 불필요한 업무 대폭 절감된다.

■ 공급자 주도의 재고관리 유형(QR:Quick Response, JIT:Just-in-Time) : QR은 소매업자와 공급업자가 상품판매정보 공유, 소비자의 구매패턴에 맞게 상품공급주기 개선. JIT는 생산계획으로 생산원재료나 부품을 필요한 시간에, 필요한 공정에, 필요한 수량만큼 공급하여 생산 공정상의 재고 최소화 방식이다.

■ 중앙집중관리 유형 : 효율성 극대화를 위하여 업무표준화와 거래물량의 규모화를 위해서 중앙물류센터 설치, 구매와 배송절차 단순화, 구매 및 운송단가 최소화하여, 점포별 상품배송주기를 단축하는 방식. 이러한 진일보한 방식이 물류센터를 상품이동의 중개기지로서 활용하는 Cross Docking이다.

⑦ SCM 효과

인터넷에서의 전략적 제휴, 아웃소싱 등 가상 네트워크를 형성하여 업무수행이 용이해지기 때문에 최소 자산으로 사업 가능. 또한 공급사슬을 통합함으로써 공급자 및 구매자간 정보전송에 필요한 비용과 시간을 최소화한다.

공급자, 구매자간 정보공유로 공급자들이 구매자의 재고정보를 실시간으로 파악해 구매자들이 필요로 하는 물량을 자동적으로 보충해 줄 수 있기 때문에 공급자와 구매자 모두가 안전재고수준을 낮출 수 있다.

(2) 중요성

① 경영환경의 변화

• 글로벌 경쟁으로 공급체인상의 리드타임이 길어지고 불확실해 졌다.
• 제조업체내에서 재고를 효율적으로 관리하는 데에는 한계가 있다.
• 고객요구가 다양해져 공급체인의 효율이 저하되었다.
• 기업 간의 경쟁이 치열해짐에 따라 비용 및 납기 개선이 시급해졌다.

② 핵심역량에 매진

■ 핵심역량 강화에 집중
• 기업은 현대의 경영환경 모든 부문에서 탁월할 수가 없다.
• 지속성장이 가능한 확실한비교우위 확보에 매진한다.

■ '핵심역량'이 있어야 '왕따'를 회피
• 업계 / 소비자에게 자신의 존재가치를 각인한다.
• 과다 재고를 운영하지 않으면서도 고객이 원하는 적기에 공급한다.

■ Knowing-Doing Gap을 극복
• 일류 기업과 이류 기업을 판가름하는 것은 실행력이다.

■ 이류 기업은 지식습득에, 일류기업은 지식활용에 초점
• 방법을 몰라서가 아니고 반복적으로 제기되는 문제에 대한 기본 프로세스와 전술을 실행하지 못하기 때문이다.(이상론, 컨설팅 무용론)

■ 조직 구성원의 실행력 강화에 초점
• 회의/ 보고만 하면 된다는 무사 안일주의를 탈피한다.

③ 기업경영에 활용사례

성공하는 기업은 프로세스상에서 타사와 차별성을 두어 한 분야에서는 확실한 우위를 점할 필요성이 점증하는 일시적 우위 경쟁시대에 돌입한다.

SCM은 고객가치 달성수단 중의 하나이며, 고객가치를 통해 기업목표를 달성할 수 있도록 하는 경영 기법이다.

■ 사업/ 산업간 벽을 넘나들 수 있는 교량
  • Dell의 핵심역량인 '공급망 관리' → 사업영역 확장

〈표 11.8〉 기업경영에 활용사례

구분	활용 내용	비고
월마트	EDLP ,잘 알려진 브랜드	가격 우위 전략
나이키	브랜드 인지도,제품	경험을 최우선
맥도날드	매장 접근성,서비스	어디서나 가까이
Dell	낮은 가격,정보 접근성	구매가능성, 배송상태, 재고 등

(3) SCM 기대효과

■ 거래투자 비용의 최소화 : 인터넷에서의 전략적 제휴, 아웃소싱 등으로 가상 네트워크를 형성하여 업무수행이 용이해지기 때문에 최소의 자산으로도 사업을 하는 것이 가능해 진다.

■ 비용과 시간 단축 : 공급사슬을 통합함으로써 공급자 및 구매자간 정보전송에 필요한 비용과 시간을 최소화 할 수 있다.

■ 안정된 공급 : 공급자, 구매자간 정보공유로 공급자들이 구매자의 재고정보를 실시간으로 파악해 구매자들이 필요로 하는 물량을 자동적으로 보충해 줄 수 있기 때문에 공급자와 구매자 모두가 안전재고수준을 낮출 수 있다.

■ 기타 : Speed와 응답율의 향상, 재고감소, 참여 기업간 상호이익, 자금흐름 개선, 이익증가 등이 있다.

(4) SCM의 범위

① 업무과정 개선활동 연장선에서 IT기술과 연계를 중심으로 보는 관점. 경영은 신제품의 개발에서 고객에게 이르는 제반 프로세스로 연결되어 있다. 따라서 CRM과 SCM을 어떻게 통합 연계할 것인가의 범주로 볼 수 있다.

② 경영관리의 구성요소로 보는 관점. 여러 업무를 프로세스별로 연결하면 이를 통제, 관리, 배분하는 경영관리가 중요하게 된다. 즉 경영관리의 효율화를 위하여 개발된 솔루션인 ERP(전사적 자원관리)와 통합 강조.

③ 정보흐름의 공유와 전체 네트워크의 구조로 보는 관점. SCM의 가장 큰 특성인 참여하는 파트너간의 관계를 중심으로 ERP, CRM, 대고객 서비스, 수요관리, 주문처리, 생산일정관리, 구매관리, 제품개발 및 상업화, 반품관리 등이 기업 및 기업간의 가치연결고리와 연계되어 운영되어야 한다.

(5) 유형

① 첨단전자기술의 활용 유형 : 전자문서교환이나 전자자금결제, 전자카달로그, 전자게시판 등이 대표적인 예이다. 상품주문서나 지불확인서 등을 전자메일을 통해 주고 받음으로써 정보유지 및 보안문제를 해결해 주고, 업무처리 시간뿐만 아니라 불필요한 업무를 대폭 절감할 수 있다.

② 공급자 주도의 재고관리 유형 : QR(Quick Response)과 JIT (Just-in-Time) QR은 소매업자와 공급업자가 상품판매정보를 공유하여 소비자의 구매패턴에 맞게 상품공급주기를 개선하는 것이다. 반면 JIT는 주로 생산계획에 따라 생산에 필요한 원재료나 부품을 필요한 시간에, 필요한 공정에, 필요한 수량만큼 공급하여 생산공정상의 재고를 최소화하는 방식이다.

③ 중앙집중관리 유형 : 각종 절차나 방식이 모든 작업현장에서 동일하게 적용될 때 최대한 효율을 올릴 수 있으며, 거래물량이 경제적 규모 이상이 되어야 최대한 효과를 발휘할 수 있다. 이를 위해서 중앙물류센터를 설치, 구매와 배송절차를 단순화하여 구매단가나 운송단가를 최소화하고, 각 점포의 상품배송주기를 단축하는 방식이다. 이러한 방식이 진일보한 것이 물류센터를 상품이동의 중개기지로서 활용하는 Cross Docking이다.

(6) SCM의 고려요소

① 자산관리측면 :SCM은 재고금액의 축소라는 측면에서 고려되어야 한다. 공급체인에서는 각 체인별 보유재고를 최소화, 자산 및 자금의 효율화 도모.

② 코스트측면 : 일반적으로 원가관리는 제조과정에서의 제조원가를 의미하나 SCM에서는 소비자에게 공급되기까지의 모든 원가(총원가)가 그 대상. 제품제조원가가 매우 낮다하여도 소비자에게 판매되는 Timing이 늦어 시장에 공급되지 못하고 폐기된다면 비록 제조원가는 다소 높다하더라도 매각되는 Timing에 맞춰 시장에 공급되는 제품이 총원가가 상대적으로 낮다.

③ 고객만족측면 : SCM에서 고객만족이란 고객이 원하는 시기에 적시 공급할

수 있는 것을 의미. 즉, 재고부족이나 공급시기의 부적절로 인하여 제품이나 부품을 적시에 공급할 수 없다면 고객에 대한 비용은 크다. 이러한 비용은 주문충족률, 제품부족률 등으로 계량화할 수 있다.

〈표 11.9〉 SCM의 성공요소

SCM의 성공요소	SCM의 효과
개별의 우월성	재고 감소
중요성의 인식	부가가치 없는 작업제거
독립성/의존성	안정된 공급
적극적인투자	상호이익
정보의 공유	자금흐름 개선
업무 연계/통합	이익증가

(7) SCM의 7대 원칙

① Intimate Customer Knowledge : 고객/시장의 변화를 지속적으로 모니터링하여 변화의 근본 원인을 분석, 이해하고 대응하라"

② Intimate Supply Knowledge : "시장수요 정보 및 구매계획을 제공하여 공급사와 협업하라"

③ Living and Dying by the Plan : "계획대로 생산, 판매, 구매 실행을 운영하라"

④ Cross-Silo Synchronization : "기업의 타조직, 부서간 목표를 연계하여 일관된 계획을 수립하고, 실행을 동기화하라"

⑤ Rapid, Reliable Fulfillment : "고객 주문에 빠르고, 정확하게 대응하고, 차질 발생 시는 상황의 가시성을 제공하라"

⑥ Supply Chain Design : "Supply Chain 설계는 One-Time Activity가 아니며, Supply Chain 비용을 고려하기 보다는 시장변화에 민첩하게 대응할 수 있는 기반 준비의 방향성을 우선적으로 고려하라"

⑦ Business Reconfiguration Management : "비즈니스 환경변화를 쉽고 유연하게 수용할 수 있는 정보시스템 기반을 확보하라"

Supply Chain을 운영하는 기업들도 규모가 커지고 여러 조직이 같이 일을 하게 되면 실물을 기반으로 Supply Chain을 운영하기란 제한적이며 불가능하다. 그렇기 때문에 제시한 SCM의 7대 원칙을 기준으로 Supply Chain과 프로세스를 디자인하고 운영하는 규칙을 명확히 공유해야 하며, 시장수요, 공급상황, 재고 등 Supply Chain 현황과 변화 등의 SCM운영에 필요한 정보들을 정확하게 반영하여 가시성을 제공하고 공유할 수 있는 경영정보시스템의 구축도 병행되어야 한다.[8)]

(8) SCM 구현기술의 발전단계

① 개념 변천

- ECR(Efficient Consumer Response)
- QR(Quick Response)
- CRP(Continuous Replenishment Program)
- CAO(Computer Assisted Ordering)
- CFAR(Collaborative Forecast & Replenishment)
- CPFR(Collaborative Planning Forecasting & Replenishment)
- 생산 관리에서 공급망 관리로 개념 확장
- Multiple Plant & Sales Branch
- Supply Chain Management 포트폴리오의 복잡도 증가

② 발전 단계 : SCM은 초기 물류관리의 확장 개념으로 출발

- 1970년대 세계화와 무역자유화단계로 글로벌경영환경에 대응능력이 요구된다. 물류의 역할을 생산과 보다 가까운 관계로 끌어들이면서 생산 효율을 높이기 위한 수단으로 이용하기 시작. 일괄 배치, 대량생산 등 규모의 경제를 이루기 위한 1980년대 미국 산업사회의 가장 핵심 경쟁수단으로 분업화된 개념이다.
- 관련 기업들은 경영에 도입 운영한다.(생산, 판매, 인사, 재무, 회계, 개발) 1980년 미국 의류업계 QR(Quick Response)시스템에서 기본개념 태동, ECR (Efficient Consumer Response)로 발전. 생산부문은 MRP(Material Requirement Planning), MRPⅡ(Manufacturing Resource Planning), ERP(Enterprise Resource Planning)로 발전. 단위기업대상 ERP 한계로

8) 물류신문, SCM 시리즈 2] SCM의 7대 원칙, 07,12,15.

인하여 기업 간의 협동이 중요시되는 SCM으로 발전하였다.

- 1980년대 말 한국의 물류영역은 주로 하역, 보관, 포장, 물자운반수준
  그러나 이제는 원자재 조달에서부터 최종 제품이 고객에게 배송되는 전 과정, 수주, 수요예측, 판매, 생산, 구매, 보관, 재고관리, 주문처리, 배송, 고객서비스 등 통합 로지스틱스 또는 공급사슬로 발전하였다.
- 90년대 : 국가를 넘어 글로벌화 지향 → 다양한 경쟁 상황에 직면
  기업 전체적인 관점에서 경쟁 →Network 화사례 : 일본 토요타자 동차는 Just-in-time delivery system 도입하였다. 운송의 기능을 중요시, 생산자의 원자재 재고 감소효과를 창출하였다.
  안정적 수요환경에는 적합, 빠르게 변화하는 수요대응 부족하고 생산과 물류의 적극적인 통합, 전사적 정보공유시스템 요구된다.

③ 기술의 변화와 적용사례

1980년대 세계적 기업인 P&G, Coca Cola, J.C Penney 등은 제조업체, 물류업체, 유통업체 등 거래처들과 협력함으로써 이익이 극대화되었다. 특히, P&G(Procter & Gamble)는 QR을 적용하면서 ECR과 SCM으로 발전되었다. P&G는 1837년 영국 양초제조업자였던 윌리엄 프록터(William Procter)와 아일랜드 비누 제조업자였던 제임스 갬블(James Gamble)이 신시내티에서 업체를 통합함으로써 탄생. 남북전쟁 동안 북군에 비누와 양초를 공급하였고 전후에는 일반인들에게 판매한다.

CEO인 A.G. Lafley는 비용절감의 결과를 마케팅에 활용하여 브랜드의 가치를 높이고저 했다. 주요 경영전략은 SCM과 제품수명주기관리(PLM)를 통하여 비효율적인 인원 감축 등 불합리한 요인들을 제거하였다.

2002년의 P&G의 발표 자료를 보면, SCM분야에서 아틀란타 베이스의 Procuri Inc사의 구매 소프트웨어를 구입하여 구축하였으며, 동시에 e-마켓플레이스인 Transora에 적극적으로 참여했다. 제품개발 측면에서는 자체 개발한 기술스펙관리 시스템(Managing technical specifications)을 개발하여 이를 다시 Matrix One에 라이센싱을 주었으며, EDS로부터 PLM 소프트웨어를 구입하여 구축했다.[9)]

2003년 1월 29일 P&G는 2002년 12월 31일 마감한 2분기 실적을 발표하면서 이익이 15%나 증가했다고 밝히고 있다. 순이익만 무려 14억9천만 달러에 주당 이익은 1.06 달러였는데 이는 작년 동기의 13억 달러에 93센트보다 엄청 향상된 수

9) 다음, P&G의 SCM 및 제품수명주기관리(PLM) 시스템의 구축 및 웹 통합 성공사례

치들이다. 3분기와 4분기 전체를 통해 연간 베이스로 12%-13% 이익이 성장할 것으로 예측하고 있는데, 이는 P&G의 10년 장기계획상의 목표인 10%를 웃도는 수치이다. PLM(Product Lifecycle Management)시스템의 핵심 데이터베이스는 HP-YX 서버에서 돌아가는Oracle9i이다. PLM 시스템은 SAP AG사의 MRP(Material Requirements Planning)시스템과 연결되어 있으며, Windows NT 파일 서버에 모든 데이터 파일, 서류, 도안 등이 자동 저장된다. 데이터베이스는 작업엔진(Workflow Engine)과 협력 틀에서 운영되고 있으며, 데이터베이스에는 제품의 속성, 메타데이터, 모든 서류, 디자인, 도안, 파일들이 저장된다. 메타데이터는 NT 서버로부터 어떤 프로젝트 데이터 정보를 불러내야 하는지를 자동적으로 지적해준다. 이들 전체 시스템은 웹 베이스 인터페이스를 갖고 있으며, 그래서 디자이너들이나 생산자들은 외부에서도 필요한 정보와 데이터를 업들 수 있다. 생산자들은 제3의 장소에서도 이를 활용할 수 있다. PLM이 자동화되기 전에는, 수많은 팩스, 전화에 의존했으며, 주요 도안이나 디자인들은 수많은 DHL/FedEx를 이용했었다. 또한 그 이전에는 적정 생산비용을 산출하기 어려워 반드시 프로토타이프 단계를 거쳐야만 했다. 지금은 이제 자동화가 되어 이 들 수많은 낭비들을 제거했는데, 이 시스템에 P&G는 최근 시뮬레이션 소프트웨어를 추가하여, 엔지니어들이 시뮬레이션을 통해, 제품의 크기, 무게, 영구성 등의 속성들을 사전에 테스트하여 결정하고 있다. 이뿐만이 아니고 엔지니어들은 생산 프로세스까지도 시뮬레이션으로 확정한다.[10)]

10) 다음, P&G의 SCM 및 제품수명주기관리(PLM) 시스템의 구축 및 웹 통합 성공사례|작성자 나눔자리

제 5 부

한국 유통산업 환경과 전망

제12장 글로벌 유통환경의 변화

제13장 유통산업의 발전 과정

제14장 우리나라 유통산업 환경과 소비트렌트 변화

제15장 한국 유통경제 환경과 과제

Chapter 12

글로벌 유통환경의 변화

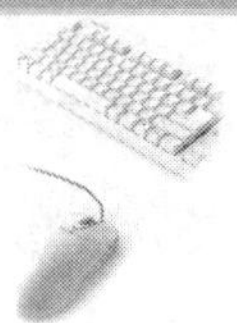

12.1 세계 유통기업의 경영추세

(1) 글로벌 경제구조의 특징

① 세계가 하나의 시장화(자본과 상품의 개방화, 인적 물적교류 활발)
② 정보통신의 발달에 의한 지식정보화사회(정보고속화, 창의적 정보)
③ 유통시장 개방과 다국적기업의 해외시장 침투(무국적기업 탄생)
④ 화폐와 신용을 분리하는 사회(신용판매, 상품 및 서비스개발시대)
⑤ 소비자 의식구조의 변화(가격의 양극화, 간편화, 소비자 감동시대)

인터넷의 발전은 시공간을 압축시키면서 새로운 트렌드와 소비자 가치를 양산하고 있다. 지구촌은 글로벌 고객 중심으로 문화가치(Value)와 전문 상품이 강화되면서, 네트워크와 유통망을 장악한 자가 세계시장을 지배하는 것이 정설이 됐다. 노동과 토지에 의존하던 자원경제와 자본과 공업기술에 의한 제조업 중심의 공업경제시대와는 달리, 기술과 정보의 변화에 의해 유통경제시대에 느껴보는 현상이다.

인터넷과 정보 · 통신 및 미디어의 발전으로 시장지배구조가 '21세기 디지털 유목민' 중심으로 변화되면서 경제 주체로서 소비자는 많은 정보와 함께 높은 지위를 요구하는 상황이다. 따라서 유통기업들은 가격탐색 활동이 강화된 소비자를 감동시키기 위해, 철저히 소비자중심에서 유통기업의 저비용경영의 실천을 공급(제조)업자들에게 요구하고 있다.

온라인중심의 넌-스토어(Non-Store) 시대의 글로벌 기업들은 오프라인 스토어시대와는 다르게 기존 국가개념이 아니라, 빅뱅(Big Bang) 등 특화된 기업경영 방식으로 국가 대표기관을 자처하고 있다.

(2) 세계유통기업의 경영분석

① 해외시장진출 국내시장의 성공을 바탕으로 시장을 다변화, 매출물량 증대를 통한 규모의 경제를 이루기 위함이 주요 목적이다.

② 경영의 정보화 및 전산화 매출상황 점검, 재고전산망, 경영정보수집, 자동발주 등이 정보화 및 전산화가 되어 보다 편리한 경영이 가능

③ 점포의 단위화 정보화와 전산화를 바탕으로 각 지역의 점포들의 특수상황과 이윤실현을 위해 점포의 점장의 재량권을 강화시킨 것이 대표적 예

④ 가격할인업태의 성장 무한경쟁시대에 접어든 요즘 누가 더 저렴한 가격으로 판매하느냐가 가장 중요한 요점이 되어가고 있는데 저가격뿐만이 아닌 저가격, 고품질이 현 유통사회의 주 맹점이 되고 있다.

(3) 유통혁명

① 유통혁명(distribution revolution)이란 1960년대 이후, 시장지배력이생산자에서 소매업으로 이동되는 현상. 미국 경영학자 P. F 드러커 등이 사용

② 미국은 1975년 월마트 구호인 저비용경영(Low Cost Operation)을 통한 "Everyday Low Price" 전략에서 유래됨. 그 후, 1980년대 중심적인 업태가 양판점에서 DC Store로 전환하여, 47% 점유

③ 유럽의 경우, 프랑스 하이퍼마켓, 독일은 DC Store(창고형) 등이 주도

④ 한국은 1993년 창동 E-마트이후, 생산자은 대형 유통업에게 "선택과 집중" 강요당함, 도매기능의 과당경쟁과 준비 부족으로 인한 약세화를 지속함.

⑤ 체인스토어에 의한 디스카운트하우스와 하이퍼마켓, 수퍼센터 등 할인점과 수퍼마켓(SSM), 편의점은 물론, TV홈쇼핑과 인터넷 쇼핑 등 출현

⑥ 기존 유통채널을 주도하던 재래시장과 도매상 등의 중소 유통산업은 효율성 측면에서 경쟁에서 배제되거나 계열화가 진행

⑦ 세계 유통업계는 1990년대 이후 콜드체인(cold chain), 컨테이너 수송, 결품방지 및 재고관리를 위한 리얼타임 관리체계 등 저비용·저가격화 추진

(4) 할인업태의 급성장

① 가격파괴(Destruction Price)란 상품의 대량구매를 통한 저가, 저마진을 위해 창고매장, 묶음판매 등으로 소비자에게 싼값에 물건을 공급하는 체계

② 소비자 저가격지향의 대형할인업태들이 유통과정축소를 통한 비용절감으로 가격결정의 중심축을 수요자시장으로 바뀌게 한 것.

③ 말의 어원은 일본에서 엔고여파에 의한 물가앙등으로 수입물품유통을 통해 국산품가격을 조절하면서 만들어진 신조어.

④ 현재 그 의미가 확대 해석되어 원가절감, 물류구조개선 등으로 제품원가를 낮추는 가격폭락을 뜻함.

⑤ 미국 월마트의 유통혁명, 영국신문업계의 가격전쟁, 그리고 IBM사 등이 PC 시장에서 주도한 30% 가격인하 등이 가격파괴의 대표 사례이다.

⑥ 월마트 성공요인은 저마진, 저가전략, 저비용을 적절히 연계한 인적자원 관리능력과 컴퓨터 SYSTEM, 탁월한 물류시스템, 위성통신을 이용한 전사통신망 구축(WSN) 적극 도입 등 신기술도입으로 지속적인 성장을 누림.

⑦ 『가격파괴』가 가능한 기본 이유는

- 저비용경영 및 유통구조의 개선을 통한 비용의 절감이다.
- 점포 유지비용 등의 운영비 절감을 통한 비용의 절감이다.
- POS 등의 유통 정보화를 통한 비용의 절감이다.
- 소비자 라이프스타일 의 변화를 들 수 있다.

(5) 유통 · 제조업체 '원가절감 전쟁'

① 해외(영국 테스코)

자체 PL상품 60%차지, 유통업이 미래 성장산업으로의 위상강화 역할과 값싼 산지 찾아 세계로 PB · PL제품 확대, 호주 등 직소싱 강화, 유통마진 축소했다.

② 국내(이마트)

- '97년 처음 PL상품 출시. 현재 식품, 생활용품, 의류 등 다양한 분야 확대
- 자체개발(PL)상품 최대 30%까지 조정, 글로벌 소싱 강화 프로그램 가동
- 현재 전체 매출의 12%까지 차지, 2010년까지 30%까지 상향 계획
- 생활문화 토털브랜드 '자연주의', 의류브랜드 '이베이직', 신선식품 '이플러스' 등

③ 장점

- 경쟁업계에 없는 독자상품개발로 차별성 및 안정성과 수익성 확보
- 기존 상품보다 20%이상 저렴하고 질적인 면도 우수하여 경쟁력 확보

2) 국가별 유통구조 비교

(1) 국가별 유통경로 관리정책의 차별성

① 유통경로의 비탄력성 : 타 마케팅믹스들에 비해 한번 결정된 유통경로는 다른 유통경로로의 전환이 용이하지 않다.

② 유통경로의 지역성 : 유통경로는 각 나라의 고유한 역사적 배경과 시장환경에 의하여 영향을 받게 되므로 각국의 유통경로는 매우 다른 양상을 보인다.

③ 유통산업 환경변화의 중요성
경쟁기업의 증대, 글로벌화, 인터넷을 이용한 전자적 유통환경 및 서비스의 소멸성은 유통의 중요성을 한층 증대시킨다.

* 국내기업 간의 경쟁뿐만 아니라 외국기업과의 경쟁으로 외국 협력업체와의 전략적 제휴의 실시로 서비스기업의 수용능력과 수요관리 확충이 요구된다.

(2) 한 · 미 · 일 소매유통구조 총괄

① 유럽, 미국

- 구미의 유통혁신은 이른바 디스카운팅(discounting)의 역사이다.
- 19세기말 : 유럽(프랑스)과 미국 등 백화점 등장, 고가전문점에 대항한 디스카운트 업태 시도이다.
- 20세기 : 설비투자와 서비스의 극소화에 의한 저렴한 상품판매에 경영역량 집중형태이다.
- 디스카운트 스토어 : NB(National Brand)의 염가판매로 시작한 현대적인 시조
- 창고점/카타로그점 : 대공황이후 셀프서비스와 체인화에 의한 수퍼체인 등

② 일본

- 일본 소매유통구조는 미국경우와 유사한 관점이 있겠으나, 매우 다른 점

또한 찾아 볼 수 있다.

- '60년대 고속성장에 의한 수요패턴에 적응 위해 미국 소매업태 5~10년 시차로 도입하여 적응한다.
- 일본은 할인점, 창고형 등 가격파괴 업태는 성장하지 않고 '90년대 도입된 것이 구미와 다른 점이다.
- 각 업태의 구체적 내용이 일본실정에 맞도록 다소 변형되어 각 업태별 운영되는 것이 특징이다.

③ 한국

- '60년대까지 소비자를 위한 소매시설은 재래시장중심, 백화점은 특수계층, 수퍼마켓은 도입기이다.
- '70년대 고도성장과 더불어 발전한 한국 백화점은 미국/일본처럼 중산층 내지 고소득층이 고객이다.
- 유통혁신의 시초 : 셀프서비스의 수퍼마켓이 주도, 디스카운팅보다 중산층과 고소득층을 위한 것이다.
- 저렴한 식료품 판매처보다 '시장보다 비싸지만 신선하고 위생적인 식료품 구입매장'으로 인식된다.

④ 디스카운팅 혁신 비교

- 미국과 일본 : 19세기 말부터 20세기 중반까지 서서히 일어났던 유통변화이다.
- 한국 : '60년대 말부터 급속히 진행, 구미는 20세기 중반부터이나 한국은 '90년대 시작된다.

〈표 12.1〉 미국, 한국의 유통산업 비교

미국유통산업	한국유통산업
• 극심한 경쟁력 • 업태의 다양화 • 첨단기술을 동원한 효율적 •매장운영기법 • 소비자 변화에 미남한 빠른 적응력 • 철저한 상거래 질서에 의한 공정거래에 의한 페어플레이	• 유통선진국의 영향으로 경로, 다양화에 있어 상단한 경쟁력을 가지게 됨〈할인점 증가로 여파 큼〉 EDI, EOS, POS시스템의 도입으로 유통산업의 발전〈RFID의 도입단계중〉 • 선진 유통국에 비해 유통거래법의 범우가 체계적이지 못함

12.2 국가별 소매업태 현황

(1) 소매업태 도입과 개발

① 각국의 소매업태의 도입

■ 특징

- 미국과 일본과 격차는 40~50년, 일본과 우리나라와는 대략 20여 년
- 21세기 한국유통산업의 급격한 발전으로 그 격차가 좁혀지는 상황 전개
- 우리나라 할인점('93년 이마트 창동점)과 회원제창고점은 도입기간 짧음

〈표 12.2〉 각국의 소매 업태별 도입격차

업태별/나라별	백화점	대비	수퍼마켓	대비	편의점	대비	할인점	대비	회원제창고점	대비
미국	1858	–	1903	–	1927	–	1948	–	1976	–
일본	1904	+46	1953	+50	1974	+47	1978	+30	1992	+16
한국	1930	+26	1971	+18	1989	+15	1993	+15	1994	+2

■ 새로운 소매업태 할인점의 등장

할인점은 일반적으로 소매점에서 거래되는 통상적인 시중 가격보다 저렴한 가격으로 상품을 판매하는 대규모 점포로 정의할 수 있다. 할인점의 특징은 대량 구매, 대량 진열, 저마진 고회전, 셀프 서비스, 최저 투자 등 생산·유통·판매 구조를 합리화 시켜 저가로 판매한다.

할인점은 업태 포지셔닝상 저가 다품목으로 One-stop-shopping 추구한다. 할인점은 소비자들에 대해 폭 넓은 상품 구색을 통한 원스톱 쇼핑의 편리함과 저가 구매의 Needs을 만족시키는 업태 Concept이다. 백화점과는 다품목은 동일하나 저가판매라는 점에서, 카테고리 킬러와는 저가 판매는 동일하나 다품목이라는 점에서 차별화Gross Margin이 낮은 대신 대량 판매를 통한 고회전, 저비용 운영을 통해 수익성 보전된다. 월마트의 할인코너. 인하(Rollback)이라는 문구가 크게 강조됐다.

〈표 12.3〉 할인점의 특징

업태명	특 징	대표기업
Discount Store	• 의류, 알용잡화, 내구 소비재 등 실용적인 생활 용품 취급	• 월마트 • K마트 • 타겟
Super Center	• 기존디스카운트 스터어에 식품류 강화 • 할인점+수퍼마켓 장점 접목	• 월마트 S/C • 홈플러스
Hyper-market	• 대형수퍼마켓+할인점 • 식품매출비중이 70%	• 까르푸 • 이마트
MWC(Membership Wholesale Club)	• 회원제도 운영되는 창고형 가격 할인 업태 • 날개보다 박스나 번들 판매	• 샘스클럽 • 코스트코 • 마크로
Outlet Store	• 재고상품이나 자사 B급 상품의 할인판매	2001아울렛

삼성 테스코 홈플러스의 행사장 장면 2+1이라는 문구가 눈에 띤다.

② 국가별 업태별 성장

- 새로운 업태탄생은 사회 환경변화에 대응하려는 유통기업의 경영노력한다.
- 백화점에서 수퍼마켓이 새로 개발되기까지 40~50년이 걸린 점이 대변한다.
- 부의 축적과 정보통신의 발달로 업태탄생 도입, 사이클이 점차 짧아진다.
- 고객욕구 변화로, 유통업계의 새로운 수익모델 업태개발은 지속 예정된다.
- 새로운 업태진전은 부의 축적에 의한 고객요구와 사회변화로 탄생된다.

〈표 12.4〉 각국의 업태별 성장시차

업태별/나라별	백화점 →수퍼마켓	수퍼마켓 →편의점	편의점 →할인점	할인점 →회원제 창고점
미국	45년	24년	2년	28년
일본	49년	21년	0년	14년
한국	41년	18년	0년	1년

③ 아시아 시장의 변화

- 1990년대~2000년 초기, 유통개방으로 인해 아시아시장의 지각 변동
- 일본중심의 자본구조에서 구미중심으로 힘의 균형이 이동되는 시기
- 세계 경제의 침체로 인해, 새로운 성장 동력개발을 위한 노력은 계속

〈표 12.5〉 아시아 소매시장의 변화 흐름

구 분	기 존	변 화	비 고
주요업태	백화점	DS, SC, HM	시장주도권 변화
주요국가	일본	미국, 유럽	다국적 유통기업
출점국가	홍콩, 대만, 싱가폴, 인도네시아	중국, 인도, 베트남, 말레이시아	신흥개발국가, 인구중심
주요기업	소고, 다이마루, 다이에, 세이부	월마트, 마크로, 카르푸	
현상	일본 지배력 쇠퇴, 화교자본 침투	글로벌화, 도심대형화, 다점포화	경제 급성장(부의 축적)

■ 업태의 도입모델

- 미국형 수퍼센터 → Wall MART(식품보강, 진보형)
- 일본형 수퍼스토어 → 다이에, 자스코(GMS + 가격파괴도입)
- 유럽형 하이퍼마켓 → 까르푸(식품강화)
- 한국형 디스카운트 스토어 → Home Plus(수퍼마켓 + 가격파괴도입)

참고

해외 유통산업 현황

- 세계 유통산업의 전체 매출액('07)은 9.1조 달러(data monitor)이며, '07~'12년 중 성장률은 연 5.3%에 이를 것으로 추정
- (미국) '07년 기준 유통산업 규모는 4.5조달러, 고용은 1,550만명
  ☞ 세계 10대 유통업체 중 6개가 미국기업이며, 세계 250대 유통기업 매출의 45.5%를 미국 기업이 차지했다.
  ☞ 낮은 규제수준, 광대한 시장규모, 단순한 유통망 등으로 신업태 출현과 유통 혁신이 활발하다.
- (유럽) 영국, 독일, 프랑스를 중심으로 유통산업이 발달했으며, 세계 250대 유통기업 중 유럽계 기업의 매출액이 39.4%를 차지한다.
  ☞ 미국 유통기업들에 비해 상대적으로 해외시장 진출에 적극적*이며, 강력한 PB(Private Brand) 경쟁력 보유한다.**
  * 유통기업당 평균 해외진출국가 수(개) : 프랑스계 15.1, 독일계 13.7, 영국계 9.7, 미국계 3.9
  ** 영국 소매기업인 Marks & Spencer의 경우 100% PB만으로 운영
- (아시아) 세계 250대 유통기업 중 아시아계 기업이 10.4% 차지
  ☞ 과거 일본(세븐앤아이 · 이온 등)의 독주체제에서 최근 홍콩계(AS Watson), 한국계(롯데 · 신세계), 중국계 기업 성장이 두드러진다.
  ☞ 일본 유통산업은 도매업을 중심으로 발달하였으며, 한국 유통기업들은 自國 중심의 영업을 수행한다.

〈표 12.6〉 2006년 세계 10대 유통기업 현황

순위	기업명	국적	매출액(십억불)	매출성장률(%)
1	월마트	미 국	163,217	10.4
2	크로거	미 국	45,352	4.6
3	서어스	미 국	41,071	11.4
4	메트로	독 일	40,357	11.5
5	까르푸	프랑스	39,780	7.4
6	홈디포	미 국	38,434	9.2
7	안터마르테	프랑스	38,380	13.1
8	알버트홀	미 국	37,478	13.7
9	k마트	미 국	35,925	7.9
10	아홀드	네덜란드	33,811	13.2

* 출처 : "2009 Global Powers of Retailing, Deloitte&Stores

(3) 소매업태 변화추세 비교분석

① 고급화, 저렴화

- 국가경제가 성장하면 중산층중심으로 소매업태는 고급화지향으로 백화점이나 고급전문점이 등장한다.
- 선진국 경제성장 둔화와 다수 중산층이 절약형과 합리적 소비패턴 되면 가격할인 소매업태 성장한다.
- 한국은 고급화와 지렴화 진행단계, 미국은 고급화 거쳐 장기간 저렴화 진행된다.
- 일본은 고급화 장기간 거쳐 저렴화 시작단계. '60년대 경제선진국 이후에도 지속 경제성장하기 때문이다.

② 대형화, 전문화

- 경제성장과 중산층 확대
  대량소비사회가 등장과 급성장한 제조업중심의 다품종 대량 시판체계이다.
- 대량 생산품의 판매방법
  대량 물량을 효율적으로 유통시키기 위한 대형소매점들이 성장한다.
  소비자들 또한 원스톱 쇼핑패턴으로 소매점 매장면적과 상품구색은 지속 확대된다.
  대량생산-대량유통-대량소비의 거대한 물결이 형성되는 것이다.
- 거대한 중산층소비자는 라이프스타일이 다양화/개성화되어 몇 개의 이질적 소비 패턴으로 분화된다.
- 개성화된 전문점을 선호하는 패턴에 따라 상품 부분별로 다양한 전문점들이 등장된다.

③ 세분화

- 고급화 후에 나타난 저렴화 현상으로 고급화 경향이 사라지는 것은 아니며 양자의 균형 유지된다.
- 대형화 후에 전문화가 나타나지만 어차피 대형화 추세는 지속.
- 고급소매점과 할인소매점이 균형을 이루고 대형점과 전문점이 균형 등 철저한 시장세분화 현상이다.
- 다양한 업태의 소매점들이 제각기 다양한 소비자 계층을 목표로 치열한 경쟁시대 돌입된다.

(4) 유통구조의 평가

① 과밀성 및 영세성

- 국내 도·소매업 업체당 평균매장면적 46㎡, 평균종사자수 2.5명, 평균 연간 판매액 1.57억원이다.
- 소매업체경우, 평균매장면적 38.8㎡, 평균 종사자수 2.0명, 연간판매액 평균 8,500만원수준이다.
- 사업장 규모별 기준 – 매장면적 30㎡(약 9평)이하 업체비중 도매업 62.7%, 소매업 86.8%이다.
- 종사자수기준 – 종사자 4인이하 업체비중 도매업 71.7%, 소매업 96.9%,
- 전국 1,545개 재래시장 중 60%이상 점포가 10년 이상 상태로 시설이 노후화
- 일본, '94년 도매업체 42만 9천개, 소매업체 150만개 총 192만 9천여개
- 한국보다 2.2배, 종업원 수 6배. (과밀성) 인구 1만명당 점포수한국 197개, 일본 167개이다.
- (영세성) 점포당 종업원수 일본 6.2명, 업체당 연평균 매출 27억원. 한국 2.5명, 매출 영세

② 저생산성 및 경영의 비효율성

- 점포당 매출액 – 일본의 5.8%, 1인당 매출액 – 일본의 14.6% 수준
- 경영효율화의 전제인 법인화율(소매업) – 2.0%로 일본의 38.7%와는 현격한 차이
- 연쇄화사업자로 조직화된 점포비중 – 5.3% 불과, 협업화위한 상업협동조합도 196개 불과 실정이다.
- 국내유통산업 : 새로운 판매기법 도입이나 시설현대화 등 경영효율성 투자가 어려운 상태이다.
- 한국 정보화 : POS시스템 및 바코드 보급률 저조. 일본대비 매우 낮은 수준이다.
- 백화점과 대형마트 등 대형소매점이 POS시스템수준에서 RFID로 도약단계.
- 중소유통은 도입환경 정비 미흡, 시스템 운용기술의 부족 등 활용미비 실정.
- 낙후 요인 : 농·수산물의 표준화와 등급화 미비로 거래단위, 등급, 포장 등이 지역별 또는 유통단계마다 각기 다르고 그 형태도 복잡하여 불공정거래, 유통정보 효율성 저하의 주요 원인이다.

• 대책 : 정부, 관계기관, 기업 등 협조강화해 보다 체계적인 유통정보체계구축 필요하다.

③ 제조업체 주도의 폐쇄적 유통구조

• 국내 유통산업은 대기업중심의 제조업체가 직접적인 영향력을 행사하는 유통구조
• 특히 자동차, 기성복, 가전 등 대리점, 직매점, 특약점 등을 통해 유통시장 70~100% 차지한다.
• 제조업입장 : 가격정책상 주도권 확보와 판매안정성 보장측면에서 장점이다.
• 유통업입장 : 유통업체 특히, 지배적 유통망을 갖지 못한 중소유통업체는 진입장 벽으로 작용한다.
• 제조업체 우월적지위 이용한 불공정거래행위 유발, 소비자의 선택권과 편의를 제약, 유통업체의 중복설립 가능성을 높이는 등 유통시장 효율성 및 유통산업 성장 저해한다.
• 일반 요인 : 제조업체나 대형소매점의 이윤동기에 기인.
• 근본 요인 : 경제성장 과정에서 생산과 소비규모 증가에 대응한 연결고리인 도매업 기능 부재이다.
• 규모의 영세성과 전근대적인 경영으로 제조업과 소매업에 대한 역할수행 부족
• 생산과 유통부문 불균형은 제조업의 유통비용은 매년 상승, 국제경쟁력도 떨어지은 부작용이 반복된다.
• 도매상배제가 소비자이익에 기여하지 못하고 유통비용 증대시킨다면 도매업 활성화시켜야 할 것이다.

④ 유통구조의 복잡성과 다 단계성

• 유통경로란 생산된 상품을 유통기구를 통하여 최종 소비자에게 도달하는 유통의 수직적 구조이다.
• 이러한 도매업과 소매업의 유통경로를 파악하는 일반적인 지표로 사용되는 것이 W/R 비율이다.
• 우리나라 유통경로상 도매에서 소매로 이루어지는 W/R 비율의 값이 미국과 일본에 비해 짧다.
• 한국 공산품유통은 전문도매점의 역할이 미흡하며, 제조업체 주도형 유통구조를 반영하는 것이다.

- 농수산품은 유통단계 길어 유통비용 상승, 공산품은 제조업주도 독과점으로 유통비용 상승이 초래한다.
- 제조업의 독과점 폐해 등 유통경로 우회도가 짧다는 것은 유통구조의 효율보다는 취약의 의미한다.
- 일본경우, 전통적으로 형성된 사회경제 구조의 특성으로 인해 복잡한 유통구조에서 발전된 경향이다.
- 유통경로의 우회도가 길다는 점이 외국 상품에 대한 수입장벽으로 작용되어 국내 유통산업보호이다.
- 일본 내 외국 유통업체의 진출을 막는 효과도 발휘한다는 점에서는 국내산업에 유리하게 작용한다.
- 한국은 마트/편의점 및 수퍼마켓 다점포화로 제조업체는 선택과 집중 및 상품공급 효율성 추구한다.
- 대형물류센터중심 도매물류업(벤더업) 및 기업형 종합물류산업 등 요율적인 산업화로 성장추세이다.

Chapter 13

유통산업의 발전 과정

13.1 우리나라 유통의 역사

(1) 조선시대

① 좌가와 행상 : 좌가(坐價)는 행상에 대조. 점포를 가지고 상업을 하는 소매상이다. 전은 시전의 뜻, 시가지 상점. 상점을 전(廛), 점(店)은 사용하지 않는다.

- 정종 원년(1399년) 서울 시전(市廛) 처음 설치, 상품종류별 거래구역을 지정하였다.
- 시전은 관청허가를 받아 장사하는 대신, 관에 필수품을 공급하는 상점이다.
- 국역을 가장 많이 부담하는 규모가 큰 여섯 개의 시전을 육의전(六矣廛) 하였다.
- 규모가 작은 시전은 무푼각전[無分各廛]이라고 하여 국역을 면제하였다.

② 보부상 : 전통사회에서 봇짐이나 등짐지고 행상을 하는 대표 소매기관

- 보상(褓商)과 부상(負商)을 총칭하는 명칭, '부보상(負褓商)'이라고도 한다.
- 보상 : '봇짐장수', 보자기에 싸서 떼를 지어 지방향시를 찾아다니며 판매하였고, 정밀 세공품이나 값이 비싼 사치품 인 수단포목, 관구, 일용잡화 등을 판매하였다.
- 부상 : 일명 '등짐장수', 상품을 지게에 얹어 등에 짊어지고 향시에서 판매, 도자기, 칠기, 철물, 건어물, 기타 일용품 등 가내수공업품 등 판매하였다.
- 대부상・대보상 : 수운(水運)과 우마차로 다량상품 일시에 운반, 판매하였다.

③ 객주와 여각 : 도매업, 창고업, 위탁판매업, 운송업, 숙박업 등을 경영
 • 예금, 대부, 어음의 할인 및 발행 등 금융업까지도 담당하는 거상들

④ 재래시장 : 일반 서민들의 상거래중심. 지방시장은 향시(향시), 1개월에 6회씩 5 일마다 개장으로 5일장. 예외로 약령시는 봄, 가을 내지 1년 1회 개시한다. 향시로는 처음 6~7일 간격 정기시, 이후 점차 1일 행정(行程), 즉 하루 왕복거리인 30~40리마다 5일 간격으로 줄어 교통 요충지에 장이 들어선다. 지방의 장시는 15세기 말부터 삼남지방에서 생겨나기 시작하였고, 중종 때에 이르러 장시는 지방마다 상당한 발전, 그러나 중앙 정부가 계속 억제정책으로 인해 전국 유통망이 형성되는 단계에까지는 이르지 못했다.

(2) 식민지통치시대 유통산업의 역사

① 일본의 자본침탈 준비시기

1906년 일제 총독부가 진고개(지금 명동 사보이호텔 자리)에 세운 일본 미쓰꼬시 백화점의 한국지점인 오복점(五服店 : 포목점)가 최초이다.

1913년에서부터 1917년에 걸쳐서 전국의 시장에 대해서 정밀조사 실시하였고, 1914년 시장법의 모체가 된 시장규칙을 제정하였다. 농촌부락에도 점차 상설점포가 출현하기 시작하면서 재래시장 내부에 있어서 거래 성격의 변화가 일어났다. 또한 농가경제의 화폐경제로의 발전 공업생산품의 판매시장적의 성격을 가졌다.

② 한일합병에 의한 일본상업자본의 침투

- 1920년 일본계 포목점형태로 미쓰코시백화점
- 1921년 4월 조지야(정자옥)백화점
- 1922년 미나카이(삼중정)백화점, 1926년 히라타(평전)백화점 설립
- 1930년 신세계백화점 전신 미쓰코시 경성지점이 근대적 백화점의 시초
  • 유통업계에서 일본 자본과 민족 자본의 치열한 상권다툼이 전개되었고, 가격표시제, 반품・환급제, 계산기에 의한 영수증이 발급되었다. 화려한 신축건물에 엘리베이터와 휘황찬란한 네온사인, 미술관 등이 있다. 당시 최고 명소. 일본사람보다 우리 상류층이 즐겨 찾는 휴식 공간이다.
- 1930년대는 백화점의 전성시대 개막
- 1931년 서울 종로에 화신백화점과 1932년 동아백화점
- 1932년 충무로에 의류중심 미나카이(삼중정) 백화점

- 재고품위주의 저가격 상품 취급, 상품가격 미스코시 50%수준이 인기다.

■ 1935년 미도파백화점의 전신인 조지야가 인근에 창설하였다.

■ 1935년 조지야(정자옥)백화점은 미도파자리에 현대식 백화점을 개점하였다.

③ 민족계 백화점 화신·동아백화점

■ 1930년 소규모 잡화상으로 수출입상을 운영하던 박흥식(28세) 창업하였다.

- 평안도 용강에서 쌀장사와 지물포로 자수성가한 청년 민족자본가가 종로 네거리의 귀금속상 화신상회를 인수한 뒤 100만원으로 설립하였다.
- 당시 국내에서 보기 드문 금전등록기 설치, 매상을 당일 처리하고, '상품권 증정사은대매출' 등 파격적인 판촉활동 전개 등으로 대성공이었다.

■ 1931년 박흥식씨 지물업으로 자본축적, 종로네거리의 화신상회 인수하였고,

■ 1932년 화신 바로 옆 동아백화점 6개월만에 화신에게 경영권일체 양도하였다.

- 화려한 신축건물에 엘리베이터와 휘황찬란한 네온사인, 미술관 등 당시 최고 명소였다. 일본사람보다 우리 상류층이 즐겨 찾는 휴식 공간이었다.

④ 특징

■ 일제말기에 이르러 매일 시장으로 변화하는 경향을 나타내기 시작했다.

■ 농촌부락에도 점차 상설점포가 출현하기 시작했다.

■ 재래시장 내부에 있어서 거래 성격의 변화가 일어났다.

■ 농가경제의 화폐경제로의 발전 공업생산품의 판매시장적 성격을 가졌다.

〈그림 13.1〉 화신백화점 풍경

(3) 근현대 유통업

① 혼란기(1946년~1961년)

■ 해방, 6·25동란으로 이어지는 정치·경제의 혼란기

- 1945~1950년 해방－6・25동란－정치・경제 혼란, 밀수, 사회격변시기이다. 외국원조, 소비재 대량유입. 유통기관의 과다성, 영세성, 저생산성이었고, 혼란기로 체계적인 유통정책 설계가 곤란, 외국원조로 3차 산업중심이었다. 물류시설이 대부분 파괴되어 원상복구에 힘을 썼다. 사회격변과정에서 유통산업관련 기반파괴로 유통기반구축 기회를 상실하고, 1945년 광복 이후는 백화점 업계가 침체기로 접어든 시기였다. '45년 미쓰코시 백화점 상호 변경(동화백화점), 종업원대표가 관리하였다. 적산재산 편입, 중앙백화점(전 미도파백화점) 미 군정청으로 이관하였고, 화신백화점의 분신 신신백화점이 '55년 등장, 업계가 조금씩 활기를 되찾았다.

■ 국외 : 셀프서비스화가 진행되어 할인점(DS), 편의점(CVS) 등이 급증되었다. 이로 인한 효과로 상품의 구색, 할인정책 또한 다양화 되었다.

■ 종전후 임대백화점 체제
- 1954년 미도파백화점, 1955년 11월 신신백화점이 개장되었다.
- 1954년 10월 1일부터 미도파가 무역협회건물 지하와 1~3층의 매장 개설되었다.
- 3개의 백화점은 일제 때는 모두 소문난 직영, 임대백화점으로 간신히 명맥하다.
- 1955년 신신백화점, 1955년 미군 PX에서 건물인도 받은 동화백화점 개장되었다.

■ 1960년 시장법('61. 8), 특정외래품판매금지법('61. 5), 상품권법('61. 12), 부정경쟁방지법('61. 9), 의약품 및 공산품에 관한 규제 등 소비자보호관련 법이다.

② 여명기(1962년~1967년)

■ 재래시장과 소형점포 중심으로 한 상업 형태가 주종을 이루었다.

■ 경제개발계획과 유통관련정책의 변화
- 1962년 3월, '상품유통질서 개선책 검토'
- 1962년 4월, '정찰제 정착을 위한 전국 시범백화점 및 시범점포의 선정'.

■ 직영백화점의 출범
- '62년 미쓰코시 백화점의 소유권이 동방생명으로 이전되고 1963년 7월, 삼성그룹 동방생명 인수, 그해 11월 12일 고객응모행사를 통하여 '63년 11월

동화백화점이 신세계로 상호를 변경하였다.
- 단계적으로 직영비율을 올리면서 정찰제의 전면적 실시, 경품제도의 개선, 크레디트카드 도입 등 우리나라 유통근대화의 전기를 마련하였다.
- 1967년 국내 최초로 '바겐세일'을 실시하고 1969년 4월 직영체제로 전환되고 국내 최초로 신용카드를 발급하면서 현대식 백화점운영체계 등장한 시기였다.
- 신세계의 완전 직영화에 자극 받은 미도파, 코스모스, 신신, 화신, 시대백화점 등 서울시내 각 백화점은 직영체제로 전환되었다.

■ 국외 : 소비자들의 다양한 Needs(다양화, 패션화, 고급화)에 대응하기 시작하였고 Consumerism이 중요시 되었다.

■ 1966년 3월, 상공부 '유통구조개선에 관한 장단기 종합정책'을 마련하였다.
- 단기대책으로 중간상인 개입방지, 도・소매업 기능분리 표방, 장기적으로 공정거래법, 창고업법, 백화점법 제정, 추진하고 도・소매업 등록제 실시하여 검토하였다.
- 1967년 최초의 지하상가인 새서울 지하상가 형성되었다.
- 1970년 5월, 제3차 경제개발계획 기간('72～'76)중 유통근대화 5개년 기본계획(안)을 작성, 정부차원의 유통문제에 대한 종합적, 체계적으로 접근하였다.

③ 성장인식기(1968년～1980년)

■ 정부의 적극적인 후원아래, 제조업과 더불어 근대 유통업의 성장시기다.

■ 비약적인 경제성장과 서울 강남권역의 개발확대에 따라 업태 개발 확산했다.

■ 고속도로 개통과 물적 유통시대의 개막과 근대적 유통기구의 등장
- 1968년 우리나라 최초의 수퍼마켓인 뉴서울 수퍼마켓 개점하였고, 경인고속도로('69), 경부고속도로('70), 영동고속도로('71), 호남・남해고속도로('73) 개설, 우리나라 유통산업 발전의 계기를 이루는 근간이다.

■ 1, 2차 오일쇼크와 유통업에 대한 인식
- 1970년대 석유파동, 한국경제 위기감 조성으로 새로운 유통인식 계기이다.
- 1971년 최초의 수퍼체인인 새마을 수퍼체인이 창립이다.
- 1974년 수출악화로 생필품중심 제조업 내수판매망 확보와 유치경쟁 전개한다.

- 대기업자본의 유통부문 진출 증가, 수입자유화조치, 유통근대화 논의가 가속화되었다.
- 수출주도형 산업, 중화학공업 육성, 정책적 투자지원에서 유통부문이 소외되었다.
- 화물수송 컨테이너화의 진행, 74년 서울지하철 1호선 개통되었다.

■ 상권의 다핵화와 대기업의 유통업 진출

- 1970년대 강남중심 신흥도시개발 본격화, 대규모 아파트단지 조성
- 고소득층의 강남이주로 대형소매기구 발전, 고속버스터미널상권을 형성하였다.
- 직영백화점 급성장과 임대백화점 약화, 지방 정기시장의 퇴조

■ 백화점 활성화시대 개막으로 경쟁체제로 돌입시기

- 1973년 미도파는 대농그룹으로 소유권이 이전, 1976년 새로나 백화점
- 1979년 롯데백화점, 1979년 한양쇼핑, 1980년 뉴코아백화점
- 1983년 영동백화점, 1985년 현대백화점, 1998년 삼성플라자 등이 진출
- 인기가수 윤복희씨 처음 미니스커트가 유명세로 백화점 패션쇼 성행

■ 1979년 롯데쇼핑, 대기업 수퍼체인, 연쇄점 등 유통참여로 상권 핵분열

- 대형건설업체 의무규정인 단지 상업시설을 만들어 유통업에 진출
- 다른 기업군들도 수퍼체인, 연쇄점 인수, 신규 개설 등 유통업 참여

■ 국외 : 컴퓨터가 급속도로 보급되고 업태가 다양화 되었으며, 창고형 대형매장과 수퍼 스토어가 유행하였다.

④ 선진유통 도입기(1980년~1989년)

확대 성장기, 유통산업에 대한 체계적 지원체제의 구축

■ 유통관련 법규의 정비와 성장여건의 성숙

- 1980년대 제2차 오일쇼크와 정치변혁으로 우리나라 경제구조의 변신을 모색하였다.
- 1988년 올림픽대비, 시장법 개정과 소비자보호법, 독점규제 및 공정거래법, 신용카드업법, 할부거래에 관한 법률, 방문판매 등에 관한 법률 등 유통관련법규 골격 을 마련하였다.
- 유통근대화 기본계획 수립, 시행으로 유통산업 체계적 지원체제를 구축하였다.

- '86 아시안게임, '88 올림픽개최 등 통금해제, 교복자율화와 국가위상.
- 소득격차 문제는 중산층의 증가에 의해 한층 해소하였다.
- 1989년 해외 유명브랜드 수입완화, 해외여행 자유화 등 선진화 추진하였다.

■ 상권의 세분화와 신규업체 진출 러시

- 1980년대 10년간은 우리나라 백화점업계의 눈부신 성장 시기.
- '80~'83년 신세계, 롯데, 미도파 3대 백화점 전성시대, 매장규모 약 1만평
- '84~'87년 건설업체의 한양쇼핑('79), 뉴코아쇼핑('80), 현대백화점('85)
- 그랜드 백화점('86), 뉴코아신관('86)과 부동산업체의 영동('83), 여의도('83), 유니버스('84), 크리스탈('85), 파레스('85) 진출.
- 신세계백화점 영등포점('84), 동방플라자('84) 연속 개점, 다점포시대 개막하고, 백화점 매장면적은 약 3만평으로 '80~'83년에 비해 3배로 급속 성장하였다.
- 충분한 인력확보나 철저한 사전 준비·검토 없이 시작한 백화점은 여의도, 유니버스, 크리스탈, 파레스 등이 문을 닫는 사태로 발전하였다.

■ 유통시설의 대형화, 다점포화, 업태 다양화

- 1988올림픽, 교외 롯데월드중심 레저·오락시설 병설 초대형 쇼핑센터 출현하였다.
- 롯데잠실점('88), 현대무역센터점('88), 삼풍백화점('89) 등 가시화하기 시작하였다.
- '88년 신세계백화점 미아점, 롯데, 현대, 미도파, 한양, 뉴코아 다점포체제 등 백화점의 대형화, 다점포화 등을 통해 규모의 경영으로 발전되었다.
- 수퍼마켓은 경영노하우 부족과 점포 소형화로 어려움으로 성장의 정체,
- 로손, 세븐일레븐, 훼미리 마트 등 생활편의점 도입, 영세 소형 수퍼마켓 경영의 어려움이 있다.
- CVS는 체인화 확산시기, 무점포판매 중 통신판매 본격적으로 시작하였다.
- 개성화와 다양화시기(핵가족화, 아파트, 비자). 유통업체 난립과 도산업체 속출, 백화점들이 외국업체와 기술제휴로 노하우를 경영에 도입하던 시기이다.

■ 국외 : 월마트의 급성장 고객의 DB를 바탕으로 마케팅을 실시하였다.

⑤ 전환성숙기(1990년~2000년)

유통산업의 전환기, 지방화, 다점포화, 대형화 추세

■ 한국 유통업의 단계별 발전 개요

- 상설시장 : 매일 개시되는 시장, 정기시장인 5일장과 구분
- 정기시장: 농촌을 상대로 한 시장이며, 읍이나 면소재지 등에서 5번씩 돌아가며 개설
- 백화점: 1991년 신세계백화점이 삼성에서 독립선언, 1997년 공식적으로 분리하였다.
- 수퍼마켓 : 1968년 뉴서울수퍼마켓, 1970년초 번창하기 시작 1980년대 급진전
- 편의점 : 1980년대 말, 세븐일레븐 등 외국브랜드 도입하였다.
- 대형마트 : 1993년 이마트 창동점 처음 등장하였다.(프라이스클럽 노하우 바탕)
- 월마트, 까르푸 등 외국계 할인점들이 국내 시장에 본격적으로 진출하였다.
- 백화점중심에서 신업태 탄생 예고.
- '90년대 말 국제통화기금(IMF)체제는 인터넷쇼핑몰, TV홈쇼핑, 할인점 등 유통업계는 새로운 업태에 눈을 돌리는 계기가 된다.

■ 유통개방화시대

- 1990년 1월, 국내경제 안정기, 대외적 세계화 급진전, 유통시장 개방
- 서울중심 베드타운성격 신도시 개발로 도심인구의 교외이전 급속 진행
- 기존 유통업체와 대기업그룹의 점포확장 경쟁이 가열
- 1993년 11월 신세계 E-Mart, 프라이스클럽, 킴스클럽, 2001아웃렛 개업
- 1996년 유통개방, 하이퍼마켓 · 홈센터 · 복합상업시설 등 외국계유통 개점

■ 업태 무한경쟁시대

정보화의 급속한 진전으로 국민생활과 산업전반에 걸쳐 광범위한 변화하였다. CATV홈쇼핑, 사이버쇼핑몰 등 유통업태가 보다 다양화 · 고도화로 진행, 정부도 유통산업의 위상을 재인식과 각종 제도보완과 규제완화를 통해 국내 업체의 경쟁력 향상을 유도하는 등 한국 유통업의 전환기적 환경이었다.

대형마트와 인터넷쇼핑 등 기존 시장한계를 넘어서, 신시장을 개척하여 모색하고, 한국시장은 소비자질이 높아 시장진입이 매우 까다로운 시장으로 인식하였다.

유통기업의 다점포화와 글로벌 머천다이징으로 EDLP(Every Day Low Price) 정책과 수퍼수퍼마켓(SSM) 업태 등 신규업태로 경쟁력이 강화되었다.
대형마트·수퍼마켓대상의 체인스토어 사업자들이 생존의 불확실성 및 기존 소매점지원시스템(Retail Support System)의 한계성을 노출하였다.

13.2 선진국 유통의 발전과 현황

(1) 세계 소매업

① 소매업은 시초는 백화점. 19세기 공업화 진전에 따른 인구의 도시에 집중

- 분산된 구매력의 도시집중, 제품라인 확대에 따른 점포면적을 확장하는 경향이 있다.

② 백화점의 효시는 1852년 프랑스파리에 개설된 봉 마르세(Bong Marche)

- 설립계기는 불합리한 상거래 관행을 철폐하고, 정찰제와 교환 및 반품 보장, 자유로운 쇼핑분위기 창조로 비약적인 발전이다. 그 후, 프랑스 루브르, 쁘랭땅 등과 세계 여러 나라 도심지중심으로 탄생하였다.

③ 소매업의 역사는 유럽이지만, 미국의 소매업 역사가 바로 세계의 역사이다.

④ 미국 소매점은 획기적인 업태변화가 지속되어 왔다.

- 백화점(1980년대) → 체인스토어(1920년대) → 수퍼마켓(1930년대) → Discount Store(1950년대) → Warehouse Store(1970년대) → Super center(1990년대) 순이다. 이 흐름은 결국 경제성(가격파괴)과 전문화, 종합화를 추구하는 것이다.

⑤ 선진국의 유통시장 주도하는 무한경쟁의 시대 도래

- 세계 100대 소매기업 중 미국·독일·일본·영국·프랑스·스웨덴·캐나다 등 7개국이 88% 이상을 점유하고 있으며, 10개국이 94%를 점유하고 있다. 아시아에서는 일본이 9%, 한국이 2%, 홍콩이 1% 순이다.(2007년 말 기준)
  - 세계가 하나의 시장화(자본과 상품의 개방화, 인적 물적교류 활발)
  - 정보통신의 발달에 의한 지식정보화사회(정보고속화, 창의적 정보)
  - 유통시장 개방과 다국적기업의 해외시장 침투(무국적기업 탄생)
  - 화폐와 신용을 분리하는 사회(신용판매, 상품 및 서비스개발시대)

- 소비자 의식구조의 변화(가격의 양극화, 간편화, 소비자 감동시대)
- 제품의 수명 단축(소비자 선택기회 많아짐, 소비자 압력 가중)제품의 수명 단축(소비자 선택기회 많아짐, 소비자 압력 가중)

(2) 미국 소매업 역사

① 1880년대 자본주의 초기성장기. 중간상인 배제, 근대적 소매업 탄생시기이다.

■ 유통산업은 다른 산업보다 특히 자본 동원력이 매우 중요하다는 것을 입증한다.

- 백화점, Variety체인스토아, 식품체인스토아, Drug 체인스토어가 탄생되었다.
- 1893년 리차드 시어스와 알바 로벅이 시어스&로벅(Sear s& Roebuck) 창설되었다.
- 시어스&로벅(Sear s& Roebuck)사에서 로젠왈드의 성공에는 월스트리트의 금융자본을 장악하고 있는 친구 유태인들이 힘을 발휘할 수 있었다.

② 1900년대 도시화의 진전과 판매시장에서 구매시장으로 변화되는 상황이다.

③ 1910년대 백화점과 Variety Store의 급성장한다.

■ 체인스토어화 경영기술 혁신. Chain Store 급성장, National Brand도 성장한다.

④ 1930년대 세계적 대공황. 소비자주권(consumerism) 제1기 시대이다.

■ 해외 이민자 증가, 셀프서비스화, 판매방법의 혁신. 가격경쟁과 PB 성장하였다.

■ 양판점(GMS), 식품셀프서비스점, 수퍼마켓, 볼런터리체인, 쇼핑센터 등장하였다.

⑤ 1940년대 2차 세계대전이후 승전국 경제적 도약기. 가처분소득이 증대되었다

■ Baby Boom과 주거입지 교외화, 풍요로 상품구색 확대와 할인정책 추구.

■ 유통구조는 업태내의 경쟁, 영업비용 증가, 타 업태와의 경쟁, 교통 혼잡, 주차장 부족, 도시팽창에 따른 도심구매력의 약화로 유통시장이 침체되었다.

⑥ 1950년대 교외인구 급증, 소비자지향 고객서비스 발생,셀프서비스가 향상

■ 고객니즈가 다양화, 패션화, 고급화로 성숙된 고객니즈의 대응전략을 강구하는 시기이다.

■ DC Store, CVS, Regional Shopping Center 등장하였다.

■ 고객주권 제 2기(1930년 초에서 1960년대)와 제 3기(1960년 이후) 확립되었다.

⑦ 1960년대와 '70년대는 컴퓨터 급속한 보급과 다양한 업태 개발된 시기이다.

■ Combination Store, Home Center, Super Store, box store, super regional shopping center 등장하였다.

■ 정보 및 기술혁신으로 팩스 보급, Scanning System,, DB제작과 차별대응한다.

⑧ 1980년대와 1990년대는 극심한 불황과 Wall-Mart 급성장, K-마트 몰락.

■ 유통정보시스템 도입, Hyper Market, Ware House, Power Center, Full line Discount Store 등 탄생된 시기이다.

■ Discount Store, 전문점, Outlet Store 등 저가격공세, 많은 백화점 M&A.

■ May사, J · C.Penney사, Nordstrom사 PB상품 개발로 이익이 증대되었다.

⑨ 1980년대 이후 중심업태가 월마트중심의 DS형 수퍼센터로 전환.

■ 수퍼마켓의 호전과 카테고리킬러, 아울렛 등의 업태가 명맥을 유지한다.

■ K-마트의 몰락과 새로운 1강(월마트), 1중(타깃)시대로 시장을 주도한다.

■ 해외시장(중국, 캐나다, 남미, 인도 등) 진출의 활성화한다.

⑩ 1990년대 이후는 기술혁신에 의해 제품수명이 짧아져 판매경쟁 치열.

■ 소비자의 욕구를 제품계획에 미리 반영하는 고객감성시대가 지속되었다.

■ 새로운 상품과 서비스개발 및 업태개발이 진행되었다.

■ 세계 100대 유통기업 중 37%를 점유되었다.(2007년 기준)

(3) 미국 소매업 현황과 전망

① 어려운 경제 상황과 앞으로의 전망

미국의 경제연구소의 공식 발표에 따르면 경기 침체는 2007년 12월부터 시작되었으며, 2008년 9월의 금융 위기로 인해 경제 상황이 악화되면서 현재 그 정도가 더욱 심해지고 있다. 미국 경제연구소가 경기 침체의 시작을 결정하는데 반영한 주요 경제 지표들은 고용, 실질소득, 산업 생산, 도소매 판매 등이며, 2008년에는 이러한 경제 지표들이 모두 하락하였다.

지난해 3/4분기에 실질소비지출은 3.7%가 하락하여 1974년 이후 가장 가파른 하락세를 보였으며, 4/4분기에는 소비자 지출, 산업 지출, 무역 등이 모두 최악의 성적을 보인다. 소비자 지출은 오랜 기간 경제 성장의 엔진 역할을 해왔는데, 소비자 수요가 격감하면서 기업들은 투자, 생산, 재고를 줄였으며 따라서 일자리와 수입도 줄어들게 되어 또 다시 소비자 지출이 감소하게 되는 바람직하지 못한 결과를 가져왔다. 2009년 하반기에 들어서면서 경기부양책과 금융정책의 영향으로 느리게 경기가 회복될 것이며, 2008년에는 1% 이하의 성장을 보인 실질 GDP가 2009년에는 1.5% 하락할 것으로 예상된다.

② 정부와 연방 준비 제도 이사회의 도움

경기 회복은 소비자가 아닌 정부에서부터 시작될 것이며, 정부는 경제 활동의 활성화를 위해 향후 2년간 1조 달러에 달하는 막대한 자금을 수혈할 계획이다.

연방 준비 제도 이사회도 상당한 규모의 모기지 관련 채권, 재무성 채권, 기업 채무, 소비자 대출 등을 매입하여 경기 회복에 중요한 역할을 할 것이다.

③ 경제 기반의 취약성

지난해에는 약 260만개 일자리가 사라졌는데, 초기에는 실직이 제조와 건설업에 집중되었으나 최근에는 법률, 회계, 컨설팅, 금융, 유통 분야와 같은 서비스 산업의 실직이 다른 분야를 앞질렀다. 지난해 초의 실업률은 4.9% 이었으나 12월에는 7.2%로 증가하여 실업률이 1993년 이후 가장 높았으며, 이처럼 취약한 직업 시장은 소비자 신뢰도에 직접적으로 영향을 미쳐서 지난 12월에는 소비자 신뢰도가 41년 만에 최악의 수준을 보인다. 주택 시장은 아직 침체 상태이나 주택 가격 하락과 주택 담보 대출 금리 인하로 주택 구입능력이 늘어나면서 전미부동산협회는 2009년에 주택 시장의 회복을 예상한다.

④ 가격 인하

원유와 휘발유의 가격 인하는 소비자들의 구매력을 증대시키는 역할을 하여 경제에 긍정적인 영향을 미쳤으며, 의류, 가구, 가전제품, 자동차 등의 가격도 하락하여 지난 12월 소비자물가지수가 4개월 전에 비해 4.0%나 하락하였다.

디플레이션은 지출과 투자를 저해할 우려가 있으나, 어려움을 겪고 있는 소비자들에게 여유를 제공하고 인플레에 대한 걱정 없이 막대한 규모의 경기부양 금을 지원할 수 있다는 이점도 가지고 있다.

⑤ 소매 판매 전망

2008년에 소비자들이 갑자기 자유로운 지출 습관을 버리면서 총 소매판매는 전년도와 동일한 수준에 머물렀으며 대부분의 유통업체들에게 매우 힘든 한 해가 되었다. 고유가로 인해 주유소의 매출은 9.9%가 증가했으며, 식품 가격의 인상으로 식료품점의 매출도 5.1%가 증가하여 총 소매 판매를 끌어올리는데 일조를 하였다.

그러나 내구 소비재의 매출은 비참했는데 자동차와 부품 판매는 11.9%나 하락하였고, 자동차 제조업체들의 상황이 긴박해 지면서 미국 정부는 파산과 대규모 감원 사태를 막기 위해 170억 달러 규모의 긴급 구제금융 조치를 실시하였다.

주택과 관련된 유통업체들도 혹독한 주택시장의 영향을 받았는데, 가구와 가정용품의 매출은 8% 하락했으며, 건축자재 유통업체의 매출은 3.6% 줄었다.

온라인 매출은 일반 매장에 비해 나은 성적을 거두었으나 경기 부진이 온라인 쇼핑에도 영향을 미치면서 두 자리대의 성장을 보여온 온라인 유통업이 2008년에 성장 속도가 줄어들어 첫 11개월간은 3.2% 성장하는데 그쳤다.

소비자들은 현재의 경제 상황과 자신들의 재정 상태에 대해서만 걱정하는 것이 아니고 앞으로의 전망에 대해서도 우려를 하고 있으며, 경제에 대한 이러한 인식은 유통업체들과 전반적인 경제에 부정적인 영향을 미쳤다.

작년 11월 초에는 연휴 기간 동안의 매출이 부진할 것으로 예상하여 2.2% 증가를 예상했으나, 유통업체들의 과감한 가격 인하 조치들이 실패로 끝나면서 당초의 예상에도 미치지 못하는 성적을 거두었다. 또한 추수감사절과 크리스마스 사이의 쇼핑 기간이 5일 줄었으며, 일부 지역에서는 크리스마스를 앞둔 중요한 쇼핑 기간에 악천후가 발생하면서 연휴 기간의 매출은 2.8%가 감소하였다.

2009년에도 소비자들은 계속해서 절약을 추구할 것이며 자신들의 쇼핑 습관을 변화시켜나갈 것이기 때문에, 유통업체들에게는 어려운 한 해가 될 것으로 예상된다.

소비자들은 자신들의 구매력을 늘리기 위해서 할인점들로 발길을 돌리고 가치를 추구할 것이며, 따라서 창고형 할인점과 대형 매장들이 이익을 볼 것이다.

신중한 소비자들은 재량 소비재 보다는 필수품이나 기본 식료품들을 선택 할 것으로 예상되기 때문에, 의류 전문점, 백화점, 고급 브랜드, 고가의 상품들, 주택관련 상품들 등은 매출 활성화를 위해 많은 노력을 기울여야 할 것이다.

2009년 소매 판매는 평균 0.5% 감소할 것으로 예상되나, 4/4분기에는 다소 회복의 기미가 보이면서 유통업체들이 긍정적인 기대를 갖게 될 것이다.[1)]

1) 상공회의소, 유통물류진흥원, 2009.

(4) 일본의 소매업의 진화 과정

- 업태개발보다는 외국에서 개발된 업태를 받아들여 특유의 형태로 발전하였다.
- 일본의 경우, 백화점, GMS, 전문점, CVS 등 수차례 소매업태의 변화하였다.
- 일본의 백화점 진화과정을 보면 도입기, 성장기, 성숙기, 쇠퇴기로 4분류하였다.

① 도입기(1904～1955)

일본의 최초 근대백화점은 1904년에 설립된 미쓰코시(三越)는 일본 전통 옷인 기모노 판매점이었던 오복점이 백화점으로 전환을 선언하였다. 상류사회를 위한 서양문화 유입창구의 역할, 백화점의 성격과 다르다.

1920년대 근대적 부도심의 중산층에의 실용성을 추구하는 백화점 탄생되었다.

1919년 다카시마야(高島屋), 소고와 1920년 다이마루(大丸) 설립되었고, 1923년 관동대지진에 의한 물자부족으로 백화점 내 일용잡화 취급되었다.

1925년 이토우 오복점이 상호를 마츠자카야(松坂屋)로 개칭, 본격 사업을 시작하였다. 서양문화상품을 포함한 풀 라인 상품구성과 원 스톱 쇼핑체계를 구축하고, 산업화의 물결을 타고 도시화 진전으로 신흥 중산층이 형성되었다.

인구의 과밀집중화는 도시교외에 베드타운을 건설하는 동기를 제공하였다.

1930년대 백화점 전성시대로 도래되었다.

도심상권 형성 및 중산층의 형성, 철도 등 교통수단 및 대중광고 발달하였다.

1929년 오오사카(大阪) 사철계(私鐵系)백화점 한큐(阪急), 1930년 이세단(伊勢丹) 등 대중적 성격의 터미널형 백화점(私鐵系) 신설되었고, 백화점의 출점 강화로 일반소매점 영업 악화, 반 백화점운동이 전개되었다.

1937년 백화점영업의 허가제를 골자로 한 백화점법이 제정되었다.

점포면적과 종업원 수는 감소되고 매출액은 신장세 유지, 개점 열풍이 불었고, 마루이(丸井), 愛知 마츠자카야(松坂屋), 나카자키야(長崎屋), 도큐(東急), 1940년 동경 이케부쿠로 무사시노(武藏野), 세이부백화점 등 탄생시기이다.

1941년 이후 전시체제로 백화점 영업실적이 가장 저조한 시기이다.

1947년부터 일본경제 점차 회복 국면. 47년 백화점법 폐지, 출점 증가하였고,

1955년까지 소비자 구매력 저조, 전통적인 영세 소매점이 주류로 운영하였다.

1956년 신백화점법 제정으로 백화점 출점은 다시 규제한다. 백화점의 급속한 신설로 중소 영세상 생활터전이 잠식되면서 출점 규제되었다. 근대 자본주의 성숙에 기여한 백화점보다 영세상인의 의견이 우선 반영하였다.

〈표 13.1〉 일본백화점의 진화 단계와 배경

구분	도 입 기 (1904–1955)	성 장 기 (1956–1973)	성 숙 기 (1974–1991)	쇠 퇴 기 (1992–현재)
배경	•도심상권 형성 및 철도사업 확대 •중산층의 형성 •교통수단 및 대중 광고 발달	•고도성장기 •교외화 진전 •GMS와의 양극화	•제1,2차 유류파동 •안정성장기 •소비의 질적 구조 변화 •소매업태의 다양화	•버블경제의 붕괴 •소득증가율 저하 •저가격지향의 실용주의의 소비지향 •가격파괴의 신업태의 급성장
백화점의 성격	•서양문화유입창구 •풀라인 •원스톱쇼핑	•풀라인 •원스톱쇼핑 •고급화지향	•본격적인 고급문화제공 •정보 발신기지 역할	•이종 업태와의 공존전략 추구 •초교외화 및 업태간 제휴강화
컨 셉	•도심 입지의 상류층에의 서양문화 제공의 장(20년대 초 이전) •부도심의 중산층에의 실용성 추구 백화점(20년대 이후)	•중산층에게 도시형 라이프 스타일을 제공하는 도심 입지형 점포	•고급화된 초대형 매장 •중산층에의 라이프스타일을 제공하는 점포	•타 업태와의 공존을 위한 경쟁력이 있는 보다 전문적이고 특화된 백화점추구
중점 전략	•서양문화상품 •상품구색강화	•대형화로 상품구색확대 •고급화, 패션화로의 차별화 •점포의 교외화	•고급화를 위한 리뉴얼 •신상품개발 •화신백화점전략 •해외진출 강화	•리스트럭처링 •제휴전략 •이업태와의 공존전략 •초교외화 전략

② 성장기(1956~1973)

- 1950년대 중반 이후 고도성장기 진입으로 시장구조의 변화기를 맞았다.
  - 한국전쟁의 군수지원 등으로 새로운 경제성장을 통한 소득증대의 효과.
  - 고급화된 근대적 백화점은 매출증가로 소매업계 제왕자리로 군림.
  - 수퍼마켓(다이에, 이토요카도), CVS, 전문점, 쇼핑센터, 무점포판매를 도입
  - 특정고객에서 불특정고객으로 대상전환, 적극적인 마케팅활동 수행시기.
  - 대도시중심의 인구집중과 소득수준 향상으로 고가품선호 소비지출 급증.
- 1964년 동경 올림픽 개최여파로 국민경제가 정보사회로 진입 계기되었다.
  - 새로운 고객니즈에 따라 다양하고 저렴한 상품의 선호로 고객성향 이동하였다.

- 양판점 도약, 수퍼마켓 교외대형화. 수퍼마켓체인과 교외형 백화점 성장하였다.
- 교외 쇼핑센터(玉川 다카시마야), 카다로그 판매와 방문판매 진입하였다.
- 1965년에서 1970년까지는 일본의 전후 고도성장의 최고 정점을 이루었다.
- 1960년 이후 디스카운트형식의 영업방식을 도입한 양판점(GMS) 도입하였다.

■ 1970년대 대중양판점(GMS)이 새롭게 성장되는 시기이다.

- 소비자들의 기호충족을 위해 업태 다양화.
- 소비자욕구 개성화, 다양화, 심야활동 증가, 여성취업인구 증가하였다.
- 소매업의 양극화체제 : 백화점(고급화)과 양판점(다양화)의 역할 분담하였다.
- 경제성장이 최대극점에 오르면서 소비자 기호패턴 서구화와 기호고급화.
- 중소유통의 보호차원의 대점법 제정과 그룹화(지방백화점 계열화).
- TV쇼핑과 DIY 홈센터, 외식산업(맥도날드, 스카이락) 성장하였다.
- 백화점과 양판점이 원스톱 쇼핑의 우월성으로 중소 소매점을 능가하였다.

③ 성숙기(1974년~1991년)

■ 73년 대점법 제정 : 소매업이 유통업계의 주류를 장악하게 된 시기이다.

- 대형점포에 대한 규제 시작과 경쟁업태 등장 등으로 백화점 위기의 시대이다.
- 외국 유통업체들에 비해 성장과 발전수준의 정체이다(한국 이마트 벤처마킹).
- 과거에 양적 팽창에서 경영내실화를 기하기 위하여 노력하기 시작하였다.
- 인구, 점포수, 매장 급증으로 인한 경쟁 격화로 상권의 차별화시대이다.
- 1973년 석유파동, 1974년 마이너스 성장, 생활 방위적소비로 전환되었다.
- 백화점의 고가서비스상품(부동산, 골프회원권, 그림) 판매를 개시하였다.

■ 1975년대 후반, 대형점포(백화점, 양판점포함)의 위기시기이다.

- 백화점들은 신상품 개척, 경영다각화, 해외진출 등을 활발하게 추진하였다.
- 개성과 진품을 지향하는 소비자 니즈에 반하여 백화점 이탈원인 제공한다
- 도시백화점들의 대규모 리뉴얼을 시도, 경영의 어려움을 극복하는 노력한다.
- CVS(7-11, 페밀리마트)와 할인전문점(요도바시 카메라) 등장한다.

■ 1980년대 중반 이후 개인소비의 개성화 및 고급화시대이다

- 엔고와 물가안정, 임금상승, 고가품과 브랜드제품, 외식산업 대중화이다.

- 양판점은 경영체질 개선, 다각화, 정보화에 대한 선행투자 노력한다.
- 백화점은 양적확대 전략을 추구하여 기존매장 고급화와 매장의 대화
- 엔고의 물결은 국제화로 동남아지역을 중심으로 해외진출의 확대되었다.
- 쇼핑센터의 도시형 전문화와 각종 무점포판매, 업태 다양화시대 도래되었다.

■ 1985부터 1990년 초기는 제1, 2차 유류파동이후, 격심한 상권경쟁시대

- 백화점은 고급화된 초대형매장과 중산층 라이프스타일 제공점포의 개념이다.
- 리뉴얼사업, 고급문화제공과 전문 대형점화와 업태 세분화, 신상품개발
- 1980년대 후반에서 1990년대 전반은 정보관리에 집중적인 노력
- 수퍼마켓의 각종 서비스 창출과 CVS의 정보시스템(각종 서비스업화),
- 쇼핑센터 쾌적한 공간, 고객관리시스템 구축, 다양한 매체를 이용한다.
- Direct Marketing 혁신 등 21세기를 향한 국가적 프로젝트를 개발한다.

■ 1990년대 진입되면서 백화점업계가 국제화시대 인식.

- 국제적인 종합전략 사업영역을 동남아 등지로 확정하는 기업이 증가한다.
- 명품수입, 라이센스 도입, 수입품전문점 개설, 해외거점 등 영역 확대한다.

④ 쇠퇴기(1992년~현재)

■ 1991년 이후 4년 연속 매출이 감소하는 등 백화점업계의 고전

- 1993년부터 지금까지는 "가격파괴"시기. 모든 업태 저가격전략을 추구한다.
- 제조업체가 정한 가격을 유통업체가 파괴하는 '선택과 집중' 강요과정이다.
- 1994년 말 일본 상장 8대 백화점의 매출액은 1990년에 비해 12% 감소한다.
- 백화점의 경영압박은 인건비 절감으로 운영비용을 축소하는 결과 초래한다.

■ 1991년 버블경기 이후, 1995년말 까지도 마이너스 성장을 하는 고전이다.

- 버블경기로 인한 소비위축보다는 해외여행이 증가되면서 백화점을 불신한다.
- 대점법 완화로 할인점, 카테고리킬러, 아웃렛, MWC 등 신업태를 등장한다.
- 리스트럭처링(사업구조 개편, 비채산성점포 정리, 능력급 신인사제도 등)
- 자주MD, 해외 조달, 공동배송 등 비용절감과 고객만족 서비스체제 전환한다.
- 고비용 구조와 저수익성 등 업태경쟁력 저하상태에서 자구효과의 반감이다.

- 타사와 협력전략과 이종업태 유치전략 및 초교외화 전략이 진행한다.
  - 1990년대 경제성장과 경제의 거품효과로 양판점 전성시대 맞이한다.
  - 1994년 11월 긴데츠 나고야 중부점 타워레코드 입점한다.
  - 1995년 3월, 다카시마야 타치가와점 증축 후 가전양판점 라옥스 입점한다.
  - 1995년 11월, 후나바시 소고점 PC 전문점 T존 입점한다.
- 1998년 대점법(대규모 소매점포에 있어서 소규모 점포의 사업활동 조정에 관한 법률) 폐지
  - 일본경제의 1990년대 초부터 10년이 넘는 기간의 장기불황의 늪이 지속되었다.
  - 보호정책대상인 중소소매업과 영세 자영업자보다 내수경제 진흥에 역점한다.
  - 경제거품 꺼지고 소득증가율 정체로 모든 업태에서 저가격전략을 추구한다.
  - '98년 이후 영세 자영업 보호요구 압력을 이겨내고 경쟁체제로 전환한다.
  - 경쟁력제고 유도 및 구조조정을 전제한 유통환경 체질개선사업으로 추진한다.
  - 제조업체가 정한 가격을 유통업체가 파괴하는 시기로 돌입한다.

〈표 13.2〉 일본의 대형 유통기업 규제내역

관련규제	주요특징
1937년 백화점법 시행	백화점 출점 규제
1947년 백화점법 폐지	독점규제법 제정에 따라 폐지
1956년 백화점법 부활	1,500m2(일부도시 3,000m^2)이상 백화점 규제
1974년 대점법 시행	1500m2(일부도시 3,000m2)이상 소매업까지 규제
2000년 대점입지법 시행	1,000m2이상 점포 환경규제

- 2000년대 새로운 경쟁심화, 부익부빈익빈현상으로 업계 재편성 및 세계화
  - 인터넷 통신판매와 인터넷 수퍼마켓 등의 "배달 소매업" 매출의 성장
  - 전문점이 가장 높은 시장점유율을 차지, 백화점, 양판점의 매출액 감소
  - 전문점 중 드럭스토어의 성장과 편의점 브랜드(PB), 가격인상 문제
  - 엔고현상과 소비자의 소비패턴 변화로 상품과 용량, 포장지의 변경 요구

• PB 전략의 무리한 전개는 대상 기업경영을 매우 어려운 상황 전개 예상

■ 주요 특징

• 2000년대 양판점의 식품군과 비식품군의 경쟁력이 DS업태에 밀린다.
• 최근에는 전자상거래, 카테고리 킬러, 드럭스토어, 아울렛 등 성장추세이다.
• 일본의 경우, 세계 100대 유통기업 중 8%를 점유했다.(2007년 기준)

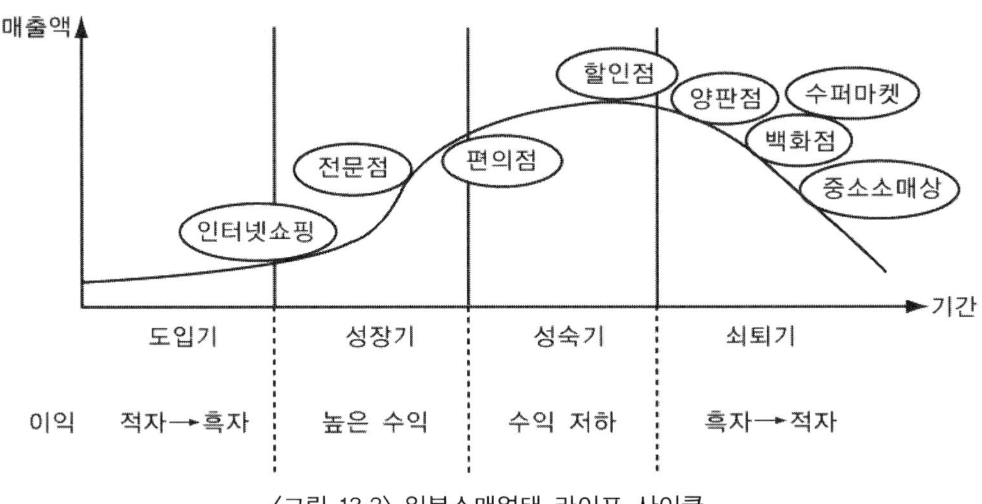

〈그림 13.2〉 일본소매업태 라이프 사이클

(3) 유럽

① 영국, 독일, 프랑스 3개국이 세계 유통시장의 29% 차지(2007년 기준).

② 하이퍼마켓(프랑스 까르푸)과 수퍼마켓(영국 테스코), 창고형 할인마트(독일 알디, 슈바르츠, 르베) 순으로 업태를 형성한다.

③ 체인스토어와 연쇄점의 발달과 '부띠끄(Boutique)'의 번성.

(4) 중국

① 중국시장의 중요성

동아시아지역의 소비신장률과 소득신장률이 높다. (중국은 소비인구와 시장 잠재력 면에서 세계최고시장임)

1960년대 유통업자의 시장지배력으로 유통혁명 시작하였고, 편의점, 디스카운트 스토어, 카테고리 킬러의 체인화하였다.

80년대	90년대	00년대
잡화점	연쇄점, 편의점, 대형마트	대형 체인, 특허가맹

- 2005년 유통시장 개방 → 중국 도소매잡식
  월마트, 카르푸, 다이에, 메트로 등 세계적인 유통물류산업의 중국 투자 증가하였다.

② 전망

1. 상품 및 업종의 세분화
2. 영업범위 확대
3. 외국계 기업의 투자증가
4. 2008년 북경올림픽, 2010년 상해 EXPO.
5. 2017년 세계 최대 소비시장.

③ 중국 천진시 대형 유통기업, 소비자 6대 공약

- 상품 품질 보장 : 〈상품품질법〉, 〈식품위생법〉 등 관련 규정 집행과 관리를 강화, 상품 품질을 보장한다.
- 판매 후 서비스 강화 : 상품판매 전, 판매사후서비스, 문제발생시 반환과정 간소화와 고객 콜센터서비스 제공한다.
- 경영 관리 강화 : 〈가격법〉의거, 소비자가격정보 제시, 특별판매활동 등 소비자 기만 방지, 전자상거래 등 인터넷서비스 진출과 직원과 간부교육 강화로 직원 소양과 서비스기능 강화한다.
- 성실과 신뢰를 견지 : 소비자 합법적 권리 수호와 소비자 만족도 80%이상 유지, 공정거래질서 수호와 공급업체 만족도 80%이상 보장한다.
- 환경 개선 : 매장 주변 원활한 교통과 조명, 통풍, 청결 상태, 규정에 부합하는 신선한 공기와 소음 통제, 온도와 습도 조절을 통한 매장 내 쾌적한 환경 조성.- 상품 진열과 탈의실, 화장실, 계산대 등 부대 시설을 정비, 편리하고 합리적인 서비스 제공, 철저한 위생 관리한다.
- 안전 경영 보장 : 〈소방법〉등 관련 규정에 따라 소방 설비를 완비 및 치안관리, 사고의 미연 방지 등 무사고 안전 경영을 위하여 노력한다.

〈표 13.3〉 중국의 유통업 개방 정책 비교

구 분	과 거	1999.6.15이후
지역제한	11개 주요도시로 제한	•소매는 성도, 자치구 수도, 직할시, 계획단열시, 경제특구로 확대 •도매는 4개 직할시에 시범개방
허가업체 수제한	합자(작)백화점의 경우 동일 지역내 최대 2개 허용	•동일직역내 설립제한 지속 •북해, 상해, 천진, 중경, 심양, 광주, 정주, 란주, 성도에는 최대 3~4개로 제한 완화
투자방식제한	중외합자(작)경영만 허용 외국측 최대지분 49%	•독자상업기업은 당분간 허용금지 •도매업의 경우 중국측 지분 51%이상 •연쇄점의 경우 분점이 3개 초과일 경우 중국측 51%이상, 분점이 3개 이하일 경우 35%이상
영업범위제한	•소매 허용, 도매 불허 •타 중국산 제품의 국내유통 불허 •별도 대외무역권한 보유할 경우 자영상품에 대해 연간 총매출액의 30%이내 수입허용	•도매부분의 추가개방 •외상투작업의 도·소매겸용 허용 •북경과 상해에 시험허가했던 연쇄점의 개방을 경제, 상업무역 중시도시로 확대 •자영상품의 수출입 권한을 3년 이내 단계적 확대 •타 중국산 제품의 국내 유통 허용

13.3 우리나라 유통산업의 정책변화

〈유통업의 산업화 과정〉

■ 국내의 유통업이 발달하지 못한 이유

① 제조업 중심의 산업화

② 제조업의 산업화가 완성된 다음 유통업의 산업화가 시작된다는 점이다.

- 제조업에 대한 투자의 포화상태로 인해 유통업에 대한 투자가 이루어지고 있으며, 유통부문의 산업화가 빠르게 진전될 것으로 예상한다.
- 산업화의 의의 : 대규모 자금의 유입, 규모의 경제 현상, 영업영역의 전국화 또는 국제화한다.

〈표 13.4〉 산업별 산업수명주기

구 분	도입기	성장기	성숙기	도입기-성숙기
제조업	1960년대	1970년～1980년대	1990년대 중반	25년 ～30년
유통업	1990년대 초	2000년대	2010년대	(20년～25년)
서비스업	2000년대	2010년대	2020년대	(15년～20년)

- 유통업의 양극화 현상 : 생필품과 전문품의 경우 각각 상이한 논리가 지배하여 다른 형태의 유통으로 발달하는 현상이다.

1) 유통시장 개방

우리나라 유통시장의 전면개방은 WTO체제의 출범과 글로벌화에 따라 비관세 장벽의 축소와 서비스업의 자유화 등에 의해 시작되었다. 선진국들이 상대적 경쟁 우위상품인 금융과 정보, 서비스산업을 중심으로 수출중심 국가인 우리나라에게 UR협상, 한・미협상, 한・EC협상 등에서 일방적인 압력이 있었다.

〈표 13.5〉 유통시장개방 원인

- 한국경제의 대외무역에 대한 의존성
- 1980년대 중반 우루과이 라운드 협상 타결
- 미국 수퍼 301조의 연장 및 강화
- 유통산업의 다양한 기술도입과 외국인투자 자유화, 외국 유통업체 진출, 유통현대화, 자유무역협정(FTA), 유통구조 세계화 등 경쟁력제고 요망.

이러한 대외환경은 소득수준의 향상과 소비자계층의 변화에 따른 소비 지출의 구성과 소비패턴의 변화 등 대내적인 환경에도 영향을 주었다.

1980년대 후반기의 무역수지 흑자와 '88올림픽' 개최 등으로 높아진 국가 위상과 선진국들에 의한 시장개방의 압박이 증대되고 소비자들의 명품소비의 증가 등의 결과로 유통시장의 단계적 개방계획이 수립되었다. 〈표 16.6〉 참조.

〈표 13.6〉 국내 유통시장의 개방 내용[2)]

연 도	구 분	개방내용
1981		• 단일품목 도·소매업 허용
1989	1단계	• 외국기업 국내지사 수입판매업종 확대 • 의약품 도매업에 대한 외국인 투자 허용
1991	2단계	• 소매업에 대한 외국인 투자의 선별적 허용 – 매장면적 1,000㎡미만, 점포수 10개까지 허용
1993	3단계	• 도 · 소매업에 대한 외국인 투자의 선별적 허용 – 네거티브 리스트 허용 – 매장면적 3,000㎡미만, 점포수 20개까지 허용
1996	전면개방	• 점포수 및 매장면적 제한 철폐 • 업종별로는 외국인 투자개방 5개년 계획에 의거 추진 – 백화점, 쇼핑센터에 대한 외국업체 직접진출 금지 – 총포, 도검, 화약류 유통업, 공동품 및 예술품 유통업 지방전부가 지정한 농수축산물 공공도매시장의 개설, 운영 및 그 안에서의 유통서비스는 개방에서 제외됨. – 3,000㎡이상의 도매시장과 대형도매점 개설은 정부심사 필요
1998	외국인 투자촉진	• 외환위기 극복을 위한 외국인 투자촉진 정책 채택 – IMF극복을 위한 외국인 투자촉진법 제정 – 백화점, 쇼핑센터의 경제성 평가 검토 삭제 – 외국인 토지소유 허용

※자료: 산업자원부, WTO DDA 유통서비스협상동향과 우리측 양허요구 현황, 2002.

우리나라 유통시장 개방은 1989년부터 1995년까지 3단계로 나누어 점진적인 개방이 시작되었고 마침내 1996년에 사실상 전면 개방되었다. 그러나 쇼핑센터와 백화점에 대한 외국인 전면투자는 금지하는 등 일부 예외사항은 있었지만, 1997년 국가금융위기로 외국자본의 유치가 절실하였던 '국민의 정부'는 1998년에 외국인투자촉진법을 도입하여 1996년 유통시장개방에서 제외되었던 분야에 대해서도 규제를 대폭 완화하는 조치를 취하게 된다. 결국 현재의 국내 유통시장은 사실상 전면 개방되었다고 할 수 있다.[3)]

2) 산업자원부, WTO DDA 유통서비스협상동향과 우리측 양허요구 현황, 2002.
3) 구자성, 『유통시장의 개방과 Global화에 따른 유통산업의 변화 분석』, 중앙대학교 대학원, 산업경제학과 유통경제학전공, 2003.6.

〈표 13.7〉 유통업 외국인투자 추이

기간	82~84	95	96	97	98	99	00
투자액	148	138	297	892	474	897	1,063
증가율	–	557.1	115.2	200.3	−46.8	84.6	21.5
외국인투자 점유율	1.3	7.1	9.3	12.8	5.4	5.6	6.8

유통시장 개방은 대형 유통기업을 중심으로 글로벌화에 따른 규모화와 다점포화는 기존 유통산업의 위상을 종속적 위치에서 탈피하여 새로운 단계로 발전하게 되었다. 즉, 생산자 중심에서 판매자 중심으로 바뀌고 공급위주의 유통채널관리는 소비자중심의 마케팅전략을 요구하게 되었다.

우리나라는 급속한 유통시장의 전면개방과 IMF를 거치면서 대형마트와 인터넷 쇼핑몰, 편의점(CVS) 등의 성장세가 두드러졌다. 그 결과 시장에서 리더역할을 하던 백화점과 중소 수퍼마켓 등은 차별적인 경영전략을 시도하고 있으나, 시장지위가 위축되면서 경영위기와 상권위축이 가속화되고 있다.

우리나라 유통시장 개방은 철저한 준비가 없는 상태에서 중소유통산업과 소상공인들에게 심각한 문제들을 초래하면서 사회적비용이 증가하게 되었다.

신한종합연구소에 의하면, "유통업의 과잉진출과 상품의 가격파괴 현상으로 인한 폐해는 기간산업에 비해 크지 않지만 기존 유통업체들의 경영을 악화시켜, 지역별로는 공급이 과잉되어 부작용이 동반되는 현상과 지역 중소상인들의 도산이 병행되어 수년 내에 유통업계가 한바탕 구조개편과 M&A 바람에 휘말릴 것"이라는 사실을 보도한 바 있다.[4)]

2) 유통산업 정책과 발전전략

우리나라 유통산업의 정책 변화는 WTO 체제의 출범과 글로벌화에 따라 소비문화의 변화를 가져 왔다. 구매 패턴과 라이프스타일, 상품가격의 변화는소비자 구매환경의 변화와 유통채널 변화와 역할분담에 변화를 주었다.

유통산업은 초기 도입기에는 기술과 조직에 의해 발전되었으나, 사회 환경이 변화되면서 첨단 정보력과 글로벌 자본에 의해 주도되고 있다.

4) 중앙일보, 1997년 4월 16일.

우리나라 유통산업의 제도적, 정책적 환경도 변화되어 왔다. 우리 유통정책은 시장경제 및 유통근대화를 위해 시장법에서부터 유통산업에 대해 규제를 크게 완화한 「유통산업발전법」으로의 변화과정을 거쳐 왔다.[5] 〈표 16.9〉 참조.

〈표 13.8〉 유통산업 정책 내용

구 분	시장법	도소매진흥법	유통산업발전법
시이기	60년대~80년대 중반	80년대 후반~90년 대반	90년대 후반
범위	최협의	협의	광의
구성요소	유통근대화	유통근대화+도소매진흥	유통근대화+도소매진흥+유통산업합리화
정책영역	전송망	유통산업	정보기반구조
구체적 대안	도소매점연쇄화	정부 자금보조, 융자지원	IT보급, 공공시설촉진

※ 자료: 대한상공회의소, 「유통산업 발전전략과 정책과제」, 1999.

우리나라 유통정책은 일본 유통정책에 영향을 받아 왔다. 우리나라의 「도소매진흥법」과 「유통근대화촉진법」은 대규모 점포설립 규제와 국내 유통산업 보호에 그 목적을 두고 있는 점이 일본의 「대규모점포규제법」과 유사하다.

특히 체인스토어사업의 경우, '70년대 우리나라 정부는 일본의 볼런터리 체인(Voluntary Chain: VC)형 연쇄화 사업을 도입하였다. 그러나 조직운영과 사업활동, 본부기능 등을 도입하면서도 소매업 종합지원 시스템인 Retail Support 시스템을 도입하지 않았고, 자영 소매점 발전과 성장을 목적으로 하는 수퍼바이저(Supervisor)를 리테일 카운슬러(Retail Counsellor)로 유지하려는 소매점 지원 프로그램(Retail Support Program)을 제외시켜 버렸다.

우리나라 유통정책은 1960년대의 '시장법'을 중심으로 20여 년을 이어 왔다. 그러나 1980년 후반 '도소매진흥법'이 발효된 이후부터는 협의적인 면에서 유통산업의 개방을 위한 제반 조치가 취해지고, 1990년대 후반 유통산업발전법 시행과정에서 외환위기(IMF)라는 돌발변수를 겪으면서, 유통산업이 전면 개방 등 급격하게 유통산업의 변화를 가져온다. 〈표 16.9〉 참조.

5) 이성수, 『우리나라 유통업의 생산성동향과 변화요인에 관한 연구』, 동국대학교 대학원 경제학과, 2002.

〈표 13.9〉 유통산업 정책 비교

연 도	특 징	비 고
1989년	• 단일품목 도 · 소매업 허용	
1991년	• 소매업 외국인투자 선별허용	
1993년	• 도 · 소매업 외국인투자 선별허용 (네거티브 리스트 허용)	
1996년	(한국 유통산업 전면 개방) • 점포수, 매장면적, 제한 철폐 • 업종별 투자개방 5개년 계획	1997년 외환위기(IMF)
1998년	• 외국인 투자 촉진 • 외환위기 극복 투자 정책	

1980년대는 체인스토어와 연쇄화 사업자들을 중심으로 유통근대화가 촉진되었다. 1989년 단일품목의 도 · 소매업이 허용되고 우루과이 라운드에 영향을 받아서 1991년 소매업에 대한 외국인 투자가 부분적으로 허용되고 1993년 도 · 소매업 외국인투자가 선별적으로 허용(네거티브리스트)되었다. 1996년 유통산업의 전면 개방을 위해 점포수와 매장면적에 대한 제한이 철폐되고 규제관련 법률들이 완화되면서 외국 자본이 급격하게 투자되기 시작한다. 특히, 외환위기(IMF)로 인해 외환위기 극복을 위해 외국인 투자를 촉진하기 위해서 건설부 등 관련 법률까지 개정되었다.

1999년 발의된 유통산업발전법은 정보기반구조에 정책영역을 두고 IT보급과 공공시설을 촉진하는 광의적 개념의 유통근대화와 도 · 소매진흥은 물론, 유통산업 합리화를 지원하는 내용으로써, 유통산업의 글로벌 경쟁력 강화를 위해 제반 지원을 확대하고 있다. 우리나라 정부는 유통산업이 개방되면서 1995년 10월 통상산업부가 유통산업 경쟁력 강화 5개년(1996년~2000년) 계획을 확정하여 발표했다.

주요 내용은 ①중소 유통업체 경쟁력 제고, ②물류 효율화 촉진 방안, ③유통시설의 체계적 조성 계획, ④규제 완화 및 지원강화 정책, ⑤유통환경 정비, ⑥유통시장 개방에 따른 정략적 대응노력 강화정책, ⑦유통산업 관련조직 개편 등으로 이에 필요한 소요재원은 모두 5조 7천9백48억 원으로 정부가 23.5%인 1조 3천6백15억 원을 부담하고 지방자치단체에서 9.9%인 5천7백4억 원, 민간투자가 66.6%인 3조 8천5백88억 원을 분담하는 것이었다.[6)]

한국의 유통정책은 유통시장 개방에 따른 전반적인 대응전략이었다.

한국정부는 1992년 이후 유통산업구조조정과 생산성향상에 역점을 두었다. 중장기 발전계획(2005~2007년)은 ①소매점의 시설개선을 통한 경쟁력 강화, ②협동조합운동의 전국 소매 네트워크 구축과 거래질서 기반조성, ③물류 및 정보인프라 구축 및 데이터베이스의 정보화, ④전국 우수 인적자원 개발(관련 유통대학 및 연구소와 협력체계 구축), ⑤관련 유통산업 법률 및 제도 정비, ⑥중소유통산업 구조개선, ⑦지역경제활성화 지원, ⑧영세 자영업자 및 중소 유통업 실태조사와 연구 지원, ⑨세계화 기반조성을 위한 협력체계 구축 및 국제 경쟁력 제고 등과 프랜차이즈 국제화 연구를 지원하는 전략이다. 장기발전계획(2008~2010년)은 국민경제(생산-유통-소비)의 균형발전, 소비자의 후생증진, 고용창출 및 지방경제의 활성화와 중소 유통산업의 국제경쟁력을 강화시켜 국가산업의 한 축을 형성하는 데 목적을 둔다.

13.4 일본의 유통관련 정책

일본은 1937년 백화점법을 시행하여 1947년 독점규제법 제정에 따라 폐지하고 1956년 다시 규제하는 과정이 거의 20년이 경과되었다. 또한 1974년 대점법이 시행되어 1,500m²(일부도시 3,000m²) 이상 소매업까지 규제되어 2000년 대점입지법이 시행되어 규제를 풀면서도 1,000m² 이상 점포까지 환경규제를 받는 개방과정이 26년이 걸렸었다. 이러한 오랜 기간에서 중소상인 경쟁력 강화를 위한 대대적 지원과정이 가능했다. 〈표 16.10〉 참조.

일본은 백화점 할인점 등 기업형 유통망과 중소상인의 갈등을 겪는 개발도상국보다 지혜롭게 위기를 극복할 수 있었다. 일본 정부는 전통적 가업을 잇는 상인 반발이 거셌기 때문에 1990년대까지 대형 유통업체의 성장을 억제하는 정책을 폈다.

1937년에는 백화점법 제정과 수퍼마켓, 체인점, 양판점 등이 활성화된 1970년대에는 대규모 소매점포법(대점법)을 제정했다. 대점법은 도심에 300평 이상의 점포를 내려면 지역 중소상인의 허가를 받도록 했고 영업일수, 매장면적, 폐점시간 등도 제한했다.

6) 월간「체인스토어」한수협출판부, 1995.12월호.

〈표 13.10〉 일본의 기업형 유통망 관련 규제

관련 규제	주요 특징
◦1937년 백화점법 시행	백화점 출점 규제
◦1947년 백화점법 폐지	독점규제법 제정에 따라 폐지
◦1956년 백화점법 부활	1,500m²(일부도시 3,000m²)이상 백화점 규제
◦1974년 대점법 시행	1,500m²(일부도시 3,000m²) 이상 소매업까지 규제
◦2000년 대점입지법 시행	1,000m² 이상 점포 환경규제

※참조: Donga.com, 시사디지털스토리, [경제非常] 〈7〉지방의 소비와 유통, 03.6.3.

일본정부는 대점법이 미국과 무역 분쟁의 빌미가 되자 2000년 신3법(대점입지법, 중심시가지활성화법, 개정도시계획법)을 마련했다. 규제를 완화하는 대신 경쟁력 있는 중소상인을 집중 육성하는 방향으로 선회한 것이다. 대점입지법에 따라 지방자치단체는 교통혼잡, 배기가스, 소음 등 환경기준을 통해 대형 유통업체를 규제하고 있으며, 대점입지법 시행이후, 지난해 9월까지 대형 유통업체가 750여 곳이 생기는 등 기업형 유통망이 활성화 되었다.

반면, 중소상인에게는 상가 현대화, 경영자문, 물류시스템 개선사업 등을 지원해 경쟁력을 키운다. 재래상인들은 상인조합을 중심으로 공동 마일리지, 선불카드, POS시스템, 공동 홈페이지 등을 운영한다. 나아가 상권 활성화를 위해 스스로 할인점과 백화점을 유치하기도 한다.[7)]

일본정부는 지방정부를 중심으로 "경쟁력 있는 중소상인을 육성하면서 기업형과 공생(共生)하는 정책"을 유지하면서 유통개방을 이끌었다. 일본 정부의 정책수행 배경에는 담당자의 전문지식과 균형 감각이 있었기 때문이었다.

7) Donga.com, 시사디지털스토리, [경제非常] 〈7〉지방의 소비와 유통, 03.6.3.

Chapter 14

우리나라 유통산업 환경과 소비트렌드 변화

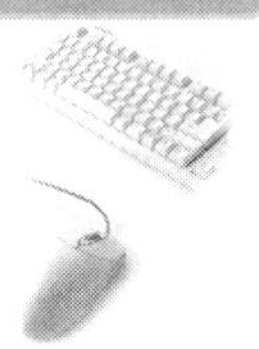

14.1 우리나라 유통환경의 변화

(1) 한국 유통산업 현황

① 기본 개요

국내 유통산업은 '96년 개방이후 급속한 구조개편기에 직면하고 있다.

첫째, 재래시장 · 중소 수퍼마켓 등 생계의존형 유통구조에서 탈피하지 못하고 있는 반면, 백화점 · 대형마트 · 편의점 · 인터넷쇼핑몰 등은 기업형 유통구조로 전환되고 있다.

둘째, 기존 생계의존형 중소유통업이 유통산업의 다수를 점유하고 있다.

영세하고 생산성이 매우 낮은 수준이므로 사회적인 비용이 발생되고 있으며, 비효율적 유통구조 고도화와 유통구조혁신 위한 인프라 확충이 필요하다.

셋째, 제반 유통물류시스템 구축체계 및 공급관리체계 구축의 미흡이다.

유통산업 발전을 위한 정부부처의 통합관리체계에 대한 인식이 부족하며, 수요가 급증하고 있는 유통전문 인력이 부족 및 교육지원체계도 미흡한 수준이다. 또한 표준EDI, 바코드 등 유통 · 물류정보화, 유통 · 제조기업간 협업체계가 미흡하며, 기본 인프라의 비호환성으로 인해 Supply Chain의 비효율성이 초래되고 있는 실정이다.

우리나라 유통산업 규모는 2000년 153조원에서 2010년 251조원으로 100조원 수준이 성장되었다. 소비 패턴도 2000년 '절약형'에서 2010년은 '가치중심적'으로 변화되고 있으며, 친환경 상품은 물론 젊은 층의 명품 소비도 급증되는 실정이다.

- 2000년 1조원 미만에서 2000년에는 5조원을 넘어선 것으로 추산
- 가족보다 개인 중시, 건강식품과 아웃도어 등 건강관련상품 인기
- 테이크아웃 상품 및 1인용 식재료 등도 점차 매출신장 추세

② 시장의 특징

우리나라의 2009년 유통시장은 전반적으로 소매업태의 침체기였다. 즉 소비의 양극화와 합리적인 소비가 대두되고 신종플루와 SSM갈등 등 사회적으로 다양한 외부요인 속에서 유통업계간 명암이 나뉘게 되었다.

우리나라의 2010년 유통시장은 경기에 대한 기대감이 확산되고 시기였다.

소매유통업이 경기침체 속에서 벗어나 활기를 회복하는 시기로 인하여 경기회복에 대한 기대감과 소비심리 회복으로 소매유통업의 기대감이 생성되었다. 주요 특징으로는 선진국수준의 운영노하우와 경영능력, 대기업중심 해외시장 진출 등과 글로벌 유망시장 선점전략을 위해 노력한 측면이 있으나, 글로벌 네트워크망 구축에는 실적이 부족한 형국이다.

③ 한국의 업태 경쟁 구도

한국의 업태 경쟁 구도는 다음과 같은 특징으로 요약된다.

- 저렴화와 다양화 물결로 진입하게 되어 한국형 디스카운트업태 부각
- 업태별로 경쟁구도는 각 요소별, 각 점포별 업태개념에 상당한 차이점
- 재래시장, 수퍼마켓, 백화점, 수퍼센터, 홀세일 클럽은 상이한 운영형태
- 전통시장은 전통적 인지도와 접근성을 제외하고는 경쟁구도에서 뒤짐
- 수퍼마켓은 접근성 · 판매방식은 우위, 가격경쟁력 · 주차편의성은 열세
- 다점포와 차별화를 통한 머천다이징전략 일대변화를 요구하는 실정

(2) IMF 이후 소비자 쇼핑패턴의 변화

1996년 유통 시장의 개방과 1997년 IMF 경제위기를 겪으면서 한국유통산업은 급속한 환경 변화에 순응하고자 소매관련법을 통합하는 유통산업발전법을 제정했다.

입법 취지는 중소유통업의 개선과 유통산업의 국제화 및 정보화를 촉진하고 대규모 점포의 개설을 용이하게 하는 데 있다. 경제 환경의 급격한 변화로는 무엇보다도 1997년 말 시작된 외환위기를 들 수 있는데, 일시적인 소득급감과 경기 위축의 부정적인 영향이 있었지만 준비가 부족한 유통기업 특히, 중소기업을 중심으로

서민경제가 도산 또는 몰락하는 위기를 겪었다. 그러나 대규모 자본과 선진시스템을 바탕으로 국내 유통시장에서 시장점유율을 높이면서 고객만족을 실현하는 현지경영에 노력했으며, 합리적 소비문화가 정착되고 유통산업의 중요성에 대한 인식이 확산되는 직접적인 계기가 되었다는 점에서 한국유통산업에서 새로운 분기점이 되었다.

대형마트는 1996년 프랑스의 까르푸를 시작으로 1998년 미국의 월마트, 1999년 영국의 테스크 등 외국 유통기업의 국내진출이 본격화 되면서, 가격·쇼핑의 편의성에 대한 소비자 인식 확산 등에 따라 2002년 이후 제 1위 소매 업태로 부상했다.

사회적 환경 변화로는 소비자 주권이 강화되고 있다는 점을 들 수 있다. 소비자보호법, 제조물책임법 등의 입법화가 이뤄졌고, 보다 조직적이고 체계적인 소비자 운동이 소비자와 시민단체를 중심으로 전개되고 있다. 또한 기술적 환경 변화로서 세계적인 추세이지만, IT의 소매업에서의 활용이 확산되고 있다. 특히, 초고속 통신망을 바탕으로 한 세계 수준의 인프라가 구축된 실정에서 네트워크의 활용과 POS, EDI, ECR, CRM, SCM 등 정보기술의 활용 가능성이 높다고 할 수 있다.

경쟁 환경의 변화에서는 시장 개방을 들 수 있는데, 1996년과 1997년에 걸쳐서 유통시장이 완전 개방되면서 소위 디스카운트업태를 중심으로 외국 거대 기업의 국내 상륙이 이뤄짐으로써 업태간의 변혁을 유도하고 소비자에게는 선택의 다양성을 제공하는 계기가 되었다.

소비자 측면의 두드러진 변화는 먼저 소비의 양극화 현상과 목적구매를 지향하는 합리적 소비문화의 정착이라고 할 수 있다. 따라서 고객맞춤 상품 및 서비스와 원스톱쇼핑, 편리한 접근성, 쇼핑시간의 단축 등 쇼핑의 편리성이 요구되고 가치 및 가격 위주의 쇼핑패턴이 대두되었다. 이러한 현상은 소득증대와 상류층 고객과 N세대 고객들의 등장은 물론, 인터넷 등 정보 통신의 발달로 다양한 구매 정보를 신속하게 접하게 된 것이 주요 원인이 되었다.

외환위기가 소득에 미친 영향을 보면 상위 계층에는 심각한 영향을 미치지 않았으나 하위 계층에는 상당한 소득 감소로 직결되었다. 크로스 쇼핑이나 가치위주의 소비, 소비의 양극화 현상 등이 감지되고 있다. 세계 수준의 인터넷 보급률에 기초하여 상품이나 서비스에 대한 소비자의 정보취득과 비교 분석이 용이하여 궁극적으로 소비자의 파워가 증대되고 있다. 이에 따라 소비패턴의 급속한 변화가 일어나고 있다. 또한 젊은 세대들이 상당한 구매력을 보유하게 됨으로써 패션타운에서 주 고객으로 부상하고, 전자상거래의 주도세력으로 성장하였다. 인구 구성에 있어서 7% 정도의 고령화 지수는 선진국 수준은 아니지만 이제 우리나라에서도 선진국에서처럼 고령층도 경제적 관심과 정책적 관심을 받을 소비 계층으로 인식되어야 함을 보여주고 있다. 아울러 독신 가정의 증가와 아동계층의 감소, 취업여성인구의 지속적인 증가는 소매 전략의 수립에 필수 고려사항으로 대두되었다.[8)]

(2) 시장세분화의 심화 및 새로운 세분시장의 출현

시장세분화가 심화되고 새로운 세분시장이 출현되면서 다음과 같은 현상이 나타나고 있다.

- 노인들의 구매력 증가로 실버산업이 새로운 시장으로 등장
- 취업 여성의 증가로 생활편의서비스 제공 산업의 발전
- 10~20대중심의 신세대의 구매비중의 확대
- 아파트생활과 독신자생활 등 다양한 구매고객을 위한 세분시장의 형성

(3) 소매점 경쟁구조의 변화

대도시 인구 증가와 교외지역의 거주 밀도가 높아짐에 따라 대규모점 또는 전문점 등 상업 집적시설이 다수 신설, 새로운 집단적 상업지역을 형성하였다.

경쟁구조는 점포가 아닌 상권 대 상권, 상점가 대 상점가라는 지배적 형태로 시작하였다.

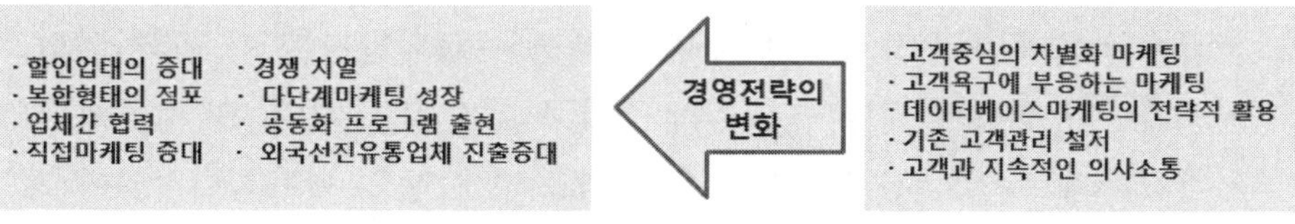

〈그림 14.1〉 소매업태 구조의 변화

(4) IMF 이후의 백화점 전략 변화

'롯데'와 '현대' 등의 대형 백화점은 적극적인 점포 확장 전략에 힘입어, 고급화, 전문화, 고감도의 서비스를 바탕으로 고품격의 도심형 백화점으로 새롭게 자리매

---

8) 연세대학교 오세조 교수, 우리나라 소매업의 현황과 전망, 2003.2.

김하고 있다.

(5) IMF 이후의 할인점 전략 변화

IMF위기를 거치면서 더욱 급속도로 확산되고 있다. 다점포화, PB상품의 증대, 다양한 서비스의 확대 등의 점포 전략을 구사하면서 나아가고 있다.

(6) 외국 유통기업의 국내 진출 동향

외국 유통업체들은 할인점과 편의점에 집중 투자 하였다.

할인점-대규모 다점포 전략, 급속한 확대전략 및 한국 정서 고려한 토착 전략 →'까르푸', '월마트', '삼성 테스코', '코스트코 홀세일', 편의점-한국 내 프랜차이즈 본부에 라이센스 해주고, 이는 세븐일레븐', '훼미리마트', '미니스톱' 등 산업을 활발하게 전개했다. 외국 유통업체의 매각과 국내사업 포기하기도 했다. '까르푸'는 2001 아울렛(홈에버)에 매각이후, 삼성테스코로 M&A되었다.('월마트'는 신세계그룹에 매각) 외국 유통업체의 합작형태에서 독립경영체계로 전환되면서 '코스트코 홀세일'로 탄생되었다.

(7) 소비현황

① 불경기로 인한 소비자의 라이프스타일의 변화

- 소득수준의 향상으로 소비자들은 고급화·다양화된 상품과 서비스를 요구하였다.
- 급속한 자동차의 보급으로 대형 소매점의 교외입지를 가속화하였다.
- 핵가족화 현상과 맞벌이 부부의 증가로 야간 및 휴일 쇼핑이 증가하였다.
- 가격파괴 현상과 판매자 가격표시 제도의 시행으로 가격결정권이 제조업체로부터 소매 업체로 이전하였다.
- 소비양극화 : 기능소비 VS 감성소비
- 소량구매 트랜드 확산 : 대형마트 성장의 부정적인 요소(고객단가 및 기존점포신장률 저하)
- 합리적, 가치중심 소비트랜드 강세. 에를 들면 PL, 온라인서비스 등이 있다.

② 업체간 경쟁구도에서 업태간 경젱구도로 전환

- 경기침체 속에서도 환율하락, 소비양극화로 고가품 매출이 증가하였다.

(일부 수요 백화점으로 이전)

- 기업형수퍼, 편의점, 온라인 쇼핑 등의 성장으로 경쟁업태로부터의 간섭 효과가 커졌다.
- 고객들이 대형마트에 가지 않더라도 기업형 유통서비스를 누릴 수 있는 기회가 많아졌다.

③ 소비심리와 가계의 소비여력이 년 하반기부터 다소 개선중이다

- 주식과 부동산 등 자산가격의 상승과 경제지표 개선으로 인한 소비심리 상승이 기여했다.
- 신종플루 영향으로 인해 홈쇼핑 및 온라인쇼핑 등의 지수는 상승한 반면, 다형마트의 지수는 다소 하락하였다.

④ 향후 대형마트의 성장률을 낙관하기에는 다소 어려움이 있다고 보여짐.[9]

- 상품 카테고리별 가격경쟁 심화 : 특정부문에 대해 소비자의 안목이 높아졌다.
- 편리성, 시간성을 중시하는 고객 라이프스타일 증가 : 소량구매, 근거리 쇼핑, 전자상거래 등이 있다.
- 트럭스토어 등 선진형 유통 포맷의 국내 진출이 증가되고 있다.

〈표 14.1〉 소매유통업 경기전망지수(RBSI) 추이

구 분	2007년				2008년				2009년			
	1Q	2Q	3Q	4Q	1Q	2Q	3Q	4Q	1Q	2Q	3Q	4Q
소매업전체	90	93	12	116	110	93	97	98	73	75	110	116
백화점	96	98	93	146	111	90	93	108	77	69	102	129
대형마트	110	99	129	117	123	90	112	92	61	97	106	118
수퍼마켓	66	73	121	86	92	95	109	106	73	79	111	92
편의점	41	84	119	77	67	117	120	78	64	73	114	101
전자상거래	91	117	114	109	118	80	78	99	80	89	119	112
홈쇼핑								131	104	102	128	131

9) 2010년 대형마트 경영환경전망, (주)신세계 아마트 김성영. 2010.

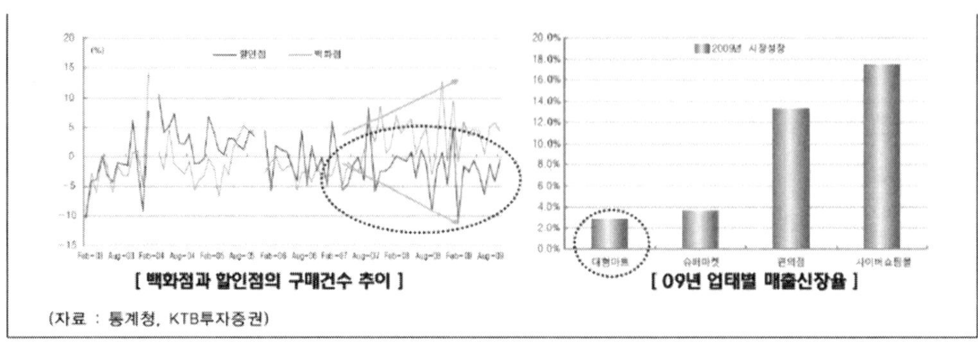

[백화점과 할인점의 구매건수 추이]
[09년 업태별 매출신장율]
(자료 : 통계청, KTB투자증권)

(자료) 대한상공회의소

(3) 업계별 현황

① 백화점

■ 빅3의 경쟁적인 출점전략

- 부산지역에서 시작된 출점전략 2011년 이후 대구, 파주지역 등 확산.
- 백화점단독 출점방식보다 쇼핑몰 및 아울렛형태의 복합몰 확대예상.
- 업태간 경쟁이 소비자혜택과 충성도강화를 유도하여 고객유인 연결.

■ 소비자 양극화를 반영하는 상품군의 동반성장세

- 인터넷이나 트위트 등 해외 트랜드 수용, 수입 여성복의 고신장.
- 자라 또는 유니클로 등 가격소구형 SPA 영트랜디상품의 동반성장.
- 싱글족이나 직장 여성의 증가로 메트로 아웃도어 부상

■ 온라인판매 고성장 지속

- 온라인판매비중 지속적 확대로 동일기준 시장비율에 1%이상 기여.
- 젊은 소비자층 중심이었던 패션상품의 온라인구매 중년층으로 확대.
- 기존 인터넷 쇼핑몰과 차별화 된 프리미엄급 온라인 몰의 출범 예상.
- 3년간 33% 시장, 2010년 전체 매출의 4.7%비중 차지할 만큼 성장[10)]

② 대형마트

〈2010년 유통환경, 유통산업의 영향 요소〉

■ 경기회복

- 경제 성장률 6% 내외 예상.

10) 롯데백화점자료, 롯데쇼핑(주) 유통전략연구소 백인수

- 민간 소비 증가율 4% 내외 예상

■ 소비 패턴
- 가치소비 확대(자신 소비 극대화, 저가 생필품)
- 선진국형 소비패턴 변화(문화/레저/건강 소비)

■ 규제의 환경
- 기업형 수퍼마켓 규제법안 통과
- 유통산업발전법(유통법) : 개정안 국회 통과(2010. 11. 10).
- 전통시장과 전통상점가(전통상업보존구역)의 반경 500m 안에 대형 유통기업에서 운영하는 마트와 기업형 수퍼(SSM)의 입점 제한.
- 대중소기업상생협력촉진법(상생법) : 개정안 국회통과(2010. 11. 25).
- 사업조정대상에 SSM 직영점과 대기업의 투자지분이 51%를 넘는기업형 수퍼(SSM)의 가맹점도 사업조정의 대상이 된다는 법
- 환경 규제와 소비자의 환경에 대한 관심 증가

■ 기술 발전
- 모바일 기술(스마트폰) 발전
- QR코드, SNS 서비스 확대

■ 모바일 기술의 발전과 온라인시장의 성장
- 스마트폰 등 모바일기술의 급속한 발전으로 생활 및 소비패턴 변화

■ 기술의 변화로 소비자의 참여 증가와 상품 정보 제공의 확대
- 소비자가 기업경영활동에 적극 참여하는 '참여의 시대' 가속화
- Tablet PC, SNS, 스마트폰 등 실시간 정보공유와 쌍방향 의사소통
- 제품사용후기, 고객의견 공유 등 소비자 영향력의 지속적인 확대

■ 바코드를 대신할 수 있는 QR코드 사용 증가 : 다양한 정보를 제공

■ 새로운 가치중심의 소비패턴
- 자신의 소비극대화, 저렴한 생필품 구매 등 가치소비 트렌드 심화

■ 명품소비의 지속적인 증가추세.
- 경기회복 추세 속에서 소비심리 및 가계소비여력 개선.

■ 신선식품 가격의 급등에 따른 대형 마트의 상대적 저가상품 선호
- 이상 기온으로 인한 신선식품의 큰 폭 가격 상승
- 28.8%(200년 3/4분기 대비 2010년 3/4분기)
- 선식품 가격 상승 : 상대적 가격상승이 적은 대형마트 판매 증가

■ 출점 규제와 해외 진출
- 국내시장 신규 출점이 법적규제와 시장성숙으로 해외진출의 가속화

■ SSM관련 규제 법안 개정과 진통을 겪음.
- 유통관련법은 2010년 4월 국회 지경위통과, 법제사법위원회 송부
- 그러나 여당과 야단의 입장차이로 7개월가량 표출함.
- 유통산업발전법(유통법) 개정안 국회 통과(2010. 11. 10)
- 대중소기업상생협력촉진법(상생법) 개정안 국회 통과(2010. 11. 25)

■ 새로운 성장 동력기반 구축을 위해 해외 시장 진출 지속
- 중국시장중심의 출점 진행
- 중국이외 경제성장률이 높은 신흥개발 국가로 확대 예상

〈표 14.2〉 2010년 대형마트 해외 출점 및 향후 계획

국 가	점포수	비 고
중국	107	• 이마트 : 2013년 까지 중국 88개점 확대 • 롯데마트 : 출점지역 확대(인도, 러시아)
인도	20	
베트남	2	
총 계	129	

출처 : 각사 자료 취합(2010년 10월말 기준)

■ 대형마트는 경기회복으로 인한 소비심리 회복과 저성장시대를 극복하기 위한 다양한 전략을 통해 8.4% 성장한 33조 9천억 규모로 예상.

■ 대형마트의 저가격정책에 따른 소비자의 반응 호조.
- 경기침체와 소비양극화현상으로 일상소비재에 대해 대형마트 기본인저가격을 새롭게 선언, 이후 가격전쟁 촉발.
- 대형마트간 상호 경쟁으로 고객의 이목을 받으며 고객 유인
- 출혈경쟁이란 비판도 있었으나 매출 활성화의 순기능 역할 수행.

■ 출점 속도 둔화세 지속
- 대형마트가 400개를 돌파한 2009년부터 정체된 모습을 모임.
- 2009년이후 신규점포 성장률 4%, 유통법 통과로 출점 어려움 예상.[11]

11) 신세계백화점 유통산업연구소, 2010. 12.

③ 온라인쇼핑

■ 온라인 쇼핑의 매체별 구분

- TV Medium : TV Home Shopping, T-commerce.
- Internet : E-commerce, Open Market, M-commerce.
- Printing Medium : Catalog, Newspaper, Magazine.

■ 온라인 쇼핑의 주요 이슈

- 3개 사업영역에서 주력 기업 변동 없이 성장세 지속.
- 스마트 폰 보급 확대에 따른 모바일쇼핑, 신성장 동력원.
- 한국 온라인 경영학회 창립 세미나(2010. 11)

TV 홈쇼핑사	인터넷 쇼핑사	오픈 마켓사
• TV홈쇼핑 신규 승인여부 • 중국, 동남아 진출 • 보험판매 부진	• 오프라인기업 진입, 서앙 • SNS 쇼핑 신규 서비스 • 온/오프라인 서점할인이슈	• G마켓, 옥션 합병여부 • NAVER 시장진입 여부 • 11번가 SKT 분사여부

■ 온라인쇼핑 시장규모와 분석

- 공통 : 사은품 한도 폐지, 오프라인상품 온라인화, 업체신뢰 제고, 이용인구 증가. 신상품 개발, 경기변동 무변화.
- 2009년 : 신종인플레인저
- 2010년 : 대형 국제스포츠행사

(단위 : 조원)

구 분	2007년	2008년	2009년	2010년
카탈로그	0.7	0.7	0.7	0.8
TV홈쇼핑	3.9	4.0	4.7(17%)	5.6(20%)
인터넷쇼핑(일반몰)	8.9	10.2	12.3(21%)	15.1(23%)
인터넷쇼핑(오픈마켓)	6.5	7.8	9.7(25%)	12.7(31%)
M-commerce	-	0.002	0.003	0.01
총계(성장률)	20(14%)	22.7(14%)	27.4(21%)	34.2(25%)

■ 2007년 대비 2010년 온라인쇼핑 시장규모와 소매시장

- '07년 백화점 추월, 2010년 대형마트 추월, 소매시장 1위 매체 추정.

• 성장률 : 온라인쇼핑 71%, 백화점 29.4%, 대형마트 16.6%.
• '09년 소매시장 점유율 : 10.8%(전년도 9.3%)

(단위 : 조원)

구분	2007년	2008년	2009년	2010년
온라인쇼핑 전체 인터넷쇼핑 소계	20.0(14.0%) 15.4(18.5%)	22.7(13.5%) 18.0(23.4%)	27.4(20.7%) 22.0(22.2%)	34.2(24.8%) 27.8(26.4%)
대형마트	28.9(10.3%)	30.6(5.9%)	30.9(0.9%)	33.7(9.1%)
백화점	18.7(3.3%)	19.5(4.3%)	21.3(9.2%)	24.2(13.6%)
수퍼마켓	19.6	21.5	22.4	23.5(4.9%)
방문/다단계판매	8.5	8.8	10.0	–
편의점	4.8	5.5	6.2	–
기타(재래/전문)	126.9	134.4	144.9	–
소매시장 총계	227.7	243.2	252.9	–

☞ 2010년도 백화점, 대형마트, 수퍼마켓 추정실적은 롯데백화점자료임(10.11.30)

■ 한중일 소매시장과 온라인 쇼핑

구 분	한 국	중	일본
소매시장 3년	평균 5% 성장	15% 성장	평균 –0.8% 성장
온라인쇼핑 점유율	10.8% ↑	2.2% ↑	6.3% ↑

(단위 : 한국 '조원'/중국'조위안'/일본 '조엔')

구분	소매시장 성장액/율			온라인쇼핑 매출과 소매시장점유율		
	2007	2008	2009	2007	2008	2009
한국	227.7(3.8%)	243.2(6.8%)	252.9(4.0%)	22.7	27.4(24.8%)	10.8%
중국	8.9(16.8%)	10.8(12.2%)	12.5(15.7%)	0.136	0.277(104%)	2.2%
일본	135.0(0%)	135.5(0%)	132.3(–2.4%)	7.7	8.4(9.3%)	6.3%

■ 중국, 일본 온라인쇼핑 매체별 성장 동향
• 일본 : 인쇄매체의 하락과 TV, 유무선인터넷의 성장세가 두드러짐.
• 중국 : 인터넷쇼핑몰의 고속성장 속에 오픈마켓 성장세가 둔화[12].

(단위 : 억위안, 억엔)

구 분	중국					일본		
	2007	2008	2009	2010	07대비 10성장율	2008	2009	전년대비 성장율
카탈로그 등	22	39	40 (38%)	51 (28%)	132%	24,920	24,310	-2.45%
TV홈쇼핑	120	156	198 (27%)	267 (35%)	123%	4,060	4,480	10.4%
인터넷쇼핑 (일반몰)	46	97	213 (120%)	469 (120%)	1002%	25,560	29,350	14.8%
인터넷쇼핑 (오픈마켓)	524	1,081	2,324 (115%)	3,718 (60%)	609%	18,660	21,750	16.5%
M-commerce	-	-	-	-	-	3,770	4,248	12.6%
총계(성장률)	712	1,363 (91%)	2,775 (104%)	4,505 (62%)	532%	76,970	84,140	9.3%

④ 편의점

■ 지속적인 성장

- 점포수 지속적인 증가추세
- 2010년말 17,000점 예상(전년대비 20% 증가)
- 매출액 지속 성장으로 유통시장내 편의점 비중 증가
- 2010년 말 매출액 6.9조억원 예상, 유통시장 내 5.9% 예상(유통시장 전체 117조억원 중)

■ 점포 성장의 가속화 및 순수가맹위주 출점

- 전년대비 점포 출점수 증가, 폐점수는 감소하여 점포 성장세 가속화
- 순수 가맹비중이 가장 높음
- 주요 3사의 가맹형태 구성, 순수가맹위주 출점전략.
- 순수가맹 비율이 높다(2010년 10월 현재 67%)

■ 경쟁구도의 격화

- 업체 간의 마켓 세어(MS) 경쟁 격화
- 2010년 1월 세븐일레븐 -바이더웨이 M&A이후 경쟁 촉발.

12) (사)한국온라인쇼핑협회 김윤태. 2010.12.9.

• 소규모 점포, 출점지역 확대로 MS확보 노력.
(1~3위의 MS차이 : '09년 18% → 2010년 5%대로 축소)
• 업체 간의 경쟁을 넘어서 업태간의 경쟁도 치열.
• 수퍼수퍼마켓(SSM) 확장으로 인한 업태간중소상권 경쟁 격화.
• SSM의 근거리 출점 / 영업시간 연장시, 편의점도 상당한 영향.

■ 즉석식품에 대한 고객니즈 증가
• 즉석상품에 대한 고객니즈 증가
• 고객의 구매 상품 중 즉석식품이 높은 비중을 차지(14%)
• 도시락류 판매성장률이 높아(250%) 즉석식품군 내 신 수익원 대두

■ 동반 성장에 관한 관심 증대
• 공정한 거래를 통한 함께하는 성장 추구
• 공정거래 자율준수선포이후 공정한 거래를 중시하는 기업문화 확산.
• 협력사의 동반 성장
• 협력사와의 신뢰관계 구축 필요성에 대한 인식기반 마련.
• 동반성장 선포식 체결(2010년 12월 7일)로 신 유통질서 확립 다짐).

〈표 14.3〉 편의점의 동반성장 및 공정거래 협약 선포 주요 내용

구 분	주요 내용
금융지원	상생펀드 및 중소협력업체 자금대출
대금지급 조건개선	현금성 결제 비율 확대(90~100%)
상생경영	전자계약제도 운영, 상생센터 운영, 공동성장추진조직 운영
영업지원	판매/마케팅정보 제공, 공동판매 개발/PR, 협력업체전용 포털운영

참고 : 편의점 5개사, 중소협력업체 1,100여개사

■ 친환경 경영활동 확대
• 친환경 인프라 구축 테스트 및 확장을 위한 노력 진행
• 친환경점포 개점 및 전기차 테스트 운행.
• 녹색물류시스템 구축, 폐건전지 모으기, 그린마일리지 캠페인 등.
• 점포 네트워크와 친환경활동과 결합을 통한 친환경 의식 확산 예정[13)]

13) (주)보광훼미리마트 이건준, 2010.12.9.

⑤ 중소 유통업

■ 현황

- 소상공인 경기동향(BSI) 조사결과
- '09년 1월 이후 지속 상승하여 경제위기 이전수준을 회복 (소상공인진흥원 조사)
- 소상공인 경영현황 실태조사 결과(매출액, 순이익)
- 중소 수퍼마켓의 3/4분기 월평균 매출액은 3,879만원,
- 순이익은 415만원으로 전 분기대비 매출액은 증가, 순이익은 감소.[14)]
- 2/4분기 매출액 : 3,519만원, 순이익 437만원

■ 중소유통업 현황(특징)

- 영세자영업자로 구성되어 기타 음식료품위주 종합소매업 다수 차지.
- 소규모 지역상권(골목상권, 동네상권)대상 가족단위 사업체 영위.
- 대형마트 · 기업형 수퍼마켓, 온라인쇼핑몰 성장, 시장점유비율 감소.
- 가격, 서비스 및 시설측면에서 업태 경쟁력이 뒤지고 있음.
- 가격경쟁력의 절대 약화
- 제조업의 지역대리점과 체인사업자에게 공급채널을 유지함.
- 구매조건이 대형마트에 비하여 절대적으로 불리함.

■ 중소 유통업 현황(경쟁력측면)

- 가격경쟁력 : 대리점 공급가격에 비하여 5~10% 불리함.
- 점포시설경쟁력 : 정부의 나들가게 사업으로 개선됨
- 입지경쟁력 : 지역상권(골목상권, 동네상권) 위치하여 비교적 양호함.
- 상품경쟁력 : 식선식품 및 냉장/냉동상품, 즉석상품 등 구색 부족.
- 서비스경쟁력 : 다양한 고객만족능력 부족(신용카드, 마일리지보너스)

(3) 업태별 소비트렌드의 변화

① 백화점

■ 스마트소비자 증가

- 기업의 사회적인 책임 강조
- 자신의 소비자권리를 개인차원에서 사회적인 차원으로 확대함

14) 소상공인진흥원 2010년 조사자료

- 혜택의 방향을 제품을 생산하는 자들에 대한 관심으로 범위 확대.
- 유행보다는 자기가치를 강조함.
- 유행에 따르기보다는 자신의 가치관에 입각한 상품구매소비자 증가.

■ 체험중심의 구매패턴

- 스포츠를 관전하는 차원에서 참여하고 체험하는 차원으로 질적 변화.
- 제반 불안적인 요소(사회적, 개인적)를 위로하기 위한 개인적 노력.
- 자기완결적인 체험을 느끼고 저 노력하는 심리적인 동기의 상승.
- 아웃도어 명품과 디자인을 중시함.
- 일상복과 평상복중심에서 아웃도어 의류의 평상화의 진행 추세.
- 자기만의 전문 브랜드 제품을 구매하는 비율이 상대적으로 증가.

■ 그린자연중심의 건강 장수상품의 수요 증가

- 건강기능식품에 대한 소비자의 관심과 구매의 증대.
- 녹색혁명에 대한 관심과 지속적인 성장으로 유기농식품매장의 확대.
- 소비자의 의식변화
- 단순한 인증마크중심에서 생산지와 생산방법, 생산자에 대한 검증.
- 식품과 음식차원에서 의류, 화장품 등 유기농제품에 대한 수요증가.

■ 고객의 심리적인 연령이 젊어짐

- 여성보다는 남성고객의 지속적인 증가
- 최근 3년간 전체고객에서 남성고객의 구성비중이 지속적으로 증가.
- 30대 남성고객의 구매비중 증가
- 화장품 및 패션상품 등에 대한 관심과 구매비중이 현저하게 상승됨.

■ 젊어지는 고객트렌드[15)]

- "보다 젊게, 조금 더 캐주얼"하게 변화되는 경향.
- 고객층과 고객의 연령대 비중은 전년대비 크게 변하지 않았음.
- 고객의 취향이 캐릭터 → 영 캐릭터, 정장 → 드렌드로 이동됨.
- 경기불황으로 여성/영 캐주얼과 남성용 저가상품의 수요가 높았음.
- 양호 : 여성/영캐주얼(컨템포러리, 모피란제리, 영트렌디, 영밸류), 남성용(드랜디, 드레디셔널).
- 부진 : 여성/영캐주얼(엘레강스, 캐릭터, 디자이너, 커리어, 영캐주얼) 남성용(정장, 시티, 셔츠넥타이).

---

15) 롯데쇼핑(주) 유통전략연구소 백인수

■ 명품시장의 성장

- 경기회복과 소비의 양극화현상
- 해외명품의 지속적 성장세, 특히, 명품시계의 신장률이 높아짐.
- 명품시장의 성장
- 명품시장 성장 사이클의 변천 : 명품잡화 → 명품시계 → 멀티샵 등
- 일본의 가두전문점과 쇼핑몰수준에 비하여 한국은 아직 이름,

② 대형 마트 2011년 트렌드[16)]

■ 저가격경쟁

- 가치소비 트렌드 확산
- 고품질 저가격 상품의 지속 확대(문화/레저용품의 직소싱 확대).
- 자신과 가족을 위한 소비트렌드에 따라 안전한 먹거리 요구 증가.
- 새로운 상품제안 지속을 통한 업태간 경쟁력 확보
- 월마트 Roll-back중심에서 EDLP(Every Day Low Price)로 전환됨.
- 대형마트 저가격 경쟁은 전 세계적인 추세로 모든 기업이 참여함.

■ PL과 해외 소싱

- 대형 유통기업의 PL상품 확대
- 저가격정책의 일환(이마트의 브랜드 통일화, 롯데의 품질개선 노력)
- 가치소비에 대응하는 고품질 해외소싱 상품의 확대
- 자신과 가족을 위한 소비 확대 - 문화/레저상품의 구매 증가.
- NB의 한계 - 사전 기획, 대량매입, 고품질 상품제안으로 판매확대.

■ 해외출점

- 신규 출점지역의 제한에 따른 출점 포맷의 다양화
- 출점 속도의 둔화세 지속(상권의 한계, 유통법/상생법의 통과 등)
- 다양한 포맷의 점포 출점
- 대규모 개발단지의 Key Tenant 입점(복합몰 형태)
- 중소형 출점(역사개발, 신도시 주상복합 등)
- 신 성장 동력기반의 구축을 위해 해외시장 진출의 가속화
- 중국에서 경제성장률 높은 베트남, 인도네시아 등 개발 국가 확대.
- 해외 진출방식의 다변화(독자 출점에서 현지 업체 M&A)

---

16) 신세계 유통산업연구소, 2010. 12.

■ CROSS CHANNEL

- 신기술 확산(SNS)으로 소비자의 커뮤니케이션 증가
- Off_Line 강점을 활용한 통합 운영으로 On-Line Mall 비약적 성장
- 기존 점포망을 활용한 물류 및 배송시스템 보유,
- 기존 브랜드의 높은 신뢰도, 2009년 대비 150%이상의 매출신장.
- 근거리쇼핑에서 장기적으로 선호될 대표적인 새로운 성장업태.
- 온라인 몰의 소비자 연령대 상승, 새로운 기회요인 증대
- Social Commerce 활용한 새로운 판매채널 확보 기회 발생.
- 온라인 이용고객 연령 상승(30대 31.9%→42.6%, 20대 32.2%→28.9%)
- 대형마트 이용고객과 점차 중복되는 모습을 보임.

■ 쇼핑환경의 변화

- 선진업체 새로운 Format 점포 개발
- 창고형 매장에서 세련되고 고급화된 새로운 형태의 매장전략.
- 신속한 고객 니즈 변화에 대응
- 쾌적한 매장과 저렴한 가격을 동시에 충족하려는 경향.

■ 2011년 유통 Key Words

- 가치 소비
- 명품 & 저가 선호 : 명품구매의 일상화 & 저비용 효용극대화 추구.
- 자신을 위한 소비 : 싱글족, 딩크족, 그루밍족 증가와 에코소비 증대
- 소비자 참여
- 참여시대 : 고객참여 확대(트위트 등 SNS 활용한 의사소통 다변화)
- 신기술 : 스마트폰 보급 확산, SNS 활성화, QR코드(다양한 정보)
- Cross Channel
- Cross Channel사업 강화 : On-Off Line 연계성 및 소셜커머스 강화.
- Cross Channel 안정화 : 대형 유통업체와 온라인 몰 제휴의 확대.
  (인터파크 + AK 플라자 등)
- 업태간 경쟁
- 경쟁의 심화 : 가격, 근거리 쇼핑(온라인⇔수퍼⇔편의점⇔대형마트)
- 경쟁강도 및 범위확대 : 식품, 일상용품, 명품 등 경쟁영역 불명확)

③ 온라인 쇼핑의 환경

■ 인터넷 환경

- 평균 년령 : 6세 증가(2000년 26.3세 → 2010년 32.3세)
- 주 평균 이용시간 : 3시간 증대(2000년 11.7시간 → 2010년 14.7시간)
- 적극적인 인터넷 이용자(하루에 1회 이상 이용) : 26.1% 증가
- 2000년 56.4% → 2010년 82.5%
- 가정에서 인터넷 이용자(하루에 1회 이상 이용) : 49.7% 증가
- 2000년 48.8% → 2010년 98.5%
- 이메일 계정 보유율 : 9.2% 증가(2000년 76.3% → 2010년 85.5%)
- 인터넷쇼핑 이용률 : 52.0% 증가(2000년 12.3% → 2010년 64.3%)[17]

■ TV 환경

- TV 매체별 가구 증가 추세(단위 : 천 가구)
- 케이블 TV : 2007년 14,765가구(4.2%)→2010년 6월 15,225가구(-0.4%)
- 위성 TV : 2007년 2,150가구(9.7%)→2010년 6월 2,614가구(6.4%)
- IP TV : 2009년 1,740가구→2010년 6월 2,910가구(67%)
- 합계 : 2007년 16,915가구(4.9%)→2010년 6월 20,749가구(6.5%)
- T - Commerce 가능가구 증가추이(단위 : 천 가구)
- D 케이블 TV : 2008년 1,914, 2010년 6월 3,097, 2012년 10,000 예상.
- IP TV : 2010년 6월 2,910가구, 2012년 5,000가구 예상.
- 합계 : 2008년 1,914(129%), 2010년 6월 6,007(36%), 2012년 15,000.
- 종합 평가
- 업계 부정요소 : 케이블TV(TV 홈쇼핑 주력매체) 시청가구 수 감소.
- 업계 긍정요소 : 전체적인 시청가구 수의 증가.
- 전체 시청가구 중 T-Commerce 홈쇼핑 이용가능 가구의 증가.
  → 업계 새로운 성장 동력(2010년 400억원, 2011년 1,000억원 예상)

④ 편의점업계 트렌드

■ 다양한 컨셉의 점포 출점

- 업계내/업태간 경쟁에서 경쟁력 확보를 위한 다양한 컨셉 개발.
- 입지 및 출점 경쟁 격화로 차별적인 컨셉의 새로운 점포개발 지속.

---

17) 10년 인터넷이용실태조사, 인터넷진흥원.

- 시장 점유비율(MS)의 확대와 수퍼마켓(SSM)의 대응전략
- 고객니즈와 충성도강화를 위한 점포포맷의 다양화와 특화상품 중시.

■ 소비자 라이프스타일의 변화
- 인구구조의 변화 및 라이프스타일의 변화
- 싱글가구, 소가구, 노인가구의 증가에 따른 소량 상품구매니즈 증가.
- 맞벌이부부 증가, 소비자 시간가치를 중시, 빠르고 간단한 구매선호.
- 다양한 스타일의 1, 2인 가구 비율 증가로 소비패턴의 변화.
- 2000년 15.6% → 2010년 20.3%로 증가[18)]
- 변화된 소비패턴에 적합한 CVS상품 구색확보 필요
- 1, 2인 가구 유형과 주요 주거형태
- 고소득 젊은층(경제력↑ 나이↓) : 고급오피스텔, 도시근교세컨드주택.
- 고소득 시니어(경제력↑ 나이↑) : 시니어/실버타운, 전원/고급APT
- 저소득 젊은층(경제력↓ 나이↓) : 임대다가구APT, 고시원, 하숙집.
- 저소득 시니어(경제력↓ 나이↑) : 공동생활주택, 요양원.

■ 먹거리 상품의 대폭적인 강화
- 소비자의 건강에 대한 인식확산으로 건강한 먹거리에 대한 수요확산
- 기존 가공식품보다 도시락, 야채청과, 샐러드 등 웰빙상품 매출증가.
- 도시락류, 즉석상품의 강화
- NB상품(담배, 면류 등)보다 PB상품 증대 및 편의점의 푸드점화 진행.
- 합리적인 가격으로 실속 있는 먹거리를 원하는 고객니즈를 충족함.

■ 친환경 및 윤리소비의 확산
- 친환경관련 상품에 대한 고객소비 증가추세.
- 편의점의 친환경 활동 증대 및 고객대응 상품구색 확보 노력.
- 사회적 책임을 실행하는 윤리적 소비의 확산.
- 소비자인식변화로 편의점내 공정무역제품 확산과 사회기여활동 활발.

■ 스마트 폰 등 신규 미디어 활용도 증가.
- 사업모델 및 고객서비스 개발 확대로 신규고객 유치 및 충성도 강화.
- 관련지역 근거리에 위치한 상점에서 쿠폰을 다운받아서 구매에 활용.
- 스마트폰 사용자 증가에 따라 모바일서비스 확대로 산업전반에 영향.
- 소비자 커뮤니케이션 확대를 위한 어플리케이션의 확대가 진행.

18) 통계청 자료

- 2010년 한국 스마트폰 판매량 약 500만대로 매년 급격한 증가 예상.
- 온라인과 오프라인의 크로스효과를 확대하는 전략개발에 전념.

■ 2011년 전망 – 다양한 얼굴(FACES)[19)]

- Foods
- 편의점의 푸드점화
- 도시락류 폭발적인 성장과 소포장 야채/청과류 등 신선식품 확대
- Add Variety
- 상품의 차별성 확대, 다양한 상품 특화점 운영 증가
- 편의점 포맷의 다양화(소형점포, 중형점포, 웰빙형/이동형점포 등)
- Communication
- 고객의 환경에 대한 인식 확산, 환경관련 상품개발 증대.
- 새로운 홍보, 마케팅 방법의 개발 강화.
- Eco-friendly
- 고객의 환경에 대한 인식 확산, 환경관련 상품 증대
- 편의점 업체들의 환경 및 사회활동 발발.
- Small
- 싱글가구, 소가구를 위한 상품 및 서비스의 증대
- 점포 소형화 등의 전략을 통한 점포 확장 가속화.

⑤ 중소 유통업 환경

■ 강점

- 동네상권의 중심에서 소비자 접근성
- 고객인지도 및 고객 친밀도
- 점주별 시장에 대한 다양한 경험의 축적.

■ 약점

- 시설의 노후화 및 선진 지원시스템(RSS) 구축 미비.
- 다양하지 못한 상품 구색과 도매물류공급체계의 미비.
- 위기에 대한 종합적인 대처능력 부족(점주의 고정관념)

■ 기회

- 소량 다빈도 구매증가 등 소비트랜드 변화

---

19) (주)보광훼미리마트 이건준, 2010, 12. 9.

- 정부의 적극적인 관심 및 전문가그룹의 지원.
- 업종별 조직화비율의 증대 및 선진지원체계(RSS)의 도입

■ 위기

- 대형 유통기업의 직영점 또는 가맹점(SSM) 확대.
- 온라인쇼핑몰, 모바일쇼핑 등 거래형태의 다변화.
- 다양한 업태 진입으로 골목상권의 포화 및 소비자선택권 확대.

(4) 소매점의 미래 예측

① 기본 환경

■ 업태경쟁 구도

- 수퍼센터와 홀세일클럽 : 접근성에서 수퍼마켓보다 떨어짐,
- 단순하고 청결한 점포이미지, 편리한 주차공간, 편의시설,
- 폭넓은 상품구색, 체계적인 대량진열, 소비자의 흥미 연출.
- 대형 유통기업 수퍼수퍼마켓 : 대형마트 운영시스템기준으로 경영.
- 상권경쟁의 심화에 의한 주거지역중심의 틈새시장공략전략 강화.
- 상품단축, 매일저가판매전략, 고객서비스 등 상권전략 강화.
- 온라인쇼핑몰과 연계된 모바일경영과 고객커뮤니케이션 강화.
- 대형 점포의 출현 : 지역개발 등에 따른 새로운 쇼핑형태 등장.
- 소매업, 음식업, 서비스업 등의 집단적 유통시설의 개발.
- 원스톱 쇼핑의 위락·휴게 기능의 종합커뮤니티시설의 확대.
- 대형 쇼핑센터와 쇼핑몰중심의 개발확대 및 소형점포의 업태 등장.

■ 소매업태간의 경쟁 증가.

- 대형마트, 무점포, 편의점 등 신유통 소매업태중심의 강세는 지속.
- 수평적, 수직적 결합 : 월마트 + 이마트, 수퍼센터 + GMS. PB 증가.
- 편의성 및 복합시장의 포지셔닝전략의 중요성이 한층 대두될 전망.
- 다양한 형태의 스페셜티 전문점 : 올리브 영, 왓슨 등.

② 미래 예측

■ 소매업태의 다양화와 수명주기 단축.

- 정보화와 세계화 등으로 미래 소비시장에 대한 예측능력의 한계점.
- 기존의 소매업태(수퍼마켓, 대형 종합수퍼마켓, 편의점, 전문점, 전문판

매점, 쇼핑센터, 창고형 물류센터 등)의 수직·수평적 경쟁 격화.
- 차별화의 어려움 : 유사상품, 유사상권, 유사마케팅 등 모방이 용이.
- 경쟁의 심화 : 소자본 창업용이, IT발달로 양적·질적 경쟁 격화.
- 인터넷 쇼핑몰 등 새로운 소매업태의 급격한 성장으로 기존의 경영방식에서 탈피, 점차 다양성, 개방성, 경쟁성 등을 축하게 됨.

■ 소매점의 양극화(가격소구대비 구색소구)
- 대형 소매업체 VS 소규모 전문소매업의 양극화의 지속화.
- 대형화(백화점 및 할인점 등 규모의 대형화와 출점의 선점).
- 협동화(업자 및 소비자들에 의한 협동조합 및 협업화사업 확대).
- 전문화(벤더업, 전문점 및 전문백화점, 전문소형점 등의 등장).

■ 무점포소매점의 성장
- 홈쇼핑, 인터넷쇼핑몰, 통신판매, 전화, 방문판매원, 자동판매기 등.
- 대기업의 e-Marketplace시장 진출강화, 가격비교우위 등 이용자증가.
- 중개몰(오픈마켓)의 성장세 지속과 B2B, C2C 등의 급속한 재편성장.

14.2 우리나라 2009년 소비트렌드

(1) 새로운 소비환경

① 소비혁명(消費革命, Consumption Revolution)

■ 정의
- 대중의 소비습관이 다양하게 차별적으로 급격하게 변화되는 현상.
- 가구별, 1인당소득수준 상승, 산업기술 진보 등 소비의욕, 소비생활의 내용, 소비에 관한 도덕의식 등이 급격히 고도화·근대화하는 현상.
- 소비혁명을 가능케 하는 기본조건은 급속한 개인소득의 증대에 있다.
- 직접원인으로는 대기업이나 백화점 등의 대자본에 의한 신종상품의 개발과 마케팅의 조직적 전개와 매스콤 특히, TV방송망의 보급이다.

■ 변화 현상.
- 가전제품중심 TV, 승용차, 냉방장치 등 내구소비재 보급 증대.

- 청년층소득의 신장으로 풍요한 대중과 소비평준화로 대량소비 확립.
- 할부판매 특히, 고가품 할부가 늘어나고 소액품의 할부가 줄어든다.
- 유행이 대규모 · 조직적으로 되어간다.
- 인스턴트상품과 웨이스트상품의 보급 등이다.

■ 기본조건

- 산업의 발전에 의한 개인소득의 증대.
- 대형 자본에 의한 신상품 개발과 마케팅조직의 전개.
- 인터넷 및 매스컴(TV 방송망)의 보급 확대 등.

■ 전개 과정(사례)

- 환경문제 : 소비자중심에서 경제와 생활에 영향을 끼치는 문제인식.
- 온 · 오프라인 유통업계를 막론하고 스마트폰의 위력을 실감.
- 스마트폰으로 현장서비스를 고객에게 제공하는 고객중심 유통혁명
- 트랜스미디어 구현 :SNS +QR코드+ 모바일+ 웹스마트 저널리즘
- QR코드를 삽입해 소비자 스마트폰 이용, 차세대 상품제안 · 선정.
- 유비쿼터스 전자태그(RFID)부착으로 유통혁명과 가격인하 산업파장.
- 질 좋은 상품을 항상 싸게 팔아서 고객충성도를 높이는 전략 강구.
- 이마트 피자와 롯데마트 치킨 등 상시할인을 통한 "10원 전쟁"지속.
- 이마트 : 삼겹살, 우유, 햇반, 라면 등 생필품의 10～50% 상시할인.
- 홈플러스와 롯데마트 등은 삼겹살, 라면, 꽃게 등을 저가전쟁 가속.

경기 불황 및 소비심리 위축의 여파로 2009년 소비 트렌드에서도 '불황'이 가장 큰 키워드가 될 것으로 보인다.

농협 경제연구소는 '2009년 국내 소비 트렌드 전망' 보고서를 통해 올해 소비자들은 '불황'이라는 키워드 아래 4S의 성향이 강해질 것이라고 밝혔다. 4S란 Surrender(기존 소비수준 포기), Switch(패턴의 전환), Sensitive(가격에 민감), Stress(심리적 스트레스) 등 불황기 소비자들의 4가지 특성을 의미한다.

보고서에 따르면 우선 소비자들은 경기불황의 영향으로 구매력, 구매심리가 변화해 기존의 소비 수준을 포기하게 된다(Surrender). 그리고 지출을 최소화하면서 효용성을 극대화하기 위해 소비패턴, 구매패턴, 정보수집 방식 등을 다른 방법으로 전환하려는 경향도 증가한다(Switch).

소비여력이 약해지다 보니 다른 어떤 요소 보다 가격에 대한 민감성은 높아진다

(sensitive). 유럽과 미국 조사에서 불황기에는 소비자의 73%가 모든 상품의 소비활동 및 의식에 대해 가격 민감성이 더욱 높아지는 경향을 보였다. 또한 소비 수준이 절대적으로 감소함에 따라 많은 이들이 스트레스를 받는다(stress).

이러한 소비 성향의 변화에 따라 소비자들은 소비를 축소·연기·포기하는 경우가 늘어날 전망이다. 구매 빈도 및 수량을 줄이고, 불요불급한 수요에 대한 구미는 연기나 포기하는 경우가 늘어나 소비를 할인판매기간 등에 소비가 몰리고, 내구재의 경우 자금사정이 호전될 때까지 제품구매를 유보하는 경우가 많아질 것이다.

지출을 줄이기 위해 외식은 줄어들고, 대신 가열·조리용 음식인 '가정식 대체식품'에 대한 수요는 증가할 것으로 보인다. 또 합리적 소비 추세 증가와 쇼핑의 편의성 추구, 교통비 등 부가비용을 절약하려는 경향이 강해지면서 온라인 쇼핑을 통한 구매는 늘어날 전망이다.

구매활동에서 신중하고 이성적인 판단을 하려는 경향이 강해짐에 따라 신뢰도 높은 정보원에 대한 의존도는 증가할 것으로 예상된다. 이에 따라 매스미디어나 오피니언리더에 의한 구전 영향력이 매우 강해질 것으로 보인다.

상품을 고르는 데에 있어서도 소득 감소로 인해 저가형·기본형 상품과 절약형 소량포장 상품을 선호하는 소비자가 늘어날 것이다. 마케팅 측면에서는 공짜 마케팅과 초저가 마케팅이 확산될 것으로 보인다. 경기가 어려워지면서 많은 기업들이 매출증대, 신규고객 확보, 상품 홍보 등을 위해 서비스나 상품을 무료로 제공하거나 각종 경품을 제공하는 등 소비자들의 공짜심리를 이용한 전략을 전개하고, 100원 판매, 1000원 마케팅 등 경기에 민감한 분야나 생필품을 중심으로 한 극단적인 마케팅이 늘어날 전망이다. 그러나 불황에도 불구하고 주관적 가치만족을 추구하는 '가치 중심'의 소비는 늘어날 것으로 예상된다. 지난 2008년에도 대부분의 상품군이 전년 대비 낮아진 매출을 보이거나, 매출 증가세가 둔화된 반면 명품, 잡화 등의 매출은 계속해서 큰 폭의 매출 증가를 보였다. 또 아모레퍼시픽의 '2009년 화장품 시장 및 트렌드 전망'에 따르면 IMF 당시에도 −6.9%의 경제성장률과 −13.4%의 민간 소비 증가율을 기록한 가운데에서도 0.2%로 소폭 감소했던 화장품시장도 작년에 전년 대비 10.8%의 고성장을 이뤘다. 이러한 추세는 2009년에도 이어져 명품, 잡화, 화장품 등의 분야는 다른 분야에 비해 높은 성장률을 보일 것으로 기대된다. 더불어 안전과 건강에 관련된 상품들에 대한 소비도 증가하고, 가족을 위한 소비는 꾸준히 지속될 전망이다. 이는 불황기 소비자들이 각종 사회적 위험의식의 증가로 안정을 추구하는 경향이 강화되고, 가족에게서 위로를 받고, 가족을 찾고자하는 심리가 강해지기 때문이다. 지난해의 먹거리 이물질 파동이나 멜라민 파동 등으로 유기농 관련 상품의 매출은 계속 증가하고 있으며, 건강식품 매출도 2008년에는 전년 대비 19.7%나 증가했다. 또 한 설문조사에 따르면 '개인 소비에 부담을 느낀다'고 대답했던 응답자 중 75%가 '가족을 위한 소비는 포기할 수 없다'고 답했으며, 특히 '양육비·자녀교육비는 유지하겠다'는 응답은 80%에 달했다.

〈표 14.4〉 '09년 10대 소비 Trends 선정

순위	키워드	순위	키워드
1위	불황(71.7%)	6위	웰빙(20.0%)
2위	실속형소비(64.2%)	7위	소량구매(19.2%)
3위	세일(27.5%)	8위	친환경(16.7%)
4위	절제(25.8%)	9위	트레이딩업&다운(10%)
5위	식품안전(24.2%)	10위	브랜드(3.3%)

※ 용어설명) 트레이딩업&다운: 중간대 가격의 상품보다는 상향구매 또는 하향구매하는 경향

- 2009년 소비트렌트의 핵심 키워드는 '불황(71.7%)'과 '실속형 소비(64.2%)'
  - 불황기일수록 소비의 변화를 읽고 소비자 욕구를 자극할 수 있는 역량을 갖췄느이냐에 따라 기업의 실적이 좌우될 것이다.
  - 현재와 같이 불확실성이 높은 '불황(71.7%)'에서는 합리적이고 계획적인 '실속형 소비(64.2%)'가 더욱 심화되었다.
  - 이와 관련하여 세일(27.5%), 절제(25.8%), 소량구매(19.2%)와 같은 단어도 주요 키워드로 선정되었다.
- 식품안전(24.2%), 웰빙(20.0%), 친환경(16.7%) 등도 내년 주요 소비트렌드로 선정
  - 중국 식품 안전사고(멜라민 파동)로 식품 안전성에 대한 소비자들의 의식이 고조되어 있으며, 온실가스와 환경오염을 줄이는 저탄소화, 녹색성장 등 '친환경'에 대해서도 지속적인 관심이 반영된다.

② 한국 소비자들의 변화, 블루슈머 7

블루슈머는 경쟁이 덜한 새 시장을 뜻하는 '블루오션'과 '소비자' 합성어.

■ 외동이 황금시대

- 출생아 중 첫째아이비중은 2000년 47.2%에서 2007년 53.5%로 증가.[20]
- 외동이가 그만큼 증가하고 있다.

■ 부자처럼 살고 싶은 2030세대(30대 워킹맘 중심)

- 2007년 가구당 자동차보유비율은 66.7%로 2000년보다 14.4% 증가.[21]
- 25~29세의 절반 정도인 49%가 귀금속, 명품 등 고가품을 보유.
- 패션과 스타일에 관심이 많은 '로엘'(LOEL) 남성이 쇼핑을 주도함.
- 높은 성장세의 20대 고객이 2008년 17%에서 2010년 15%로 감소함.

■ 레저를 즐기는 장년층(베이비붐 세대)

- 2007년 50대 가구주의 연간 교양오락비에서 관람·스포츠비용 60%.
- 외국계 게임기 업체는 60대 부부광고모델로 장년층대상 마케팅 확대.
- 롯데백화점의 경우 50대비중은 2008년 19%에서 2010년 21%로 증가.
- 구매 금액은 37% 증가해 전 연령대 가운데 가장 크게 증가했다.
- 베이비붐(baby boom)세대는 1955년에서 1963년생으로 전쟁이후세대.
- 우리나라 사상 경제적으로 가장 여유롭고 교육수준이 높은 중년층.
- 안정된 경제력으로 건강노후위해 운동, 취미생활 등 많은 자산투자.

■ 자녀 없는 부부가구

- 부부만 사는 가구는 지난해 14.6%에서 2030년 20.7%로 증가할 전망.
- 부부 가구는 생활과 소비패턴이 자녀가 있는 부부와 다르다.
- 신혼여행추억 '리멤버 허니문' 상품은 판매량이 1년 새 두 배로 증가.

■ 요리하는 남편, 아이 보는 아빠

- 2007년 전업주부 남성은 총 14만3000명으로 2003년보다 35% 증가.
- 남성들의 육아·살림을 돕는 사이즈가 큰 다기능 제품이 주목.
- 큰 고무장갑, 자동으로 이유식이 만들어지는 홈메이드 이유식기 등

■ 외로운 실버세대

- 2007년 65세 이상 가구 중 부부·1인 가구의 비율은 67%였다.
- 2030년에는 71.3%까지 늘어날 전망이다.
- 노인을 위한 애완로봇, 맥박과 혈압을 체크해 주는 실크로봇 등이 출시.

---

20) 통계청이 2008년 사회·인구·소비통계를 분석 발표
21) 통계청이 2008년 사회·인구·소비통계를 분석 발표

■ 공포에 떠는 아이들

- 13세미만 성폭력사건 2003년 642건에서 2007년 1081건으로 68%증가.
- 14세미만 실종어린이도 2006년 7064명에서 지난해 8602명으로 증가.
- 자녀위치를 문자메시지로 알려주는 휴대전화 '자녀안심서비스' 인기.
- 어린이 유괴나 실종에 대비한 보험·예금상품도 등장했다.

〈유통업계의 초점, 2009년을 이해하기 위한 5가지 키워드〉

■ 소비에 미치는 영향이 미국 이상으로 클 수도 있다.

■ 현재는 경제의 세계적 구조전환점

- 세계는 현재 미증유의 경제위기를 맞고 있으며, 이번 위기의 본질은 고도성장을 추구해온 선진국 경제가 한계를 맞고 경제의 세계적 구조전환점에 와있다고 볼 수 있다.
- 세계적인 연쇄적 위기로 인해 일본도 금융·부동산 부문은 물론, 제조업 등 실물경제 주역들이 엔화강세의 영향을 받으면서 급속하게 실적이 악화되고 있다.
- 이러한 위기와 주가약세 등에 의한 역자산 효과가 소비에 미치는 심리적 악영향은 매우 크다고 할 수 있다.
- 작년까지 활황을 구가했던 구미나 아시아 각국과 달리, 일본은 거품경제 붕괴 후 소비가 계속해서 저조했기 때문에, 이번 위기의 영향이 진원지인 미국 이상이 될 가능성도 있다.
- 이러한 상황에서 유통업이 대처하기 위한 힌트가 될 5가지 키워드를 뽑아본다.

■ 과잉조정

■ 소매업의 과잉 문제

- 일본 소매업의 점포 면적은 십몇년 동안 1.5배로 늘어났으나, 판매액은 반대로 약 5% 마이너스 성장했는데, 이는 가수요를 안일하게 예상하여 비슷한 업태를 양산했기 때문이다.
- 향후에 이러한 '과잉'은 강력하게 조정될 것인데, 즉 실수요 시장과 적정규모를 모색하여, 불황기를 견딜 수 있는 업태와 기업구조 재구축이 이루어질 것이다.

■ 유통업의 과잉조정에는 그에 부응한 체력과 자본력이 요구된다.

- 일본 유통의 2대 강자인 이온과 세븐&아이 홀딩스도 지금까지의 확대노선을 근본적으로 재고해 채산성이 없는 GMS(종합수퍼)업태의 퇴출과 축소, 업태전환을 전면에 내세우는 등 과잉조정에 열심이다.
- 문제는 과잉조정이 시급해지면서 중견 이하의 기업일수록 경합이 격화되어 체력소모와 자본열화가 심하다는 점으로, 그러한 유통기업의 도태와 재편이 가속화 될 것이다.

■ 일강백약(一强百弱)

■ 같은 업종업계에서 1개사나 2개사, 많아도 3개사 정도의 강자가 시장을 독점

- 인구감소에 의한 시장축소, 점포간 경쟁 격화로 일본의 유통업계는 이미 재편의 시대를 맞았으며, 여기에 경제위기와 소비불황으로, 보다 큰 규모의 '재재편'의 움직임도 있다.
- 한큐백화점과 한신백화점이 통합하여 07년에 출범한 에이치투오 리테일링이다 카시마야와 2011년까지 경영통합에 합의, 현재 백화점 매출 1위인 미츠코시이세탄홀딩스에 필적한 규모가 된다.

■ 일강백약 현상이 가장 두드러진 곳이 가전체인업계

- 단독 1위인 야마다전기의 성장력과 이익율은 특출나게 높은 상황이다.
- 야마다전기의 독주를 막기 위해, 거듭된 재편을 통해 규모를 확대하고 있는 업계 2위 에디온, 업계 5위인 빅카메라는 7위인 베스트전기를 그룹화하기로 결정된다.
- 가전체인업계의 이러한 움직임은 수위기업을 조금이라도 따라잡지 않으면, 향후에는 생존조차 어렵다는 위기감의 발로이며 이러한 움직임이 유통업계 전체에 확산될 것이다.

■ 디플레이션의 재래

■ 세계경제의 부진과 선물시장의 버블 붕괴로 원연료가격이 하락하여 물가상승에 급제동

- 일본에서는 급격한 엔화강세도 겹쳐 수퍼, 외식, 어패럴, 고급브랜드, 일부 제조사에서도 가격인하 움직임이 확산되고 있다.
- 앞으로 세계 각국의 저금리정책은 더욱 강화될 것이고, 엔의 고공행진 기조도 당분간 계속될 것으로 보여, 일본에서는 90년대 디플레이션의 재래라는 지적이 나오고 있다.

■ 90년대에 시작되다 말았던 '가격파괴' 붐이, 본격적으로 다시 시작될 듯함
- 최근 비정규직 등을 중심으로 젊은층 실업률이 상승하고, 08년 겨울 보너스 지급액은 6년만에 전년을 밑도는 등 국민들의 생활방어의식이 고조되고 있다.
- 그런 가운데 트라이얼컴퍼니와 오케이, 다이코쿠텐물산 등 신흥 디스카운트스토어(DS)기업의 세력확대가 두드러진다.
- 대기업도 '더 프라이스'(이토요카도), '아코레'(이온리테일), '마루도쿠 이치바'(이즈미야) 등 DS 신업태에 진출하여 소비자들의 생활방어 니즈에 부응하고 있다.
- 일본 소비자들은 가격보다 신선도, 가치, 품질을 중시해 하드디스카운트업태 정착이 어려운 것으로 생각했으나, 최근에는 도시의 젊은 가정을 주체로 소비가치관이 변하고 있다.

■ 새로운 시장 창조

■ 초성숙 소비사회인 일본의 코모디티 시장은 저출산 · 고령화로 쇠퇴하게 될 것임
- 미국에서는 저조한 경기 속에서도 백화점, 스타벅스, 홀푸드, 베스트바이 등의 '라이프스타일형' 업체가 저조하며, 맥도널드, 월마트등의 '코모디티형' 업체가 선전하고 있다.
- 신흥DS와 홀세일클럽의 호조세는, 코모디티의 압도적 저렴함이 무기로 작용했고, 또한 '지금까지는 없었던 새로운 쇼핑의 장'이라는 요인이 크게 작용했을 것이다.
- 즉 소비자들의 기분과 감성에 호소하는 새로운 시장의 창조와 제안이 유효했다.

■ 어패럴 소매업에서 독주하고 있는 유니클로
- 유니클로는 '제품'이 아니라 '정보'를 팔고 있는 것이다.
- 히트테크 등 신기능을 중시한 전략적 머천다이징 개발, 임팩트와 메시지가 강한 TV광고, 세계 주요도시에 글로벌 플래그십스토어 출점으로 창출된 정보와 이미지를 고객이 공감하고 소비하는 것이다.
- 이러한 '정보'에 의한 새로운 시장 창조가 '불황과 성숙'이라는 이중고를 안고 있는 시장에서 승리하는 최대의 무기가 될 것이다.

- 위기는 기회
- 급성장을 위한 환경이 마련됨
  - 기존의 시스템 자체가 와해될 만한 변화가 있다는 것은 신세력이 구세력을 대신하게 될 기회가 늘어난다는 의미한다.
  - 90년대 초 거품 붕괴와 장기불황, 디플레이션 경제 하에서 유니클로, 시마무라, 다이소, 돈키호테 등의 신흥세력이 대두하게 되었다.
  - 이들은 디플레이션이라는 위기를 기회로 삼아 급성장을 이루었고 지금은 그에 못지 않은 환경이 신흥 혁신세력을 위해 마련되었다고 할 수 있다.

14.3 2010년 글로벌 유통산업 10대 트렌드

세계 경제가 점차 회복세를 보임에 따라 향후 소매업체들은 현상유지보다 확장경영에 초점을 맞출 것으로 보임, 경기 회복이 예정대로 진행된다면 내년에는 생존에 실패한 기업들이 차지하고 있던 시장 점유율을 나머지 생존에 성공한 기업들이 차지하기 위해 서로 경쟁하는 '냉혹한 경쟁의 시대'가 될 것으로 예상된다.

1. 모바일 커머스의 성장

- 현재 전체 인터넷 쇼핑 매출에서 모바일 커머스가 차지하는 비중은 미미하다.
- 그러나 스마트 폰이 증가함에 따라 모바일 커머스도 급격히 성장하기 시작한다.
- 이에 따라 '랄프로렌(Ralph Lauren), 빅토리아시크릿(Victoria's Secret), 시어스(Sears)' 등 고급 소매업체들도 모바일 커머스 경쟁에 뛰어들기 시작했다.

2. 인터넷쇼핑 채널에 대한 투자 증가

- 미국 전자 상거래 분야 매출 규모는 2008년 기준 2,210억 달러로 오프라인 매장의 시장 점유율을 잠식해 가며 점차 성장해가고 있다.
- 인터넷 채널은 새로운 지역에 매장을 개설하기 전 그 지역의 인터넷 매출 정보를 통해 출점 지역의 시장 동향을 사전에 확인할 수 있게 해준다.

■ 새로운 브랜드 제품을 인터넷 채널을 통해 먼저 시장에 노출시킴으로써 국내 또는 해외 시장의 직접 진출로 인한 위험을 줄일 수 있게 해준다.

3. 소매용 부동산 인수 기회의 확대

■ 지난 1년 경기 침체기 동안 많은 소매업체들이 실적 악화로 문을 닫음에 따라 소매용 부동산이 급격히 증가했다.
  • 현재 미국에서는 소매 공실률이 10%에 근접하고 있으며, 영국의 경우도 최근 조사에 따르면 올해 1월에서 9월 사이 소매점 10개 중 1개가 문을 닫았다고 한다.

■ 이는 점포 출점 확대를 계획하고 있는 소매업체들에게 있어서는 더 없이 좋은 기회로 작용할 것으로 보인다.

4. 점포 입지 업그레이드 기회의 확대

■ 경기 침체로 파산한 소매업체들이 증가하기 시작하면서 쇼핑몰 내 좋은 입지의 공실 점포가 증가하기 시작한다.

■ 경쟁 관계에 있던 점포들에게 있어서는 자신들의 점포 입지를 한 단계 업그레이드 할 수 있는 좋은 기회로 작용할 것으로 보인다.

5. 세컨드 브랜드(secondary line)의 번성

■ 경기 침체기 동안 합리적인 가격대로 일반 소비자와 고급 디자이너 브랜드의 가교 역할을 했던 세컨드 브랜드가 더욱 증가할 것으로 보인다.

6. 직영점포(own-store) 네트워크의 확대

■ 향후 디자이너 브랜드 업체들은 보다 경쟁이 치열해지고 있는 도매 분야에 대한 의존도를 줄이기 위해 직영점포 네트워크의 확대에 초점을 맞출 것으로 보인다.
  • 가령, 에스프리(Esprit)의 경우 가장 최근 회계연도에 소매업 매출은 10% 성장하였지만, 도매 수익은 8% 감소한다.

■ 경기 침체기 동안 직영 소매 운영에 의존하고 있는 디자이너 브랜드 업체들은 도매에 의존하는 기업들보다 일반적으로 더 많은 수익을 올린 것으로 알려진다.

7. 틈새 전문점(niche specialty) 컨셉트의 부활

- 우리에게 익히 알려진 갭(Gap), 아베크롬앤피치(Abercrombie & Fitch)와 같은 전문점들이 경기 침체기 동안 현금 확보와 소비 시장 세분화에 대한 어려움으로 그들 전문점들만의 특색을 부각시키는 것을 포기한다.
- 그러나 이러한 트렌드는 경기 침체로 인한 단기적인 현상에 불과하며, 장기적인 관점에서 성장을 도모하기 위해서는 소비 시장을 세분화하고 이에 걸맞은 경영 전략을 세우는 것이 필요하다.

8. 중국 및 기타 신흥시장으로의 진출 확대

- 중국을 비롯, 향후 신흥시장에 대한 투자는 가속화 될 것이다.
- 불황으로 이러한 현상이 잠시 느슨한 듯 보였으나 선진국 시장과 같이 이미 성숙한 시장에서의 기회가 점차 줄어들고 있기 때문에 신흥시장으로 진출 확대는 향후 더욱 가속화 될 것으로 보인다.

9. 도시 공지 진입 증대 / 도시형 점포 포맷 성장

- 경제 회복의 원동력으로 도시의 행정기관들이 고용을 촉진하고 판매세(sales taxes)를 확대하기 위해 노력할 것이다.
- 이에 따라 도시의 공지는 교외의 녹지대에 비해 소매업체들에게 없없이 매력적인 입지로 다가올 것이다.

10. 팩토리 아울렛(factory outlet)*의 성장

- 경기 침체기 동안 많은 국가에서 '정가(full-priced)' 매장보다 팩토리 아울렛이 안정적인 성장을 보였으며 매출 실적도 뛰어나다.
- 지난 10년의 전반기가 팩토리 아울렛이 시장에서 자리를 잡는 시기였다면, 이제는 지속적인 성장을 도모할 수 있는 시기로 예상된다.

  * 제조업체 공장에서 직접 출하한 상품, 과잉 생산된 상품 등을 제조업체가 직영으로 상품의 가격을 할인하여 판매하는 매장이다.
- 한국 소비자들의 변화, 블루슈머 7
  - 블루슈머는 경쟁이 덜한 새 시장을 뜻하는 '블루오션'과 '소비자' 합성어다.

■ 외동이 황금시대

• 출생아 중 첫째아이비중은 2000년 47.2%에서 2007년 53.5%로 증가했다.[22]

• 외동이가 그만큼 증가하고 있다.

■ 부자처럼 살고 싶은 2030세대(30대 워킹맘 중심)

• 2007년 가구당 자동차보유비율은 66.7%로 2000년보다 14.4% 증가했다.[23]

• 25~29세의 절반 정도인 49%가 귀금속, 명품 등 고가품을 보유한다.

• 패션과 스타일에 관심이 많은 '로엘'(LOEL) 남성이 쇼핑을 주도한다.

• 높은 성장세의 20대 고객이 2008년 17%에서 2010년 15%로 감소한다.

■ 레저를 즐기는 장년층(베이비붐 세대)

• 2007년 50대 가구주의 연간 교양오락비에서 관람・스포츠비용 60%이다.

• 외국계 게임기 업체는 60대 부부광고모델로 장년층대상 마케팅 확대한다.

• 롯데백화점의 경우 50대비중은 2008년 19%에서 2010년 21%로 증가한다.

• 구매 금액은 37% 증가해 전 연령대 가운데 가장 크게 증가했다.

• 베이비붐(baby boom)세대는 1955년에서 1963년생으로 전쟁이후세대이다.

• 우리나라 사상 경제적으로 가장 여유롭고 교육수준이 높은 중년층이다.

• 안정된 경제력으로 건강노후위해 운동, 취미생활 등 많은 자산투자한다.

■ 자녀 없는 부부가구

• 부부만 사는 가구는 지난해 14.6%에서 2030년 20.7%로 증가할 전망이다.

• 부부 가구는 생활과 소비패턴이 자녀가 있는 부부와 다르다.

• 신혼여행추억 '리멤버 허니문' 상품은 판매량이 1년 새 두 배로 증가한다.

■ 요리하는 남편, 아이 보는 아빠

• 2007년 전업주부 남성은 총 14만3000명으로 2003년보다 35% 증가했다.

• 남성들의 육아・살림을 돕는 사이즈가 큰 다기능 제품이 주목한다.

• 큰 고무장갑, 자동으로 이유식이 만들어지는 홈메이드 이유식기 등이 있다.

■ 외로운 실버세대

• 2007년 65세 이상 가구 중 부부・1인 가구의 비율은 67%이다.

• 2030년에는 71.3%까지 늘어날 전망이다.

• 노인을 위한 애완로봇, 맥박과 혈압을 체크해 주는 실크로봇 등이 출시된다.

---

22) 통계청이 2008년 사회・인구・소비통계를 분석 발표
23) 통계청이 2008년 사회・인구・소비통계를 분석 발표

■ 공포에 떠는 아이들

- 13세미만 성폭력사건 2003년 642건에서 2007년 1081건으로 68%증가한다.
- 14세미만 실종어린이도 2006년 7064명에서 지난해 8602명으로 증가한다.
- 자녀위치를 문자메시지로 알려주는 휴대전화 '자녀안심서비스' 인기이다.
- 어린이 유괴나 실종에 대비한 보험·예금상품도 등장했다.

Chapter 15

한국 유통경제 환경과 과제

15.1 우리나라 유통환경

(1) 국내 경제환경[24)]

① 세계경제가 회복국면으로 전환되면서 국내경제의 회복속도도 빨라질 전망이다. '09년 2/4분기 이후 빠른 회복세 실현, 내수와 수출의 회복이 경제성장을 견인한다.

그러나 미국발 2차 금융위기, 달러 캐리트레이드 청산, 고유가 재현, 원화 강세 전환, 가계부채 증가, 부동산버블 붕괴 가능성, 고용없는 성장 지속 등 불안요인이 상존한다.

② 3고로 인한 체감경기는 경제성장세에 비해 다소 비흡할 것으로 예상한다. 유가상승에 따른 교역조건의 악화, 환율하락의 영향으로 수출기업의 채산성도 악화될 전망이다. 가계부채 증가와 더불어 금리상승으로 인하여 가계의 이자부담 확대로 경제운영의 어려움이 있다.

■ 유통시장 개방의 영향

- 긍정적 영향 : 선진유통기법의 도입, 경쟁촉진에 따른 유통효율성의 제고, 소비자 선택폭의 확대와 고객서비스 수준의 향상, 수입품의 가격이 하락한다.
- 부정적 영향 : 영세 유통업자의 경영 악화, 수입증대에 따른 국제수지의 악화, 외국 유통 업체의 점포개점에 따른 부동산 가격이 상승한다.

24) 2010년 대형마트 경영환경, 신세계이마트. 2010.

	삼성경제연		LG경제연		현대경제연		국회예산정책처		금융연구원	
	09년	10년	09년	10년	09년	10년	09년	10년	09년	10년
경제성장율	0.2%	4.3%	-0.6%	4.2%	-1.0%	3.9%	-1.0%	3.8%	-0.2%	4.4%
민간소비	0.2%	3.1%	-1.4%	3.7%	-0.5%	2.9%	-1.5%	2.6%	0.1%	3.1%
소비자물가	2.7%	2.9%	2.9%	2.7%	2.7%	3.0%	2.8%	2.5%	2.8%	3.0%
원/달러 환율	1,276	1,100	1,280	1,140	1,280	1,150	1,286	1,186	1,275	1,120
회사채수익율	5.9%	6.4%	6.0%	6.3%	3.9%	4.5%	4.1%	4.8%	4.1%	4.7%

*국고채 3년만기 기준

3) 유통 환경변화의 긍정적인 요소

(1) 기술적 환경 요인

- 유통산업 정보화 진전으로 새로운 경영개념과 마케팅믹스가 도입된다.
- 한국은 1980년대 후반부터 대형 유통기관을 중심으로 도입하기 시작한 POS 시스템은 점차 중소규모 유통기관까지 확산되었다.
- 정보통신망, 비디오텍스나 양방향 CATV 등 기술적 환경변화에 대응하여 무점포 판매와 전자상거래 확충 등 유통 기관들의 마케팅 믹스를 새롭게 구성되고 있다.
- 한국정부의 RFID(Radio Frequency Identification) 실행가이드라인, 공급체인관리(SCM, Supply, Chain Management) 응용 등 무선인식(RFID) 국가표준(KS)이 정비되면서, 정보화 및 전략적 제휴 등을 통하여 산업계 각 분야에서 응용해 나갈 것으로 보인다.

(2) 전자상거래 등 무점포판매의 성장

① 기술적 환경변화에 대응하여 정보통신망, 비디오텍스나 양방향 CATV 등 추진으로 무점포 판매와 전자상거래 확충 등 유통 기관들의 마케팅 믹스를 새롭게 구성되었다.

② 미국 등 선진국과 더불어 우리나라에서도 무점포판매는 전체 소매업태 가운데 제일 빠른 성장세를 나타내고 있다.

(3) 정보화 및 전략적 제휴

① 물류개선의 중요성 대두

- 개선목표(비용절감, 판매경쟁력, 체계적 관리, 정보서비스)의 달성
- 지역별 중소 도매업의 몰락(지역대리점의 위축으로 공급채널 차단)
- 유통단계의 축소 및 통합정보관리시스템 구축(자동화, 성역화 등)
- 농산물 물류체계의 혁신(산지구매, 포장, 보관, 배송, 로스, 결품 등)

② 기술적 환경의 변화

- RFID(Radio Frequency Identification) 환경 등 정보화 급속 진전으로 산업전반 광범위 변화, 유통산업 정보화 진전으로 유통시장 통합추세이다.
- 바코드, POS, EDI 등 유통정보화 진전, 판매시점정보 신속 정확한 분석 소비자니즈를 충족시킨다.
- 점포 경영합리화와 축적된 판매정보는 제조업체 생산・판매・재고관리의 합리화에 기여한다.
- 유통정보화 진전으로 유통업체・업태간 구분 모호, 업태간 유사성 증가와 기업경쟁을 가속화한다.
- E・D・I(Electronic Data Interchange), CVO(commercial vehicle operation system), 공급체인관리(SCM, Supply, Chain Management) 응용 등 정보화 및 전략적 제휴 등 확산한다.

(4) 해외 유통업체 진출

직접 투자방식으로 마케팅전략의 전환을 꾀하고 있는데, 할인점과 편의점 분야에 집중적인 투자를 하고 있다.

5) 한국 유통시장, 성숙단계 진입

- 유통시장 과점화 한국이 가장 빨라 '세계 유통업체 비교' 보고서 (한누리투자증권)
- 2005년 말 기준 한국의 소매유통시장 규모는 136조 원으로 집계
- 미국 소매유통시장 규모 2604조원. 한국 18배 이상, 일본 1040조원 7배가량
- 백화점, 대형마트 등 기업형 유통시장 전체 소매유통비중 한국 48%, 미국

78%, 일본 75%.- 한국 유통시장은 현대화할 여지. 일본 기업형 소매유통수준까지는 현재보다 50% 성장 가능하다.

- 유통업태별 시장비중. 한국 백화점, 대형마트 등 종합상품점 30%, 인터넷쇼핑몰 등 비중 향상되었다.
- 미국 수퍼마켓, 건축자재, 가구 등 전문할인점 비중, 백화점이나 대형마트 등 종합상품점 19%이다.
- 일본 수퍼마켓, 종합양판점 비중 높고 대형마트 낮다.
- 유통업태 상위업체비중 한국 가장 높다. 백화점부문 한국 롯데백화점 39%, 미국 페더레이티드 백화점 25%, 일본 다카시마야 백화점 12%. 롯데, 신세계 소매시장 비중 6.3%, 6.5%이다.
- 미국 일본의 1, 2위 업체(3% 내외)보다 2배 이상이다.
- 롯데와 신세계 지속적 대형마트 출점 경쟁한다.
- 프리미엄 아웃렛(신세계), TV홈쇼핑(롯데) 등 신규 업태로 유통업 비중은 갈수록 높아질 전망이다.

(2) 한국 유통산업 현황 및 미래

① 한국형소매업태

- 일반 소비자들 대상의 사용목적 실용상품인 식품중심, 잡화, 의류 등 취급한다.
- 매일저가판매, 원스톱쇼핑, 한국정서, 구매습관 활용한다(주부편의 종합할인)

② 한국형 대형마트(종합소매점포)

- 한국형 할인점은 선진국의 할인업태가 국내에 도입되면서 국내업체들이 국내 소비자들에 맞는 방식을 적용하여 개발한 점포 Concept을 의미한다.
- 미국의 수퍼마켓, 유럽의 하이퍼마켓, 일본의 수퍼 스토어 등을 모체로 한국식으로 변형한다.
- 현재 우리나라에서는 미국형 D/S는 거의 없고 수퍼센터와 하이퍼마켓으로 분류하기도 모호하여 할인점 세세분류를 명확히 적용하기 곤란함
- 소매위주, 비회원제
- 셀프서비스
- 중 · 저가 실용상품 저가판매
- 저비용운영, 다점포 전개

③ 한국형 할인점의 업태 Concept

무조건 서구식의 할인 업태를 그대로 모방하는 것이 아니라 한국적 실정에 맞도록 이를 변형·응용한 형태이다. 이마트의 경우, 한국인의 평균 키와 눈높이에 맞는 천장 높이에 상품을 진열하였으며, 직접 만져 보고 골라 사는 한국인의 취향에 맞도록 야채류를 비포장 상태로 진열한다.

- 중산층을 대상으로 하며, 식품을 위주로 잡화와 의류 등 취급
- 저가격 판매와 One-stop-shopping을 모토로 설정
- 한국인의 쇼핑 정서와 구매 관습을 최대한 살린
- 편의형의 (Full Line Discount Store)

외국자본계열 할인점들은 천장이 높고 상품을 높게 쌓아 올리는 것이 일반적이었으나 최근, 과거와 같은 창고형 할인매장에서 탈피하여 고급 매장과 서비스를 바탕으로 한 고급 할인점이 확산된다.

④ 한국의 업태 경쟁 구도

- 저렴화와 다양화 물결로 진입하게 되어 한국형 디스카운트업태 부각된다.
- 업태별로 경쟁구도는 각 요소별, 각 점포별 업태개념에 상당한 차이점이다.
- 재래시장, 수퍼마켓, 백화점, 수퍼센터, 홀세일 클럽은 상이한 운영형태이다.
- 전통시장은 전통적 인지도와 접근성을 제외하고는 경쟁구도에서 뒤진다.
- 수퍼마켓은 접근성·판매방식은 우위, 가격경쟁력·주차편의성은 열세한다.
- 다점포와 차별화를 통한 머천다이징전략 일대변화를 요구하는 실정이다.

⑤ 한국유통산업의 특징

국내 유통산업은 '96년 개방이후 급속한 구조개편기에 직면하여 재래시장·중소수퍼 등 생계의존형 유통구조에서 백화점·할인점·체인화 편의점 등 기업형 유통구조로 전환이 진행된다. 한국의 유통업 사업체수의 99.4%가 중소유통, 4인 이하 점포가 91.3%이다. 한국 유통업의 노동생산성은 일본의 34%, 미국의 29%, 프랑스의 34%수준으로 OECD회원국중 최하위수준('99년 구매력평가기준)이다.

생계의존형 중소유통업이 유통산업의 다수를 점유하고 있어 영세하고 생산성이 매우 낮은 수준이므로 비효율적인 유통구조의 고도화와 유통구조혁신을 위한 인프라 확충이 필요하다. 수요가 급증하고 있는 유통전문인력이 부족하고 표준 EDI 사용, 물류 바코드 등 기본적 인프라의 비호환성으로 인해 Supply Chain의 비효율성을 초래하는 등 유통·물류 정보화 및 유통-제조기업간 협업의식 미흡하다.

국내유통기업들은 유망시장을 선점하고 글로벌 네트워크를 구축하기에는 해외진출 실적과 노하우가 매우 부족하다. 국내 유통업체의 해외진출 현황은 이마트(상해점), 빅마트(심양1,2호점), 농심가 메가마트(심양점) 등 중국을 중심으로 투자하고 있는 실정이다. 그러나 러시아, 인도네시아, 베트남 등 투자범위를 확대하고 있다.

⑥ 향후 업태경쟁 구도

수퍼센터와 홀세일클럽 : 접근성에서 수퍼마켓보다 떨어진다. 단순하고 청결한 점포이미지, 편리한 주차공간, 편의시설, 폭넓은 상품구색, 체계적인 대량진열, 소비자의 흥미를 연출한다. 대형 유통기업중심 수퍼수퍼마켓 : 대형마트 운영시스템기준으로 경영하고, 주거지역중심 틈새시장공략전략. 상품단축, 매일저가판매전략, 고객서비스 등이 있다.

쇼핑센터의 등장 : 디벨로퍼(developer)에 의해 계획된 소매업, 음식업, 서비스업 등의 집단적 유통시설이 개발되어 원스톱 쇼핑의 위락・휴게 기능을 종합한 커뮤니티시설들이 모여 있는 도시기능을 수행하는 상업지역의 확대되었다.

⑦ 2010년 소매유통(롯데백화점 유통전략연구소)

■ 소매 유통업 키워드 SMILE
- 쇼핑몰(Shopping mall)과 인수합병(M&A Acceleration),
- 인터넷쇼핑(Internet shopper),
- 로얄티 마케팅(Loyalty marketing),
- 환경친화고객(Eco friendly consumer)

■ 업태별 전망
- 백화점 : 견실한 실적을 유지하며 5.7% 성장을 유지된다.
- 내실을 다지기 위한 경영효율성이 강화된다.
- 복합쇼핑몰, 아울렛 등 신규 사업과 온라인 채널개발 등 추가 수익구조 확보가 활발해 질 전망이다.
- 대형마트, 수퍼 : 각각 3.8%, 4.9% 성장 예상한다.
- 신고제에서 등록제로 바뀌는 유통산업발전법 개정.
- 기존의 점포보다 작은 소형 점포 모델 개발,
- 온라인 시장을 통한 판매 채널 확대
- 수퍼프랜차이즈방식 도입 등 성장 동력확보를 위한 다양한 노력을 한다.

- 인터넷쇼핑몰(15.9%), 편의점(14%)은 2009년에 이어 고신장세 전망이다.
- 인터넷쇼핑몰의 경우 식품과 생활용품이 성장을 견인한다.
- 편의점은 라이프스타일에 맞는 신형 출점모델 구축의 가속화 예측한다.

■ 시장의 특징
- 2009년 : 전반적인 소매업태의 침체.
- 소비 양극화, 합리적인 소비 대두, 신종플루, SSM갈등 등이 있다.
- 다양한 외부요인 속에서 유통업계간 명암이 나뉘게 된다.
- 2010년 : 경기에 대한 기대감이 확산되고 시기이다.
- 소매유통업이 경기침체 속에서 벗어나 활기를 회복하는 시기이다.
- 경기회복에 대한 기대감과 소비심리 회복으로 소매유통업의 기대감이다.

⑧ 소매점의 미래 예측.

■ 소매업태의 다양화와 수명주기 단축.
- 정보화와 세계화 등으로 미래 소비시장에 대한 예측능력의 한계점이다.
- 기존의 소매업태(수퍼마켓, 대형 종합수퍼마켓, 편의점, 전문점, 전문판매점, 쇼핑센터, 창고형 물류센터 등)의 수직・수평적 경쟁의 격화이다.
- 차별화의 어려움 : 유사상품, 유사상권, 유사마케팅 등 모방이 용이하다.
- 경쟁의 심화 : 소자본 창업용이, IT발달로 양적・질적 경쟁의 격화이다.
- 인터넷 쇼핑몰 등 새로운 소매업태의 급격한 성장으로 기존의 경영방식에서 탈피하고, 점차 다양성, 개방성, 경쟁성 등을 축하게 되었다.

〈소매점의 양극화(가격소구대비 구색소구)〉

■ 대형 소매업체 VS 소규모 전문소매업의 양극화
- 대형화(백화점 및 할인점 등 규모의 대형화와 출점의 선점화).
- 협동화(중소 유통업자들에 의한 상인협동조합의 확대).
- 전문화(벤더업, 전문 양판점 및 전문패션백화점 등의 등장).

■ 무점포소매점의 성장
- 홈쇼핑, 인터넷쇼핑몰, 통신판매, 전화, 방문판매원, 자동판매기 등이 있다.
- 대기업의 e-Marketplace시장 진출강화, 가격비교우위 등 이용자가 증가한다.
- 중개몰(오픈마켓)의 성장세 지속과 C2C위주로 급속한 재편추세이다.

■ 소매업태간의 경쟁 증가
- 대형마트, 무점포, 편의점 등 신유통 소매업태중심의 강세는 지속된다.
- 수평적, 수직적 결합 : 월마트 + 이마트, 수퍼센터 + GMS, PB가 증가한다.
- 다양한 형태의 스페셜티 전문점 : 올리브 영, 왓슨 등이 있다.

■ 대형 점포의 출현
- 복합쇼핑몰, 수퍼센터 등 지역개발에 따른 새로운 쇼핑형태가 등장한다.
- 대형 쇼핑센터와 쇼핑몰중심의 개발확대 및 소형점포의 업태가 등장한다.
- 편의성 및 복합시장의 포지셔닝전략의 중요성이 한층 대두될 전망이다.

15.2 한국 유통산업의 문제점

(1) 구조적 취약성

① 규모의 영세성 및 과밀성
- 가족생계 유지형 중소유통업체의 대다수 점유
- 인구수에 비해 유통점포수의 과다

② 조직화 · 협업화 부진
- 체인사업의 조직화 점포수가 전체 소매점포수의 7.4%에 불과

③ 중소유통 경영의 문제점다
- 디스카운트 스토어 및 대형 마트와의 가격경쟁에서 능력이 저하된다.
- 상품구매와 물류시스템 및 표준화관리의 전근대적인 운영체계이다.
- 수퍼마켓의 출점 위치가 지하로 편중되는 경향이 있다.
- 고객만족 서비스 실천 및 고객 불평 사항과 불만처리에 미숙하다.

(2) 전략적 제휴에 대한 인식저조

① 선진국 : 제조업체와 유통업체 간 정보 공유 → 재고비 · 운영비 등을 최소화하는 SCM을 구축 · 활용한다.

② 한국 : 제조업체와 유통업체 간 정보 단절 → 과다 재고누적 및 소비수요의 적기파악이 어렵다.

■ 높은 요소비용
- 부채비율이 높음
- 고가의 토지가격으로 인한 유통부지 확보의 어려움

■ 타 산업에 비해 차별적 취급
- 유통업은 타산업에 비해 금융 · 세제 · 입지 등에서 차별적인 취급
- 중소유통업에 대한 지원 미흡

■ 운영의 비효율성
- 무자료 거래 관행
- 대다수 중소유통업은 전근대적인 경영방식에 안주

■ 경영의 비효율성 및 저 생산성
- 유통업체의 운영을 직영보다 수수료매장 운영에 치중

※ 경영의 비효율성 및 저 생산성으로 물류비의 증가로 소비자 부담비용이 늘어 소비자효용 감소를 발생.

■ 선진외국과 국내 유통구조의 차이점
- 선진외국 : 중간상이 여러 생산자로부터 자유롭게 제품을 구매하여 다양한 상표를 소비자에게 판매한다.
- 국내 : 중간상이 특정 제조업체의 제품만을 대행해서 판매한다. (전속대리점제도)

■ 전속대리점 제도의 문제점

① 제조업체간, 소매업체간의 경쟁을 저해한다.

② 산업의 진입장벽을 높임으로써 새로운 경쟁자의 출현 및 중소기업의 발전을 저해한다.

③ 만성적인 공급초과로 자원의 낭비초래 → 제조업체에게 재고부담을 가중 → 원가 상승으로 인해 물가의 상승

■ 위탁판매제도의 문제점

① 제조업체에게 과다한 재고부담 기능이 부과된다.

② 실제 판매할 수 있는 물량보다 많은 양을 주문함으로써 만성적 공급과다를 초래한다.

③ 소매상이 재고부담을 지지 않기 때문에 판매에 최선을 다하지 않을 수 있다.

■ 국내 백화점 영업의 문제점

① 백화점의 제품은 각 제조업체 소유이며 판매원 또한 제조업체 직원임

② 점포제공만을 제외한 진정한 소매기능(구색 갖추기, 재고부담, 판매 등)을 수행하지 않고 과다한 수수료를 부과한다는 점에서 백화점 운영의 개선책이 절실히 요구됨

■ 전속대리점, 카테고리 킬러, 백화점의 관계

• 한 소매업태가 번창할 때 소비자의 욕구를 더욱 충실히 충족시키는 새로운 경쟁업태가 출현하고 이로 인해 기존업태는 쇠퇴 (소매수명주기이론)

15.3 유통산업의 당면 과제

제조 측면에서 유통산업의 당면과제를 살펴보면 크게 2가지로 볼 수 있다.

첫 번째는 중소제조업에 대한 대형유통업의 불공정 거래 관행은 아직도 여전한 것으로 나타나고 있다. 지난 2008년 10월의 공정위 서면 실태 조사에 따르면 대형유통업체가 우월한 교섭력을 바탕으로 중소납품업체에 대해 수수료를 과다 책정하고 불공정거래 행위를 많이 한다고 지적하고 있다. 공정위는 백화점, 대형마트, 인터넷쇼핑몰에서는 '판촉관련 부당한 강요'가 많고, 홈쇼핑, 편의점에서는 '부당반품'이 많다고 밝혔다.

또 2007년 10월 중소기업중앙회 실태조사에 따르면 불공정거래행위를 경험한 납품업체는 무려 76.1%에 이르고 있다고 밝히고 있다.

두 번째로 중소제조업체들이 낮은 브랜드 가치와 한정된 국내유통채널 등으로 충분한 판로를 확보하지 못한 것도 앞으로 풀어나가야 할 숙제로 남아 있다.

물류 측면에서 유통산업 당면과제를 보면 높은 물류비용은 유통산업의 효율성 제고에 걸림돌로 작용되고 있다. 2005년 기준으로 볼 때 우리나라는 매출액 대비 기업물류비는 9.7%로 미국의 7.3%와 일본의 4.8%에 비해 상당히 높은 수준을 나타내고 있어 이에 따른 물류 표준화 및 공동화를 통한 물류비 절감노력을 강화해야 한다.

또 유통·물류 효율성 제고를 위한 정보화 수준도 미흡한 것으로 나타났다. 2005년 중소유통업 실태조사에 따르면 유통산업정보화를 위한 가장 기본적인 인

프라인 POS기기의 중소유통 보급률이 14.1%에 불과한 것으로 나타났다.

여기에 단품별 이력관리와 리드타임 감소 등을 통해 효율성 향상에 기여하는 RFID 기술의 유통분야 활용도 이제 시작단계에 불과하다.

대형유통측면에서 유통산업당면 과제는 크게 3가지로 분류된다.

첫째 국내 유통기업들의 해외시장 진출 부진을 들 수 있다. 최근 유통업계는 해외시장에 많은 관심을 갖고 있으나, 아직 글로벌 비즈니스 경험과 정보·노하우 부족으로 진출 실적은 미흡하다. 따라서 국내시장 포화 해소와 세계 유망시장의 선점, 다점포화를 통한 구매력 확보 등을 위해 보다 적극적인 해외진출이 필요하다.

둘째 일관성과 신뢰성을 갖춘 유통산업 통계 데이터도 부족한 실정이다. 기본통계 미비, 민간통계(체인스토아 협회, 편의점 협회, 온라인쇼핑협회 등 약 20여종) 난립 및 상호 정합성 부족 등으로 유통기업들의 사업전략 수립을 효과적으로 뒷받침하지 못하는 상황이다.

셋째 전문성과 글로벌 마인드를 갖춘 유통인력이 부족하다. 유통업 글로벌화 및 IT화를 뒷받침할 수 있는 언어구사력·IT활용 능력과 유통경영마인드를 동시에 갖춘 인력이 부족한 현실이다.

중소유통 측면에서 유통산업 과제를 보면 기업형 유통업과 재래시장 등 기존상권과의 갈등을 들 수 있다. 2006년말 통계청 자료를 보면 소매업을 기준으로 20인 미만 중소유통업이 전체유통업체의 99.3%에 달하며, 5인 미만의 영세업이 95%를 차지하고 있는 것으로 나타나고 있다.

이처럼 대부분을 차지하고 있는 재래시장, 동네수퍼 등 영세 상인들은 대형마트 등 기업형 유통업의 성장에 크게 반발하고 있다. 이러한 문제점들은 지난 17대 국회에서 대형마트 신규출점 및 영업활동을 규제하는 내용의 법안 12건이 의원 입법으로 발의했으나 기업형 유통업계의 반발로 뚜렷한 해법을 찾지 못하고 있다.

또 분양상가 관리 부실로 인한 상인피해 및 공실 발생이 높아가는 것도 문제점으로 꼽을 수 있다.

소비 측면에서 유통산업 당면과제를 보면 다양한 소매채널이 활성화 되지 못하여 소비후생 증진에 한계점이 노출되고 있다. 미국의 경우 카테고리킬러, 드럭스토어, 복합쇼핑몰 등 활성화된 업태가 30여개인 반면 우리나라는 10개 수준에 불과해 다양한 소비수요 충족에 곤란을 겪고 있다.

또 일부 소비재의 경우 유통구조상의 문제로 인해 외국에 비해 국내 가격이 지나치게 높게 형성되어 있다는 지적을 받고 있다. 이와 관련 소비자보호원은 2008

년 7월에 조사한 자료를 통해 우리나라의 수입종합비타민, 세탁용 세제 등은 유통 마진이 너무 높아 미국, 일본, 중국, 싱가포르에 비해 비싼 것으로 조사됐다고 밝힌바 있다.[25)]

15.4 한국 소매업계의 전망

〈한국 소매업계의 전망〉

대규모 할인점이나 백화점, 대규모 쇼핑몰, 소규모 편의점이나 수퍼, 제빵, 외식, 여타 서비스업 등의 다점포체인화 사업, 지역별, 제품별, 채널 수단별 틈새시장형 소매점포로 개편될 전망이다.

향후 10년간 크게 세 가지 방향으로 개편 될 전망

첫째, 대규모 할인점이나 백화점, 대규모 쇼핑몰이다.

둘째, 소규모 편의점이나, 수퍼, 제빵, 외식, 여타 서비스업 등의 다점포 체인화 사업이다.

셋째, 지역별, 제품별, 채널 수단별 틈새시장형 소매점포이다.

■ 업태별로의 전망

- 백화점→2~3개의 백화점 업체가 지배적, 보완적인 차원에서 존립할 것으로 전망된다.
- 편의점→금융, 보험, 주유, 기타 해당 지역 고객의 생활편의 밀착적인 영업이 가능하다.
- 수퍼마켓→각 지역별로 지배적인 선두 체인본부가 해당 지역 상권의 지배력을 확보할 것으로 보인다.

*B to B(business-to-business)전자상거래는 점차 활성화될 것으로 예상된다.

*B to C(business-to-consumer)점포나 통신만패, 홈쇼핑, MLM(Multi Level Marketing다단계판매) 등과 함께 복합적인 유통형태를 이루며 발전 전망된다.

25) 넥스트이코노미,국내 유통산업 현황, 2009,2,25.

■ 유통산업의 전망

☞ 유통산업의 실질규모('95년 기준)는 2001년 48.0조에서 연평균 7.8% 성장하여 2010년 94.4조로 약 2배 증가되었다.

☞ 국내총생산(GDP)에서 차지하는 비중은 2001년 9.7%에서 점차 증가하여 2010년에는 11.3%를 기록할 전망이다.

〈표 15.1〉 유통산업과 부가가치생산 (1995 불변가격)

(단위 : 십 억원, %)

구분	2001	2002	2003	2005	2007	2010
실질GDP(A)	493,026	522,608	553,964	622,434	699,367	832,957
유통산업부가가치생산액(B)	48,019	51,764	55,802	64,847	73,367	94,402
유통산업비중(B/A)*100	9.7	9.9	10.1	10.4	10.8	11.3

☞ 2010년까지 유통산업의 연평균 성장률(7.8%)은 제조업(6.1%), 전기가스 및 광업(7.0%) 에 비해 매우 높음

〈표 15.2〉 2002-2010기간 연평균 성장률(%)

제조업	제조업 지원 서비스			전기·가스 및 광업
	유통	물류	e-비지니스 등 사업서비스	
6.4	7.8	7.2	14.0	7.0

〈정책 이슈〉

■ 유통산업 전문가들은 '중소유통업 육성 및 지원(53.3%)'과 '유통구조 개선을 통한 물가 안정(44.2%)'을 가장 시급한 정책 이슈라고 생각된다.

- 경기 불황기 대형유통업보다 더욱 경쟁에 취약한 중소유통업의 경쟁력 강화를 위한 구체적 대응 정책 마련이 필요하다.
- 규제완화, 공정경쟁 환경 조성, 경쟁 촉진 등 유통구조 개선을 통한 고비용 구조를 해소함으로써 소비 활성화 및 물가 안정화에 기여한다.

■ '신업태 확산(33.4%)', '상생 협력(28.3%)', '新 유통환경 정착을 위한 제도 개선(27.5%)' 등 업계 관련 사업과 직접적인 연관성이 깊은 과제들에 대해서도 높은 관심[26)]

〈표 15.3〉 '09년 유통산업 정책 이슈

순위	정책 이슈명	비율
1	중소유통업 육성 및 지원	53.3%
2	유통구조 개선을 통한 물가 안정	44.2%
3	유통 신업태 확산 촉진	33.3%
4	대·중소유통업 및 유통-제조업간 상생 협력	28.3%
5	M-commerce, T-Commerce 등 新 유통환경 정착을 위한 제도 개선	27.5%
6	유통전문인력 양성을 위한 지원	23.3%
7	유통산업 정보화 및 정보기술 표준화	18.3%
8	대형유통업 지방진출 규제 완화	17.5%
9	공동물류센터 건립을 통한 효율화	15.8%
10	해외 유통업 진출기반 조성	12.5%
11	그린유통 활성화	11.7%
12	대형유통업 지방진출 규제 강화	4.2%

15.5 유통산업의 발전전략

1) 유통산업 발전을 위한 정책과제[27]

- 생산성이 높은 유통업태의 성장 촉진
- 중소유통업(재래시장)의 경쟁력 강화
- 유통정보화 촉진 및 신기술 보급
- 지식 기반형 유통혁신 인력양성
- 국내 유통업의 해외진출 촉진

26) 2009년 유통산업전망, 상공회의소, 한국유통물류진흥원.
27) 산업자원부 「산업4강으로 가는 길」, 2002

2) 한국 유통산업의 문제점 보안

- 동네 수퍼마켓 체인점의 새로운 자체 브랜드관리체계 도입.
  → 값이 저렴한 PB상품의 출시로 가격경쟁이 가능.
- 유통기한 및 계산착오 보상제, 교환, 환불 보장제 등 도입(롯데마트).
- 신선식품 2배 보상제(GS수퍼마켓)
- 불평불만의 체계적이며, 빠른 처리.
  → 컴플레인 처리 후 인터넷과 매장에 사후 처리 공개.
- 우리나라를 비롯한 21세기 아시아 국가의 소매유통산업도 선진 유통국가와 같이 글로벌시대에 부합되는 대형화, 협동화, 전문화 추세 전망.
- 지역 수퍼마켓과 재래시장은 전통적인 인지도와 접근성을 제외하고는 경쟁 구도에서 밀려나면서 대·중·소 상생협력을 위한 관계기관 노력 강화.

3) 유통구조 개혁을 위한 전략

제조단계에서의 전략

- 대형제조기업의 유통경로 다변화 실현
  - 거래거부, 타사제품 거래제한 등의 배타적 거래를 규제하여 유통경로의 다변화 유도 필요하다.
- 중소제조기업 유통경로 확보를 위한 방안
  - 다양한 유통업태의 성장이 필요하다.
  - 중소제조업체의 거래선인 도매물류업의 육성이 필요하다.
  - 중소기업 공동매장 등의 정책적 개발.

유통단계에서의 전략

- 도매물류업 활성화
  - 물류기능과 도매상류기능이 혼합된 기능을 담당, 중소제조업체의 판로망이 되어야 한다.
  - 중소소매업체의 상품조달기능 담당의 필요성
  - 대형유통기업 불공정거래 근절 및 독과점을 방지한다.
  - 유통업 독과점에 대한 구체적인 기준 필요하다.
  - 불공정경쟁, 불공정거래 등에 대한 체계적인 방지대책과 단속이 필요하다.

4) 유통시스템 효율화를 위한 전략

(1) 환경변화 대응력 제고

- 환경문제에 대한 대응
  - 재생지나 폐품을 활용한 상품의 개발 및 판매
  - 교통정체, 소음, 생활환경변화 등의 문제점 배려
- 제조물 책임에 대한 대응
  - 제조물 책임법(PL법)의 도입
  - 상품의 안정성 확인체제 강화 및 소비자불만 처리체제 정비

(2) 수요변화 대응력 제고

- 가격지향 소매업태 성장실현
  - 라이프스타일, 서비스 등을 고려한 가격지향 추세에 맞춘 신업태의 출현
  - 협력을 통한 저가격 PB제품 개발

(3) 상거래 시스템 효율화

- 상거래 관행의 공정화와 적법화 실현
  - 불공정경쟁, 불법적 거래관행에 대한 철저한 단속
- 상거래 시스템간 호환성 확보
  - 상적ㆍ물적 유통 측면에서의 표준화 내지 호환성 확보 실현
  - 표준화와 호환성 확보의 일관성 유지

5) 유통인프라 구축을 위한 전략

(1) 유통전문인력양성

실무교육을 중시하는 전문대학과 유통분야에 중점을 두는 미니 대학원의 설립을 통한 고급인력양성 지원

(2) 유통정보망 구축

- 유통정보형태의 표준화ㆍ통합화
  - 전자문서의 표준화

→ 정부정책으로 권장ㆍ유도 필요

- 각종 통계수치의 기준통일, 수치 추정방식의 체계화

■ 유통정보기기 도입 유도

- 유통 정보기기의 도입과 상품 데이터처리의 표준화(Ex. 바코드)

■ 유통정보수집ㆍ배포시스템 구축

- 유통관련 정보의 수집과 배포에 효과적인 조직과 정보시스템 구축
- CALS :생산, 조달, 운용지원시스템으로 네트워크를 통해 개발부터 조달, 결제에 이르기까지 모든 기업활동을 전자데이터로 주고 받는 구상이다. 획기적인 비용절감의 효과를 가져올 수 있다 한다.
- ISO 14000 :표준규격인(품질) ISO9000에 이어 ISO14000은 환경규격을 의미한다. 기업활동 전반에 걸친 환경경영체제를 평가하여 객관적으로 인증(認證)하는 것이다. 기업들의 환경의식에 대한 중요도를 높일 수 있는 매우 중요한 제도이다.
- 물류 합리화 :물류비 절감이 최대의 관건인 시대이다.(그만큼 생산비용의 절감이 한계에 이르렀다는 뜻) 이를 목적으로 Logistics시스템이 구상되었다.

6) 물류산업의 육성방안

산업자원부와 전국경제인연합회에 의하면, 2015년 한국산업에 직접 영향을 줄 환경변화의 동인은 글로벌화, 기술혁신, 산업간 융합, 고령화, 에너지ㆍ자원 이슈화 심화, 그리고 기업의 사회적 책임(CSR)으로 요약된다.

첫째, 정부는 국가발전을 주도할 첨단산업의 바탕이 된다며 6T사업 즉, 정보통신분야(IT : Information Technology), 초정밀 원자세계 분야(NT : nano-technology), 생명 공학분야(BT : Biology Technology), 환경공학분야(ET : Environment Technology), 우주항공분야(ST :Space Technology), 문화관광 컨텐츠 분야(CT: Culture Technology)에 5년 동안 무려 13조원을 투자한다는 적극적인 지원책을 내놓고 있다. 따라서 인류의 미래를 주도할 첨단 산업기술 6인방간의 융합이 진전됨에 따라 인류 생활에 큰 변화를 몰고 올 것이다. 즉, 부품ㆍ소재혁명, 마이크로 공장 및 화이트칼라 생산직 등장, 고령화 가속화, 재택진료ㆍ치료확대, 친환경제품 출현과 같이 산업과 일상생활에서 많은 변화가 예상된다.

둘째, 향후 10년간은 글로벌화에 힘입어 세계 차원의 상호 의존성이 심화될 것이다. 지역블럭 경제중심의 세계화가 진전되고 중국 등 개도국으로의 해외직접투자가 가속화됨에 따라 경제활동의 중심이 국가단위에서 점차 관역집적지역 단위로 옮겨가게 된다. 중국과 인도는 소위 “글로벌 외국인직접투자(FDI : Foreign Direct Investment) 특구”로 자리 잡게 될 것이며, ‘아시아중심의 글로벌화’가 진전될 것이다. 셋째, 제조업의 서비스강화가 진전되고 산업의 재정의(Redefinition)를 통해 산업간 영역이 붕괴되며, 성공적인 산업간 융합을 추진하기 위해 혁신적이고 전문적인 직업 수요가 확대될 것이다.

넷째, 개도국의 젊은 년령층이 확대되고 선진국의 고령화가 확산됨에 따라, 글로벌산업구조의 재편이 심화되고 고령 및 여성 근로자의 비중이 화대될 것이다.

다섯째, 에너지 자원의 부족현상 및 환경규제가 심화됨에 따라 과도직적인 에너지 위기가 도래하고 심화된 환경규제로 인해 대체에너지 활용이 촉진될 것이다.

마지막으로 기업의 사회적 책임(CSR)에 대한 요구가 증대하고 이의 국제규범 제정 움직임에 따라 CSR은 규제요소만이 아닌 기업의 경쟁력 요소로서 자리매김하게 될 것이다.[28)]

한국산업의 미래 발전전략은 역동성(Dynamic), 차별화(Differentiation), 글로벌화(Global) 및 소프트화(Soft)를 근간으로 수립되어야 한다.

첫째, 개도국의 산업구도 고도화가 심화되고 선진국에서는 혁신적인 첨단기술 제조업이 강화됨에 따라 한국은 과거 분업구조상의 수동적 역할을 지속할 수 없는 상황이다. 이에 따라 개도국과는 격차를 유지하면서 선진국과 개도곡의 부족한 부문을 활용할 수 있는 시장을 발굴, 확대해야 한다.

둘째, 개도국의 저임금 생산기반이 확대되고 선진국은 브랜드, 다자인 등 제품의 차별화에 역점을 두고 있어 한국의 경우, 원가경쟁력이외에 제품과 서비스의 차별화 노력을 경주해야 한다.

셋째, 개도국의 대규모 수요 발생에 따라 선진경제권의 개도국 시장영역(Coverage)이 확대되고 미래 잠재시장으로서의 저개발국으로의 진출이 확대됨에 따라 한국산업은 보다 글로벌화를 가속화해야 할 것이다. 특히, 선진국시장에서의 경험과 노하우를 개도국 시장에서 활용하고 개도국과의 협력 경험을 저개발국에 적용하는 노력이 필요하다.

28) 2015 산업발전 비전과 전략, 산업자원부 · 전국경제인연합회 · AT커니. 2006. p.63.

넷째, 선진경제권의 고부가가치 서비스영역이 확장되고 전통 제조업의 서비스 강화가 핵심경쟁력으로 자리 잡음에 따라 미래에는 보다 소프트화 된 산업의 발전이 필요하다. 즉, 기존의 제조업을 차별화하고 보완하기 위한 소프트화 및 새로운 성장 동력으로서의 소프트화가 필요할 것이다.[29)]

29) 2015 산업발전 비전과 전략, 산업자원부・전국경제인연합회・AT커니. 2006. p.127.

참고문헌

국제물류론, 두남출판사, 차종곤, 2005. p.17.p.18.p.24.
김원수 · 김재일 · 주우진(1996), 「마케팅정보론」, 박영사
김태현(1999), 「물류정보시스템」, 집문당
넥스트이코노미, 국내 유통산업 현황, 2009.2.25.
다음, P&G의 SCM 및 제품수명주기관리(PLM) 시스템의 구축 및 웹 통합 성공사례|작성자 나눔자리
롯데백화점자료, 롯데쇼핑(주) 유통전략연구소 백인수
물류신문, SCM 시리즈 2] SCM의 7대 원칙, 07,12,15.
민경휘 · 정종석 · 서용구 · 안영효(2000), 「유통 신조류와 물류혁신」, 산업연구원
박동준 · 이강태(1996), 「유통정보화의 핵심」, 도서출판 아트 동방
산업자원부 「산업4강으로 가는 길」, 2002
산업자원부(2000), 「2000년도 유통산업발전 시행계획」, 산업자원부
산업자원부(2000), 「주요산업의 전자상거래 추진현황 및 향후계획」, 산업자원부
삼성 경제 연구소 www.seri.org
- 「유통사업의 디지털 대응」, 정연승
- 「국내 할인점 현황과 성장전략」, 정연승
삼성경제연구소(2000), 「닷컴기업의 위기와 오프라인 진출전략」, 심포지엄자료
삼성경제연구소(2000), 「인터넷시대의 고객관계관리(CRM)」, CEO Information
상공회의소(1999), 「21세기를 위한 유통산업 발전전략과 정책 과제」, 상공회의소
상공회의소(1999), 「사이버쇼핑몰 실태분석」, 상공회의소
서용구 · 안영효(1999), 「유통신업태 경쟁력 연구」, 산업연구원, KIET정책연구자료.
서용구외(1999), 「21세기를 향한 유통산업발전전략과 정책과제」, 대한상공회의소 발간
소상공인진흥원 2010년 조사자료
스몰비지니스(1994), 「물류와 유통」, 스몰비지니스
슬리 보츠키(경영 컨설턴트)
신세계백화점 유통산업연구소, 2010.12.
연세대학교 오세조 교수, 우리나라 소매업의 현황과 전망, 2003.2.
옥선종 · 김웅진 공저(1999), 「유통학 개론」, 형설출판사
월간 「체인스토어」 한수협출판부, 1995.12월호.
유통의 이해, 변명식 · 이영철 · 김영이, 서울 학문사, 2002, p.39.p.229. p.231.
유통의 이해, 서봉철, 변명식외 1인, 학문사, 2005, p.151.
이광종(1996), 「유통업태 진전」, 한수협 출판부
이광종(1997), 「미래의 유통」, 한수협 출판부
이광종(1997), 「유통에 국경이 없다」, 한수협 출판부
이성수, 『우리나라 유통업의 생산성동향과 변화요인에 관한 연구』, 동국대학교 대학원 경제학과, 2002.
이수동, 유통 관리, 법문사, 2001.
이재규 · 이경전(2000), 「전자상거래와 유통혁명」, 법영사

일본 노무라경제연구소
장세진, 글로벌경쟁시대의 경영전략, 박영사, 2005년. pp.295~296.
정용길(1998), 「유통정보 시스템의 구조와 설계」, 집문당
중앙일보, 1997년 4월 16일.
크리스 텐센
통계청 2008년 사회·인구·소비통계를 분석 발표자료
패션비즈(2010.01)
플래닛 리테일의 보도, 한국유통물류진흥원, 2009.
한국백화점협회(1997), 「한국 유통기업의 미래환경 대응전략」, 한국백화점협회
홈플러스 브랜드 영국본사로 역수출 한겨레, 2009년 3월 8일 기사
(사)한국온라인쇼핑협회 김윤태. 2010.12.9.
(주)보광훼미리마트 이건준, 2010.12.9.
10년 인터넷이용실태조사, 인터넷진흥원.
2009년 유통산업전망, 상공회의소, 한국유통물류진흥원.
2010년 대형마트 경영환경, 신세계이마트, 2010.
2010년 대형마트 경영환경전망, (주)신세계 아마트 김성영. 2010.
2015 산업발전 비전과 전략, 산업자원부·전국경제인연합회·AT커니. 2006. p.63.
Donga.com, 시사디지털스토리, [경제非常] 〈7〉지방의 소비와 유통, 03.6.3.
KMU, 예동기, 유통업태의 발전 및 진화론

宋新根, "會計情報시스템 아웃소싱의 決定要因과 成功要因에 관한 實證硏究," 釜山大學校經營學博士學位論文, 1999.
Accenture의 정의
Alba et al.(1997), "Interactive home shopping: consumer, retailer and manufacturer incentives to participate in electronic marketplaces", Journal of Marketing, July, pp.38-53.
Aldrich, H., "Resource Dependence and Interorganizational Relations: Relations between Local Employment Service Office and Social Service Sector Organizations," Administration and Society, 1976, pp. 419~455.
Barney, J., "Firm Resource and Sustained Competitive Advantage," Journal of Management, 1991, pp. 99~120.
Bovet, David and Yossi Sheffi(1998), "The Brave New World of Supply Chain Management", Supply Chain Management Review, May. 1998.
Brynjolfsson, Erik, and Michael D. Smith.(1999), "Frictionless commerce? a comparison of internet and conventional retailers", mimeo.
Burke, Raymond R., "Do You See What I See? The Future of Virtual Shopping", Journal of the Academy of Marketing Science, Vol. 25, No. 4 pp 352-360.
Cheon, M. J., V. Grover, and J. T. C. Teng, "Theoretical Perspectives on the Outsourcing of Information Systems," Journal of Information Technology, 1995, pp. 211~212.
Day, G. and R. Wensley, "Assessing Advantage: A Framework for Diagnosing Competitive Superiority," Journal of Marketing, April 1988, pp. 1~20.
Diamond, Jay and Gerald Pinter(1997), Retail Buying, Prentice Hall, New Jersey.
Gartner, 1995

Grant, R. M., "The Resource-Based Theory of Competitive Advantage: Implications for Strategy Formulation," California Management Review, 1991, pp. 114~135.
Lamey, Joanne(1997), Retail Internationalisation, Financial Times Management Reports.
Lee, M. H., Factors Affecting Information Systems Sourcing Decisions: Data Processing Services in the Banking Industry, Doctoral Dissertation, The University of Texas At Arlington, December 1994.
Lewison, Dale M.(1997), Retailing (6th ed.), Prentice Hall.
Lieb and Randall(1996)의 연구결과,
McCarthy, Basic, Marketing; A managerial Approach, 1971, p.44.
McGinnis(1989)의 화주의 운송서비스 선정의 결정요인에 대한 연구와 Menon and McGinnis(1998)의 제 3자 물류서비스 제공자의 선정기준에 대한 연구 참조.
Nam, K. C., Three Essays on Information Systems, Outsourcing, Doctoral Dissertation, The State University of New York at Buffalo, June 1995.
Secrets of America's Favorite Stores,ABC News(2010.03.2957)
Sink, H. L., & Langley, C. J., Jr. (1997). A managerial framework for the acquisition of third-party logistics services. Journal of Business Logistics, 18(2), pp.163~189.
Stevenson, H. H., "Defining Corporative Strengths and Weaknesses," Sloan Management Review, 1976, pp. 51~68.
Tesco Preliminary Results 2006 - Additional Information - Wikipedia 'Tesco' 문서
Wileman, Andrew and Michael Jary(1997), Retail Power Plays, Macmillan.
Williamson, O. E., The Economic Institutions of Capitalism, Boston, M. A.: The Free Press, 1985.

기륭데이타정보 www.krdata.co.kr (RFID 기술관련)
네이버백과사전
네이트백과사전
다음 백과사전 2004/05/03
대한투자증권 경제연구소 www.deatoo.com
매일경제신문 www.mk.co.kr
머니투데이 www.moneytoday.co.kr
산업자원부 www.mocie.go.kr
삼성증권 www.samsungfn.com
상공회의소, 한국유통물류진흥원, 2009, 2010,
신세계홈페이지 www.shinsegae.com
아주대학교 경영대학원 마케팅 MBA
용인송담대학교 유통학과
유통저널, 체인스토어, 물류와 경영 등 국내 저널 다수
일본 컨비니 2005. 6월호
장안대학교 프랜차이즈 경영학과
체인스토어협회 한수협, 유통업체연감, 2005, p.75.
파이낸셜 뉴스 www.fnnews.com
편의점협회
Chain store age, Stores, Fortune, Forbes 등 외국 저널 다수

http://kin.naver.com, 삼성경제연구소, 2006년 6, 9.)
http://www.chainstoreage.com
http://www.discountstorenews.com
http://www.discountmerchandiser.com
http://www.GroceryNetwork.com
http://www.hoovers.com
LG유통 세미나 자료 - CYRIS 컨설팅
WWW.daum.net, 중앙일보 2007.5.30

찾아보기

| 가 |

가격결정 / *12*
가격변화 / *59*
가격전략 / *136*
가격할인 / *59*
가상물류 / *258*
가치사슬 / *46*
간접 유통경로 / *47*
간판시스템(Kanban system) / *323*
갈등해소 / *66*
강제적 파워 / *61*
개발업자(Develop) / *142*
개방적 유통경로 전략 / *51*
개정도시계획법 / *391*
거간(broker) / *206*
거래기능 / *12*
거래의 표준화 / *39*
거래처결정 / *12*
건강 장수상품 / *406*
경로파워 / *60*
경영규모 / *70*
경쟁 요인 / *96*
경쟁사 유통경로 / *53*
경제행위 / *11*
경제활동 / *11, 29*
고객가치 / *11*
고객서비스 / *39*
고객트렌드 / *406*
고령화 사회 / *21*
고마진 저회전율 전략 / *99*
고용창출 / *19, 390*
공급사슬관리(SCM : Supply Chain Management) / *338*
공급측면 / *37*
공영 도매시장 / *204*
관계시너지 / *65*
관계형 교환 / *35*
교환과정 / *39*
교환과정에서의 효율성 제고 / *37*
구매 대리인(purchasing agent) / *204*
구매패턴 / *406*
균일한 작업부하(uniform workloads) / *323*
그룹 테크놀로지(GT: group technology) / *323*
근린형 쇼핑센터(Neighborhood Shopping Center, NSC) / *147*
글로벌 자본 / *387*
금속화폐 / *15*
금융 및 보험 / *26*
금융적 유통 / *25*
기관 / *11*
기업특성 / *53*

| 나 |

내부포장(내장: 內裝, 상업포장 또는 소비자포장) / *246*
노동시간 / *21*

| 다 |

다기능 작업자(multi-function employees) / *323*
다양한 얼굴(FACES) / *411*
다품종소량생산체계 / *22*
단계적 개방계획 / *385*
단속형 거래 / *35*
단위포장(개장: 個裝, 상업포장 또는 소비자포장) / *245*
대금결제 / *12*
대량 개별화(Mass Customization) / *336*
대리 도매 기관(Agent) / *203*
대점입지법 / *391*
대형마트 / *397*
데이터베이스 / *278*
도매 물류업(都賣物流業, Vendor) / *201*
도매업자 / *29*
도소매진흥법 / *388*
독립소매점 / *175*
드럭 스토어(Drug store) / *163*
디스카운트 스토어 / *123*
디스플레이 / *101*

| 라 |

라이프스타일 / *396*
라인(Line)과 스탭(Staff)형 조직 / *256*

로손 / 121
롯데쇼핑 / 163
리스트럭처링(Restructuring) / 334
리저널 쇼핑센터(Regional Shopping Center, RSC) / 148
리테일 카운슬러 / 388

▌마▐

마케팅 / 11
마케팅믹스 / 97
마케팅전략 / 135
매매 / 25
먹거리 상품 / 410
명품시장 / 407
모바일 커머스 / 421
모터라이제이션(Motorization) / 143
무자료 상거래 / 216
무점포소매점 / 413
물가조정 / 19
물류아웃소싱(Logistics Outsourcing) / 260
물류정보 / 249
물류정보시스템 / 310
물류조직 / 254
물물교환 / 13
물적 유통경로 / 12
물적 유통기능 / 24
물적흐름 / 12
물품화폐 / 14
미국의 도매산업 / 211
미국의 물류 시스템 / 212
미니스톱 / 121

▌바▐

박스스토어(Box Store) / 125
반품물류 / 225
방문 판매업 / 44
배송 시스템(Delivery System) / 311
배송단지 / 216
배송시점시스템(point of transportation system) / 311
백화점 / 43
벤치마킹(Bench Marking) / 335
변동비우위의 원리 / 38
변증법적 이론 / 75
보관 / 26, 241
보관물류(保管物流, physical distribution on storage) / 243
보광패미리마트 / 120
보상적 파워 / 60
보통매입 / 111
복합운송 / 237
분업의 원리 / 38
블루슈머 7 / 416
비관세장벽 / 385

▌사▐

사업부형 조직 / 257
사전포장(pre-package, 점내포장) / 246
상권분석 / 98
상권의 종류 / 98
상사형 도매업 / 203
상인 도매시장 / 199
상적(商的) / 12
상적유통기능 / 24
상점가 / 173
상품 보관 / 103
상품 / 11
상품유통 / 12
상품진열 / 101
상품화계획 / 103
생산물 / 11
생산물류 / 225
생산시기 / 11
생산자 / 11, 29
서비스 / 11
서비스머천다이저(머천다이즈 도매상) / 202
선반도매상(Rack Jobber) / 201
선택적 유통경로 전략 / 52
세분시장 / 395
세븐일레븐 / 120
세컨드 브랜드 / 422
셀프서비스(Self Service) / 127
셋업 시간 단축(reduced setup time) / 323
소매 아코디언 이론 / 79
소매 중력 이론 / 76
소매기관주기 / 77
소매상 수레바퀴이론 / 71
소매업자 / 29
소매업태 경제성 / 90
소매업태 전략 / 98
소매업태 전문화 / 90
소매업태 종합화 / 90

소매유통구조 / 354
소매유통산업 / 440
소매점 라이프 사이클 / 77
소매점 수명주기이론 / 73
소매점 아코디언이론 / 72
소매점의 양극화 / 413
소매점지원시스템 / 372
소비자 라이프스타일 / 410
소비자 / 11, 29
소비혁명(消費革命, Consumption Revolution) / 413
소비혁명시대 / 23
소유관계 / 70
소유효용 / 38
소품종 대량생산 / 22
쇼핑센터 / 44, 142
쇼핑환경 / 408
수·배송 시스템 / 315
수산물 유통 / 48
수송·보관·정보전달 / 12
수수료 상인(Commission Merchants) / 204
수요측면 / 36
수주처리 시스템 / 314
수직적 통합 / 64
수퍼 리저널 쇼핑센터(Super Regional Shopping Center, SRSC) / 148
수퍼 센터 / 128
수퍼마켓 / 43, 116
수평적 통합 / 64
순기능적 갈등 / 62
스마트소비자 증가 / 405
스토어 콘트롤러(Store Controller) / 282
시간효용 / 38
시어즈 / 108
시장도매인 / 205
시장법 / 388
시장특성 / 53
신3법 / 391
신업태 소매업 / 21
신용화폐 / 15

| 아 |

아울렛 스토어(Outlet Store) / 161
알디(ALDI)사 / 125
양판점 / 113
업종 다각화 / 104
업종 전문화 / 104
업종과 업태 / 88
업태 갈등 / 96
업태별 경쟁구도 / 96
역기능적 갈등 / 62
연쇄점 / 43
오버 더 카운트 마켓(Over The Count : OTC) / 166
온라인쇼핑 / 401
외부포장(외장: 外裝, 공업포장) / 246
외주물류 / 260
우편 및 카탈로그 판매(Catalog Selling, Catalog Shopping) / 183
우편주문 도매상(Mail-order wholesaler) / 201
운송(Transportation) / 235
운송 / 26
월마트 / 131
위탁매입 / 111
유통 시스템(Distribution System) / 277
유통 행위 / 13
유통 / 11
유통가공 / 251
유통경로(중간상) 필요성의 원칙 / 37
유통경로 / 28
유통구조 / 361
유통근대화 / 388
유통근대화촉진법 / 388
유통기구 / 29
유통물류시스템(Distribution Logistics System) / 250
유통산업발전법 / 388
유통전략 / 136
유통정보시스템(Distribution information system) / 278
유통활동 / 11, 12
육상운송(도로) / 236
윤리소비 / 410
이마트 / 126
이종업태 간 경쟁 / 96
인간욕구 / 11
인식평가 / 12
인재육성 / 21
인적판매(Personal Selling) / 181
인적판매 / 58
인터넷 비즈니스 모델 / 304
인터넷 비즈니스(internet shopping) / 184
인트라넷과 엑스트라넷 / 303
일본 도매업 / 210
일본 체인드럭스토어협회(JACDS) / 165

| 자 |

자급자족 / 13
자동 판매기업 / 44
자동차 운송 / 236
자동판매기 / 187
자체 브랜드 / 128
잡화점 / 43
장소의사결정 / 98
장소효용 / 38
재고관리 / 103
재래(전통)시장 / 175
저가격경쟁 / 407
저장(貯藏) / 243
적응행동 이론 / 76
적자생존 이론 / 76
전략시너지 / 65
전문 할인점(CK ; Category killer) / 155
전문적 파워 / 61
전문점(Specialty Store : SC) / 167
전문품 / 51
전사적 자원 관리(E · R · P: Enterprise Resource Planning) / 300
전자문서교환(E · D · I : Electronic Data Interchange) / 288
전자상거래 / 301
전자상거래의 유형 / 185
전자화폐 / 15
정당성 파워 / 61
정보 유통 / 25
정보적 파워 / 61
정보통신 / 27
제 3자 물류(3rd Party Logistics) / 266
제조 / 11
제조업자 도매기관(manufacturer wholesaling) / 206
제품과 서비스의 표준화 / 37
제품구색 / 39
제품특성 / 53
조달물류 / 225
준거적 파워 / 61
중간상 / 35
중립적 갈등 / 62
중매업자(中賣業者, jobbers) / 205
중심시가지활성화법 / 391
즉시 대응체계(QR : Quick response) / 326
지폐화폐 / 15
직능형 조직 / 255
직송도매상(Drop Shipper or Desk Jobber) / 201
직접 유통경로 / 46
집중준비의 원리 / 37

| 차 |

창고관리 시스템 / 314
창고자동화 / 242
창고형 할인 매장 / 44
철도수송(RAIL) / 236
청과물 유통경로 / 47
초점화 공장(focused factory) / 323
촉진기능 / 24
촉진의사결정 / 97
촉진전략 / 136
총 거래 수 최소의 원칙 / 37
축산물 유통경로 / 49

| 카 |

카르푸(Carrefour) / 140
커뮤니티 쇼핑센터(community Shopping Center, CSC) / 147
코스트코(Costco) / 160
코피티션(Co-petition) / 336
크로스도킹(Cross Docking) / 321
키 테넌트(key tenant) / 142

| 타 |

테마파크(theme park) / 172
테마파크형 쇼핑센터(Theme Park Shopping Center, TPSC) / 143
텔레마케팅업 / 44
토이저러스(Toy's R'us) / 156
통신 판매업 / 44
통신판매 / 183
통제수준 / 54
트럭도매상(Truck/wagon wholesaler) / 200
틈새 전문점(niche specialty) / 423

| 파 |

파머스마켓 / 177
파워센터(Power Center, PC) / 143
판매 대리인(Selling Agents) / 204
판매물류 / 225
판매분 매입 / 111
판매시점정보관리시스템(POS : Point of sales) / 279

팩토리 아울렛(factory outlet) / *423*
편의점 / *118*
편의품 / *52*
폐기물류 / *225*
포장(packaging) / *244*
표적시장 / *217*
푸쉬(Push)전략 / *57*
풀(Pull)전략 / *57*

| 하 |
하역 / *239*
하역기계화 / *240*
하역합리화 / *240*
하이퍼마켓 / *44, 137*
한국 도매업의 현황 / *214*
항공운송(하늘) / *237*
해상선박운송(바다) / *237*
해외 소싱 / *407*
해외출점 / *407*
핵 점포(key tenant) / *142*
현금거래-무 배달 도매상(Cash and Carry Wholesalers) / *200*
협업화 도매업 / *202*
형태효용 / *38*
홈플러스(Home plus) / *134*
화장품 브랜드 샵(전문점) / *170*
회수 물류 / *225*
회원제 도매클럽(Membership Wholesale Club) / *157*
효율적인 관리체계 / *37*
효율적인 소비자 대응(ECR : Efficient Consumer Response) / *330*

| C |
Commerce / *305*
Community / *304*
Contents / *304*
CROSS CHANNEL / *408*

| G |
GS25 / *120*

| J |
JIT 구매(JIT purchasing) / *323*
JIT(Just-In-Time) / *322*
JIT Ⅱ / *324*

| P |
POP / *103*
POS시스템 / *391*

| O |
QR 전략 / *329*

| R |
RFID / *309*

| S |
SPA / *169*

| T |
TPM(total productive maintenance) / *323*
TQC(total quality control) / *324*
TV Home Shopping / *184*

| U |
UR협상 / *385*

| W |
WTO / *385, 387*

저자 소개

변 명 식

숭실대학교 경상대학 경영학과 학사
고려대학교 대학원 경영학과 석사
숭실대학교 대학원 경영학과 박사
북경 대외경제 무역대학 AMP 졸업

〈경 력〉

연세대, 고려대, 명지대, 중앙대, 아주대, 숭실대 출강
(주)AMI컨설팅그룹 유통경영연구소장 및 원장
삼성데이타시스템 자문교수
현)경기도 유통교육협의회 회장
한국교총 대의원 및 분회장
한국유통학회 회장 역임 및 명예회장, 고문
경기도 규제혁파 위원회 및 지역경제발전 위원회 자문교수
사단법인 중소기업혁신전략연구원 원장
한국마케팅과학회 회장역임 및 명예회장
중소기업청 정책평가위원
대통령 직속중소기업 특별위원회 평가위원
균특 회계 심사평가 위원
중소기업청, 지경부, 경기도, 서울시청, 수원시청 자문교수
서울시 창의포럼운영위원
IPTV 사외이사
한국프랜차이즈협 19대 고문 및 윤리위원회 위원장
한국시장발전연구회 회장, 시장경영진흥원 자문교수
유통산업발전연구회 회장
현)대한상공회의소/한국표준협회/한국능률협회 초빙교수
현)장안대학교 유통물류학부 교수

〈저 서〉

경영학 원로
한국 백화점의 환경대응 전략
판매사 실무 강좌
고객만족 시대의 마케팅
성공하는 사람들의 48가지 지혜
신유통경영 이야기
신유통학 개론
재래시장 활성화 전략
점포혁신매뉴얼
디지털시대 성공전략 50선
프랜차이즈의 이해
네트워크 비즈니스 혁명
마케팅
마케팅 개념과 전략
서비스 마케팅
재래시장 경영
직장생활과 예절
경영전략사전
신유통의 이해
판매실습 매뉴얼
유통과 프랜차이즈
글로벌시대 해외투자전략
열광하는 고객(Raving Fans)
디지털시대 유통경영
유통경영
프랜차이즈신경영

임 실 근

부산 남중·고등학교
부산 동아대학교 상경대학 경영학과(학사)
한성대학교 디지털중소기업대학원 전공(석사)

〈경력〉

부산YMCA 대학-Y 협의회 초대 회장
(주)삼양식품, 선경유통
(주)동성유통, (주)중부농축산물류센터, (주)중부한남체인, (주)화신유통 등
한국수퍼마켓협동조합연합회 임원 역임
용인송담대학 유통학과 겸임교수
(주)APEC물류전략연구소, (주) 보령 B&F 상임감사
(사)한국중소유통연구센터 등 연구경력 3년
(사)유통물류정책학회이사
현)한국유통개발센터 대표
현)서울상공회의소 은평상공회 고문
현)장안대학 유통물류학부 프랜차이즈경영과 겸임교수
현)(사)한국중소유통연구센터 전문위원

〈저서〉

도매물류사업 절반의 성공, 한국수퍼체인스토어 협회
유통채널관리, 두남출판사
유통창조의 길, 두남출판사
유통관리론, 두남출판사, 변명식, 임실근 공저

인 지

유통관리론

초 판 1쇄 발행 —— 2011년 2월 28일
초 판 2쇄 발행 —— 2015년 2월 28일
지은이 —— 변 명 식 · 임 실 근
펴낸이 —— 전 두 표
펴낸데 —— 도서출판 **두남**
서울시 강동구 성내로6길 34-16 두남빌딩
신 고 : 제25100-1988-9호
TEL : 02) 478-2065, 2066, 2067, 2311
FAX : 02) 478-2068
E-mail : dunam1@unitel.co.kr
http://www.dunam.co.kr

정가 24,000원

ISBN 978-89-6414-200-4 93320